CHINA ECONOMIC GROWTH REPORT

中国经济增长报告

2025

刘伟◎学术顾问
苏剑◎主编　邵宇佳◎副主编
《中国经济增长报告》编委会◎编

乘风破浪、行稳致远

中国经济出版社
CHINA ECONOMIC PUBLISHING HOUSE
·北京·

图书在版编目（CIP）数据

中国经济增长报告. 2025 / 苏剑主编 ;《中国经济增长报告》编委会编. -- 北京 : 中国经济出版社, 2025. 5. -- ISBN 978-7-5136-8170-4

Ⅰ. F124. 1

中国国家版本馆 CIP 数据核字第 2025SN9898 号

责任编辑　严　莉
责任印制　李　伟
封面设计　任燕飞设计室

出版发行　中国经济出版社
印 刷 者　北京建宏印刷有限公司
经 销 者　各地新华书店
开　　本　710mm×1000mm　1/16
印　　张　24
字　　数　320 千字
版　　次　2025 年 5 月第 1 版
印　　次　2025 年 5 月第 1 次
定　　价　88.00 元
广告经营许可证　京西工商广字第 8179 号

中国经济出版社 **网址** http://epc.sinopec.com/epc/ **社址** 北京市东城区安定门外大街 58 号 **邮编** 100011
本版图书如存在印装质量问题，请与本社销售中心联系调换（联系电话：010-57512564）

编委会

目　录

下篇　专题报告

绪 论

2024年，中国经济在面对复杂内外部环境时实现了总体平稳运行，国内生产总值（GDP）同比增长5.0%，顺利完成年初设定的增长目标。然而，在经济增长稳步推进的同时，也面临诸多不确定性因素和潜在风险。特别是在2025年，全球及国内经济形势将更加复杂，供需双重收缩格局可能会延续，需求端的不足仍是制约经济增长的主要因素。

在这样的背景下，本报告旨在深入分析和展望2025年中国经济的发展路径。报告的核心内容包括分析2025年中国宏观经济面临的主要风险因素、短期波动的可能性以及长期发展趋势的演变。具体如下：

一是风险因素的识别与评估。2025年，中国经济的风险因素将更加突出，包括房地产市场的持续压力、地方债务的偿还问题、货币政策的外部挑战以及外部环境的不确定性（如中美关系、地缘政治风险等）。这些因素将对中国经济的稳定构成压力，尤其是在全球经济增长放缓的背景下，如何应对可能的外部冲击和国内结构性问题，成为确保经济安全的关键。

二是短期波动的预测与应对。在短期内，中国经济面临较大波动的风险。全球经济复苏的不确定性、国内市场需求不足以及外部环境变化可能引发金融市场的波动和资本流动的变化。这些因素将在2025年对中国经济增长产生重要影响，尤其是金融市场、房地产市场及地方政府债务等领域的潜在风险，需引起高度关注。

三是长期发展的战略与挑战。从长期发展来看，2025年是中国经济转型和结构调整的关键时期。如何有效解决人口老龄化带来的劳动力供给问题、推动高质量发展以及加快产业升级，将直接影响中国经济的可持续增长。随着技术创新的推动，数字经济、绿色发展等新兴领域将在未来经济增长中扮演重要角色。与此同时，全球经济的变化，特别是国际分工和全球价值链的重构，也将对中国经济的长期发展产生深远影响。

本报告将从以上三个维度对 2025 年中国经济进行系统分析，提出相应的政策建议，力求为各界提供对中国宏观经济安全及发展路径的深刻洞察。本报告分为上、下两篇，上篇为中国宏观经济运行回顾与预测，由北京大学国民经济研究中心宏观组撰写；下篇为专题报告，由外部专家撰写。

第一章从实体经济和货币金融两个方面回顾了 2024 年中国经济形势。实体经济方面，外部环境趋紧的状态并未发生改变，全年保持“稳中求进”的工作总基调，国内生产总值温和增长，工业经济整体表现稳中有进，消费和投资增速震荡下行。在价格方面，当前居民消费有效需求不足，居民消费价格指数（CPI）同比增速连续两年低位运行；经济下行压力不减，工业企业利润继续低位徘徊，工业企业扩大再生产意愿下降，工业品需求收缩，工业生产者出厂价格指数（PPI）继续同比负增长。货币金融方面，人民币贷款总量出现大幅少增，信贷结构相应恶化，市场预期不稳凸显。M2 总量平稳增长，增速剪刀差由 2024 年 1 月以来的持续扩大趋势变为 10 月开始持续收缩，资金活化程度偏低。汇率方面，受国内外综合因素影响，2024 年人民币大幅升值动力较小，相对全球其他货币，人民币走势较为平稳。

第二章从国内方面的人口问题、市场预期不稳、高技术产业发展受阻、支柱产业调整以及国际方面的地缘政治风险、中美关系、全球能源格局、世界经济趋弱八个方面对 2025 年影响中国经济安全的主要因素进行了总结。全国总人口持续下降引致的劳动力人口加速减少和老龄化程度日益加深问题拖累未来经济发展。同时考虑虽然国内经济恢复较缓、居民消费倾向偏弱等，但是支柱产业调整可观，如房地产持续低迷，但新能源产业发展较快等。而国际形势日趋复杂，地缘政治风险日益凸显，包括未来中美关系、俄乌冲突、中东局势等，对中国宏观经济运行造成的严重的风险扰动将持续增强，全球经济基本面持续趋弱不利于外部市场对我国经济的拉动作用。

第三章主要从消费、投资和进出口三个方面研判 2025 年中国总需求的自然走势。在促消费政策培育和壮大消费新增长点、消费品以旧换新等多项政策的推动下，总需求方面对中国经济恢复的支撑作用将持续增强。预计 2025 年消费品零售总额同比增速的自然走势稳中有升，全国固定资产投资同比增速自然走势总体趋于平稳，出口、进口总额的自然同比增速均有所上升。

第四章主要从人口因素、技术封锁、能源价格波动、汇率波动以及国际环境五个方面研判 2025 年中国总供给的自然走势。预计 2025 年总供给的自然增速呈现出一定程度的下滑趋势。受特朗普能源政策的出台、地缘政治冲突趋缓、传统能源逐渐转型等因素影响，能源价格或将呈现下行趋势，有利于中国总供给的自然走势。但劳动力人口减少、老龄化不断加剧、西方国家技术封锁持续加强、人民币汇率波动或将加剧以及国际环境不利因素占主导，可能通过影响外部需求以及关键中间投入品的可得性等抑制中国总供给的自然走势。

第五章对 2025 年中国宏观经济总供求格局的自然走势（即没有政策进一步干预）进行研判。2025 年中国宏观经济的自然走势将是供给、需求双收缩的格局，且低于潜在增长率。综合 2025 年中国供给、需求走势特征，在经济增长方面，预计中国 2025 年 GDP 的自然同比增速较 2024 年有所回落，但面临的经济下行压力仍存；在价格方面，预计 2025 年 CPI 和 PPI 的自然同比增速较 2024 年均将继续震荡下行；在就业方面，预计 2025 年全国城镇新增就业的自然走势将继续下滑。进一步考虑风险因素对宏观经济的扰动，本章从房地产危机风险、地方政府债务风险、汇率及货币危机风险、国际地缘政治风险、贸易摩擦风险五个方面进行总结分析。

第六章对 2025 年中国宏观经济政策目标进行研判，预计 2025 年经济增长目标约为 5.0%，CPI 同比增速目标在 3% 以内，新增就业目标为 1200 万人以上。本章在新型中国宏观经济政策体系框架下对 2025 年中国宏观经济政策进行了展望，提出中国应该采取需求、供给双扩张的政策，并着力推进市场化改革，改善市场环境的政策组合。

第七章对 2025 年中国宏观经济进行展望，综合 2025 年中国宏观经济的自然走势和宏观经济政策的影响，预计 2025 年 GDP 同比增长 5.2%，CPI 同比增长 0，PPI 同比增长 -2.5%。供给端，预计 2025 年工业增加值同比增长 6.1%。需求端，预计 2025 年社会消费品零售总额同比增长 5.5%，固定资产投资同比增长 4.5%，出口金额同比增长 4.2%，进口金额同比增长 -3.0%，全年实现贸易差额 12192 亿美元。货币金融方面，预计 2025 年 M2 同比增长 8.0%，新增人民币贷款 17.5 万亿元。

第八章主要对如何统筹有效市场与有为政府的关系，以形成既"放得活"又"管得住"的经济秩序进行了探讨。这一关系是中国共产党对资源配置中政府与市场相互关系规律性认识的进一步深化。有效市场的制度基础在于构建高水平社会主义市场经济体制，包括完善市场竞争机制和基础制度，如企业制度、竞争秩序、法治制度和信用制度等。有为政府的实现依赖于健全宏观经济治理体系，强调科学的宏观调控和有效的政府治理，注重跨周期和逆周期调节相结合，以及宏观调控与微观运行的相互支持。统筹二者关系需尊重客观经济规律，明确市场与政府的功能互补性，遵循经济基础与上层建筑的关系，以实现微观与宏观、短期与长期、总量与结构、供给与需求等各方面的协调。

第九章主要探讨了新时代我国宏观经济治理中供求关系的良性互动及其对高质量发展的意义。改革开放以来，我国宏观经济调控经历了从以需求侧管理为主到以供给侧结构性改革为主线的转变。进入新时代，面对需求不足和供给冲击的双重挑战，宏观经济治理需统筹需求与供给，实现两者的协同发力。要以有效需求牵引供给，以高水平供给创造需求，推动经济质的有效提升和量的合理增长。同时，健全宏观经济治理体系，构建高水平社会主义市场经济体制，统筹有效市场与有为政府的关系，形成既“放得活”又“管得住”的经济秩序。此外，还要坚持党中央集中统一领导，确保经济政策的科学性和协调性，推动高质量发展。

第十章主要从科技创新视角看美国的经济前景。科技创新是扩大优质需求的最根本的方式。美国近几年出现了大量革命性的科技成果，创造了星链系统、太空旅游、人工智能、人形智慧机器人等新的消费品。美国目前的经济形势处于正常区间，不会出现衰退，更不会出现危机。这主要是因为美国经济已经进入新的长周期，经济中有大量的新产品，相应的工艺创新也在迅速推进，相关新产品的成本/价格在迅速降低，同时美国有大量的研发投资，这些成为拉动美国经济的主要力量。目前美国劳动力市场表现良好，美国经济依然是充分就业；美国货币政策具有充分的降息空间，能缓解经济不景气的问题。

第十一章主要分析了 2024 年中国房地产形势，并展望 2025 年市场形势。2024 年，中国房地产市场在内外环境影响下，整体仍处于调整状态，商品房投资和销售面积增速仍然持续下滑。但是，随着 9 月底中央对房地产市场“止跌回稳”的定调，聚焦房地产市场堵点的政策力度持续加大，市场止跌回稳态势初现，各项指标下行速度进一步放缓，第四季度有望回稳。但是，房地产市场止跌回稳的持续性仍有待观察，房企风险仍需关注。2025 年房地产市场有望止跌回稳。要呵护当前房地产市场需求回暖趋势，进一步加强住房消费信心，多措并举稳住住房消费和投资，促进房地产市场止跌回稳。因城施策，落实好“严控增量，盘活存量，提升质量”的要求，进一步完善保障房体系建设，加快构建房地产发展新模式。

第十二章主要对 2024 年我国银行业经营形势进行回顾，并展望 2025 年经营形势。2024 年，全球政经格局持续动荡，世界经济增速低位运行，居民消费增速回落，私人投资和政府支出温和增长，总需求增速下滑。中国经济总体平稳运行，但当前经济回升基础还不牢固，外需支撑难以抵补内需不足，新兴产业发展难以抵补房地产等传统产业拖累，经济结构性、周期性转换过程中的多重阵痛依然明显。银行是金融服务实体经济的主力军。国内外市场环境的重大变化，给我国银行业展业、盈利和资产质量等方面带来了深刻影响。整体来看，2024 年我国银行业经营发展稳健，规模增速平稳，盈利能力相对稳定，资产质量整体向好，风险抵补能力较强，但存在经营难度增大、业务转型压力上升、净息差持续收窄等痛点，需加强关注。2025 年，在更加积极的财政政策和适度宽松的货币政策支持下，中国经济有望巩固回升向好态势，在较为复杂的国内外形势下保持增长韧性，为银行业提供更为有利的经营环境。

第十三章主要分析了中国地方政府债务发展现状，并展望 2025 年发展形势。分税制改革作为我国财税体制的重大变革，重塑了中央与地方的财权事权格局，对地方政府债务产生了巨大的影响。随着中国城镇化进程稳步推进，地方基础设施建设需求持续旺盛，资金缺口与债务融资需求越发凸显。当前地方政府债务问题呈现债务规模庞大、分布不均、债务管理需加强等特点。尽管中国地方债务风险总体上仍处于可控范围，但其与经济社会的诸多领域紧密相连，通过信贷风险、债券市场风险、土地财政依赖以及市场预期效应等多重路径，与银行体系、资本市场、房地产市场及实体经济等领域产生了风险交织与共振的可能性，需及时监测与评价。2025 年，中国地方政府债务风险将面临新的机遇与挑战。

第十四章主要对2024年人民币汇率走势进行回顾，并展望2025年走势。2024年，人民币对美元汇率在合理区间波动，经历了“稳—升—贬”三个阶段，并且呈现人民币对美元汇率与人民币对一篮子货币汇率走势背离、人民币汇率走势与中国股市走势的正相关性降低的新特征。展望2025年，人民币汇率走势主要取决于特朗普2.0对华政策、中美货币政策路径对比、中国稳增长政策力度与效果等三大因素的影响。这三大因素既会对中国经济基本面、对外贸易等方面产生影响，也会对市场情绪、资本流动等领域产生扰动，进而共同影响人民币汇率走势。人民币汇率可能面临一定的贬值压力。但中国经济仍具有较强韧性，中美利差有望收窄，中国政策调控工具充足，人民币汇率大概率将在合理区间内波动。但要密切关注人民币汇率一定程度的波动可能给经济金融稳定带来的影响，包括加大金融市场波动的风险、放大跨境资本流动带来潜在金融危机风险、对我国货币政策调控形成一定掣肘、给外贸企业带来汇兑损益风险等。面对未来不确定性加大的内外环境，需要多措并举、综合施策，维护好人民币币值稳定和金融稳定。

第十五章主要对2024年A股行情进行了总结，并展望2025年宏观经济。总体来讲，2024年上证指数总体微涨，且经历两轮先跌后涨，波动仍然显著。指数拐点第一次启动在2024年2月，受三大“救市政策”影响，上证指数从2月的低点开始逐步上涨，涨至5月；第二次启动始于9月，受一系列提振经济及市场政策的影响。展望2025年，我们需要做好关于金融和经济的走势背离、信用扩张无力以及当前经济的主要矛盾的应对准备。关于2025年基本面评估，一方面海外压力有限，另一方面经济有可能在韧性状态下继续回落。预计2025年权益市场出清可能偏缓。

第十六章主要对“大食物观”视角下我国粮食安全面临的风险挑战与保障路径进行分析。“国以农立，食为先”，粮食安全问题始终是关乎国家稳定大局的核心议题。近年来，我国粮食连年丰收，食物供给能力不断提升，供求总体基本平衡。而在我国粮食供求总体平衡、国内供应形势持续向好的局势下，国际政治与经济形势动荡、贸易保护主义日益抬头、俄乌等地缘冲突持续、极端气候多点频发等多重因素不断冲击全球粮食供应链，也给我国粮食安全保护带来了严峻的潜在多元风险。在“大食物观”的战略视角下，我国粮食供应数量安全所面临的挑战，主要体现在耕地资源的有限性、农业生产者数量锐减以及粮食供应链的环节损耗与浪费上。我国粮食供应质量安全所面临的挑战，主要表现在以下三个方面：在育种环节，种质资源保护力度明显不足，主要粮食作物品种丧失严重，种业核心技术自主创新能力较弱；在生产环节，农村生态环境面临严峻挑战，土壤资源污染、灌溉水源污染等问题日益凸显；在粮食加工、仓储与运输环节中，不当操作同样可能引发粮食质量安全风险。

第十七章主要对俄乌冲突后的全球能源格局进行了分析并提出中国的应对建议。2022 年 2 月俄乌冲突爆发，作为近几年最大的地缘政治冲突之一，俄乌冲突给全球石油、天然气、煤炭等化石燃料的贸易流向带来较大冲击，全球能源供应安全问题越发凸显，能源保供与低碳转型成为各国能源发展的优先级，能源供需结构也随之出现了新变化。在此背景下，中国作为全球最大的能源消费国和进口国，将聚焦多元化能源供给渠道、提升能源自主保障能力、稳步推进能源转型、加快推进新能源技术创新，持续深入推进实施能源安全新战略。

第十八章主要围绕中国式现代化进行了探讨。进入高质量发展阶段，我国经济面临调结构、稳增长、防风险等多重挑战，如何夯实现代化基础、不断推进中国式现代化是当前重要问题。现阶段我国社会主要矛盾已经转化为人民日益增长的美好生活需要和不平衡不充分的发展之间的矛盾，中国式现代化面临的挑战不仅是总量矛盾还是结构矛盾。因此，必须立足中国式现代化的客观实际与发展目标，厘清中国式现代化的结构特征，挖掘中国式现代化结构优化的潜力和路径。基于现阶段中国式现代化生产率提升、动能转换和供需调整方面的潜力，推动产业结构、投资结构、消费结构等持续优化，促进农业、工业和服务业高质量发展和现代化水平全面提升，以结构优化扎实推进中国式现代化建设。

第十九章主要梳理了近年来中国外商直接投资（FDI）的现状与发展趋势，重点分析了外资流入规模回落、资金来源单一、行业与区域分布不均等特征，并揭示了其背后的深层次原因，包括全球产业链重构、国际地缘政治压力以及国内经济转型升级带来的挑战。在此基础上，本章提出优化外资结构、推动高附加值产业发展、促进区域协调和强化国际合作等多方面政策建议，以实现外资的高质量引入与经济的可持续增长。此外，展望未来，中国 FDI 流入将进一步向高技术和服务业领域倾斜，区域分布更加均衡，但吸引外资面临的国际竞争压力和区域依赖风险需引起重视。

第二十章主要研究了当前中国对外投资发展现状以及面临的现实挑战，并提出可行的政策建议与未来展望。2024 年是实现“十四五”规划目标任务的关键一年。在全球经济复苏乏力、地缘政治紧张加剧的复杂形势下，中国对外投资展现出强劲韧性。2024 年 1—11 月，中国对外直接投资达 1479.6 亿美元，同比增长 9.2%。与此同时，对外投资格局正加速调整，投资重心逐步向新兴市场转移，领域日益多元化，模式更加灵活。然而，中国对外投资也面临诸多挑战，包括外部投资环境恶化、结构失衡、监管机制薄弱及政策服务体系不完善等。在国际投资环境日益复杂的背景下，如何应对战略方向调整与外部风险，已成为中国企业“走出去”的核心问题。为实现高质量发展，政府需进一步完善政策支持体系，优化法律制度，健全风险保障机制，营造稳定的投资环境；企业需增强经营管理能力，注重技术创新与资源整合，制定更加审慎的投资策略。这些努力将助力中国企业在全球化竞争中赢得更多机遇，并为“十四五”规划目标的实现提供有力保障。

第二十一章主要探讨了当前中国新能源汽车产业发展现状以及面临的现实问题，并提出可行的政策建议与未来展望。近年来，全球新能源产业迎来了快速发展期，新能源汽车在中国汽车市场中的占比持续攀升，截至 2024 年 9 月，占比已接近 50.0%。不同类型的新能源汽车中，纯电动汽车和插电式混合动力汽车的产量增长尤为显著，燃料电池车的产量较低。同时，新能源纯电动乘用车销量持续攀升，成为推动整体销量增长的主力，其在出口市场中也表现突出，商用车销量增速则较为平缓。纯电动轿车销量大幅增加，插电式混合动力轿车稳步增长，燃料电池轿车销量较低。然而，中国新能源汽车产业仍面临一些挑战，主要体现在行业竞争愈加激烈、全球关税壁垒和出口成本压力以及供应链竞争和资源争夺等方面。为推动产业健康发展，应聚焦加强技术创新与自主研发，避免过度依赖低价竞争，促进产业结构的优化升级，强化全球供应链管理，以提升国际竞争力。

第二十二章主要回顾了中国制度型开放的发展历程，分析了从早期探索到主动对接国际规则，再到深化创新的三个阶段。随着全球经济治理体系的变革和国际经贸规则的博弈加剧，中国在推进制度型开放过程中面临全球经济治理失衡和高标准规则门槛等多重挑战，这对中国的制度型开放提出了更高要求。对此，提出了推动我国高水平制度型开放的路径选择，包括加强国际规则的对接、提升制度创新能力、完善国内体制与国际规则的协调机制等，旨在为中国在全球竞争中赢得更大话语权与发展空间提供理论依据和实践指导。

近年来，北京大学国民经济研究中心（以下简称“本中心”）先后发起主编了两本年度系列经济报告。第一本是《中国经济增长报告》。该报告于 2004 年由北京大学中国国民经济核算与经济增长研究中心（“北京大学国民经济研究中心”的前身）和国家统计局联合启动，共同主编；2017 年开始由本中心独立主编，由著名经济学家刘伟教授和苏剑教授任主编；2021 年起由苏剑教授任主编，刘伟教授任学术顾问。

该报告主要研究中国经济发展过程中遇到的重大问题，理论性和应用性并重，展现出较强的预见性，近年来在国内率先对中国人口政策的调整、供给管理、中国经济新常态、经济结构升级、高质量发展、中国潜在增长率的测算等进行了研究，提出了一些独到的见解和政策建议，产生了较大的社会影响。该报告从2004年启动，截至2022年10月，已经连续出版18部，分别为：

（1）《中国经济增长报告2004——进入新一轮经济增长周期的中国经济》

（2）《中国经济增长报告2005——宏观调控下的经济增长》

（3）《中国经济增长报告2006——对外开放中的经济增长》

（4）《中国经济增长报告2007——和谐社会与可持续发展》

（5）《中国经济增长报告2008——经济结构与可持续发展》

（6）《中国经济增长报告2009——全球衰退下的中国经济可持续增长》

（7）《中国经济增长报告2010——从需求管理到供给管理》

（8）《中国经济增长报告2011——克服中等收入陷阱的关键在于转变发展方式》

（9）《中国经济增长报告2012——宏观调控与体制创新》

（10）《中国经济增长报告2013——实现新的历史性跨越》

（11）《中国经济增长报告2014——深化经济改革与适度经济增长》

（12）《中国经济增长报告2015——新常态下的宏观调控与结构升级》

（13）《中国经济增长报告2016——中国经济面临新的机遇和挑战》

（14）《中国经济增长报告2017——新常态下的增长动力及其转换》

（15）《中国经济增长报告2018——高质量发展中的经济增长和宏观调控》

（16）《中国经济增长报告2019——寻求经济增长的持久动力与

对策》

（17）《中国经济增长报告 2020——疫情、人口负债、逆全球化：多重约束下中国经济的高质量发展》

（18）《中国经济增长报告 2021—2022——新发展格局下的经济转型、经济增长和宏观调控》

本中心主编的第二个年度系列经济报告是《中国经济安全展望报告》。该报告由本中心于 2016 年启动，第一期题为《中国经济金融形势展望报告》，第二期题为《中国经济展望报告》，从第三期开始定名为《中国经济安全展望报告》。本系列报告 2022 年以前由刘伟和苏剑任主编；2023 年由苏剑和戚自科任主编，刘伟任学术顾问；2024 年由苏剑任主编，刘伟任学术顾问。截至目前，该系列报告已出版 8 本，以往的《中国经济安全展望报告》如下：

（1）《中国经济金融形势展望报告 2016：寻求突破的中国经济》

（2）《中国经济展望报告 2017：供给侧改革与经济波动》

（3）《中国经济安全展望报告（2018—2019）：世界格局变动中的中国经济安全形势分析》

（4）《中国经济安全展望报告 2020：供求双萎缩下的经济形势与政策》

（5）《中国经济安全展望报告 2021：疫情冲击下的中国经济安全形势分析》

（6）《中国经济安全展望报告 2022：人口拐点、多重压力与宏观经济安全》

（7）《中国经济安全展望报告 2023：后疫情时期的中国经济运行与安全形势分析》

（8）《中国经济安全展望报告 2024：稳中求进，以进促稳》

上述两个系列报告的研究内容和风格不同。《中国经济增长报告》主要关注中国经济的长期增长问题，注重学术性和长期性；《中国经济安全展望报告》主要关注中国经济的短期运行，注重实用性和短期波动，并着重关注宏观经济安全问题，根据可能影响中国经济运行的各种内外部因素，对下一年宏观经济运行中可能出现的风险作出预判，同时预判中国政府的宏观调控目标、可能采取的宏观经济政策，并预测下一年中国经济的运行结果。两个年度系列报告从理论与实践、短期与长期、形势与政策等方面分别集中讨论，互相配套，相得益彰，希望能够完整、全面地探讨中国经济运行中出现的各种问题。两份报告出版以来，产生了较大的社会影响。《中国经济增长报告》就中国人口形势和政策、供给管理和供给侧改革、中国经济新常态、经济结构升级、高质量发展、中国潜在增长率的变化等作了前瞻性研究，在后来的经济运行和政策中都得到了反映和体现，且曾得到教育部的重视和资助。《中国经济安全展望报告》的第一本《中国经济金融形势展望报告 2016：寻求突破的中国经济》出版后产生了国际影响，国外有媒体予以报道，并被译成 13 种文字在国外出版。其他各期也都被国内外媒体报道，并产生了较大影响。

近年来，中国面临的宏观经济形势越来越复杂，人口和劳动力总量的变化、人口老龄化、国际形势的变化、国际贸易体系的变迁等长期因素直接影响短期经济运行，短期宏观经济政策的长期效应也越来越明显，经济运行和政策出现了长短期紧密融合的格局，两个年度系列报告继续分别编辑和出版已经不能完全适合中国经济运行的实际情况。鉴于此，本中心决定将两个报告合二为一，综合研究中国宏观经济的运行。鉴于《中国经济增长报告》历史久远，影响较大，本系列报告今后沿用《中国经济增长报告》的书名。本报告成为本中心主编的第 27 本年度系列报告。

本报告的上篇作者：北京大学国民经济研究中心课题组所有成员（蔡含篇、陈丽娜、黄昱程、邵宇佳）。下篇作者：第八章由刘伟撰写，第九章由刘伟撰写，第十章由苏剑和杨盈竹撰写，第十一章由邹士年和李星洲撰写，第十二章由周景彤和刘官菁撰写，第十三章由邢军、彭澎、郑涵天和尹甜撰写，第十四章由周景彤和范若滢撰写，第十五章由杨为敩、孟子君和鲁子弘撰写，第十六章由张欣桐和田惠敏撰写，第十七章由陈丽娜撰写，第十八章由李佳霖和董嘉昌撰写，第十九章由郭悦、李承昊和李雪亚撰写，第二十章由周博文、何鑫伊和张陈宇撰写，第二十一章由高传君、赵晨熠、赵国龙撰写，第二十二章由艾婧、花璐和邵宇佳撰写。

上篇

2025年中国经济展望

第一章　2024 年中国经济形势回顾

2024 年，中国宏观经济运行延续恢复回升态势，保持稳定增长，预计能够完成年初制定的增速目标。但中国经济运行仍是恢复性的，存在有效需求不足、房地产市场产能去化持续以及传统基建投资由托底转而下拉等问题，加之国际环境复杂多变，不确定性明显上升。为应对诸多风险，政策效应持续释放，对宏观经济恢复平稳运行形成支撑。本章将从实体经济和货币金融两个方面对 2024 年中国宏观经济的运行进行回顾和解读。

一、实体经济

（一）国内生产总值

2024 年，国际形势依然复杂多变，外部环境趋紧的状态并未发生改变，全年保持“稳中求进”的工作总基调，国内生产总值温和增长，完成了年初设定的 5.0% 的 GDP 增长目标。2024 年，国内生产总值为 1349084 亿元人民币，按不变价格计算，同比增长 5.0%，较 2023 年下降 0.4 个百分点。详见图 1－1。

生产方面。2024 年，第二产业恢复较快，成为抑制 GDP 增速下行的主要支撑；第三产业下行压力较大，是拉低 GDP 增速的主要因素。2024 年，第二产业 GDP 同比增长 5.3%，较 2023 年上涨 0.6 个百分点；第三产业 GDP 同比增长 5.0%，较 2023 年下降 0.8 个百分点。从具体

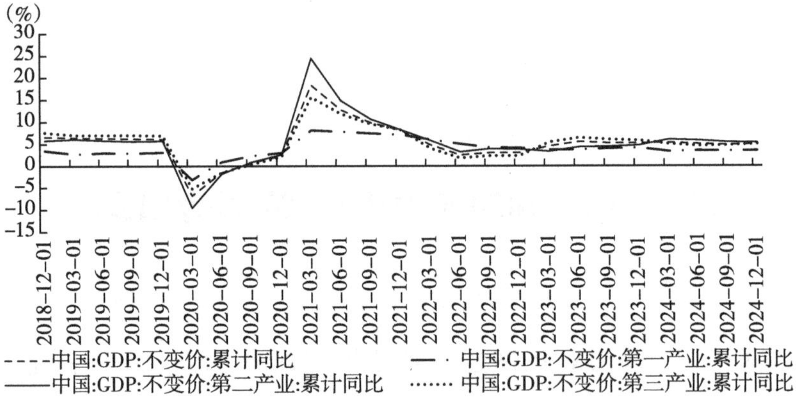

图 1－1　GDP、第一产业、第二产业、第三产业不变价累计同比

资料来源：Wind 数据库，北京大学国民经济研究中心。

行业来看，2024 年，房地产业、金融业下行明显，与 2023 年相比，合计影响 GDP 增速下降约 0.1 个百分点。与 2019 年相比，房地产业和信息传输、软件和信息技术服务业下滑明显，合计影响 GDP 增速下降约 0.8 个百分点。近年来，中国外部环境趋紧，以美国为首的西方发达国家对华实行“小院高墙”政策，技术壁垒抬高，技术封锁加剧，全球产业链断裂，对华高技术产业产生了冲击。2024 年，信息传输、软件和信息技术服务业 GDP 同比增长 10.9%，较 2019 年下降 10.8 个百分点，较贸易摩擦初始阶段的 2018 年同期下降 16.9 个百分点。

需求方面。尽管当前消费依然是拉动 GDP 的主要动力，但由于内部需求有待进一步刺激，有效需求相对不足，消费增速的下滑成为拉低整体 GDP 增速的主要因素。2024 年，最终消费支出对 GDP 增速的拉动较 2023 年下降 2.1 个百分点，资本形成总额的拉动也下降了 0.2 个百分点。可见，2024 年消费需求不足是影响 GDP 增速上涨的主要因素，国内有效需求不足，经济下行压力不减。详见图 1－2。

（二）供给端

2024 年，全国规模以上工业增加值同比增长 5.8%，较 2023 年加

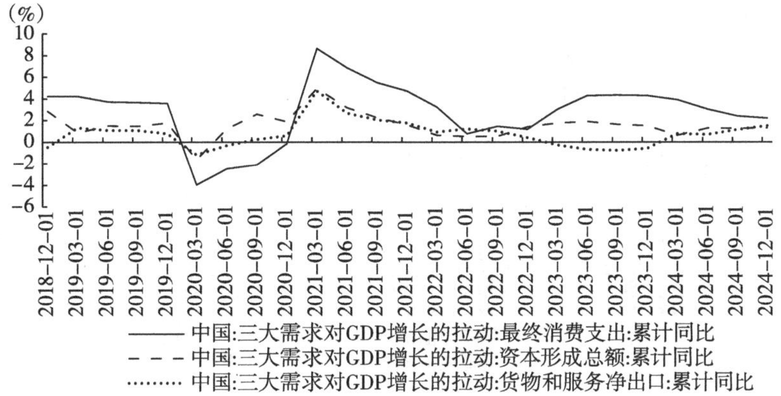

图 1 – 2　“三驾马车”对累计 GDP 的拉动

资料来源：Wind 数据库，北京大学国民经济研究中心。

快 1.2 个百分点。其中，第一季度累计增长 6.1%，上半年累计增长 6.0%，前三季度累计增长 5.8%，累计增速受上年同期基数抬升以及多轮稳增长政策影响表现出逐季下降的趋势，但增长中枢显著高于前两年水平，显示 2024 年全国工业产出持续恢复性增长，工业经济整体表现稳中有进。具体而言，2024 年的工业经济表现出以下发展特征。

第一，工业产出整体平稳，三大分项运行中枢较上年均有所抬升，但走势略显分化。

2024 年全国规模以上工业增加值累计增速虽高开低走，从 1—2 月的 7% 逐月递减至 1—12 月的 5.8%，但相较于 2023 年均显著高于同期水平，也超过 2023 年的最高增速（4.6%）以及本年度的 GDP 增速，显示 2024 年全国工业产出整体依然保持平稳发展，尤其是在一系列稳增长政策作用下，如上半年的设备以旧换新和金融支持政策，以及下半年的降息、降准等金融政策，工业产出整体得到较大支撑，供给端依然为全年 GDP 增速提供重要贡献。详见图 1 – 3。

不仅如此，采矿业，制造业，电力、燃气及水的生产和供应业三大分项同样保持快速增长趋势，2024 年累计增速分别为 3.1%、6.1%、5.3%，较上年同期分别加快 1.3 个、1.1 个、1.0 个百分点。相较于整

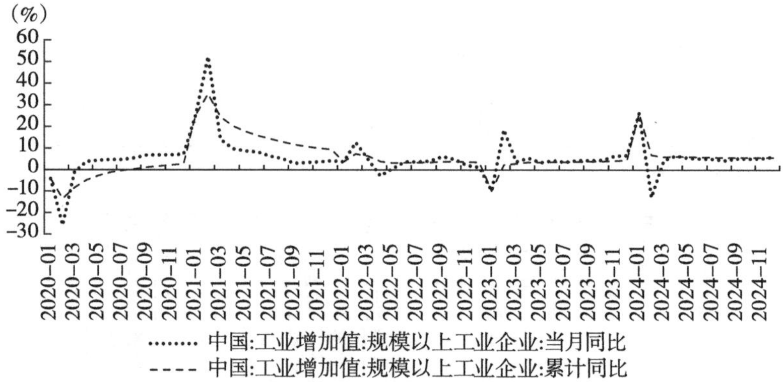

图 1－3　中国：规模以上工业增加值增速

资料来源：Wind 数据库，北京大学国民经济研究中心。

体增速，采矿业低开高走，于 5 月后增速超过上年同期，但低于整体增速；制造业高开低走，各月增速均超上年同期以及整体增速；电力、燃气及水的生产和供应业高开低走，各月增速均超上年同期以及整体增速，但增速波动明显。由此显示，2024 年采矿业与制造业，电力、燃气及水的生产和供应业走势相背，但制造业和电力、燃气及水的生产和供应业仍是整体工业产出增速的主要贡献分项。尽管采矿业构成拖累分项，但增速已超上年同期，整体表现依然可观。详见图 1－4。

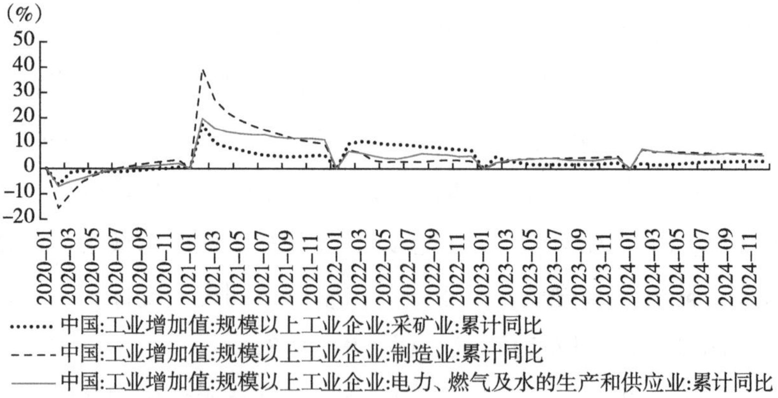

图 1－4　中国：规模以上工业增加值：三大门类：累计同比

资料来源：Wind 数据库，北京大学国民经济研究中心。

第二，企业增速高开低走，股份制企业领跑，私营企业表现平平，国有及国有控股企业和外商及港澳台投资企业构成拖累。

2024 年，股份制企业规模以上工业增加值累计增长 6.1%，较 2023 年加快 1.2 个百分点，且超出规模以上工业增加值整体增速 0.3 个百分点，领跑各类企业，对整体增速形成重要支撑；私营企业规模以上工业增加值累计增长 5.3%，较 2023 年加快 2.8 个百分点，但低于规模以上工业增加值整体增速 0.5 个百分点，整体表现平平；国有及国有控股企业规模以上工业增加值累计增长 4.2%，较 2023 年减缓 0.4 个百分点，且低于规模以上工业增加值整体增速 1.6 个百分点，拖累整体增速；外商及港澳台投资企业规模以上工业增加值累计增长 4.0%，较 2023 年加快 3.5 个百分点，但仍低于规模以上工业增加值整体增速 1.8 个百分点，拖累整体增速。可见，2024 年各类企业产出表现存在显著差异，并且尽管国有及外商企业对整体增速造成拖累，但相较于上年仍有较大提升，运行中枢上移，整体运行稳中有进。详见图 1－5。

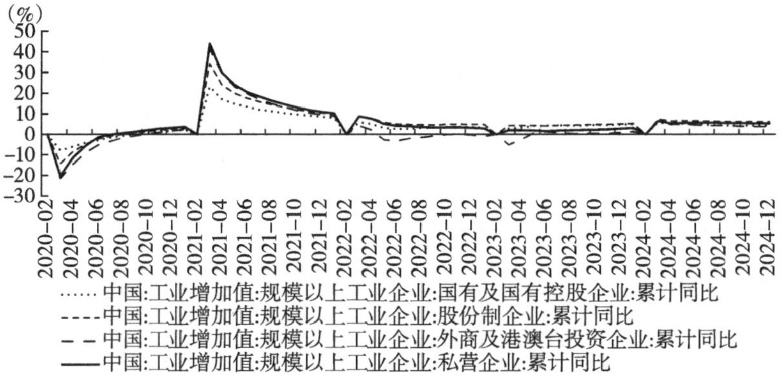

图 1－5　中国：规模以上工业增加值：经济类型：累计同比

资料来源：Wind 数据库，北京大学国民经济研究中心。

第三，高技术产业发展活跃，是未来工业发展的重要增长点。

2024 年，高技术产业规模以上工业增加值累计增长 8.9%，较 2023 年加快 6.2 个百分点，两年平均增长 5.8%，且连续多月大幅高于整体工业增加值增速，显示当前制造业高端化、智能化步伐仍在加快，高技术产业依然是未来我国经济发展的主要落脚点和重要增长点。详见图 1－6。

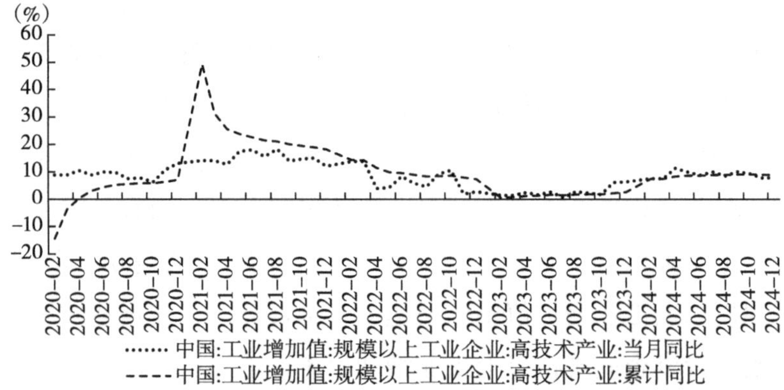

图 1－6　高技术产业工业增加值当月同比、累计同比增速

资料来源：Wind 数据库，北京大学国民经济研究中心。

（三）需求端

1. 消费

2024 年，社会消费品零售总额同比增长 3.5%，较 2023 年下降 3.7 个百分点，较 2019 年下降 4.5 个百分点。当前国内外宏观经济环境复杂多变，国内经济下行压力不减，居民收入增速下降，2024 年消费增速震荡下行。其中，第一季度社会消费品零售总额同比增长 4.7%；上半年同比增长 3.7%，较第一季度下降 1.0 个百分点；第三季度消费增速进一步下行，前三季度同比增长 3.3%，较上半年下降 0.4 个百分点；第四季度消费增速止跌反弹，2024 年同比增长 3.5%，较前三季度上涨 0.2 个百分点。与过去相比，2024 年社会消费品零售总额同比增速是 2000 年以来除新冠疫情 3 年以外，历史同期的最低值，反映出当前国内消费压力相对较大。见图 1－7。

综合而言，2024 年社会消费品零售总额表现出以下几方面特点。

第一，居民收入增速下滑，经济下行压力不减，消费增速放缓。

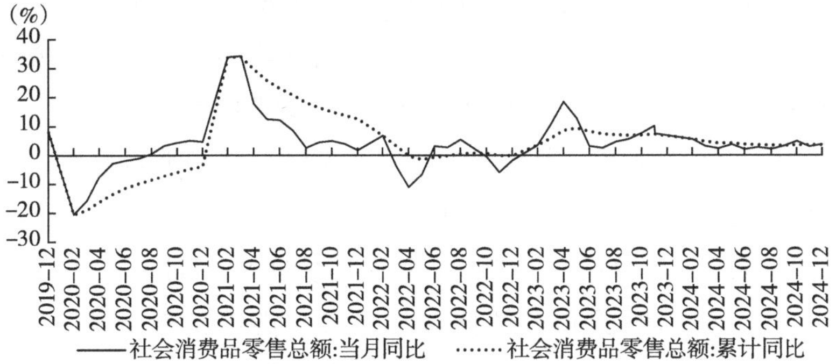

图 1 - 7　社会消费品零售总额当月同比、累计同比增速

资料来源：Wind 数据库，北京大学国民经济研究中心。

2024 年，全国居民人均可支配收入 41314 元，同比增长 5.1%，较上半年下降 0.1 个百分点，较第一季度下降 0.9 个百分点，较 2023 年下降 1.0 个百分点，居民收入增速持续下滑。从具体分项来看，合计占收入比重 66% 的工资性收入和财产性收入增速下滑较为显著，是拉低全部收入增速的主要因素。2024 年，全国居民人均工资性收入同比增长 5.8%，较 2023 年下降 1.3 个百分点；全国居民人均财产净收入同比增长 2.2%，较 2023 年下降 2.0 个百分点。居民收入主要增量来源缩水的同时，居民收入存量资产也相对收缩，影响居民的收入预期，是 2024 年消费收缩的根本原因。

第二，与前几年依靠汽车消费带动整体消费不同，2024 年汽车消费下行，成为拉低整体消费的因素之一。2024 年，汽车消费额同比增长 -0.5%，较上年下降 6.4 个百分点，较全部消费低 4.0 个百分点，约影响全部消费下降 0.1 个百分点，是 2001 年以来除 2020 年以外的最低值。2020 年受新冠疫情突发影响，全部消费额增速普遍大幅下跌，可见 2024 年汽车消费收缩相对较为明显。

第三，受房地产市场低迷影响，与之相关的消费品消费额增速下滑明显。2021 年末房地产市场出现下滑迹象，2022 年房地产市场开始产能去化，使得房地产开发投资增速持续下滑，2022 年、2023 年、2024

年房地产投资分别同比增长 -10.0%、-9.6%、-10.6%，房地产投资增速连续3年同比负增长。受房地产市场低迷影响，与之相关的消费品消费额增速也出现了明显下滑。2022年、2023年、2024年1—8月，家用电器和音像器材类、家具类、建筑及装潢材料类消费额增速均呈现出不同程度的下降，位于历史低值。

第四，政策效应释放，2024年9月消费额增速触底反弹，出现企稳迹象，尤其家用电器和音像器材类、汽车类消费额增速上涨明显；2024年3月1日，国务院常务会议审议通过了《推动大规模设备更新和消费品以旧换新行动方案》，并指出“积极开展汽车、家电等消费品以旧换新”。3月13日，《国务院关于印发〈推动大规模设备更新和消费品以旧换新行动方案〉的通知》，就推动新一轮大规模设备更新和消费品以旧换新制定行动方案。2024年8月24日，商务部办公厅、国家发展改革委办公厅、财政部办公厅、市场监管总局办公厅联合发布《商务部等4部门办公厅关于进一步做好家电以旧换新工作的通知》，“认真落实中央经济工作会议、中央财经委员会第四次会议部署”，鼓励汽车、家电等传统消费品以旧换新，推动耐用消费品以旧换新。随着政策效应的释放，家电消费额增速出现明显上涨，2024年9月，家用电器和音像器材类消费额增速同比增长20.5%，较8月上涨17.1个百分点，10月家电消费额增速进一步上涨至39.2%，使得家电消费额增速由历史低位转变为历史高值。汽车消费也呈明显上涨趋势，2024年10月，汽车消费额同比增长3.7%，尽管消费额增速相对不高，但2023年同期存在明显的高基数效应，且2022年同期并无低基数效应。2023年10月，汽车消费额同比增长11.4%，高于2023年9月8.6个百分点。可见，2024年10月汽车消费实际上是在高基数的基础上进一步上涨的，且高于2024年9月3.3个百分点，政策推动汽车消费增长显著。见图1-8。

2. 投资

2024年，全国固定资产投资514374亿元，同比增长3.2%，较

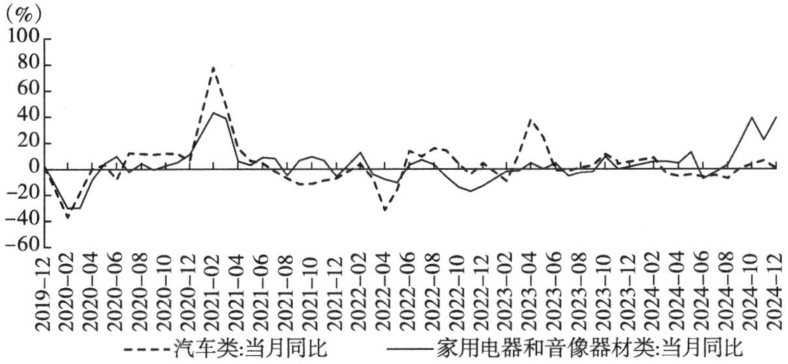

图 1－8　汽车、家用电器和音像器材类消费额当月同比增速

资料来源：Wind 数据库，北京大学国民经济研究中心。

2023 年上涨 0.2 个百分点，投资增速较上年小幅上涨，但年内呈现震荡下行趋势。其中，第一产业投资 9543 亿元，同比增长 2.6%，较 2023 年上涨 2.7 个百分点；第二产业投资 179064 亿元，同比增长 12.0%，较 2023 年上涨 3.0 个百分点；第三产业投资 325767 亿元，同比增长－1.1%，较 2023 年下降 1.5 个百分点。从重点产业来看，房地产开发投资 100280 亿元，同比增长－10.6%，较 2023 年下降 1.0 个百分点；基建投资同比增长 4.4%，较 2023 年下降 1.5 个百分点。可见，2024 年第三产业投资增速下滑是拉低全部投资的主要因素，第三产业中除房地产开发投资、基建投资增速下滑以外，其他三产投资增速也较 2023 年有所下滑。见图 1－9。

综合而言，2024 年全国固定资产投资表现出以下五方面特点。

第一，内生动力不足，政策支撑投资增速走势平稳，投资动力单一，潜在风险不减。2024 年 3 月 1 日国务院常务会议审议通过了《推动大规模设备更新和消费品以旧换新行动方案》，指出要推动先进产能比重持续提升，结合各类设备和消费品更新换代差异化需求，加大财税、金融、投资等政策支持力度，更好发挥能耗、排放、技术等标准的牵引作用，有序推进重点行业设备、建筑和市政基础设施领域设备、交通运输设备和老旧农业机械、教育医疗设备等更新改造，形成更新换代

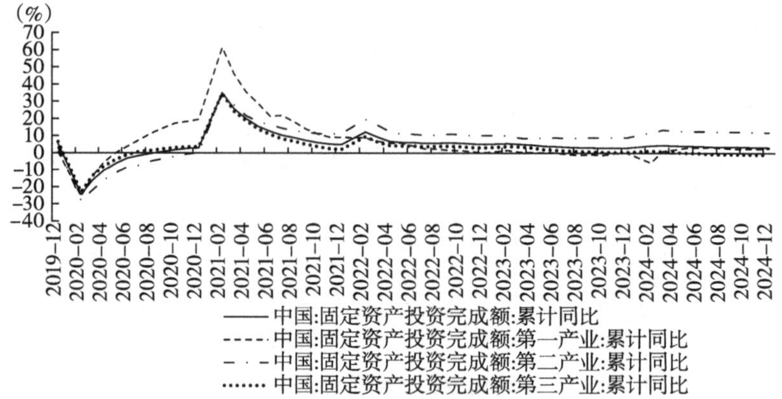

图 1-9　全国固定资产与三大产业投资累计同比增速

资料来源：Wind 数据库，北京大学国民经济研究中心。

规模效应。政策效应释放，设备工器具购置投资费用大幅上涨，成为推动 2024 年全部投资增速上涨的主要因素。2024 年，设备工器具购置投资同比增长 15.7%，较 2023 年上涨 9.1 个百分点，分别高于全部投资和第二产业投资增速 12.5 个、3.7 个百分点。设备更新主要集中在第二产业，可见当前推动投资增速上涨的主要甚至唯一因素是“设备更新”政策。结合工业企业利润、PPI 以及货币金融等指标走势发现，当前企业自主扩大再生产意愿并不强烈，企业内生动力不足，推动投资上涨因素仅依靠政策影响，动力单一，投资下行压力并未真正消除，潜在风险犹存。详见图 1-10。

第二，地产投资继续探底，下半年存在触底信号。房地产市场产能去化持续，2022 年以来，房地产开发投资增速连续 3 年同比负增长。2022 年、2023 年、2024 年房地产开发投资分别同比增长 -10.0%、-9.6%、-10.6%，是有数据记录以来首次出现房地产开发投资同比负增长。房地产市场在 3 年下跌后，2024 年的投资水平比 2017 年同期还要低 9519 亿元。受房地产开发投资下行影响，全国固定资产投资增速也在底部徘徊。2024 年，房地产开发投资同比增长 -10.6%，直接导致全部固定资产投资下降约 2.2 个百分点。详见图 1-11。

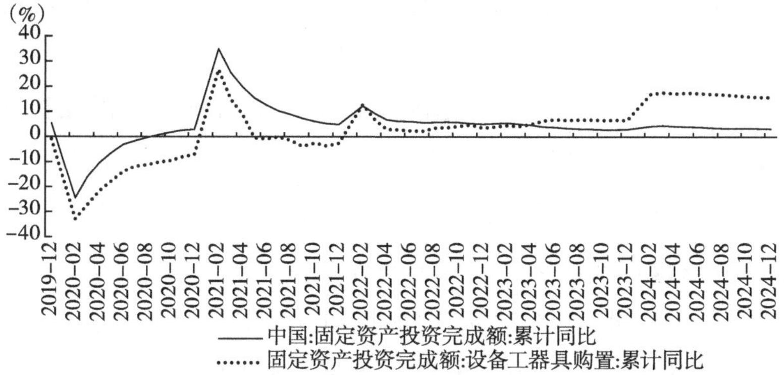

图 1－10　全国固定资产、设备工器具购置投资累计同比增速

资料来源：Wind 数据库，北京大学国民经济研究中心。

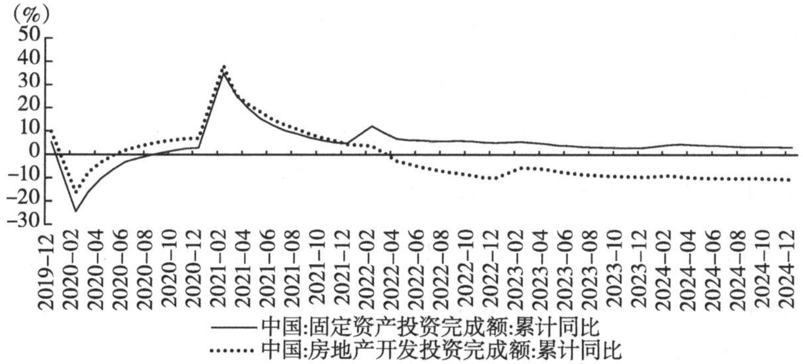

图 1－11　全国固定资产、房地产开发投资完成额累计同比增速

资料来源：Wind 数据库，北京大学国民经济研究中心。

第三，投资结构调整继续，高技术投资领涨，传统基建投资由托底转而下拉。尽管受房地产、基建投资等传统投资下滑影响，2024 年全部投资增速依然处于历史低位，但高技术产业投资保持相对高速增长，领跑全部投资，成为拉动整体投资的主要动力之一。随着高技术产业投资持续高速增长，投资结构也在变化当中。2024 年，基建投资同比增长 4.4%，较 2023 年下降 1.5 个百分点，在经济下行压力加大时期，当前的基建投资并未像过去一样表现出政策托底特性，反而高技术产业投资同比增长 8.0%，高于全部投资 5.8 个百分点，成为主要的拉升因素。

其中高技术制造业投资同比增长 7.0%，高技术服务业投资同比增长 10.2%。

第四，分地区来看，东部地区投资增速下行依旧，仍在探底进程中，中部、西部、东北地区的投资存在企稳迹象，或已触底反弹。与之相似，在房地产开发投资中，东部地区降幅依然在扩大进程中，其他地区房地产开发投资增速均已形成不同程度的触底反弹。2024 年，东部、中部、西部、东北地区投资分别同比增长 -11.0%、-9.4%、-8.9%、-21.8%，分别较 2023 年上涨 -3.2 个、22.6 个、52.2 个、2.7 个百分点。从 2024 年房地产开发投资走势来看，东部地区仍在进一步探底进程中，而其他三个地区触底反弹迹象越来越明显。2024 年，东部地区房地产开发投资同比增长 -11.0%，较前三季度下降 1.9 个百分点，投资增速依然处于逐月下降进程中，也低于 2023 年 3.2 个百分点；而其他三个地区的房地产开发投资增速在进入下半年后呈现震荡上涨态势，且均显著高于 2023 年房地产开发投资增速。2024 年，中部、西部、东北地区房地产开发投资分别同比增长 -9.4%、-8.9%、-21.8%，分别高于上半年 1.4 个、3.2 个、-1.5 个百分点，分别高于 2023 年 22.6 个、52.2 个、2.7 个百分点。

第五，国际环境复杂多变，工业企业利润下行，民间投资、外商投资下降。当地时间 2024 年 5 月 14 日，美国宣布对中国太阳能电池、电动汽车等商品加征关税，其中电动汽车加征关税从 25% 提升至 100%，动力电池关税从 7.5% 提升至 25%，电池零部件关税从 7.5% 提升至 25%；当地时间 2024 年 7 月 4 日，欧盟发布公告称，将对 3 家中国样本企业——比亚迪、吉利汽车和上汽集团分别加征 17.4%、19.9% 和 37.6% 的临时关税；当地时间 2024 年 8 月 26 日，加拿大表示将对从中国进口的电动汽车、钢铝产品分别加征 100%、25% 的关税；当地时间 2024 年 10 月 28 日，美国宣布，将禁止对中国半导体、量子技术以及人工智能这三大领域的投资行为。2024 年，国际环境进一步复杂，受其影响，外商来华投资持续下滑。2024 年，中国固定资产投资中外商投资同比增长 -10.0%，较 2023 年下滑 10.6 个百分点，较中美贸易摩擦前的 2016 年下降 22.4 个百分点（见图 1-12）。另外，2024 年工业企业利润继续下行，截至 2024 年 11 月，工业企业利润累计同比下降 4.7%，受企业利润持续下行影响，企业扩大再生产意愿不高，民间投资继续下行，2024 年民间投资同比下降 0.1%，占全部投资比重已降至 50.1%，较 2019 年占比下降 6.3 个百分点，较 2016 年占比下降 11.1 个百分点。

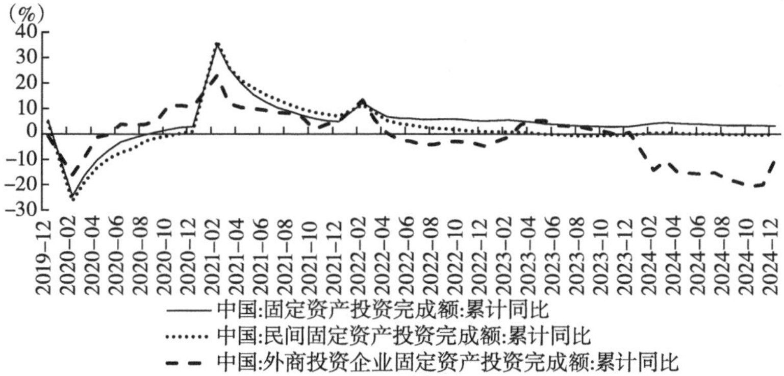

图 1-12　固定资产全部投资、外商投资、民间投资累计同比增速

资料来源：Wind 数据库，北京大学国民经济研究中心。

3. 进出口

2024 年，中国进出口总额为 61622.9 亿美元，同比增长 3.8%，较 2023 年上涨 8.8 个百分点，呈震荡上行趋势。其中，进口总额为 25850.7 亿美元，同比增长 1.1%，较 2023 年上涨 6.6 个百分点；出口总额为 35772.2 亿美元，同比增长 5.9%，较 2023 年上涨 10.6 个百分点。贸易顺差为 9921.5 亿美元，较 2023 年增长 1700.6 亿美元。总体来看，2024 年中国对外贸易小幅扩张，贸易增速高于 2023 年。详见图 1-13、图 1-14。

综合而言，2024 年中国对外贸易表现出以下几方面特点。

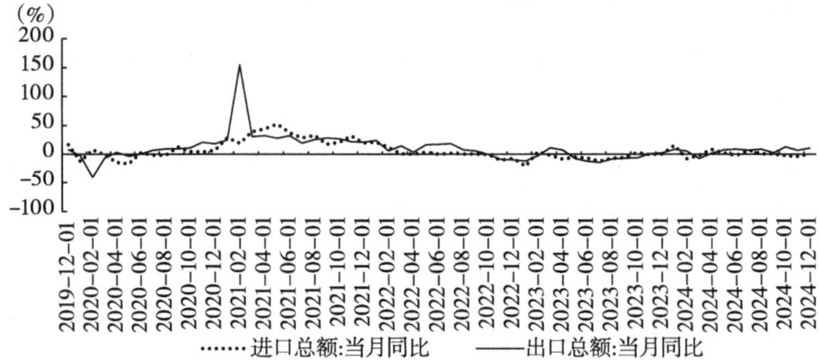

图 1－13　进口总额、出口总额当月同比增速

资料来源：Wind 数据库，北京大学国民经济研究中心。

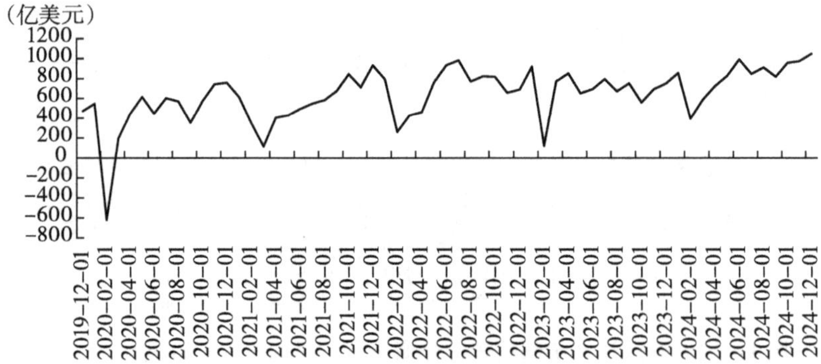

图 1－14　贸易顺差当月值

资料来源：Wind 数据库，北京大学国民经济研究中心。

（1）出口方面

第一，全球经济弱复苏，叠加基数效应，出口额增速上涨。2024 年出口总额为 35772.2 亿美元，同比增长 5.9%，较 2023 年上涨 10.6 个百分点，这主要得益于 2023 年的低基数效应。2023 年出口总额同比增长 -4.6%，是 1994 年以来除 2009 年、2016 年以外的第三低点，对 2024 年形成了明显的低基数效应。同时，与 2023 年相比，美国、欧盟、东盟等中国主要的出口伙伴经济弱复苏。2024 年，美国、欧盟、东盟、日本的制造业 PMI 平均值高于 2023 年，尤其是美国、东盟经济复苏明显，PMI 均值在 50 以上，经济处于景气区间。

第二，国别出口结构变化继续，传统出口贸易伙伴的比重继续下降，对共建“一带一路”国家和地区出口比重上升。从大洲来看，对亚洲、拉丁美洲出口比重上升，对大洋洲出口比重下降；从区域组织来看，对欧盟出口占比下降，对东盟出口占比上升；从主要国家和地区来看，对美、欧、日、韩等传统贸易伙伴出口占比下降明显，对东南亚地区、中西亚地区、欧洲东部地区主要国家出口占比上涨显著，尤其是沙特阿拉伯、越南、泰国、印度尼西亚等国。

其实 2023 年以来，这种国别分化就愈加显著。2022 年，中国对美国、欧盟、日本的出口总额分别占全部出口总额的 16.4%、15.9%、4.9%，到了 2024 年这一占比则降至 14.7%、14.4%、4.2%，其中 2024 年，受经济复苏缓慢等因素影响，中国对欧盟出口比重的下滑快于对美国的下滑，与 2023 年同期相比，中国对美国、欧盟出口比重分别下滑 0.1 个、0.4 个百分点。与之相对，中国对俄罗斯、白俄罗斯、沙特阿拉伯、越南等共建“一带一路”国家以及拉丁美洲的出口占比明显上涨。2022 年，中国对俄罗斯、白俄罗斯、沙特阿拉伯、越南出口的占比分别为 2.15%、0.09%、1.07%、4.15%，到了 2024 年这一占比则涨至 3.23%、0.16%、1.25%、4.53%。可见，尽管中国对沙特阿拉伯的出口占全部出口总额的比重较小，但增长速度很快。

第三，从出口产品的类别来看，一方面，电动载人汽车、锂离子蓄电池等“新三样”出口增长较快，服装鞋帽、玩具、灯具等出口额持续下滑；另一方面，欧美对华制裁政策加剧，2024 年电动载人汽车等“新三样”出口额增速受到影响。2020 年“新三样”占中国出口总额比重为 1.54%，到了 2023 年这一比重已经涨到 4.45%，其中电动载人汽车的出口额增长尤为快速，2020 年、2021 年、2022 年电动载人汽车的出口额分别同比增长 136.2%、235.9%、122.2%。与此同时，服装及衣着物附件、箱包及类似容器、鞋、玩具、灯具、照明装置及零件的合计出口额占全部出口总额的比重呈逐年下降的趋势，2020 年这一比重为 10. 21% ，到了 2024 年这一比重则降至 9. 02% 。受贸易制裁影响，2024 年中国的“新三样”出口相对下降。2024 年 1—11 月，锂离子蓄电池、太阳能蓄电池出口额增速由正转负，分别同比增长 -7. 8% 、-30. 7% ；电动载人汽车同比增长 13. 5% ，虽依然保持两位数同比正增长，但增速较 2023 年同期大幅下降，2023 年 1—11 月为 74. 7% 。

（2）进口方面

第一，低基数效应使得 2024 年进口额增速小幅上涨。2024 年进口总额为 25850. 7 亿美元，同比增长 1. 1% ，较 2023 年上涨 6. 6 个百分点，这主要得益于 2023 年的低基数效应。2023 年进口额同比增长 -5. 5% ，是 1994 年以来除 2009 年、2015 年以外的最低值，对 2024 年形成了明显的低基数效应。

第二，房地产市场低迷，国内经济下行压力不减，抑制进口额增速。尽管 2024 年的进口额增速较 2023 年有所上涨，但依然处于历史低位，主要是因为中国国内经济下行压力不减，内需收缩，尤其是房地产市场低迷，使得对钢铁、煤炭等大宗商品需求收缩。铁矿砂、煤炭等相关大宗商品在中国的全部商品进口中占比较大，其需求收缩导致全部进口增速下降。2024 年中国房地产开发投资同比下降 10. 6% ，是历史最低值，全国固定资产投资同比增长 3. 2% ，也处于历史底部，显示出中国国内有效需求不足，抑制进口增速上行。国际方面，以美欧为首的西方国家继续渲染“中国威胁论”，进一步打压中国，抑制中国的发展，国际环境的变化进一步抑制了中国国内经济的增长，不利于进口增速的上行。

第三，国别贸易结构变化继续。从美西方的进口占比下降明显，从共建“一带一路”国家及拉丁美洲进口增速上升，从发展中国家进口的占比显著上升。一方面，以美国为首的发达国家限制中国的发展，采取“小院高墙”政策，提高贸易壁垒，尤其是限制中国对高技术产品的进口。2023 年底，美国商务部发布了“芯片与科学法案”，通过资金补贴、降低税费吸引全球主要公司在美国投资建厂，同时限制这些公司对中国芯片的供给。2024 年 1—10 月，中国从美国、欧盟、日本、韩国的进口额占全部进口总额的比重分别为 6.4%、10.5%、5.9%、6.9%，较 2017 年同期分别下降 1.9 个、2.8 个、3.1 个、2.6 个百分点。另一方面，中国与发展中国家的贸易往来越来越密切，尤其是与共建“一带一路”国家和拉丁美洲。2024 年 1—10 月，中国从俄罗斯、土耳其、沙特阿拉伯、阿拉伯联合酋长国、东盟、拉丁美洲等国家与地区的进口额占全部进口总额的比重分别为 5.05%、0.07%、2.26%、1.40%、15.18%、9.51%，较 2017 年同期分别上涨 2.82 个、0.07 个、0.56 个、0.73 个、2.59 个、2.52 个百分点。

（四）价格

2024 年，中国整体通胀率延续低位前行、底部徘徊的状态，反映出当前有效需求不足的现状。2024 年，CPI 同比增长 0.2%，与 2023 年持平，是 2010 年以来历史同期最低点；PPI 同比增长 -2.2%，仅较 2023 年高 0.8 个百分点，依然同比负增长，是 2017 年以来历史同期次低点。详见图 1-15。

受收入预期影响，居民消费需求收缩，拉低居民消费价格增速上行，CPI 增速持续低位徘徊。2024 年全国居民人均可支配收入为 41314 元，同比增长 5.3%，较 2023 年下滑 1.0 个百分点，较疫情前的 2019 年下滑 3.6 个百分点。居民收入增速下滑显著，尤其是财产性收入增速已由 2019 年的 10.1% 降至当前的 2.2%，下降了 7.9 个百分点。收入增速的下滑使得居民收入预期不稳，直接导致居民消费需求收缩，抑制 CPI 增速上涨。

2024 年，一方面，中国外部贸易环境依然趋紧，经济下行压力不减，工业企业利润继续低位徘徊，工业企业扩大再生产意愿下降，工业品需求收缩。另一方面，2024 年房地产市场低迷，房地产开发投资同比增长 -10.6%，是有记录以来历史同期最低值，房地产开发投资下

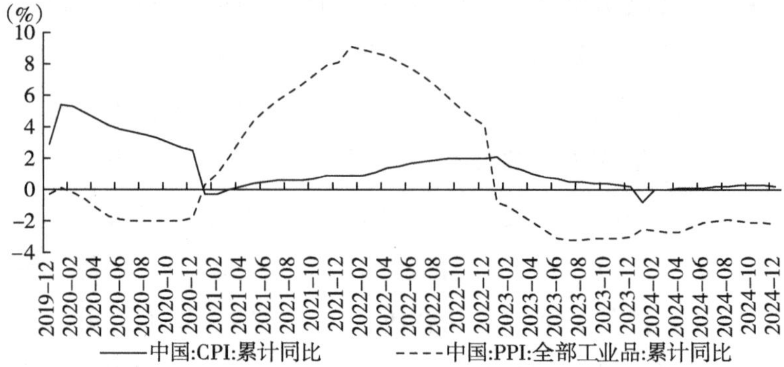

图 1－15　CPI、PPI 累计同比增速

资料来源：Wind 数据库，北京大学国民经济研究中心。

行，使得钢铁、煤炭等主要工业品需求收缩，PPI 继续同比负增长。

1. CPI

2024 年，CPI 同比增长 0.2%，与 2023 年持平，较 2019 年低 2.7 个百分点，全年居民消费价格增速低位徘徊，波动幅度较小。第一季度，受春节错位因素影响，CPI 当月同比增速上下波动幅度较大，整体第一季度 CPI 同比增长 0.0%；第二季度，CPI 增速波动较小，平均同比增长 0.3%，其中食品价格同比负增长，约为－2.3%，非食品价格增速走势平稳，保持在 0.8% 左右；第三季度，食品价格上涨推动 CPI 增速小幅上涨，平均为 0.5%；第四季度，受暖冬天气影响，食品价格增速明显下滑，拉低 CPI 增速，平均为 0.2%。详见图 1－16。

综合而言，2024 年 CPI 表现出以下三方面特征。

第一，居民消费价格增速底部徘徊。2024 年，CPI 同比增长 0.2%，与 2023 年持平，是 2010 年以来历史同期最低值。与过去主要受猪肉、能源等单项居民消费品价格波动影响不同，当前呈现出居民消费价格普遍下跌的状况，即食品、非食品、核心 CPI、消费品、服务价格增速均处于历史低位，是整体价格增速下行的原因。2024 年核心 CPI 同比增长 0.5%，是有记录以来最低值；服务价格同比增长 0.5%，仅较疫情时 2020 年同期高 0.1 个百分点，是 2010 年以来的次低点；食品

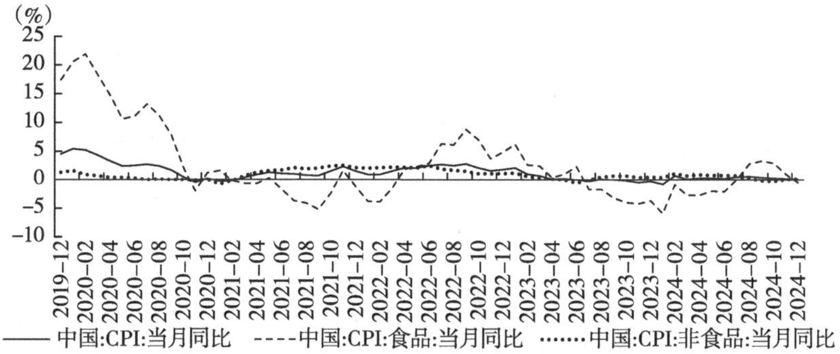

图 1－16　CPI、食品、非食品当月同比增速

资料来源：Wind 数据库，北京大学国民经济研究中心。

价格同比负增长，非食品价格增速虽然是同比正增长但未达到“1”。另外，值得注意的是，尽管 2023 年同期存在明显的低基数效应，2024 年 CPI 同比依然低位运行，也就是说，CPI 同比增速连续两年低位运行，反映出当前居民消费有效需求不足的现状。

第二，受极端天气影响，年内 CPI 增速小幅上涨。分季度来看，第三季度 CPI 增速小幅上涨，高于第一、第二季度，这主要是夏季极端天气导致食品价格大幅上涨，推动 CPI 增速阶段性上行。2024 年上半年，水果、肉、蛋、奶价格下行明显，使得上半年食品价格均呈同比负增长状态。至 7 月、8 月、9 月，受强降雨、部分地区洪涝灾害影响，食品供给减少，果蔬等食品价格大幅上涨，食品价格同比由负转正，对 CPI 增速转而起到拉升作用。7 月鲜菜价格由 6 月的同比下降 7.3% 转为同比增长 3.3%，上涨 10.6 个百分点；8 月鲜菜价格增速进一步涨至 21.8%，较 7 月上涨 18.5 个百分点，较 6 月上涨 29.1 个百分点。7 月、8 月尽管非食品价格增速有所下滑，但受食品价格增速上涨推动，CPI 增速分别较 6 月上涨 0.3 个、0.4 个百分点。详见图 1－17。

第三，与 2023 年的猪周期不同，2024 年影响畜肉类价格走势的主要因素是牛羊肉。2024 年，牛肉、羊肉价格出现了大幅下跌，尤其是牛肉。2024 年牛肉、羊肉价格分别累计同比下跌 11.6%、6.1%，与此

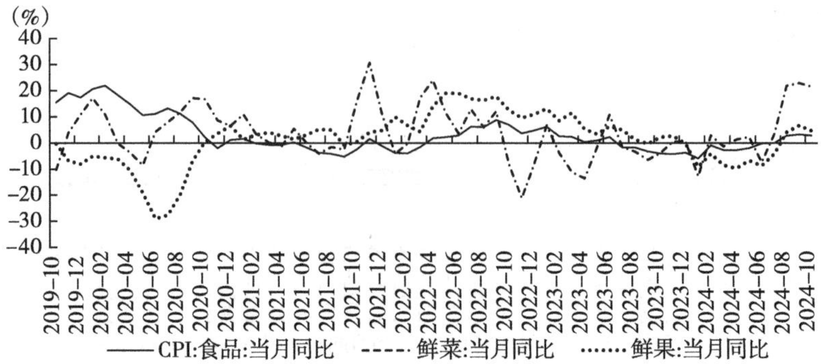

图 1－17　食品、鲜菜、鲜果价格当月同比增速

资料来源：Wind 数据库，北京大学国民经济研究中心。

同时，猪肉价格累计同比增长 7.7%。与猪肉价格相比，牛肉、羊肉价格波动幅度相对较小，对居民的影响相对较小，这主要是由中国的饮食习惯决定的，中国是以猪肉消费为主的国家，牛肉、羊肉消费量相对较小，故其价格波动对 CPI 增速的影响相对较小。详见图 1－18。

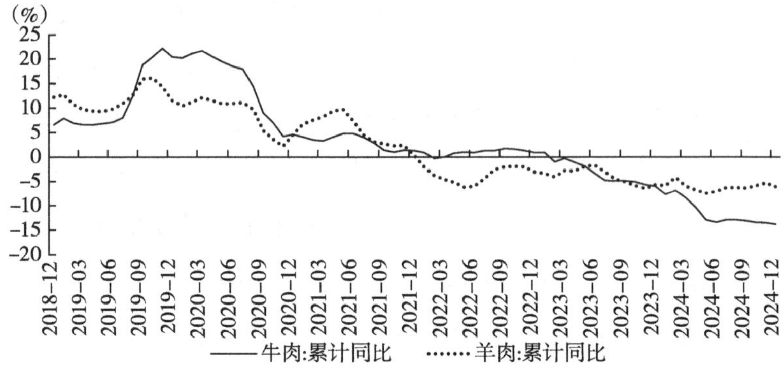

图 1－18　牛肉、羊肉价格累计同比增速

资料来源：Wind 数据库，北京大学国民经济研究中心。

2. PPI

2024 年，PPI 同比增长－2.2%，较 2023 年上涨 0.8 个百分点，较 2019 年低 1.9 个百分点，工业品价格继续下行，全年工业品价格增速在底部徘徊。上半年，受基数效应影响，PPI 增速呈小幅上升状态，随着低基数效应的消失，叠加工业品需求下行压力加大的影响，7 月以后 PPI 增速再次进入下行区间，前三季度 PPI 同比呈倒“V”形走势。PPI 第一季度同比增长 -2.7%；第二季度小幅上升，同比增长 -1.6%，较第一季度上涨 1.1 个百分点；第三季度再度下行，PPI 同比增长 -1.8%，较第二季度下降 0.2 个百分点。从单月来看，前 10 个月 PPI 同比呈倒“N”形走势，PPI 同比增速从 1 月的 -2.5% 降至 3 月的 -2.8% 后，再次上涨；6 月 PPI 同比涨至 -0.8% 后，再次下跌；10 月 PPI 同比增长 -2.9%，较 6 月下降 2.1 个百分点；年末 11 月、12 月受基数效应影响，PPI 降幅收窄，分别同比增长 -2.5%、-2.3%。见图 1 -19。

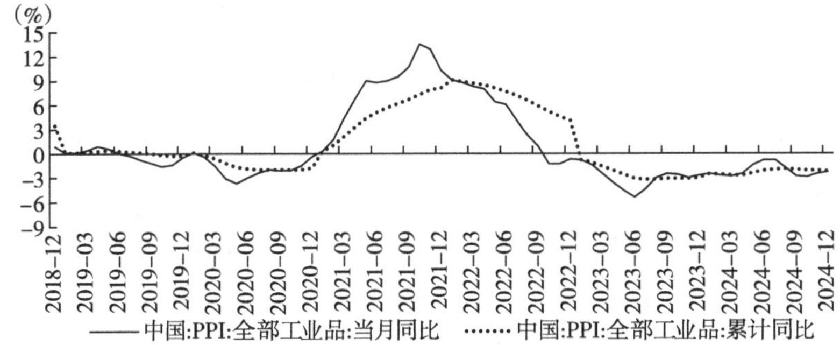

图 1 -19　PPI 当月同比、累计同比增速

资料来源：Wind 数据库，北京大学国民经济研究中心。

综合而言，2024 年 PPI 表现出以下四方面特征。

第一，加工工业价格下降，PPI 增速持续走低。与以往受国际大宗商品价格波动影响 PPI 增速大幅波动不同，当前 PPI 持续同比负增长的主要原因是国内工业有效需求不足，工业品价格持续下降。主要体现在，当前拉低 PPI 增速的主要是加工工业价格不断下滑，拉低 PPI 增速。2024 年，加工工业价格同比增长 -2.9%，与采掘业持平，低于原材料业 1.2 个百分点，约影响 PPI 下降 1.5 个百分点，对 PPI 累计同比下降 2.2% 的贡献率达到 69% 左右。详见图 1 -20。

第二，房地产市场低迷，相关工业品价格持续下行。2023 年以来，中国国内房地产市场产能去化，连续两年房地产开发投资增速维持在同

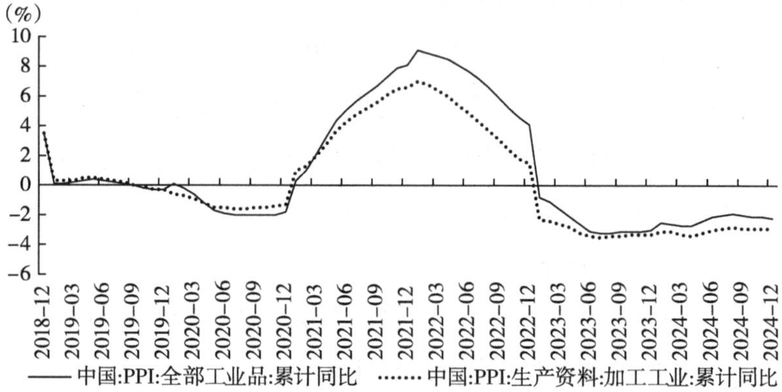

图 1-20　PPI、加工工业价格累计同比增速

资料来源：Wind 数据库，北京大学国民经济研究中心。

比下降 10%左右。房地产市场低迷使得相关工业品需求收缩，拉低传统加工工业品价格，2024 年石油煤炭及其他燃料加工工业、非金属矿物制品业价格分别同比增长 -4.3%、-6.3%。

第三，有色金属一枝独秀，逆势上涨。尽管 2024 年 PPI 同比显著下降，但有色金属逆势大幅上涨。2024 年有色金属矿采选业价格累计同比增长 13.2%、有色金属冶炼和压延加工业价格累计同比增长 6.4%，高于 PPI 累计同比 15.4 个、8.6 个百分点，是主要行业中唯一价格大幅上涨的种类。见图 1-21。

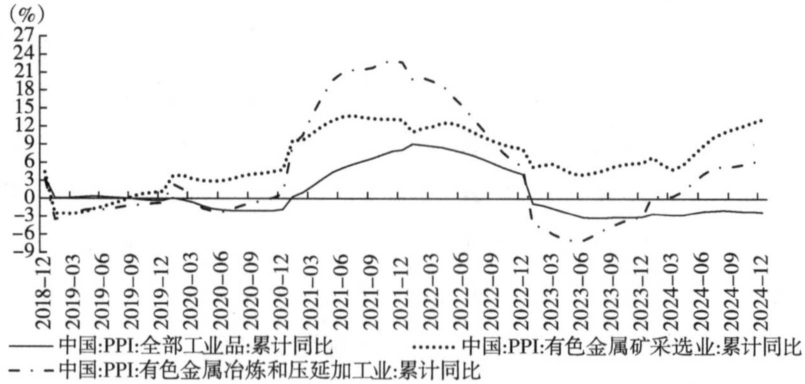

图 1-21　PPI、有色金属矿采选业、有色金属冶炼和压延加工业价格累计同比增速

资料来源：Wind 数据库，北京大学国民经济研究中心。

第四，耐用消费品类价格增速大幅下跌，进一步反映出当前中国国内有效需求的不足。2024 年耐用消费品类价格同比下降 2.2%，是 2010 年以来历史同期的最低点，比生活资料价格增速低 1.1 个百分点。详见图 1－22。

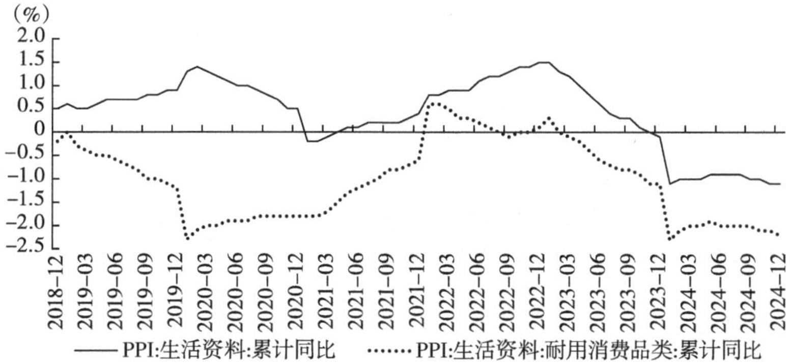

图 1－22　生活资料、耐用消费品类价格累计同比增速

资料来源：Wind 数据库，北京大学国民经济研究中心。

二、货币金融

（一）人民币贷款

2024 年，全国新增人民币贷款 180900 亿元，较 2023 年同比少增 46531 亿元。其中，短期贷款 30832 亿元，同比少增 26168 亿元；中长期贷款 123300 亿元，同比少增 37900 亿元。分部门看，居民户新增人民币贷款 27200 亿元，同比少增 16100 亿元，其中短期贷款 4732 亿元、中长期贷款 22500 亿元，分别同比少增 13068 亿元、3000 亿元；企事业单位新增人民币贷款 143300 亿元，同比少增 35800 亿元，其中短期贷款 26100 亿元、中长期贷款 100800 亿元，分别同比少增 13100 亿元、34900 亿元，而票据融资 15700 亿元，同比多增 12290 亿元。详见图 1－23。

第一，人民币贷款总量出现大幅少增，信贷结构也相应恶化，市场

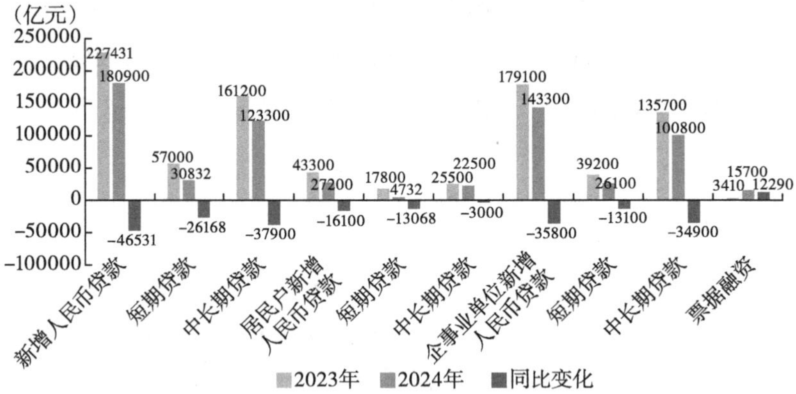

图 1 – 23　金融机构：新增人民币贷款：分项

资料来源：Wind 数据库，北京大学国民经济研究中心。

预期不稳现象凸显。

2024 年，全国新增人民币贷款同比少增 46531 亿元，降幅达 20.46%，相较于上年全年多增 14335 亿元，增幅达 6.73%，形成强烈反差，显示 2024 年以来全国信贷需求面临大幅下降的风险。进一步从信贷结构来看，短期贷款同比少增 26168 亿元，降幅达 45.91%，中长期贷款同比少增 37900 亿元，降幅达 23.51%，而上年全年增幅分别为 38.68%、16.73%，两者同样形成较强反差，显示 2024 年以来信贷结构并未延续上年的良好趋势，恶化风险明显增加。因此，从总量层面来看，2024 年全国信贷需求实际面临较强下滑风险，尽管多轮稳增长政策持续落地，包括降息、降准、楼市松绑、设备以旧换新等，但实际并未扭转信贷需求的颓势，表明市场预期不稳现象依旧存在，且未发生根本转变。详见图 1 – 24。

第二，居民户信贷规模大幅缩减，短期信贷需求锐减是主因，中长期依然延续颓势。

2024 年，全国居民户新增人民币贷款同比少增 16100 亿元，降幅达 37.18%，相较于上年全年多增 5000 亿元，增幅为 13.05%，前后反差巨大，显示居民户信贷需求在 2024 年发生明显反转，而且需求下降

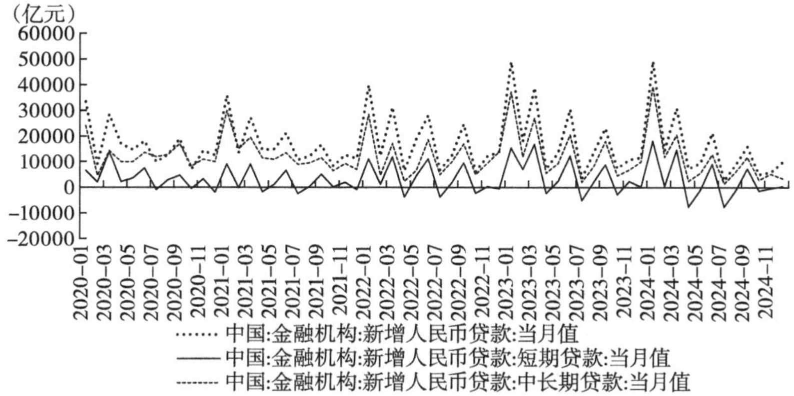

图 1－24　金融机构：新增人民币贷款

资料来源：Wind 数据库，北京大学国民经济研究中心。

幅度远超预期。进一步从居民户的信贷结构来看，短期贷款同比少增 13068 亿元，降幅达 73.42%，中长期贷款同比少增 3000 亿元，降幅达 11.76%，表明 2024 年短期贷款的大幅下滑是拖累居民户信贷的主要分项，这也正好印证了当前内需不足的现象，尤其是消费方面。对于中长期贷款，2023 年全年同比少增 2000 亿元，降幅为 7.27%，已经显现出一定程度的颓势，而 2024 年进一步延续了这种趋势，中长期贷款降幅扩至 11.76%，预示着 2024 年各类楼市松绑政策以及降准、降息等金融政策的效果未达预期，居民户信贷需求仍待提振。详见图 1－25。

第三，企事业单位信贷规模大幅缩减，票据融资大幅冲量也难掩颓势。

2024 年，全国企事业单位新增人民币贷款同比少增 35800 亿元，降幅为 19.99%，相较于 2023 年多增 8200 亿元，增幅为 4.8%，同样形成反差，表明 2024 年企事业单位的信贷需求也出现反转，不足现象跃然纸上。从企事业单位的信贷结构来看，不管是短期贷款还是中长期贷款，均表现出信贷需求下降的趋势，相较于 2023 年已然发生显著反转，2023 年全年短期贷款和中长期贷款均表现出较好的现状，短期贷款同比多增 8900 亿元，增幅为 29.4%，中长期贷款同比多增 25100 亿元，

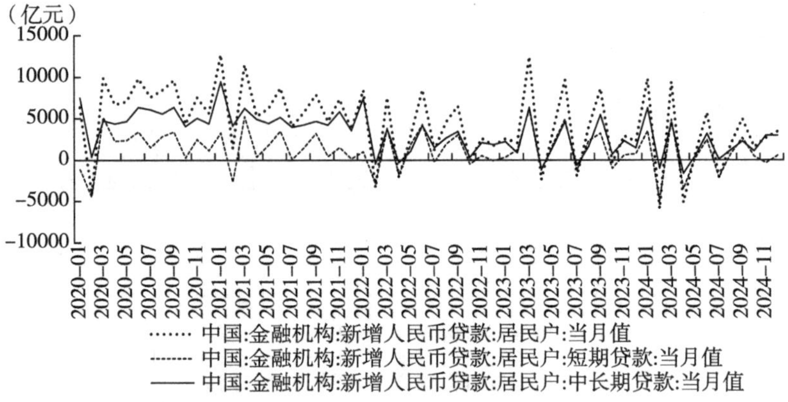

图 1－25　金融机构：新增人民币贷款：居民户

资料来源：Wind 数据库，北京大学国民经济研究中心。

增幅为 22. 69%，2024 年则分别大幅下降 33. 4%、25. 7%，显示 2024 年以来的稳增长政策以及宽松的货币环境并未产生显著的效果，导致票据融资大幅冲量也是独木难支。详见图 1－26。

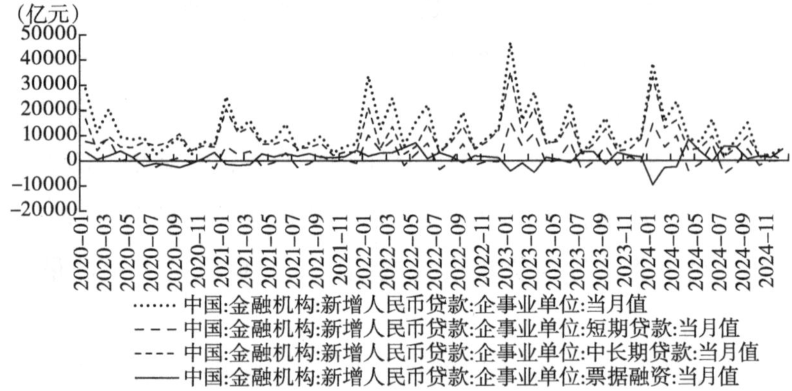

图 1－26　金融机构：新增人民币贷款：企事业单位

资料来源：Wind 数据库，北京大学国民经济研究中心。

（二）M1 和 M2

2024 年，狭义货币（M1）余额 67. 1 万亿元，同比下降 1. 4%，较 2023 年下降 2. 7 个百分点；广义货币（M2）余额 313. 53 万亿元，同比增长7.3%，较2023年下降2.4个百分点。

第一，M1和M2同比增速均处于历史低位，尤其是M1，出现有史以来的连续负增长。

2024年，M1和M2同比增速均呈现"U"形走势，其中M1于9月筑底反弹，M2于6月筑底反弹，但两者增速均处于历史较低水平。M1同比增速自2024年以来高开低走，并从4月进入负增长阶段，显示M1余额自2024年4月以来开始出现收缩，表明活化资金持续转出，经济活力不足。尽管M1同比增速自9月出现反弹，但增速依然较低，M1仍处于收缩阶段。M2同比增速自2024年以来则持续下探，最低至6月的6.2%，之后开始反弹，并在一系列稳增长政策作用下反弹明显。详见图1－27。

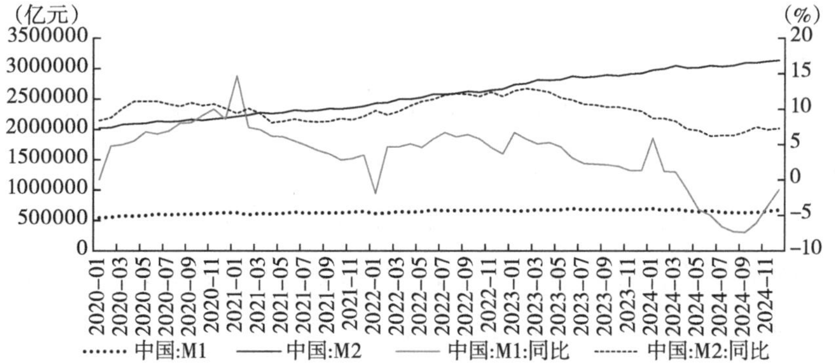

图1－27　M1和M2余额与同比增速

资料来源：Wind数据库，北京大学国民经济研究中心。

第二，M2与M1同比增速差由持续扩大变为持续收缩，资金活化程度偏低。

从M2与M1的同比增速差看，2024年末两者的同比增速差为8.7%，自2024年1月以来增速剪刀差呈现持续扩大的趋势，反映出资金活化程度在2024年处于持续下降的态势，10月表现出反转，增速差开始边际收缩。这主要是因为9月底的新一轮稳增长政策开始出现效果，市场预期可能边际改善，同时前期财政发力带动的财政存款开始向居民户和企业转移，资金流动性提升。详见图 1－28。

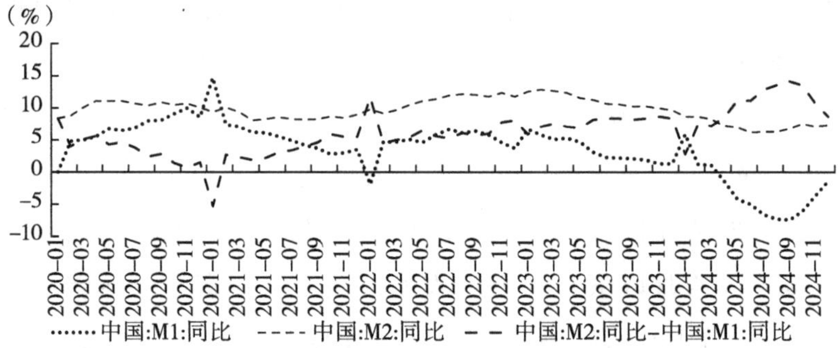

图 1－28　M1、M2 和 M2－M1

资料来源：Wind 数据库，北京大学国民经济研究中心。

第三，社会融资规模和 M2 同比增速差处于低位，资金利用率基本持平。

从社会融资与 M2 的同比增速差看，2024 年末两者的同比增速差为 0.7%，较 2023 年提高 0.9 个百分点，自 2024 年 1 月以来增速剪刀差实现了由负转正，后续月份沿袭倒“U”形走势，随着 7 月 M2 同比增速触底反弹，资金需求与供给持续处于较为平衡的状态，预示着资金利用率相对较高。但是伴随 M2 同比增速出现持续的反弹迹象，社会融资同比增速依然持续下降，仍需持续关注。详见图 1－29。

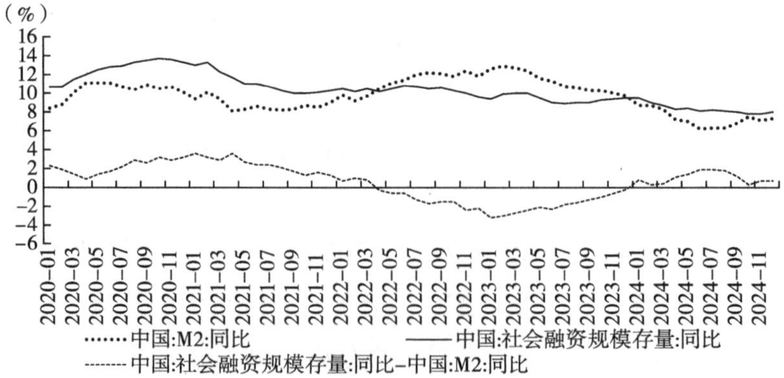

图 1－29　社会融资、M2 和社会融资－M2

资料来源：Wind 数据库，北京大学国民经济研究中心。

（三）人民币汇率

2024 年人民币对美元汇率在 7.0～7.3 区间震荡前行，走势相对平稳。其中，1—7 月人民币汇率整体呈震荡下行态势，1 月离岸人民币对美元平均报 7.1815，7 月离岸人民币对美元平均报 7.2783，累计下跌 968 个基点，其间，2 月、3 月走势平稳，人民币对美元报价基本维持在 7.22 左右，6 月、7 月人民币贬值压力增加，人民币对美元报价达到 7.28 左右；8—10 月，受美联储降息及降息预期影响，人民币汇率阶段性上涨，离岸人民币对美元平均报价为 7.07～7.15；11 月，特朗普在美国新一届总统选举中胜出，受特朗普效应影响，人民币汇率再次承压，11 月离岸人民币对美元平均报 7.21，较 10 月平均报价下跌 1048 个基点。详见图 1－30。

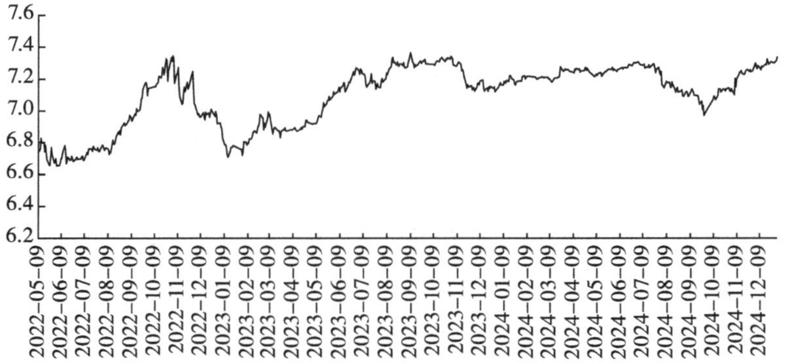

图 1－30　离岸人民币汇率

资料来源：Wind 数据库，北京大学国民经济研究中心。

综合而言，2024 年人民币汇率表现出以下两方面特点。

第一，受国内外综合因素影响，2024 年人民币大幅升值动力较小。国际方面，2024 年，美国经济强势复苏，尽管连续数月受美联储降息及降息预期影响，但总体来看，2024 年仍处于强美元的走势当中，美元指数全年均值为 103.9，高于 2023 年的 103.4，是 2003 年以来的次高点。美元指数走高，人民币汇率承压。国内方面，复杂的国内外环境下，“稳中求进”是 2024 年的工作总基调，在经济增速没有大幅上涨的情况下，不存在人民币大幅升值的基础。同时，以美国为首的西方国家对中国进行贸易制裁，采取“小院高墙”的策略，提高关税，减少与华的贸易往来，一定程度抑制了人民币的升值空间。

第二，人民币走势相对平稳。2024 年，导致人民币汇率波动的主要因素是美元指数的单边波动，人民币被动升值或贬值。导致美元指数波动的因素较为复杂，每个阶段各有不同，但不仅人民币受美元指数走势的影响，全球其他货币也随之上下波动，相对于全球其他货币而言，2024 年人民币走势平稳。2024 年 11 月，在特朗普赢得美国总统选举以后，受特朗普对非美国家加征关税的预期以及 12 月美联储降息预期降温的影响，欧元、英镑等欧洲货币大幅贬值，引致美元指数大幅上涨，间接影响亚洲货币，使得人民币、日元、新加坡元等亚洲货币贬值。这种受美元指数波动的影响是对全球大部分货币存在的，相对而言，人民币走势平稳，并未发生大幅的、超预期的上涨或下跌。截至 2024 年 11 月 14 日，离岸人民币对美元收报 7.2528，较此轮波动前的 11 月 6 日收盘价下跌 0.54%，与此同时，欧元、英镑、新加坡元、日元对美元汇率收盘价分别下跌 1.85%、1.66%、1.04%、1.05%，美元指数则上涨 1.63%；延续前期趋势，截至 11 月 22 日，欧元、英镑对美元汇率相对 11 月 6 日进一步下降 2.87%、2.70%，美元指数上涨 2.22%，而人民币汇率仅下跌 0.76%。可见，在本轮全球汇率波动中，人民币走势相对平稳。与之类似，2024 年上半年，亚洲货币集体贬值，日元、韩元等波动较大，人民币走势依然相对平稳。

三、总结

本章从实体经济和货币金融两个方面回顾了 2024 年中国经济形势，在实体经济方面，全年保持“稳中求进”的工作总基调，国内生产总值温和增长。在价格方面，当前居民消费有效需求不足，CPI 同比增速连续两年低位运行；工业企业利润继续低位徘徊，工业企业扩大再生产意愿下降，工业品需求收缩，PPI 继续同比负增长。在货币金融方面，人民币贷款总量出现大幅少增，信贷结构相应恶化，市场预期不稳凸显。M2 总量平稳增长，增速剪刀差由 2024 年 1 月以来的持续扩大趋势变为 10 月开始持续收缩，资金活化程度偏低。在汇率方面，受国内外综合因素影响，2024 年人民币大幅升值动力较小，相对于全球其他货币，人民币走势相对平稳。

第二章　2025 年影响中国经济安全的因素

2025 年，中国宏观经济受到多方面因素的影响。国内方面，一是全国总人口持续下降引致的劳动力人口加速减少和老龄化程度日益加深问题拖累未来经济发展；二是支柱产业调整幅度较大，如房地产市场持续低迷，但新能源产业发展较快等。国际方面，一是地缘政治风险日益凸显，包括未来中美关系、俄乌冲突、中东局势等，风险扰动持续增强；二是世界经济趋弱，拖累我国的外部市场。本章将详细阐述国内方面的人口问题、市场预期不稳、高技术产业发展受阻、支柱产业调整以及国际方面的地缘政治风险、中美关系、全球能源格局、世界经济趋弱八个方面因素对 2025 年中国经济的影响。

一、国内影响因素

（一）人口问题

根据国家统计局公布的数据，2024 年中国总人口为 140828 万，比 2023 年末减少 139 万，人口连续两年出现负增长；全年出生人口为 954 万，比 2023 年增加 52 万；死亡人口为 1093 万，比 2023 年减少 17 万。人口出生率为 6.77 ‰，比 2023 年上升 0.38 个千分点；人口死亡率为 7.76‰，比 2023 年下降 0.11 个千分点（见图 2 - 1）。从短期来看，疫情积压的生育需求释放、对生肖偏好等，使 2024 年出生人口出现反弹；从长期来看，生育率持续低迷、育龄妇女规模不断下滑，若没有实质有效的鼓励生育政策出台，未来中国总人口降幅会更加明显。

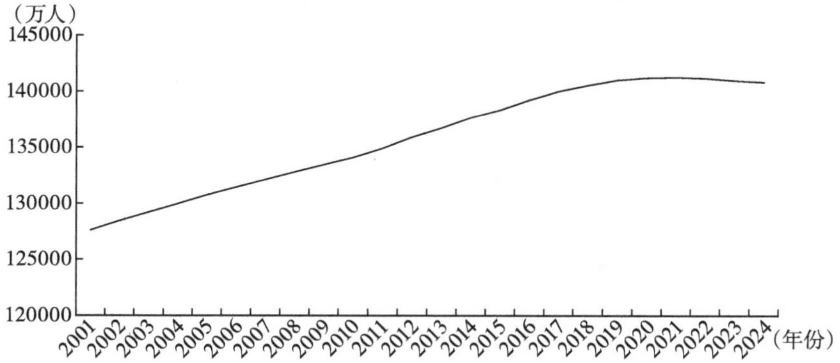

图 2－1　2001—2024 年全国总人口变化趋势

资料来源：Wind 数据库，北京大学国民经济研究中心。

进一步从各省份的情况来看，在人口出生率方面，2023 年共有 3 个省份超过了 1% 即 10‰，分别是西藏、贵州、宁夏，均为西部地区；有 5 个省份人口出生率超过了 8‰，分别是海南、青海、广西、云南、广东；甘肃、新疆、河南、陕西、福建、江西、安徽出生率超过 6.4‰，高于全国平均水平。其中，只有海南、新疆、云南 3 个省份人口出生率较上年微升，其余省份均呈现下降趋势，青海降幅最大（较 2022 年下降 1.35 个千分点），甘肃次之（较 2022 年下降 0.76 个千分点）。

从人口自然增长率来看，全国共有 23 个省份 2023 年人口自然增长率为负，分别是黑龙江、辽宁、吉林、四川、重庆、内蒙古、湖南、江苏、天津、上海、湖北、河北、山西、北京、河南、山东、云南、甘肃、陕西、安徽、浙江、江西、福建，其中浙江、江西、福建的人口自然增长率首次由正转负。分区域来看，东北地区人口自然增长率最低，川渝地区次之，其中黑龙江人口自然增长率低至 －6.92‰。此外，广西也处在人口自然负增长的边缘。详见图 2－2。

随着人口出生率的持续下滑，中国的人口年龄结构也发生了深刻改变：一是随着退休高峰的到来和新增劳动力的逐渐减少，劳动年龄人口

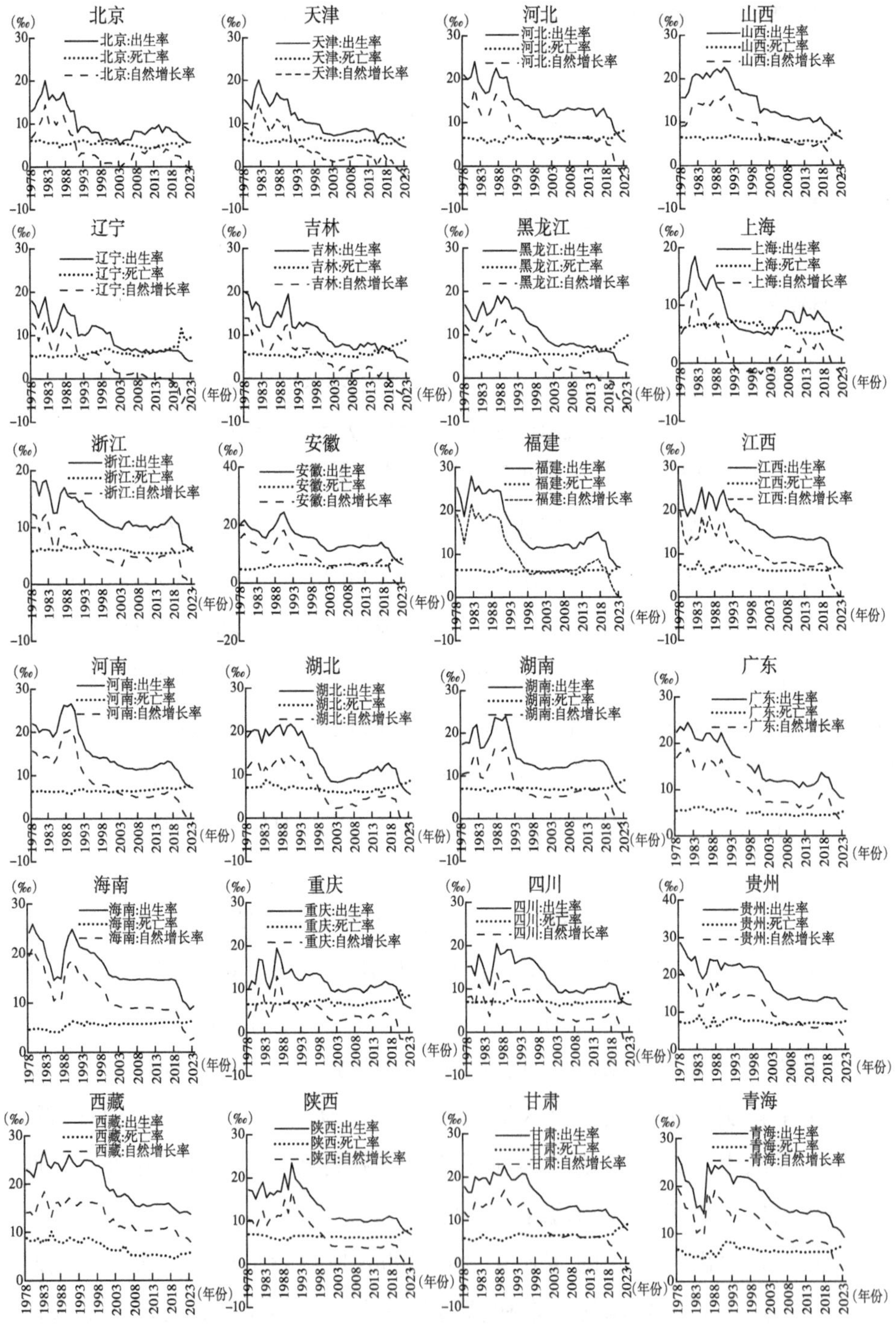
北京
北京:出生率
北京:死亡率
北京:自然增长率
天津
天津:出生率
天津:死亡率
天津:自然增长率
河北
河北:出生率
河北:死亡率
河北:自然增长率
山西
山西:出生率
山西:死亡率
山西:自然增长率
辽宁
辽宁:出生率
辽宁:死亡率
辽宁:自然增长率
吉林
吉林:出生率
吉林:死亡率
吉林:自然增长率
黑龙江
黑龙江:出生率
黑龙江:死亡率
黑龙江:自然增长率
上海
上海:出生率
上海:死亡率
上海:自然增长率
浙江
浙江:出生率
浙江:死亡率
浙江:自然增长率
安徽
安徽:出生率
安徽:死亡率
安徽:自然增长率
福建
福建:出生率
福建:死亡率
福建:自然增长率
江西
江西:出生率
江西:死亡率
江西:自然增长率
河南
河南:出生率
河南:死亡率
河南:自然增长率
湖北
湖北:出生率
湖北:死亡率
湖北:自然增长率
湖南
湖南:出生率
湖南:死亡率
湖南:自然增长率
广东
广东:出生率
广东:死亡率
广东:自然增长率
海南
海南:出生率
海南:死亡率
海南:自然增长率
重庆
重庆:出生率
重庆:死亡率
重庆:自然增长率
四川
四川:出生率
四川:死亡率
四川:自然增长率
贵州
贵州:出生率
贵州:死亡率
贵州:自然增长率
西藏
西藏:出生率
西藏:死亡率
西藏:自然增长率
陕西
陕西:出生率
陕西:死亡率
陕西:自然增长率
甘肃
甘肃:出生率
甘肃:死亡率
甘肃:自然增长率
青海
青海:出生率
青海:死亡率
青海:自然增长率
(‰)
(年份)

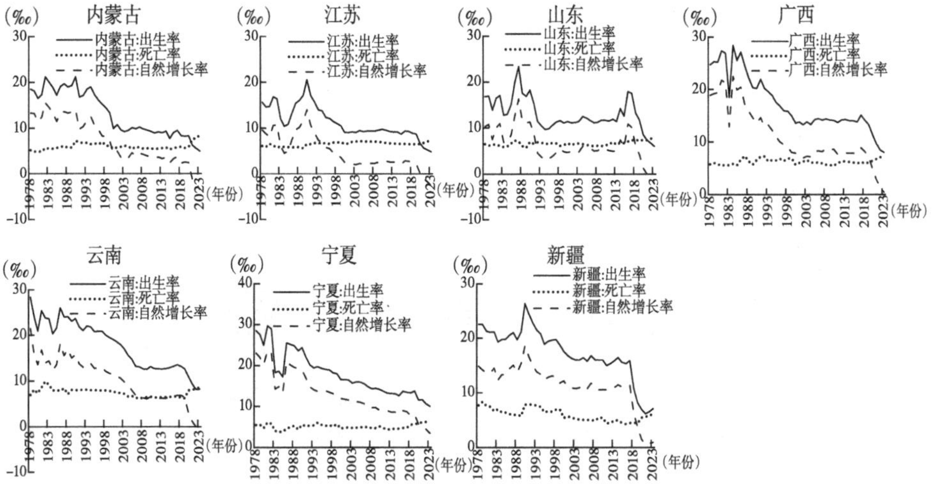

图 2－2　2023 年全国 31 个省份人口增长情况

资料来源：Wind 数据库，北京大学国民经济研究中心。

将持续加速减少；二是人口年龄结构将逐渐深度老龄化。根据国家统计局公布的人口普查数据及联合国公布的中国各年龄段人口数据，我们推算出 2025—2040 年中国 16～59 岁劳动人口数量。从图 2－3 中可以看出，不论基于哪种数据进行预测，未来劳动力人口都呈逐步缩减趋势。若从中国人口普查数据预测来看，2025 年比 2024 年劳动力人口数量减少 720 万左右；若从联合国数据预测来看，2025 年比 2024 年劳动力人口数量减少 690 万左右。中国劳动力供给下降已经是一个不争的事实，劳动力急剧下滑势必影响中国中长期经济增长。另外，中国自 2000 年初步入老龄化社会以来，人口老龄化程度日益加深，中国的老年抚养比从 2000 年的 9.9% 上升到了 2023 年的 22.5%。随着 20 世纪 60 年代出生的人逐渐步入老龄，老龄化程度将迅速加深。因此，总人口减少伴随而来的劳动力急剧下滑及人口老龄化势必影响中国中长期经济增长。详见图 2－3。

（二）市场预期不稳

官方数据显示，2024 年前三季度，按不变价格计算，中国 GDP 同

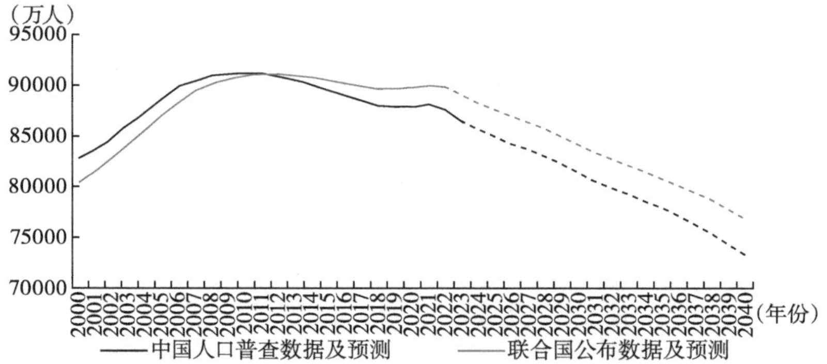

图 2-3　中国 16~59 岁劳动力人口数量及预测

资料来源：根据国家统计局公布的人口普查数据及联合国公布的人口数据计算得出。

比增长 4.8%（上年同期 5.2%）。分季度看，第一季度同比增长 5.3%（上年同期 4.5%），两年复合增长 4.9%；第二季度同比增长 4.7%（上年同期 6.3%），两年复合增长 5.5%；第三季度同比增长 4.6%（上年同期 4.9%），两年复合增长 4.7%。可见，经济增速整体较上年有所下降，除第一季度外，季度增速均略低于两年复合增速，表明中国经济恢复态势进一步放缓。2024 年 9 月中央政治局会议后，一揽子稳经济增量政策加力推出，涵盖了财政、货币、房地产市场、金融市场等方面，政策覆盖面广、针对性强，2024 年第四季度经济加快恢复。官方数据显示，2024 年第四季度，按不变价格计算，中国 GDP 同比增长 5.4%（上年同期 4.6%），两年复合增长 5.0%，季度增速高于两年复合增速。展望 2025 年，考虑国内经济恢复较缓、居民消费倾向偏弱、房地产市场尚未企稳、国际形势日趋复杂等，在没有持续政策发力的情况下，未来经济形势预期、收入预期都不容乐观。

尽管当前政策出现了积极变化，但市场普遍认为政策力度不及预期，政策更多地偏向于维稳而非刺激，比如出台化债组合拳，缓解地方政府财政压力，而在刺激消费方面的政策进展较缓。另外，2025 年美国对华加征关税也会对中国经济增长造成较大的冲击，短期内市场主体对 2025 年的经济预期或难以转好。市场预期不稳会进一步影响投资、消费和就业，在供给和需求两端同时出现收缩的状态。

从中长期经济发展目标看，《中共中央关于制定国民经济和社会发展第十四个五年规划和二〇三五年远景目标的建议》中对 2035 年远景目标定性描述：到 2035 年，我国“人均国内生产总值达到中等发达国家水平”。习近平总书记在《关于〈中共中央关于制定国民经济和社会发展第十四个五年规划和二〇三五年远景目标的建议〉的说明》中指出，“到‘十四五’末达到现行的高收入国家标准、到 2035 年实现经济总量或人均收入翻一番，是完全有可能的”。在该经济发展目标下，要求未来 15 年（2021—2035 年）GDP 复合增速达到 4.8%，这可以作为一个基准，考虑未来 15 年间保障经济在合理区间的参考速度，同时考虑“基数抬高的过程中，速度的重心会往下落”的一般经济规律，因而“十四五”政府经济发展目标的速度重心为 5.5%～6%，“十五五”为 5.0%～5.5%，“十六五”为 4.5%～5.0%，15 年年均增速接近 5%。然而，目前“十四五”区间，2021 年（8.1%）、2022 年（3.0%）、2023 年（5.2%）和 2024 年（5.0%）形成 4 年复合增长率较 2020 年增长了 5.3%，政府为了将经济运行维护在合理区间，需要在 2025 年进一步加大财政货币政策的支持力度，助力经济加快复苏，改善市场预期。

对未来收入的预期也是影响宏观经济的重要因素，主要表现为对消费的影响，收入预期不稳会直接影响消费能力以及消费意愿。2024 年中国家庭消费显著放缓，第三季度最终消费支出对名义 GDP 增长的贡献为 29%，相较于第二季度下降了 18 个百分点，而 2019 年疫情前这一数据为 57.8%。展望 2025 年，一方面，消费者商品以旧换新补贴可能会延续到 2025 年，补贴政策变相增加了个人可支配收入；股市的财富效应也有利于促进消费，但作用幅度高度依赖后续股市表现。另一方面，严峻的就业形势会降低个人未来的收入预期，进而增加预防性储蓄并减少可选消费支出，同时房地产行业仍未走出困境，房价下跌导致的财富缩水也不利于提振消费信心。未来预期收入不稳无法扭转总需求不足的格局，进而会压低实体经济增速。

（三）高技术产业发展受阻

2024 年，中国经济结构调整继续，高技术产业发展较快，领跑经济。2024 年我国高技术制造业增加值同比增长 8.9%，高于全部规模以上工业增加值增速 3.1 个百分点；高技术制造业投资同比增长 7.0%，高于全部固定资产投资增速 3.8 个百分点。习近平总书记指出：“高质量发展是‘十四五’乃至更长时期我国经济社会发展的主题，关系我国社会主义现代化建设全局。”近年来，中国外部环境变化带来的不利影响在加大。2022 年 8 月，美国总统签署了“芯片与科学法案”，通过降税、补贴的方式吸引全球主要芯片厂商去美国投资建厂，以控制芯片的出口，禁止对华出口，限制宏观的科技发展；2024 年 8 月，美国总统拜登在行将卸任前又签署了关于“对华投资限制”的行政命令，以限制美国对中国敏感技术领域的投资，并要求美企就其他科技领域的在华投资情况向美政府进行通报。欧洲方面，2024 年 7 月 4 日，欧盟委员会发布对中国电动汽车（BEV）反补贴调查报告，宣布从 7 月 5 日起对中国产电动汽车加征临时反补贴关税，加征税税率为 17.4% ~37.6% 不等，为期 4 个月。受其影响，10 月中国汽车出口增速大幅下降。

2025 年，特朗普上任，中国的外部环境更加紧张。一方面，美国与欧洲、日本等国家和地区共同对中国在高科技领域的核心零部件等进行限制；另一方面，美国通过联盟、胁迫等方式，使用高关税、出口限制等手段限制中国高技术商品的进出口。受使用场景、配套设施等影响，高技术产品一般出口欧美等发达国家。相关措施除对进出口产生直接影响外，对中国企业的海外投资、外资来华投资合作等也产生了重大影响。2024 年，固定资产投资中的外商投资企业同比下降 10.0%，再创历史新低。国际政治环境的不稳定，将直接影响企业海外投资，欧盟对中国电动汽车加征高关税，也影响了在华投资合作的欧盟车企的利益，长此以往势必降低外商对中国的投资，叠加对中国进出口的限制，随着上下游产业的传导，进而对中国国内就业产生冲击，进一步加大 2025 年就业市场的压力，抑制经济的增长。

（四）支柱产业调整

1. 传统产业提供基础支撑

20 世纪末中国住房商品化改革以来，房地产行业稳定高速发展，在国民经济体系中的地位不断上升，逐渐成为中国经济的支柱行业。然而，近年来房地产行业持续低迷，房地产市场面临着前所未有的挑战。为推动房地产行业平稳健康发展，2024 年政府接连打出政策组合拳，比如房地产信贷政策调整，包括下调 LPR 和房贷利率、降低二套房首付比例等；加快构建房地产发展新模式，包括加大保障性住房建设和供给、允许有关城市取消或调减住房限购政策、完善房地产税收制度等。2024 年 9 月 26 日，中央政治局会议明确提出，要促进房地产市场止跌回稳。相较于前几年“房住不炒”“房地产市场供求发生重大变化”“防范化解房地产领域风险”等表述，本次表态对房地产市场行情作出了明确指示，即“止跌回稳”。

从需求端看，2024 年 9 月以后，尽管全国商品房销售面积、销售金额单月同比增速仍为负值，但较上月有了明显回升。从高频数据来看，2024 年 10 月 30 个大中城市商品房成交套数环比增长 48.4%；11 月增长 12.2%，较上月下降 36.2 个百分点，恢复态势尚未企稳。居民购房在收入预期下滑、房价下跌预期等因素的影响下，观望情绪浓厚，一、二手房置换链条不畅，市场以以价换量为主，核心城市购房需求有待释放。从供给端看，房地产开发投资自 2022 年 3 月以来已经连续 30 个月维持负增长，房地产企业在资金压力、销售压力、库存压力以及对市场预期转弱等多重因素作用下新开工意愿不足，供给收缩已成为制约新房销售恢复的重要因素，因此推动房地产开发投资“止跌回稳”同样重要。2024 年 11 月，自然资源部印发《关于运用地方政府专项债券资金收回收购存量闲置土地的通知》，允许运用地方政府专项债收购存量闲置土地，改善房企资金现状，若政策较快落实将对投资开工恢复起到积极作用。

展望 2025 年，房地产市场若要企稳，一方面要依赖财政政策发力带来的居民就业和收入预期转好，另一方面要在房地产政策需求支持、供给调整、风险防控三个方向上共同发力。需求方面，包括一线城市调整或取消各类限制性措施、降低“卖旧买新”换购住房税费负担、进一步降低存量贷款利率等；供给方面，包括在一、二线城市内集中资源收储土地和收购存量商品，结合城市实际住房需求增加住房供应量，对现有存量住房进行升级改造、改规划盘活利用等；防风险方面，要落实城市房地产协调融资机制，发挥项目融资“白名单”的作用，改善企业资金环境，助力“保交楼”顺利完成，避免造成进一步的信用风险蔓延。整体来看，2025 年房地产市场将对经济发展起到一定的支撑作用。

2. 战略性新兴产业成为新的引擎

2023 年 9 月，习近平总书记在黑龙江考察时强调，整合科技创新资源，引领发展战略性新兴产业和未来产业，加快形成新质生产力。新质生产力概念的提出，进一步明确了要以科技创新推动产业创新，特别是以颠覆性技术和前沿技术催生新产业、新模式、新动能，加快培育壮大新的支柱产业。

一方面，新能源产业不断巩固领先优势。国家能源局数据显示，截至 2024 年 9 月，全国可再生能源装机达到 17.3 亿千瓦，同比增长 25.0%，约占我国总装机的 54.7%。其中，水电装机 4.3 亿千瓦，风电装机 4.8 亿千瓦，太阳能发电装机 7.7 亿千瓦，生物质发电装机 0.46

亿千瓦。中国可再生能源发电量稳步提升，发展势头依然强劲。2024 年 8 月，商务部等 7 部门印发《关于进一步做好汽车以旧换新有关工作的通知》，对报废旧车购买新能源乘用车的，补贴 2 万元。以旧换新政策显著提振了新能源汽车市场，中国汽车协会数据显示，2024 年 8 月以来，新能源汽车在整体乘用车销量中的渗透率连续 3 个月超过 50%，连续 6 个月创历史新高，新能源汽车在整体乘用车市场中的占比不断增加。此外，2024 年 11 月 21 日，商务部消费促进司在 2024 汽车金融产业峰会上透露，商务部正在提前谋划 2025 年汽车以旧换新的接续政策，稳定市场预期，这表明该政策有望在 2025 年持续。从出口数据来看，2024 年 1—10 月，中国新能源汽车出口 105.8 万辆，同比增长 6.3%，较 1—9 月下降 6.2 个百分点。数据表明，新能源汽车出口增速受部分欧美国家政策影响有所放缓，但整体规模依旧是平缓向上的。随着全球对环境保护和能源安全的重视，传统化石能源的弊端日益凸显，新能源产业的发展迎来了前所未有的机遇。风电光伏装机规模持续扩大，新能源汽车市场占比不断提升，推动了新能源产业的快速发展。

另一方面，新兴氢能、新材料等产业加快发展。数据显示，2023 年中国氢气产量达 3686.2 万吨，同比增长 4.5%。预计 2024 年，中国氢气产量将达到 3695 万吨①。中国已初步建成氢能“制、储、运、用”一体化产业链，随着技术不断进步和政策持续支持，氢能产业规模化、商业化进程将稳步提速，逐步拓展至电力、交通、建筑等场景，为中国经济和工业高质量发展作出重要贡献。中国新材料产业也呈现快速增长的态势，数据显示，2022 年中国新材料产业总产值达到约 6.8 万亿元，较 2012 年增长近 6 倍，近 5 年年均复合增长率为 15.7%；2023 年，中国新材料产业市场规模已达到 7.9 万亿元，预计 2024 年将进一步增长至 9.1 万亿元，逐渐成为稳定经济增长的重要支撑。此外，商业航天、

① 李龙．2023—2024 年中国氢能产业发展研究年度报告［R］．赛迪顾问双碳经济研究中心，2024.

低空经济等产业正在打造经济增长的新引擎，随着政策推出速度不断加快，未来有望实现更快速度增长。

整体来看，以房地产为代表的传统支柱产业在经济增速方面的影响力呈现逐渐下降的态势，以新能源产业为代表的战略性新兴产业正成为拉动经济增长的强劲引擎。

二、国际影响因素

（一）地缘政治风险

2025 年，在全球经济增速偏弱、债务压力剧增和民粹主义抬头的背景下，国际地缘政治风险仍偏大。

首先，俄乌冲突前景仍面临较大不确定性。俄乌冲突自 2022 年 2 月爆发以来，导致全球粮食减产、海运受到限制以及贸易成本提高，在 2022—2024 年不仅推高了全球粮食价格、能源价格，也推升了全球通胀水平，预计 2025 年俄乌冲突及其地缘政治影响仍面临较大的不确定性，能源市场前期油价和天然气价格上行带来的高成本压力或将持续给中国的对外贸易和投资带来一定的不确定性。

其次，中东紧张局势可能进一步加剧。2023 年 10 月 7 日开始的巴以冲突在 2024 年持续延宕且不断升级，规模和强度都超过以往多数情况，2024 年 10 月起伊以冲突也在加剧，12 月叙利亚政局突变导致供应中断和新冲突的风险增加，也使得中东地区的地缘政治格局更加复杂和不稳定。鉴于目前巴以冲突、伊以冲突等的复杂性和根源性问题尚未得到根本解决，2025 年这些冲突仍有持续甚至进一步扩大的风险，而中东是全球能源重要产区之一，该地区的地缘政治动荡可能导致国际能源品的再度波动上行，进而影响中国的能源进口成本和能源安全，对全球通胀和增长产生负面溢出效应。

地缘政治风险上升对中国经济的影响主要体现在以下三个方面。

一是企业生产方面。2025 年如果俄乌冲突以及中东紧张局势加剧，全球供应链可能再度遭受一定冲击，一些关键原材料、零部件的供应地因运输成本上升甚至运输中断而陷入困境，导致生产成本上升、交付延迟等问题。中国作为能源进口大国，能源供应的稳定性将因此受到威胁，影响国内能源密集型产业的正常生产，如化工、钢铁等行业，进而压缩相关下游产业利润空间，降低企业投资生产积极性，对经济增长产生负面影响。

二是金融市场方面。地缘政治事件往往会引发市场的避险情绪，导致资本外流和资产价格下跌。2025 年若国际地缘政治风险超预期，可能造成中国资本市场资金供应减少，影响股市、债市等金融市场的稳定发展，也导致人民币汇率承压，影响中国出口企业的利润和竞争力，还可能增加中国企业海外债务的偿还成本。

三是国际投资方面。国际投资环境恶化也会提高中国企业对外投资风险，导致企业海外投资受损，影响中国企业的国际化布局与全球资源配置。同时，也使中国吸引外资的难度增加，影响国内产业升级与技术创新所需资金的投入，不利于经济的高质量发展。

（二）中美关系

中美关系是全球最重要的双边关系之一。紧张的中美关系可能对中国经济造成负面影响，如贸易摩擦、关税和贸易限制措施会导致中国出口减少，对中国制造业和相关产业造成冲击。同时，中美之间的技术竞争和安全问题也可能影响中国的科技发展和相关产业。

随着 2024 年 11 月美国共和党候选人特朗普宣布在 2024 年总统选举中获胜，2025 年中美关系可能会迎来新的挑战，将对中国经济产生一定的负面影响。

第一，贸易方面，新关税政策可能对出口产生较大冲击。特朗普计划对大多数进口商品征收新关税，新进口税的税率普遍达 10%，甚至宣称要对中国加征高达 60% 的关税，并考虑取消最惠国待遇。2025 年 2 月1 日，美国政府以芬太尼等问题为由宣布对所有中国输美商品加征 10% 的关税。倘若特朗普进一步落实其激进关税主张，中国对美出口企业将遭受重创，出口对经济增长的拉动力将被严重削弱。另外，中美贸易关系紧张也会导致部分产业链、供应链中断或受阻，影响相关产业的生产和销售。一些依赖从美国进口关键零部件、技术或原材料的企业，可能面临供应短缺、成本上升等问题，进而影响下游产业的发展，对经济增长产生连锁反应。

第二，投资方面，中美关系恶化可能造成内外投资下滑。美国可能会通过施压盟友手段进一步限制中国企业在关键领域的海外投资布局，这将影响中国企业收益，制约中国全球投资规模增长，也会在一定程度上影响国际经济合作与交流。同时，中美关系的不稳定会使部分外资企业对在中国的投资持谨慎态度，一些已在中国投资的美资企业可能会因担心贸易风险而调整投资策略，将部分生产环节转移至其他国家，这将对相关产业的发展和就业产生一定冲击。

第三，金融方面，汇率承压影响短期经济运行，引发金融波动。美国的贸易保护主义政策可能引发人民币汇率波动，造成短期资本外流压力。若资本大量外流，将影响国内金融市场的稳定以及全球金融市场信心，极端情况下可能引发市场恐慌情绪，导致股票、债券等金融资产价格大幅波动，影响企业的融资环境和投资者的财富效应，进而间接影响实体经济的发展。此外，美国经济自身的不确定性，也会加剧全球经济的不稳定，降低全球金融市场对中国经济的信心。

（三）全球能源格局

2025 年，随着特朗普政府的执政，预计全球能源价格或继续下行。特朗普是石化能源的支持者，在其第一任任职期间即退出了《巴黎协定》；2017 年 3 月，特朗普签署了一份“能源独立”的行政计划，促进美国国内的化石燃料能源生产，减少美国对外部能源的依赖，增加美国能源的独立性；2017—2019 年，美国原油日产量从 885 万桶增长至 1231 万桶，年均增长 115 万桶左右；2019 年，美国通过对页岩油的大量开采，实现了从石油净进口国到净出口国的转变。

2024 年，特朗普再次参加美国总统竞选期间承诺的美国复兴计划，大概率将导致美国通胀再高企，增加本国石油产量有助于抑制通胀。另外，在特朗普胜选后，提名页岩油巨头、自由能源公司首席执行官克里斯・赖特担任能源部部长。当地时间 2024 年 11 月 25 日，据路透社独家报道，特朗普的过渡团队正在制订一揽子能源计划，以在其上任后迅速推出，该计划包括批准新的液化天然气项目出口许可，增加美国沿海和联邦土地上的石油钻探。

2025 年，若美国原油产量大幅增加或供给增加，将导致国际原油价格进一步下降，利多中国的实体经济，但由于良性供给的增加，将抑制 CPI、PPI 增速的上行，部分行业成本下降。

（四）世界经济趋弱

2024 年 10 月，国际货币基金组织（IMF）预测 2025 年全球经济增速为 3.2%，预期与 2024 年一致，均低于 2023 年的 3.33%，并且预测未来 5 年全球增速下探至 3.1%，持续低于疫情前水平。全球经济基本面持续趋弱不利于外部市场对我国经济的拉动作用，尤其是在出口方面，可能面临持久的下滑风险。从发达经济体来看，IMF 预测美国 2025 年经济增长 2.2%，低于 2023 年的 2.9% 以及 2024 年的预测值（2.8%）；欧元区 2025 年经济增长 1.2%，虽高于 2023 年但依然低于疫情前水平；日本 2025 年经济增长 1.1%，也低于 2023 年的 1.7%。从新兴市场和发展中经济体来看，IMF 预测印度 2025 年经济增长 6.5%，低于 2023 年的 8.2% 以及 2024 年的预测值（7.0%）；俄罗斯 2025 年经济增长 1.3%，显著低于前几年。可见，不管是发达经济体还是发展中经济体，2025 年全球经济增速都难掩持续下滑的趋势，进而影响我国的经济发展。

三、总结

综合以上八大因素的影响分析，总人口减少伴随而来的劳动力人口急剧下滑及人口老龄化势必影响中国中长期经济增长，考虑国内经济恢复较缓、居民消费倾向偏弱、房地产市场尚未企稳、国际形势日趋复杂等，在没有持续政策发力的情况下，未来经济形势预期、收入预期都不容乐观。尽管当前政策出现了积极变化，但市场普遍认为政策力度不及预期，政策更多偏向于维稳而非刺激。另外，中美关系可能会迎来新的挑战，也会对中国经济增长造成较大的冲击，短期内市场主体对 2025 年的经济预期或难以转好。市场预期不稳会进一步影响投资、消费和就业，在供给和需求两端同时出现收缩的状态。此外，国际经济环境和政策形势仍存在较大不确定性，国际地缘政治风险仍偏大、全球能源格局变化以及全球经济增速乏力均将对中国经济造成扰动。

第三章　2025 年中国总需求的自然走势

2024 年中国总需求有所恢复，但仍然偏弱，消费增速震荡下行，国内消费压力相对较大；投资增速较上年小幅上涨，但年内呈现震荡下行趋势；进出口同比增速呈震荡上行趋势，全球经济弱复苏，叠加低基数效应，出口额增速上涨，而随着国内经济下行压力持续，进口额增速抑制明显。结合第二章对 2025 年影响中国经济的主要因素的详细阐述，2025 年中国总需求的自然走势将会如何？本章将分别从消费、投资和进出口三个方面作出预判。

一、消费

综合拉升和压低因素，与 2024 年社会消费品零售总额同比增速相比，预计 2025 年社会消费品零售总额同比增速的自然走势稳中有升，较 2024 年小幅上涨。

从拉升因素看：

第一，存量政策推动消费增长。2024 年 6 月 13 日，国家发展改革委等部门印发的《关于打造消费新场景培育消费新增长点的措施》提出 17 条促消费政策培育和壮大消费新增长点，加快科技成果在消费领域应用。2024 年 7 月 30 日，中央政治局召开会议，分析研究当前经济形势，部署下半年经济工作，强调“要以提振消费为重点扩大国内需求，经济政策的着力点要更多转向惠民生、促消费，要多渠道增加居民收入，增强中低收入群体的消费能力和意愿，把服务消费作为消费扩容升级的重要抓手，支持文旅、养老、育幼、家政等消费”，“要进一步调动民间投资积极性，扩大有效投资”。

消费品以旧换新是扩大消费的重要政策，推动汽车、家用电器消费上涨。2024 年 3 月 1 日，国务院常务会议审议通过《推动大规模设备更新和消费品以旧换新行动方案》，会议指出，“推动新一轮大规模设备更新和消费品以旧换新”，让“高质量耐用消费品更多进入居民生活”，并积极开展汽车、家电等消费品以旧换新；2024 年 8 月 24 日，商务部等 4 部门办公厅发布《商务部等 4 部门办公厅关于进一步做好家电以旧换新工作的通知》，进一步落实家电以旧换新。受家用电器以旧换新影响，2024 年 9 月、10 月家用电器和音像器材类消费额分别同比增长 20.5%、39.2%，是 2010 年以来的高值，约影响全部消费额上涨 0.38 个、0.72 个百分点。

第二，价格因素。2024 年居民消费价格增速低位徘徊，2024 年 CPI 同比增长 0.2%，与 2023 年持平，是 2010 年以来的最低值。2025 年，随着国内经济的进一步复苏，总需求存在扩张空间，居民消费价格存在企稳上涨的可能。居民消费价格的上涨，对消费额增速起到拉升作用。

从压低因素看：

第一，居民收入。2024 年社会消费品零售总额增速持续走低的根本原因在于居民收入及收入预期的不稳。2024 年全国居民人均可支配收入为 41314 元，同比增长 5.3%，较 2023 年下降 1.0 个百分点，较 2019 年下降 3.6 个百分点，其中工资性收入和财产净收入增速下滑尤为显著。2024 年全国居民人均工资性收入同比增长 5.8%，较 2023 年下降 1.3 个百分点，较 2019 年下降 2.8 个百分点；财产净收入同比增长 2.2%，较 2023 年下降 2.0 个百分点，较 2019 年下降 7.9 个百分点。尽管当前对房地产市场密集出台利好政策，但主要调控方向是防止房地产市场进一步下滑，进一步去除房地产市场过剩产能，相关资产价格的企稳要靠市场内生动力修复。无论是工资性收入还是财产净收入，在当前复杂的国内外环境下，以及当前政策环境的自然走势下，都难以出现大幅上涨的局面。

第二，经济下行压力不减，抑制消费。2024 年特朗普在美国新一届总统选举中获胜。按照其参选期间的言论及上一届执政风格，特朗普执政期间中美贸易关系或进一步紧张。中国对美国的出口占中国出口总额的 15%，中美贸易关系的进一步紧张会对中国国内经济产生一定的冲击，叠加当前以美国为首的西方诸国对华政策的转变，一段时间内将对中国经济的增长产生影响，抑制中国经济的增长，一段时间内都将对中国经济产生下行压力。

第三，人口因素。按《中国统计年鉴 2024》公布的数据，2021 年末中国的总人口数为 141260 万，2022 年末为 141175 万，到了 2023 年末总人口数进一步降至 140967 万，反映出自 2022 年开始中国的人口数开始负增长，人口数量呈逐年减少的状态。一个国家的总市场规模取决于人口总量和人均消费。人口开始减少，一定程度上反映了市场存在收缩的风险。同时，随着人口老龄化的加速，经济活力也将不断减弱。尽管三孩生育政策落地，相关配套支持措施也相继发布，但是要改善中国现有的人口结构、提高综合生育率仍需要很长时间。总人口减少、老龄化进程加快，都抑制了消费需求的增长。

二、投资

综合拉升和压低因素，与 2024 年全国固定资产投资同比增速相比，预计 2025 年全国固定资产投资同比增速自然走势总体趋于平稳，与 2024 年增速相仿，没有明显上涨或下降。

从拉升因素看：

第一，存量政策推动。2024 年 9 月 26 日，中央政治局会议分析研究当前经济形势和经济工作，强调“要加大财政货币政策逆周期调节力度，保证必要的财政支出”，“要发行使用好超长期特别国债和地方政府专项债，更好发挥政府投资带动作用”。2024 年 3 月 1 日，国务院常务会议审议通过《推动大规模设备更新和消费品以旧换新行动方案》，会议指出要结合各类设备和消费品更新换代差异化需求，加大财税、金融、投资等政策支持力度，有序推进重点行业设备、建筑和市政基础设施领域设备、交通运输设备和老旧农业机械、教育医疗设备等更新改造，形成更新换代规模效应。7 月 24 日国家发展改革委、财政部联合发布《关于加力支持大规模设备更新和消费品以旧换新的若干措施》，统筹安排3000 亿元左右超长期特别国债资金，加力支持大规模设备更新和消费品以旧换新。在政策的支持下，设备工器具购置投资增速大幅上涨，2024 年设备工器具购置投资同比增长 15. 7%，高于 2023 年 9. 1 个百分点，是 2014 年以来的最高值。

第二，房地产开发、基建投资增速上涨推动全部投资增速上行。在固定资产投资中占比较大的基建、房地产开发投资在 2024 年下半年释放触底信号，对 2025 年投资形成潜在拉升作用。一方面，2024 年基建、房地产开发投资增速持续下行，屡创新低，对 2025 年形成了明显的低基数效应；另一方面，在 2024 年 9 月 26 日的中央政治局会议上强调，“要促进房地产市场止跌回稳”“抓紧完善土地、财税、金融等政策，推动构建房地产发展新模式”。2024 年基建投资和中部地区、西部地区、东北地区的房地产开发投资增速已经触底反弹。

第三，高技术产业投资继续高速增长。2024 年高技术产业投资同比增长 8. 0%，高于全部投资增速 4. 6 个百分点，领跑全部固定资产投资，带动全部投资增速上涨。对于高技术产业的发展，科技创新、科技成果的转化是有税费减免的。据报道，2024 年 1—8 月，用于支持科技创新和制造业发展的主要政策减税降费及退税已超 1. 8 万亿元。对于未来，9 月 26 日，中央政治局会议指出，“要加大引资稳资力度，抓紧推进和实施制造业领域外资准入等改革措施，进一步优化市场化、法治化、国际化一流营商环境”。

从压低因素看：

第一，国际环境多变，不确定性抑制投资增速上涨。受美西方对华限制的影响，2024 年，固定资产投资中外商投资企业同比增长 -10.0%，较 2023 年下降 10.6 个百分点，是 2004 年以来外商投资降幅最大值。政策方面，除美西方限制对华贸易出口、增加关税外，当地时间 8 月 9 日，美国总统拜登签署了关于“对华投资限制”的行政命令，以限制美国对中国敏感技术领域的投资，并要求美企就其他科技领域的在华投资情况向美政府进行通报。2025 年特朗普上任美国新一届总统，相较于美国其他总统，特朗普对华政策更为激进。国际环境的变化使得长久以来在中国投资稳定的环境变得不确定，潜在风险增加，抑制了国内外投资者在华长期投资需求的扩张。当地时间 2024 年 10 月 29 日，欧盟决定对从中国进口的电动汽车征收为期 5 年的最终反补贴税，受其影响爱驰汽车、华晨宝马等自主及合资车企也将被额外加收 20.7% 的关税。

第二，经济结构调整继续，新旧产能交换抑制投资增速过快上涨。长期以来，房地产开发、基建投资是推动固定资产投资快速上涨的主要动力，而这主要带动的是传统产业。一方面，受环境因素制约；另一方面，当前经济发展阶段使然，结构调整的重要性已不亚于“稳增长”的重要性。尽管 2024 年中国经济下行压力依然较大，投资增速继续在低位徘徊，但过去作为政策托底的基建投资并未出现快速上涨，而占比相对不高的高技术产业投资始终保持高速增长，领跑于全部投资，可见当前结构调整的重要性。自然走势下，2025 年经济结构调整继续，传统产业投资增速继续下降，对全部投资形成压低因素。

三、进出口

（一）出口方面

综合拉升和压低因素，与 2024 年出口总额同比增速相比，预计自然走势下 2025 年出口总额同比增速有所上升。

从拉升因素看：

第一，2024 年全球地缘政治冲突多发，区域战争风险不断升级，防风险成为全球主要的关注，抑制了经济复苏的进程，对于欧洲影响尤为显著。2024 年，全球局势动荡加剧，俄乌冲突、中东战争继续并存在一定程度的战争外溢；巴西、孟加拉国、塞尔维亚等国颜色革命突发；东亚周边联合军演频发；等等。地缘政治风险的加剧和地区局势的动荡，严重影响了地区经济的发展，抑制了全球经济复苏的进程。2025 年特朗普成为新一届美国总统，在其参选期间，就曾高调地表示将结束俄乌冲突。与时任美国总统拜登不同，特朗普更关心美国国内经济的发展。随着特朗普的上台，俄乌冲突结束的预期增加，其他地区地缘政治风险扰动因素减少，使得主要地区的关注点从地缘政治风险转向经济发展，将推动全球经济复苏，增加外部需求，促进中国的对外出口。

第二，2025 年特朗普成为新一届美国总统，按照其上一任期的执政风格，美国将对欧盟、日本、韩国加征关税、征收保护费，退出各种非经济组织，将严重影响美国与其盟国的关系，对欧盟、日本、韩国的经济发展也将产生影响。2024 年 11 月 13 日，德国央行行长约阿希姆·内格尔表示，特朗普的关税计划可能导致德国经济脱轨，如果关税计划得以实施，德国或将损失 1% 的经济产出，甚至导致德国经济的负增长。为寻求自身利益的保障，如果特朗普的执政计划不变，将倒逼欧盟、日本、韩国缓和与中国的贸易紧张关系。据报道，当地时间 2024 年 11 月 25 日，特朗普在社交媒体发文称，“将在 2025 年 1 月上任首日对进口自墨西哥和加拿大的所有产品征收 25% 关税，并对进口自中国的商品额外加征 10% 的关税”，可见，至少当时表现出来的特朗普风格并未发生明显改变。从历史数据来看，在特朗普第一任期内，尽管中国对美国的出口占比出现了明显下降，但中国对欧盟的进口、出口占比不降反升，中国与欧盟的贸易问题主要出现在近几年拜登任期阶段。2019

年，中国对美国的出口占中国出口总额比重为 16.8%，较 2018 年下降了 2.4 个百分点；中国对欧盟的出口占中国出口总额比重为 17.2%，较 2018 年上涨了 0.8 个百分点。中国从美国的进口占中国进口总额比重为 5.9%，较 2018 年下降了 1.4 个百分点；中国从欧盟的进口占中国进口总额比重为 13.3%，较 2018 年上涨了 0.5 个百分点。到了 2024 年 10 月，拜登政府后期，中国对美国的出口占中国出口总额比重为 14.6%，较 2018 年下降了 4.6 个百分点；中国对欧盟的出口占中国出口总额比重为 14.6%，较 2018 年下降了 2.6 个百分点。中国从美国的进口占中国进口总额比重为 6.4%，较 2018 年下降了 0.9 个百分点；中国从欧盟的进口占中国进口总额比重为 10.5%，较 2018 年下降了 2.8 个百分点。

第三，国别结构调整下，中国将加强与发展中国家的贸易往来，尤其是与共建“一带一路”国家和非洲、拉丁美洲国家的经贸合作，推动出口额增速上涨。2024 年，尽管中国对美国、欧盟、日本、韩国等国家和地区的出口占中国出口总额比重呈下降状态，但中国对共建“一带一路”国家和非洲、拉丁美洲国家的出口额增速大多保持“两位数”的高速增长，中国对其出口占比也呈显著上升态势，可缓解美欧等国对华制裁带来的影响。2024 年，全球地缘政治危机升级，主要对发展中国家影响较大，对其经济发展产生冲击，抑制其贸易进口增速的上涨。2025 年随着地缘政治风险降级预期的增加，大部分发展中国家重心再次转移到发展本国经济，将增加发展中国家的进口需求。2024 年，受地缘政治危机影响较大的国家多属于共建“一带一路”国家，而中国对这些国家的出口正处于快速增长阶段。2024 年，中国对沙特阿拉伯、土耳其、白俄罗斯、俄罗斯出口额分别同比增长 16.8%、-1.9%、12.8%、4.1%，与 2017 年相比，中国对其出口占总出口比重分别上涨 0.59 个、0.26 个、0.14 个、1.33 个百分点，出口占比分别上涨了 74%、33%、346%、70%。

从压低因素看：

第一，按照特朗普上一任期的执政风格，自然走势下，特朗普上任大概率使中美贸易关系进一步紧张。2017 年，特朗普就任美国第 45 任总统，2018 年中美贸易纠纷快速升级。特朗普奉行“美国优先”，在对华关系方面，将中国与俄罗斯一并称为“修正主义国家”，认为中国是美国首要的全球竞争者，重点在经贸领域对华遏制。特朗普新一届内阁提名大多数成员具有一个特点——过去以来表现出对华态度的强硬。特朗普内阁的主要成员中：副总统万斯，对华态度强硬，认为中国抢走了美国的就业岗位，支持对华加征关税；财政部部长贝森特也是对华强硬派，支持对华加征高关税和采取贸易保护主义；商务部部长鲁特尼克，在特朗普大选期间，曾表示支持对中国商品征收 60% 的关税；国务卿卢比奥，曾因涉港问题，中国外交部对其实施制裁。新一届政府主要成员，以及特朗普近期言论均反映出未来中美经贸关系的紧张，美国大概率对华加征关税，这些将对中国的出口形势产生冲击。

第二，欧盟经济的下行也将对中国出口增速的上涨产生不利的影响。尽管近两年中欧贸易关系紧张，欧盟跟随美国对中国提高贸易关税、增加限制，但中国对欧盟的出口占中国对外出口总额的 15%，欧盟依然是中国主要的贸易伙伴国之一，其经济走势直接影响欧盟的进口规模，间接对中国的出口增速产生影响。2024 年，与美国经济表现强劲不同，欧洲经济下行压力不断增加。一方面，截至 2024 年 10 月，欧元区 10 月调和 CPI 同比终值 2%、核心调和 CPI 同比终值 2.7%，分别较年初 1 月下降 0.8 个、0.6 个百分点；另一方面，2024 年欧元区制造业 PMI 平均在 46 徘徊，而美国 2024 年的最低值为 47.3，高于欧元区的最高值，2024 年美国 Markit 制造业 PMI 平均值为 50，也是明显高于欧洲的。欧洲 CPI 增速和制造业 PMI 呈逐月下跌走势，可见欧洲经济下行压力逐渐增大，叠加 2025 年特朗普上任对欧洲经济产生不利影响的预期，使得 2025 年欧洲经济走势愈加不乐观。

（二）进口方面

综合拉升和压低因素，与 2024 年进口总额同比增速相比，预计自然走势下 2025 年进口总额同比增速有所上升。

从拉升因素看：

第一，稳增长、促内需的政策推动进口增长。2024 年，导致进口额增速持续低位徘徊的主要因素之一是中国国内房地产市场低迷，相关大宗商品需求收缩，导致进口额增速下行。2024 年铁矿砂及其精矿的进口数量同比增长 4.9%，较 2023 年下降 1.7 个百分点；煤及褐煤的进口数量同比增长 14.4%，较 2023 年下降 47.4 个百分点。从当前的国内外宏观形势来看，一方面，2024 年中国的外贸环境或进一步趋紧，增强了稳内需的必要性；另一方面，地方债问题、房地产问题是影响 2024 年中国内需增长的主要问题，对于化债、房地产市场的推动在 2024 年底集中释放实质性利好信息，增加了稳增长、扩内需的预期。2024 年 11 月 8 日，十四届全国人大常委会第十二次会议新闻发布会上，财政部部长蓝佛安介绍，“从 2024 年开始，连续五年每年从新增地方政府专项债券中安排 8000 亿元，补充政府性基金财力，专门用于化债，累计可置换隐性债务 4 万亿元。再加上这次全国人大常委会批准的 6 万亿元债务限额，直接增加地方化债资源 10 万亿元。2029 年及以后年度到期的棚户区改造隐性债务 2 万亿元，仍按原合同偿还”。2024 年 10 月 12 日，在国新办新闻发布会上，财政部副部长廖岷表示“下一步，将坚持严控增量、优化存量、提高质量，积极研究出台有利于房地产平稳发展的政策措施”，主要从三个方面考虑：允许专项债券用于土地储备；支持收购存量房，优化保障性住房供给；及时优化完善相关税收政策。

第二，全球降息潮、流动性释放或推动大宗商品价格上涨，进而对进口增速起到拉升作用。从当前形势来看，2025 年或大概率迎来全球降息潮，一方面，2025 年特朗普就任美国总统，按其参选期间宣传的政治理念，促进制造业回流，推崇弱美元，发展美国经济，降低利率；另一方面，当前欧洲经济下行压力加大，通胀率下行接近 2% 的目标，欧洲存在降息的需求，但迫于美联储降息一再推迟，资本市场承压的因素，2024 年欧洲降息进程曲折艰难，随着 2025 年特朗普降息预期的增加，欧洲降息进程顺畅。美欧主要经济体降息预期增加，全球或将迎来降息潮，全球流动性充裕或推动大宗商品价格上涨。大宗商品价格上行，将从价格方面推动进口总额进一步上涨，对进口额增速起到拉升作用。

从压低因素看：

第一，经济结构调整，部分大宗商品需求收缩，对进口额增速起到压低作用。中国国内经济结构调整和产业结构转变，尤其是房地产市场的产能去化，抑制了对钢铁、煤炭等国际大宗商品的需求。与出口结构不同，中国对铁矿石、铜矿、煤炭等上游原材料的进口占进口总额比重较大。因此，中国国内产业结构的调整，使得铁矿石、煤炭等部分原材料需求减少，将压低进口额增速。与过去原材料价格同步上涨不同，2024 年国内有色金属价格大幅上涨的同时，黑色金属、煤炭价格不仅没有上涨反而大幅走低，这主要是由于传统产业收缩，新兴产业大幅扩张，使得有色金属需求激增的同时煤炭、钢铁等黑色系需求收缩，引致价格走势背离。当前中国正处于转型期，经济结构的调整仍将继续，部分大宗商品需求的收缩也将继续，对进口额增速的上涨起到压低作用。

第二，国际风险犹存，抑制进口增长。一方面，特朗普对华政策相对激进，预计其上任将对中国采取“小院高墙”策略或更为严厉，扩大对华出口限制的范围，双边贸易关系更加紧张。另一方面，由于特朗普的执政理念是“美国优先”，结合其上一任期对盟友的态度，将使得国际环境变得更为复杂，全球贸易壁垒高筑，产业链断裂，供货商更替，对国内经济产生冲击，又间接对进口产生影响。

四、总结

本章从拉升因素和压低因素两个角度研判了 2025 年消费、投资和进出口的自然走势。最终结果显示，预计 2025 年，消费品零售总额同比增速的自然走势稳中有升，全国固定资产投资同比增速自然走势总体趋于平稳，出口、进口总额的自然同比增速均有所上升。

第四章　2025 年中国总供给的自然走势

2024 年中国总供给持续平稳恢复，第一季度累计增长 6.1%，上半年累计增长 6.0%，前三季度累计增长 5.8%，累计增速受上年同期基数抬升以及多轮稳增长政策影响表现出逐季下降的趋势，但增长中枢显著高于前两年水平，显示 2024 年全国工业产出持续恢复性增长，工业经济整体稳中有进。分产业看，2024 年工业产出整体平稳，采矿业、制造业、公共服务业三大分项运行中枢较上年均有所抬升，但走势略显分化。2025 年总供给的自然走势将会如何？本章将从人口因素、技术封锁、能源价格波动、汇率波动以及国际环境五个方面进行分析与预判。

一、人口因素

20 世纪 80 年代初期，中国开始实行严格的计划生育政策，直到 2014 年生育政策才开始出现调整。2014 年中国开始实行单独二孩政策，实施两年后，2016 年正式实行全面二孩政策，直到 2021 年开始实施一对夫妻可以生育三个子女政策及配套支持措施。自 2014 年开始实施单独二孩政策以来，并没有出现生育率的大规模攀升，而且从 2021 年的人口增长情况来看，三孩政策也没有带来生育高峰。可见，放开计划生育政策并没有显著带来出生人口的增长，真正有效的促生育政策应从切实降低育儿成本和保障女性就业角度出发，不断加大支持力度以解决家庭多生育的后顾之忧。

2023 年，全国总人口连续两年出现负增长，自然增长率为 -1.48%，较 2022 年下降 0.14 个百分点，实际规模较前一年减少 208 万。由于疫情积压的生育需求释放以及龙年生肖加持，2024 年总人口降幅收窄，但从中国人口出生率走势来看，2011—2024 年，全国劳动人口占总人口的比重从 69.8% 降至 60.9%，可见劳动力人口减少情况仍在持续。与此同时，2024 年 60 岁及以上人口和 65 岁及以上人口比重分别为 22.0% 和 15.6%，较 2023 年分别上升 0.9 个和 0.2 个百分点，人口老龄化仍在不断加剧。人口老龄化会导致人口结构不合理以及养老负担过重等问题，造成有效劳动力供给下降。此外，随着高等教育逐年扩招，高等教育入学率逐年上涨，使得低龄劳动参与率逐渐下降，这也在一定程度上制约了劳动力供给。

从供给端来看，短期就业结构性矛盾的存在弱化了劳动力萎缩造成的负面影响，劳动力成本并未因劳动力人口减少出现抬升，但中长期劳动力要素的短缺必然导致劳动力成本上升，进而制约中国经济的潜在产出，例如劳动力成本上涨会导致国内低利润或劳动密集型行业面临倒闭的风险，同时人口负增长会加剧老龄化，迫使大量社会资源用于养老服务，导致社会生产资源紧张，进而影响总产出。此外，随着年轻劳动力数量减少和人口老龄化问题加剧，人才流动、聚集和交流的机会减少，不利于科技创新的发生，从而导致社会整体创新能力下降，减小科技创新对经济增长的推动和贡献。因此，随着总人口逐步减少，未来中国劳动力市场面临供给规模减小、低龄劳动力参与率持续下降、老龄化加剧等问题，劳动力无限供给的时代已经结束，支撑中国经济高速发展的人口因素逐渐消失，潜在经济增长率面临下行压力。因此，预计 2025 年人口因素将继续压低总供给的自然走势。

二、技术封锁

长期以来，中国一直是外资流入的主要对象，外资流入为中国经济发展提供了重要支撑。然而，近年来外资流入中国的动力似乎有所减弱，不管是流入规模还是流入增速，均表现出趋弱的特征。首先，从商务部公布的中国实际使用外资金额数据来看，2024 年 1—11 月中国外商直接投资金额为 7497 亿元，同比下降 27.9%，显示 2024 年以来外商直接投资已出现大幅下滑，而且这种下滑的趋势已持续 17 个月，下滑增速也未明显缩小。可见，这种下滑趋势还将蔓延至 2025 年，未来 FDI 的流入规模仍存在巨大压力。其次，从外汇管理局公布的银行结售汇数据来看，2024 年 1—11 月中国银行代客结汇金额中的直接投资金额为 415.97 亿美元，同比下降 28.41%，同样显示 2024 年以来用于直接投资的外资金额持续下降，而且这个下降趋势是自 2022 年 4 月开始形成的，已持续 2 年多，未来也将难以改变。随着外资流入的持续减少，外资带来的正向积极效应将随之减弱，如技术溢出效应、就业效应等，导致总供给自然走势的下移。详见图 4－1、图 4－2。

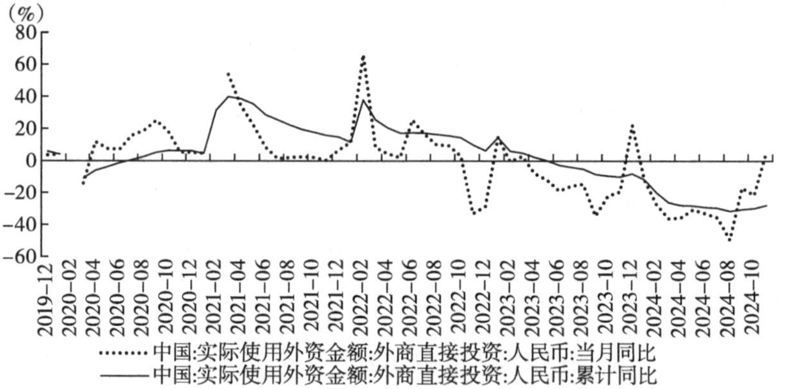

图 4－1　中国：实际使用外资金额：外商直接投资当月同比和累计同比

此外，2022 年 8 月，美国执行“芯片与科学法案”，拉长对华科技制裁清单；2024 年 8 月，美国颁布关于“对华投资限制”的行政命令，以限制美国对中国敏感技术领域的投资。除了发布相关法案和行政命令，美国还对中国企业实施针对性遏制。截至 2024 年 12 月，BIS 涉华实体清单共发布 55 次，其中 2018 年 4 次、2019 年 6 次、2020 年 7 次、

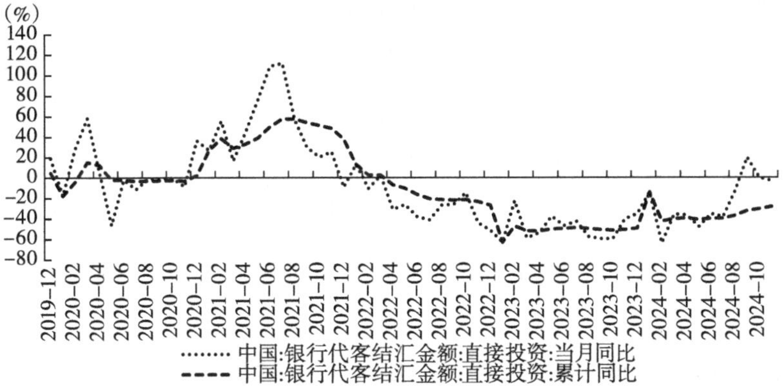

图 4 –2　中国：银行代客结汇金额：直接投资：当月同比和累计同比

2021 年 8 次、2022 年 9 次、2023 年 12 次、2024 年 9 次。随着在关键技术方面的制裁措施持续加大，国内相关技术更迭受到重大挑战，技术进步由此受到阻碍，最终影响总供给自然走势。详见图 4 –3。

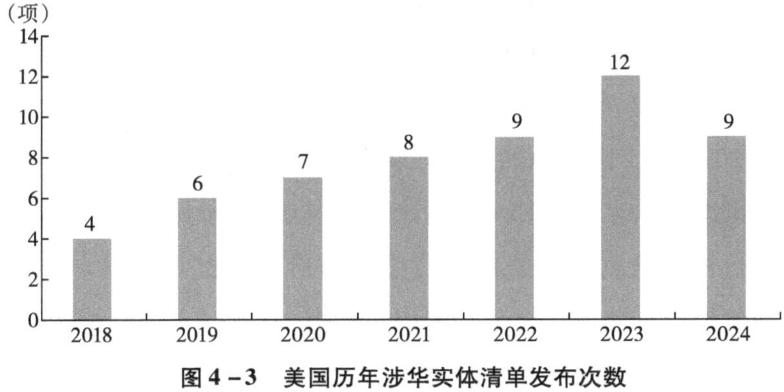

图 4 –3　美国历年涉华实体清单发布次数

三、能源价格波动

能源价格波动主要通过三个方面对中国的总供给自然走势产生影响。一是生产成本。能源是工业和制造业的重要输入要素，价格的上升会增加生产成本，从而可能导致企业减少生产、提高产品价格或寻求替代能源，同时抑制企业投资和扩张，对整体供给产生不利影响，尤其是能源密集型行业。二是技术创新和能源效率。能源价格的上升可能会激励技术创新和能源效率的提高，面临高能源成本压力，企业可能会寻求更加节能和环保的生产方式，以减少能源消耗。这有助于优化供给结构，提高资源利用效率，并推动可持续发展。三是能源供给结构调整。当能源价格上升时，政府和企业可能会加大对可再生能源和清洁能源的投资和开发力度，调整能源供给结构，以降低对进口能源的依赖，提高能源供给安全性。

2024 年国际原油市场多空交织，油价整体呈现宽幅震荡的走势。2024 年上半年，中东与俄乌局势动荡短暂对油价起到了提振作用，美联储降息预期下降、欧佩克 + 减产协议不及预期等使得油价下行承压。第三季度是传统的需求旺季，但油价下跌约 17%，最主要的原因是全球需求疲软，抑制了石油消费前景。10 月以来，中东地区地缘冲突再度升级，但受原油整体供应过剩、美国原油库存增幅超预期、欧元区经济增长放缓等因素影响，国际油价短期反弹后再次回落。截至 2024 年 12 月，布伦特原油价格约为 72 美元/桶，美原油价格约为 68 美元/桶。

展望 2025 年，国际原油价格或将继续震荡下行，小幅低于 2024 年水平。美国能源信息署（EIA）预计 2025 年布伦特原油价格为每桶 76 美元，投行机构预测更加悲观，高盛认为价格可能最低跌至 61 美元/桶。石油价格出现趋势性下滑的原因主要有三个：一是特朗普的能源政策有利于化石能源的生产，供应增加将会降低能源成本；二是俄乌冲突可能停止，能源市场重新平衡，供需属性压制下油价可能回落；三是全球经济不景气进一步影响能源需求。

另外，2024 年在需求下行压力加大的背景下，煤炭价格显示出了超预期的价格韧性；受地缘政治影响逐渐消退、欧洲库存高、天然气消费需求减少以及全球天然气供应相对稳定等影响，2024 年天然气价格总体呈下行趋势。天然气、煤炭价格方面，受恶劣天气影响，如夏季高温、冬季严寒增加电力需求，干旱、低风速减少水电、风电的供应，洪水影响部分金属和煤炭供应，这些是导致天然气、煤炭价格超预期上涨的因素。同时，长期来看，随着地缘政治影响趋缓，未来由于可再生能源的快速渗透和“双碳”政策目标，煤炭、天然气价格也面临来自脱碳趋势的长期压力。

综合以上分析，受特朗普能源政策出台、地缘政治冲突趋缓、传统能源逐渐转型等因素影响，2025 年能源价格或将呈现下行趋势，有利于中国总供给的自然走势。

四、汇率波动

从拉升因素看：

第一，全球降息潮，利多人民币。美国方面，新一任美国总统特朗普在其竞选期间就曾公开表示，在其当选后将大幅调低利率，以降低居民的住房成本。按特朗普上一任期的执政风格，以及其发展美国制造业整体经济计划，2025 年美联储正式启动降息进程是大概率事件，以辅助其经济计划的推进。欧洲方面，奥运会过后欧洲经济呈下行趋势，制造业 PMI 逐渐下降，2024 年平均维持在 45.9 左右，显著低于美国的平均值（50），反映出当前经济处于不景气区间，经济下行压力加大；在抗通胀方面，欧元区 CPI 增速、核心 CPI 增速已接近“2%”的目标通胀率，欧元区通胀率的超预期下行也反映出欧洲经济活跃度的下降和经济下行压力的增加。可见，欧洲存在降息的需求。鉴于美联储降息的推迟，为防止美欧息差的扩大，2024 年欧洲央行降息路程曲折多艰。2025 年，美联储降息概率增加，欧洲央行降息预期增加，美联储、欧洲央行同时降息将利好人民币。

第二，全球局势动荡，中国综合实力增强，人民币走势相对平稳，利多人民币长期增长。美国方面，美债快速上涨，截至 2024 年 11 月中下旬，美国国债规模已突破 36 万亿美元，而在 2024 年 7 月底，美国国债总额是 35 万亿美元，2024 年 1 月初美债总额为 34 万亿美元，1 万亿美元美债的上涨时间从半年缩短至 3 个月；石油美元趋弱，2024 年 6 月 9 日，沙特阿拉伯和美国 50 年期的《石油美元协议》到期，并没有续签，而在 2024 年 1 月，沙特阿拉伯能源部部长在利雅得新闻发布会上正式宣布，沙特阿拉伯将接受人民币作为石油交易的结算货币。欧洲方面，受俄乌冲突拖累，欧洲经济全面下行；瑞士、英国、法国、德国、意大利、比利时等国冻结俄罗斯央行及俄罗斯公民在其国家银行存款，严重影响欧洲的信用。日本方面，日本冻结俄罗斯央行资产约 330 亿美元，2024 年日元对美元汇率大幅波动。2024 年全球主要货币国的信用基础受损，影响其币值的稳定，相对而言，人民币汇率走势平稳，叠加中国综合国力的增强，加大与沙特阿拉伯、巴西、俄罗斯等资源国贸易合作，推动人民币长期稳定升值。

从压低因素看：

第一，2025 年，特朗普上任，其竞选期间表示，将大幅提高对中国关税，而中国对美国出口占中国出口总额的 15%，美国是中国第一大出口国，短期内贸易关税的上涨，将降低人民币对美元升值的意愿，增加人民币对美元贬值的动力。

第二，2025 年，中国经济下行压力不减，外贸收缩，基本面上不支撑人民币大幅升值。2024 年，影响中国经济企稳复苏的因素并未发生根本性的改变，经济结构调整继续，房地产产能去化任务犹在，国际环境不确定性不减反增等，均影响着中国经济的长足发展，尤其是国际形势的复杂多变，使得中国进出口总额同比增速低位徘徊，抑制了人民币需求的上升，不利于人民币的升值。

五、国际环境

当前国际环境形势多变，错综复杂的国际政治经济关系对中国经济的稳定发展构成挑战，对外贸易关系是经济发展的重要影响因素之一，而对外关系在一定程度上能够影响国家间贸易，不仅进口贸易能够从成本端影响总供给的自然走势，出口贸易也能从需求端拉动或者压低总供给，因而研判国际政治和经济环境是必要的。

从国际政治环境来看，2025 年地缘政治和全球贸易紧张局势或将持续，可能会拉低贸易投资增长，不利于中国总供给增长。一是俄乌冲突和中东紧张局势加剧，影响全球贸易流动，运输成本或将高居不下，贸易风险上升可能造成能源价格波动加剧，从成本端压低总供给的潜在增长。二是特朗普可能继承拜登的科技产业思路，对中国从科技、金融、产业、人才等方面全面围堵，特别是美国新一届政府可能采取新一轮贸易保护措施，加剧全球贸易紧张局势和金融市场波动，不利于全球贸易平稳增长。另外，美对华各种遏制措施，可能引发日韩欧等美盟友跟风对华出口管制，加速外资撤离，导致外商直接投资继续下降，可能进一步拖累贸易投资增长，从需求端压力抑制总供给的潜在增长。

从国际经济环境来看，2025 年全球经济发展压力或将边际缓解，主要经济体前期加息效果显现，国际原油和粮价持续下行，预计带动全球总体通胀水平进一步下行，这将缓解中国总供给成本端的压力，而随着主要经济体通胀率逐步趋近目标水平，外部利率环境或将逐步改善，带来全球流动性边际宽松，如欧洲降息周期开启后，信用扩张边际改善，经济弱中企稳，有利于欧洲市场的消费和投资复苏，欧洲市场的需求有望得到一定程度的提升，在一定程度上将给中国外部需求带来新的生机。

综合以上分析，2025 年随着全球发达经济体逐步走出高通胀困境，中国面临的国际经济环境或有好转，将小幅支撑中国总供给的自然走势，但若国际政治环境恶化，贸易摩擦以及意识形态领域的争端可能通过影响外部需求以及关键中间投入品的可得性等抑制中国总供给的自然走势。

六、总结

本章总结了影响 2025 年中国总供给自然走势的主要因素。分析结果表明，受特朗普能源政策出台、地缘政治冲突趋缓、传统能源逐渐转型等因素影响，能源价格或将呈现下行趋势，有利于中国总供给。但劳动力人口减少、老龄化不断加剧、西方国家技术封锁持续加强、人民币汇率波动或将加剧以及国际环境不利因素占主导，将持续抑制中国总供给的自然走势。总体来看，2025 年总供给的自然走势将表现出一定程度的下滑。

第五章　2025 年中国宏观经济安全形势及风险点

本章综合预测的 2025 年中国供给、需求走势特征，将对 2025 年中国宏观经济总供求格局进行预判，并从经济增长、价格与就业三个方面预测自然增速。由于上述判断均是基于中国宏观经济无其他潜在风险的假设作出的，因此本章将基于现实情况从房地产危机风险、地方政府债务风险、汇率及货币危机风险、国际地缘政治风险、贸易摩擦风险五个方面总结未来中国宏观经济运行中可能存在的风险点。

一、2025 年总供求格局

综合 2025 年中国总需求和总供给的自然走势，2025 年中国宏观经济的自然走势将是供给、需求双偏弱的格局，潜在增长率下降，但需求增速依然小于潜在增长率。从需求端来看，2024 年整体经济运行仍表现出外需疲弱、内需恢复缓慢的特征，消费和投资呈震荡下行态势。但是国内促内需的多项政策持续发力，引发了积极变化，然而市场普遍认为政策力度不及预期，政策更多偏向于维稳而非刺激。对 2025 年需求端的持续恢复支撑力度较弱。从供给端来看，尽管劳动力人口减少、西方国家加强技术封锁、人民币汇率波动加剧以及国际环境不利因素占主导不利于总产出扩张，但伴随国内支柱产业的调整，尤其是以新能源产业为代表的战略性新兴产业正成为拉动经济增长的强劲引擎，将小幅支撑 2025 年总供给的恢复走势。进一步从恢复程度来看，由于 2024 年供给端恢复程度要快于需求端，未来在供给、需求双偏弱的格局下，2025

年供给端的恢复强于需求端。

二、2025 年中国宏观经济的自然走势

（一）经济增长

综合 2025 年中国供给、需求走势特征，自然走势下（没有新增政策干预下），预计中国 GDP 同比增速将小幅下降。影响 2025 年经济增长的主要因素包括：

国内方面，一是收入增速下滑，消费难以长期上涨，抑制国内大循环的推动。2024 年，全国居民人均可支配收入同比增长 5.3%，较上半年、第一季度分别下降 0.3 个、1.1 个百分点，较 2023 年下降 1.0 个百分点，居民收入增速逐渐下降是 2024 年 CPI 增速、消费额增速低位徘徊的根本原因。在没有政策干预的情况下，居民收入、就业预期将进一步下滑，居民消费额增速也将进一步下滑，进而拉低 GDP 增速。二是经济结构调整，中国正处于新旧产能替换期，长期来看，“调结构”是为了经济长期健康发展，但短期内“调结构”与“稳增长”相悖，将抑制经济快速增长。三是房地产因素，尽管近期利好房地产市场政策密集出台，但制定这些政策的主要目的一方面是防止房地产市场形势进一步恶化和房地产企业资金链断裂，对企业给予扶植；另一方面是加速房地产市场的产能去化。当前房地产市场产能过剩，市场依然处于产能去化阶段，不存在大幅的增量，一段时间内将难以推动经济大幅上涨。

国际方面，一是新一任美国总统特朗普对华政策相对激进，将进一步大幅提高对华关税，抑制带动经济增长“三驾马车”中的出口额增速上涨；二是美欧战略层面的“去中国化”，贸易壁垒高筑，搞“小院高墙”，全球产业链断裂的影响不断扩散，对经济造成的冲击短期内难以消除。

（二）价格

CPI 方面：综合拉升和压低因素，预计自然走势下 2025 年 CPI 增速将继续震荡下行。

从拉升因素看：第一，低基数效应。2024 年 CPI 同比增长 0.2%，是 2010 年以来最低值，也是历史低值，对 2025 年形成低基数效应。第二，极端天气。影响食品价格大幅波动的主要因素之一是极端天气，包括冬季的极端暴风雪天气、夏季的暴雨洪涝灾害，都将导致食品供给减少而推动 CPI 增速上涨。极端天气是不可控因素，随着全球环境问题的凸显，极端天气发生频率、影响范围呈扩大趋势。

从压低因素看：居民消费价格增速持续低位徘徊的根本原因是居民收入增速持续下滑，影响居民消费增速的上涨，有效需求不足进而拉低 CPI 增速。2024 年全国居民人均可支配收入为 41314 元，同比增长 5.3%，较上半年下降 0.1 个百分点，较第一季度下降 0.9 个百分点，较 2023 年下降 1.0 个百分点，居民收入增速持续下滑。能够提高居民收入增速的政策、事件并未出现，自然走势下，收入增速下行依然是 2025 年 CPI 增速的压低因素。

PPI 方面：综合拉升和压低因素，预计自然走势下 2025 年 PPI 增速将继续震荡下行。

从拉升因素看：第一，低基数效应。2024 年 PPI 同比增长 -2.2%，尽管较 2023 年上涨 0.8 个百分点，但依然处于历史低位，对 2025 年形成低基数效应。第二，随着特朗普当选新一任美国总统，欧洲经济下行压力加大，2025 年全球降息潮预期有所增长，流动性大规模释放利多国际大宗商品价格，推动价格上涨，存在输入性价格上涨的可能。第三，随着俄乌冲突、中东战争的结束，全球地缘冲突风险有所缓解，全球经济加速复苏，推动大宗商品价格上行。

从压低因素看：产能过剩仍将成为抑制 PPI 增速上涨的主要因素之一，一方面，尽管利好房地产市场政策密集出台，但当前中国房地产市场依然处于产能去化阶段，严格控制增量，相关大宗商品需求收缩；另一方面，“去中国化”依然是美西方对华的主要态度，受复杂多变的国际环境影响，中国经济下行压力不减，对 PPI 增速的大幅上涨形成压低因素。

（三）就业

综合 2025 年中国供给、需求双收缩的格局，劳动力人口减少，就业结构性矛盾突出，稳就业政策力度加大等因素，预计 2025 年按官方统计口径中国失业率将维持在 5.3% 左右，略高于 2024 年，同时预计 2025 年全国城镇新增就业将达到 1200 万人左右，与 2024 年基本持平。

展望 2025 年，就业将面临多重挑战：一是工业企业利润持续下滑，企业经营情况没有明显改善，不利于吸纳更多的劳动力；二是技术进步对传统行业岗位的取缔，比如自动化设备对制造业就业的替代，无人驾驶、无人快递等技术发展对司机、快递员岗位的冲击，导致就业形势更加严峻；三是行业转型导致岗位需求减少，比如互联网行业技术转型、行业精简使得用人需求降低，房地产供给端无明显修复导致建筑业等上游产业岗位需求进一步减少；四是青年人群就业问题更加突出，从就业现状来看，智联招聘近期发布的报告显示，2024 年高校毕业生的就业率仅为 55.5%，教育部、人力资源社会保障部召开会议指出，2025 届高校毕业生规模预计达 1222 万人，同比增加 43 万人，高校毕业生人数再创新高，就业市场竞争越发激烈，将进一步加剧青年人群的就业压力；五是灵活就业人数再创新高，尽管这种就业形式提供了许多就业机会，但伴随而来的是更多的不稳定性和不确定性，劳动者就业权益保障机制有待加强和完善。

另外，科技创新会催生新产业、新模式、新动能，加快培育壮大战略性新兴产业和未来产业的发展目标也会创造出新的就业岗位，比如无人驾驶车辆的监控员、维护人员、技术支持人员等，持续发挥吸纳劳动力就业的作用，但短期内由于技能培训、岗位匹配等会出现结构性失业现象。为解决就业难问题，2024 年 9 月 15 日，《中共中央 国务院关于实施就业优先战略促进高质量充分就业的意见》就推动经济社会发展与就业促进协调联动、着力解决结构性就业矛盾、完善重点群体就业支持体系、健全精准高效的就业公共服务体系、提升劳动者就业权益保障水平等方面给出了详细的意见。

综合来看，2025 年失业率或将维持在 5.3% 左右，略高于 2024 年水平（2024 年前三季度城镇调查失业率平均值为 5.1%）；2025 年全国城镇新增就业人数在劳动力人口减少以及就业结构性矛盾突出的共同影响下，或将继续维持在 1200 万人左右。

三、宏观经济风险点

（一）房地产危机风险

2024 年 9 月以来，在中央政治局会议明确强调要促进房地产市场止跌回稳后，销售端出现了明显复苏迹象，但尚未企稳，房价持续承压；投资端依旧无明显复苏迹象，土地成交规模再创新低，房屋新开工面积跌幅略有扩大，房地产投资下行趋势未改。2024 年政府接连打出政策组合拳，在供给侧，为解决融资难问题先后推出了延长部分房地产金融政策期限、优化保障性住房再贷款相关要求、城市房地产协调融资机制、允许专项债收购土地储备与存量商品房等举措，为房企提供了一定的资金支持。在需求侧，从调整存量房贷利率、首付比例，到完善商业性个人住房贷款利率定价机制等政策相继出台，但在收入预期下滑、房价下跌预期等因素的影响下，新房销售在短暂的升温后于 11 月初开始减弱，居民观望情绪浓厚，购房意愿仍显不足，房企销售回款仍有困难。从房地产行业盈利情况看，中指研究院报告显示，2024 年前三季度，沪深上市房企的营业收入均值为 162.6 亿元，同比下降 21.1%，净利润均值由上年同期的 8.4 亿元降至 -1.6 亿元，房企盈利继续下探，短期偿债能力压力仍然较大，债务违约风险进一步加大。

展望2025年，一方面，房企投资长期收缩，土地储备消耗较大，土地投资有望出现一定回暖；城中村改造政策支持城市大幅扩围将支撑新增投资需求，房企施工投资降幅或有所收窄；在房地产项目全部纳入白名单、“金融16条”延期至2026年底、强调不同所有制房企融资“一视同仁”等政策支持下，房企资金压力有望得以缓解，融资环境进一步改善。另一方面，房地产销售端尚未企稳，去库存压力依然存在，房企短期偿债能力继续下降，除头部稳健企业外，其他房企尤其是民营房企资产负债率或将持续上升；出险房企债务重组进展较为缓慢，上市企业停牌超过期限，退市企业数量将进一步增加，这既不利于债务重组和化解，也影响房地产行业信心的恢复。据统计，2025年房地产境内外债券到期规模合计超7000亿元，尽管总体债务压力较高峰期有所缓解，但考虑仍有违约债券有待展期或重组，房地产销售端仍在筑底回升过程中，企业偿债压力犹存。

另外，就业形势严峻叠加地产下行致使居民收入恶化，而居民可支配收入增长放缓或带来居民偿债风险，进而将风险传导至银行金融体系。长期以来的高房价使得居民部门杠杆高企，居民部门债务占GDP比重从2000年的12.4%提高至2023年的62.2%。受国内外经济增长放缓影响，企业整体盈利能力降低，城镇居民可支配工资性收入增长受到显著抑制。可支配收入水平增速显著放缓，无疑会极大增加居民按揭贷款还贷风险，而房地产按揭贷款是居民部门债务中的重要组成部分，一旦居民债务负担过重导致违约，其风险将传导到银行体系，引发连锁反应，威胁整个宏观经济的安全。

从以上分析来看，中国房地产市场探底牵连实体产业、抑制居民消费，与此同时，房企偿债能力继续下降、违约风险加大，居民杠杆率居高不下或将传导至金融机构，不利于宏观经济健康发展。尽管房地产政策释放出积极信号，但政策端落地执行力度和节奏仍有不确定性，叠加居民收入预期和住房价格预期还未转好，短期房地产市场风险仍未解除。

（二）地方政府债务风险

地方政府债务风险关乎经济和金融系统的稳定，其主要产生以下四个方面影响：一是对地方政府财政稳定性构成威胁。当地方政府债务过高或偿债压力过大时，可能导致财政困境，极端情况下甚至出现债务违约的风险，影响地方政府筹备资金、开展基础设施建设和提供公共服务等。二是影响国家金融系统稳定性。若地方政府债务问题严重，可能导致金融机构资产质量下降，引发金融风险传导，对银行体系的稳定性、信贷供给和市场信心产生负面影响。三是影响投资环境和信用评级。高风险的地方政府债务情况可能降低投资者对该地区的信心，抑制投资活动。此外，国际信用评级机构可能会调整对地方政府的评级，从而影响地方政府融资成本和借款能力。四是影响经济发展潜力。若地方债化解问题严重，则地方政府可能需要采取紧缩政策来控制债务风险，这可能对地区经济增长产生抑制作用，影响长期经济增长潜力。

2024 年以来，地方政府债务问题日益突出。财政部公布的数据显示，截至 2024 年 12 月末，全国地方政府债务余额为 47. 54 万亿元。其中，一般债务为 16. 70 万亿元，专项债务为 30. 84 万亿元，政府债券为 47. 38 万亿元，外加隐性债务，地方政府债务规模进一步扩张。考虑地方政府性基金预算收入主要来自土地出让金，而房地产市场持续低迷导致地方土地出让收入大幅下滑，较高的债务率进一步加大地方政府还本付息压力。在此背景下，2024 年 11 月 8 日，政府提出增加 6 万亿元地方政府债务限额置换存量隐性债务，同时自 2024 年起，持续 5 年，每年从新增地方专项债券中拨出 8000 亿元，专门用于化解债务，总计增加地方化债资源 10 万亿元。此次政策一方面将有力缓解地方财政压力，减轻利息负担，地方政府可以将更多资源用于经济建设和民生服务，进而为地方经济增长释放空间；另一方面通过债务置换、引入再融资工具以及发行低息债券，可以有效降低地方政府债务违约风险，防范化解系统性金融风险。

展望 2025 年，10 万亿元规模的化解政策不可能一劳永逸地解决中国长期积累的债务问题，地方债务风险依然存在。一方面，由于地区财政状况和债务结构存在差异，在债务压力较大的地区还需更细化的措施，以确保资金得到合理利用；另一方面，尽管置换债务、再融资可以缓解短期的偿债压力，但若经济增长未能有效提升，债务压力会继续存在。

（三）汇率及货币危机风险

按特朗普参选时的执政计划，在其当选后将大幅提高对中国的贸易关税。中国对美国的出口额占中国出口总额的 15%，美国是中国第一大出口国。

若按特朗普的计划，2025 年美国对中国大幅提高关税，势必将对人民币汇率产生较大的影响，人民币或存在大幅贬值的压力。人民币的大幅贬值虽然有利于中国的对外出口，但将导致以人民币计价的资产缩水，在影响外商对实体直接投资的同时，也将对中国资本市场产生严重的冲击，使得资本市场动荡、低迷。

（四）国际地缘政治风险

2024 年以来，地缘政治风险事件频发，俄乌冲突尚未结束，中东冲突又不断升级，地缘政治风险明显有上行趋势。世界贸易组织（WTO）指出，中东冲突升级影响全球和区域贸易流动，部分航运线路或将中断，风险溢价上升可能导致能源价格上涨，从而抑制进口国的经济增长，并拖累贸易增速。国际能源署认为，俄乌冲突和中东冲突升级是全球持续面临的主要能源安全风险。

国际地缘政治风险（俄乌冲突、中东冲突等）引发的不确定性风险，会改变经济主体的风险认知和预期，进而影响实体经济（投资、消费和就业）、金融市场（资产价格调整和信贷需求减少）和国际贸易投资（产业链重塑和经济区域化），并提高经济政策的不确定性。历史经验表明，地缘政治风险上升时期所对应的全球 GDP 增速往往是大幅下降的，同时金融市场波动性将上升，股票、国债收益率、固定资产投资增速均将下降，劳动力市场也将恶化。

综合来看，2025 年，地缘政治和全球贸易紧张局势仍面临较大的不确定性，可能进一步拉低世界贸易投资增长趋势。无论是俄乌冲突还是中东冲突加剧，地缘政治紧张局势都会持续推高全球能源价格，导致原材料减产、海运受到限制以及企业生产成本提高，使 2025 年中国经济面临下行风险。

（五）贸易摩擦风险

特朗普政府加征关税的潜在冲击仍是 2025 年中国经济面临的重要风险，但其影响路径和幅度需结合最新政策动向重新评估。截至 2025 年 2 月，特朗普政府尚未全面实施竞选承诺的关税政策，但政策框架逐渐清晰：一是可能分阶段加税，首轮措施或于第二季度落地，初期以 10% 基准关税为主，后续视通胀压力逐步升级至最高 60%。二是打击范围扩大，除直接对华商品加税外，还可能针对中国通过墨西哥、东盟等第三国的转口贸易设置壁垒。多家市场研究机构认为，若特朗普关税政策落实，可能导致国际贸易投资复苏前景暗淡，拉低中国 GDP 同比增长 1 ~ 2 个百分点，造成中国出口总额下降 4 ~ 8 个百分点，人民币对美元汇率可能跌至 7.5 ~ 7.8。同时，特朗普高额关税政策可能继续推高全球物价水平，加大世界各国的通胀上行压力，不利于主要经济体回归货币政策正常化进程，引发全球金融市场动荡和跨境资本无序流动，进而不利于外需复苏。综上所述，2025 年贸易摩擦风险仍需高度警惕，但冲击幅度或弱于市场悲观预期。中国可通过“反制 + 内需 + 产业链优化”组合拳应对，政策工具箱的灵活性与国内经济复苏势头将是关键缓冲。

四、总结

总体而言，2025 年中国宏观经济的自然走势将呈现出供给、需求双偏弱的格局，潜在增长率有所下降，需求增速下滑更甚。综合 2025 年中国供给、需求的走势特征，在经济增长方面，预计中国 2025 年 GDP 的自然同比增速较 2024 年有所回落，面临的经济下行压力仍存；在价格方面，预计 2025 年 CPI 和 PPI 的自然同比增速较 2024 年均将继续震荡下行；在就业方面，预计 2025 年全国城镇新增就业的自然走势将继续下滑。由于上述判断均是基于中国宏观经济无其他潜在风险的假设作出的，因此本章进一步从房地产危机风险、地方政府债务风险、汇率及货币危机风险、国际地缘政治风险、贸易摩擦风险五个方面总结了未来中国宏观经济运行中可能存在的风险点。

第六章　2025 年中国宏观经济政策分析、展望与建议

一、宏观经济政策的目标

（一）经济增长

结合中国“十四五”规划中提出的“十四五”时期经济增长目标“保持在合理区间”，以及 2035 年远景目标——“2035 年人均 GDP 达到中等发达国家水平”，预计 2025 年经济增长目标约为 5.0%。

从拉升因素看，2024 年抑制经济增速上涨的部分因素已经得到关注，具体问题解决政策逐渐出台。2024 年 10 月 12 日，财政部部长蓝佛安在国新办新闻发布会上，对化债、房地产市场低迷等核心问题的具体解决途径、财政安排等进行了详尽介绍。存量问题的解决，对接下来的增量投入是利好的。从压低因素看，中国国内经济结构调整继续，外部环境不确定性犹存，都将抑制中国经济短期增长。

（二）价格

预计 2025 年 CPI 同比增速目标或设在 3% 以内。一方面，2024 年，CPI 同比增长 0.2%，是历史低值，对 2025 年形成了低基数效应，相同条件下 2025 年 CPI 增速上行；一旦超过 3%，可能面临通货膨胀压力。另一方面，经济结构调整、西方对华限制继续，全球产业链断裂问题或愈加明显，对国内经济造成冲击。在居民收入增速没有止跌反弹、就业预期不稳等没有发生根本性改变的情况下，国内消费需求不足的状况难

以改变，有效需求不足抑制居民消费价格增速上涨。这可能形成通货紧缩压力。但在通货膨胀下限方面，应该不会设置目标。

（三）就业

2024 年全国城镇新增就业达到 1256 万人，顺利完成“1200 万人以上”的全年城镇新增就业目标，全国城镇调查失业率平均为 5.1%，低于全年调控目标 0.4 个百分点，表明 2024 年就业目标成功实现。

展望 2025 年，在工业企业利润持续下滑、企业经营情况没有明显改善的情况下，不利于吸纳更多的劳动力，同时面临技术进步对传统行业岗位的取缔、行业转型导致岗位需求减少、青年人群就业问题更加突出等多重挑战，整体就业压力会进一步加大。然而，一方面，科技创新会催生新产业、新模式、新动能，加快培育壮大战略性新兴产业和未来产业的发展目标也会创造出新的就业岗位，持续发挥吸纳劳动力就业的作用。另一方面，为解决就业难问题，稳岗促就业的政策力度有望加大。

综合宏观经济恢复态势、国内劳动力市场供需形势以及就业政策力度，2025 年的新增就业目标可能仍为 1200 万人以上，城镇调查失业率政策目标或维持在 5.5% 左右，与 2024 年持平。

二、中国宏观经济政策体系

苏剑（2017）认为，现有的宏观调控体系存在一定的局限性，首先是政策框架的局限性，因为当前宏观经济政策体系的发展严重滞后于宏观经济理论体系的发展；其次是政策效果的局限性，例如，现有宏观经济政策体系存在治标不治本、无法同时针对多个政策目标等现象，并且容易导致经济“肥胖症”，由此引发金融或经济危机，这些政策还会产生依赖性以及效果外溢等不利影响。此外，现有宏观经济政策体系并没有考虑中国特色、经济健康、经济结构以及经济发展的质量问题，同时对创新考虑不足。因此，当前中国经济的发展需要一个新的宏观调控体系。

鉴于上述宏观调控体系的弊端，苏剑（2017）提出了一个新的宏观调控体系总框架（见图 6－1），其中包含根据总供求模型得出的需求管理政策、供给管理政策和价格管理政策三大类。其中，需求管理政策就是在价格不变的情况下增加需求的政策，反映在图形上，需求管理政策就是使得总需求曲线的位置或者斜率发生变动的政策，其目的主要是通过扩大需求消除产能过剩和失业。与此类似，供给管理政策就是在价格不变的情况下增加供给的政策，反映在图形上，供给管理政策就是使得总供给曲线的位置或者斜率发生变动的政策，其目的主要是通过调节生产者的激励和约束影响供给。价格管理政策就是通过调整价格来稳定经济的政策，其目的主要是消除市场失灵，恢复市场机制的功能，让市场机制充分发挥作用。这个政策在计划经济下经常用于实现其他经济或非经济目的，所以在中国宏观经济调控中被广泛使用，并由此引申出从价格管理政策到市场环境管理政策的扩展（苏剑，2017；刘伟、苏剑，2018）。

根据上述新型宏观调控体系，苏剑（2017）认为，首先，各种政策组合方式应该优先选择市场环境管理政策，消除市场失灵，恢复市场功能；其次，由于现实经济中往往无法完全消除市场失灵，因此应该尽量用需求管理政策应对需求冲击，用供给管理政策应对供给冲击；最后，在一个失衡出现时，往往不能单纯应用某一种政策，可能需要供给管理政策、需求管理政策，甚至市场环境管理政策三者的适当组合。

作为发展中国家，中国的宏观调控政策体系应该包括市场环境管理政策、供给管理政策、需求管理政策三大类。我们的政策分析和政策建议就依据这一政策体系给出。

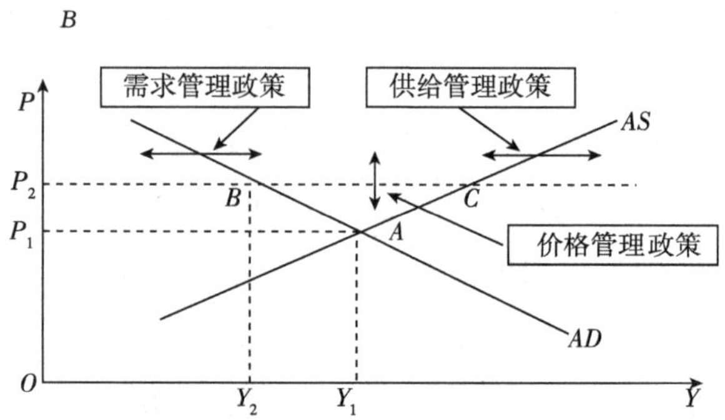

图 6－1　基于总供求模型的宏观调控体系

三、宏观政策展望

2025 年，中国宏观经济运行预计将处于供给和需求双收缩的格局，且需求收缩大于供给，经济自然增速（没有增量政策影响时的增速）也将低于潜在增速。鉴于此，中国应该采取需求、供给双扩张的政策，并着力推进市场化改革，改善市场环境的政策组合。

（一）需求管理政策

需求扩张以财政政策为主，在风险可控和可持续的前提下提高财政赤字率，加大财政支出力度，优化财政支出结构。货币政策以保持流动性充裕为基本要求，适时降准降息，加大实施力度及有效性。

第一，扩大消费需求。从当前形势看，家电、汽车等大宗消费或将继续成为 2025 年推动消费上涨的主要具体消费类型。汽车消费的促进，一方面，美国、欧盟等对中国大幅提高关税，对汽车尤其是新能源载人汽车的销售产生较大影响，需要通过增加内需以弥补外需的收缩；另一方面，随着中国经济的发展，中国国内私家车市场发展潜力巨大，促进中国国内汽车消费符合当前社会发展的需要，满足居民的需求。家用电器的以旧换新与 2008 年的家电下乡存在异同，相似方面都是满足人民群众的需求，改善居民的生活；不同方面是 2008 年主要填补中国家庭家用电器需求的缺口，当前的“以旧换新”则是改善性需求，对居民的家用电器更新改造，满足居民生活水平提高后的新需求，以及人口老龄化社会对智能电器的需求。

第二，稳投资。首先，继续加快落实大规模设备更新，推动规模增长，形成合力带动上下游产业增长。其次，加大财政支持力度，支持重点领域的投资建设，支持通信、能源、交通、生态环保、水利等基础建设投入，加大重点领域补短板力度。最后，优化民营企业的营商环境，降低民营企业的运营成本，保持政策的连贯性，稳定企业预期。具体来看，可通过设计对企业创新成果税费抵免、补贴等政策，鼓励企业创新、升级改造；通过创新完善企业股权融资、债权融资等增加企业融资渠道，改善、提高企业获得中长期资本的质量，降低企业的融资成本。

第三，稳出口。按照上一任期特朗普的执政风格，预计2025年随着他的上任，中国的外贸环境大概率更加趋紧，以美国为首的西方对华限制更加严厉。中国出口总额占中国GDP比重为20%左右，出口增速的下行，对中国国内经济增长、就业稳定的影响较大。首先，加强与东盟、共建“一带一路”国家、拉美地区的经贸合作，拓宽进出口渠道，增加贸易伙伴国；其次，建立与欧美国家的对话机制，通过双边、多边协商，求同存异，避免冲突，扩大合作空间，保护本国企业的合法利益；最后，深入开放，提供稳定的中国国内投资环境，吸引跨国公司来华投资、合作。

第四，促进生育。针对总人口减少、生育意愿下滑的现状，有以下三点建议。首先，加大财政政策支持力度。加大生育补贴力度，包括生育补贴、育儿假补贴、儿童抚养补贴等；完善税收优惠政策，提高子女教育个人所得税专项附加扣除金额、将儿童医疗费用全额纳入专项附加扣除范围。其次，加强教育、住房、就业等支持措施。鼓励有条件的地方加大对多子女家庭购房的支持力度，对符合条件且有未成年子女的家庭，可根据其未成年子女数量，在保障性住房户型选择方面给予适当照顾；重视学前教育阶段托育服务体系的建立，优化公共服务供给，尤其是要积极推动 0～3 岁婴幼儿托育服务的发展，为双职工家庭解决儿童照顾难题。最后，营造全社会尊重生育、支持生育的良好氛围。依法依规落实对女职工特别是孕产期、哺乳期女职工的特殊劳动保护，鼓励单位结合实际采取弹性上下班、居家办公等方式，营造家庭友好型工作环境。

第五，坚定不移地实施扩大内需战略，以扩大国内需求、提振消费为主线，保障基本民生等重点领域支出，优化收入分配制度和财政支出结构，提升支出效率，加快从过去高投资增长模式转向消费的新发展模式，将消费的核心从物质产品的发展型消费转向文艺、旅游、健康等领域的服务型消费。

（二）供给管理政策

供给扩张以促进经济提质增效与结构升级为核心，扩大有效供给，同时鼓励高新技术的自主研发，扩大对外开放。

第一，鼓励高新技术的自主研发，提高供给体系质量和效率，提升供给结构对有效需求的适配性。首先，建立起促进创新的科技金融体系；其次，建立相关各方在成果转让、股权分配等多种形式下的利益共享和分配机制，加快科技成果转化；再次，培育人力资本；最后，鼓励高新技术自主研发的同时必须重视基础研究投入。

第二，促进充分就业。当前提高就业率的关键是解决就业结构性矛盾，以适应新一轮科技革命和产业变革。首先，建立人力资源需求预测机制，加强就业岗位调查，及时发布急需紧缺职业需求目录，增强人力资源开发的前瞻性。其次，结合区域发展现状，充分运用本地优势、国家战略规划，制订有效的人才引进计划，填补高端技术人才的缺口，升级产业结构。再次，加大职业技能培训力度，为应对劳动力市场的快速变化，积极推动各类职业院校、职业培训机构开展重点行业、急需紧缺职业技能培训，提高劳动者的岗位适配度。最后，加强宣传教育，引导高校毕业生转变就业观念，改变传统的职业观念，积极探索在新兴产业和领域就业，找准自身条件与岗位需求之间的定位，缓解结构性就业矛盾。

第三，降低企业生产经营成本，包括企业税费负担、企业融资成本，进一步完善减税降费政策，支持保市场主体、保就业、保民生，确保制造业、餐饮业、建筑业和交通运输业等主要行业税负明显降低，有力推动供给端恢复，促进经济运行保持在合理区间。

第四，扩大重要产品和服务的进出口。拓宽先进技术、关键零部件、优质能源资源等优质产品的进口渠道，持续办好中国国际进口博览会、中国进出口商品交易会等，推动进口规模扩大、结构优化、来源多元化。

（三）市场环境管理政策

加快建设全国统一大市场，构建良好的营商环境，简化企业生产经营审批和条件，深化商事制度改革，推进企业开办经营便利化。同时，规范政府行为，加强依法治国，切实保证民营企业产权和企业家权益。

第一，加快全国统一大市场建设。这是目前财政相对困难的情况下各级政府能够在不花钱或者少花钱的情况下维持经济增长的措施，也是具有较大改革红利的一个领域。通过统一大市场建设，消除经济中存在的堵点，有助于提高经济运行效率，降低交易成本。

第二，保障物价稳定。2025 年或迎来全球降息潮，流动性的释放或对大宗商品价格上涨起到推动作用，但由于特朗普执政或大幅增加美国的原油供给，对价格的上涨起到抑制作用。总体来看，2025 年无论是居民消费价格还是工业品价格大幅持续上涨的概率均不大，通货膨胀风险相对较小。但夏季偶发极端天气时或导致用电需求集中爆发，短时间内需求暴涨超过正常水平，引发价格短期波动，以及雨季、冬季极端天气使得果蔬供给阶段性短缺，引发价格波动。防止大宗商品价格短期大幅波动也是经济良好平稳运行的保证。

第三，优化营商环境。提高政策透明度，促进公平竞争；进一步加强基础设施建设，降低运输、通信和交易成本，加强重点领域改革，积极构建市场经济基础制度，充分发挥市场在资源配置中的决定性作用。

第四，进一步扩大对外开放。一是积极构建多元化国际市场布局，加强深层次的国际贸易合作。面对外部环境不确定性增加和贸易摩擦加剧的形势，进一步加强深层次的国际贸易合作，深化“一带一路”建设，推动商签更多高标准自由贸易协定和区域贸易协定，深化中国和周边国家在农业、能源、高新技术等领域的合作。二是积极推动制度型开放，包括自贸试验区建设等；强化与欧盟合作，推动中欧经济伙伴关系进一步深化，减少贸易壁垒，提高贸易投资自由化、便利化水平。

第七章　2025年中国宏观经济展望

综合2025年中国宏观经济的自然走势和宏观经济政策的影响，预计2025年GDP同比增长5.2%，CPI同比增长0，PPI同比增长-2.5%。

供给端，预计2025年工业增加值同比增长6.1%。需求端，预计2025年社会消费品零售总额同比增长5.5%，固定资产投资同比增长4.5%，出口金额同比增长4.2%，进口金额同比增长-3.0%，全年实现贸易差额12192亿美元。

货币金融方面，预计2025年货币政策适度宽松，财政政策更加积极，同时加强各类政策协调配合，形成政策组合拳。预计2025年M2同比增长8.0%，新增人民币贷款17.5万亿元。

2025年中国宏观经济指标预测如表7-1所示。

表7-1　2025年中国宏观经济指标预测

宏观经济指标	2024年	2025年第一季度值	2025年上半年预测	2025年前三季度预测	2025年预测
经济增长					
GDP同比（%）	5.0	5.4	5.0	5.2	5.2
工业增加值同比（%）	5.8	6.5	6.3	6.2	6.1
社会消费品零售总额同比（%）	3.5	4.6	4.7	5.1	5.5
固定资产投资同比（%）	3.2	4.2	4.2	4.3	4.5
出口金额同比（%）	5.8	5.7	5.4	4.7	4.2
进口金额同比（%）	1.1	-7.0	-4.7	-4.3	-3.0
贸易累季差额（亿美元）	9914	2726	5856	8975	12192

续表

宏观经济指标	2024 年	2025 年 第一季度值	2025 年 上半年预测	2025 年 前三季度预测	2025 年 预测
通货膨胀					
CPI 同比（%）	0.2	-0.1	-0.1	-0.2	0
PPI 同比（%）	-2.2	-2.3	-2.7	-2.6	-2.5
货币金融					
M2 同比（%）	7.3	7.0	8.3	8.5	8.0
新增人民币贷款（万亿元）	18.1	9.8	12.5	15.0	17.5

下篇

专题报告

第八章　统筹有效市场和有为政府，健全宏观经济治理体系

刘　伟[①]

一、健全宏观经济治理体系是发挥社会主义市场经济优势的内在要求[②]

宏观经济治理是源于中国特色社会主义经济发展实践的创造，健全宏观经济治理体系是构建高水平社会主义市场经济体制的内在要求。通过进一步全面深化改革，特别是以经济体制改革为牵引，聚焦于高水平社会主义市场经济体制，进而深化宏观经济治理体制机制改革，目的在于推进经济高质量发展，推动中国式现代化目标达成。

一是实现经济质的有效提升和量的合理增长，要求必须健全宏观经济治理体系，提升宏观调控的科学性。高质量发展是质和量的统一。从经济增长量的要求上看，到 2035 年我国基本实现现代化，其中重要的经济发展水平指标，是人均 GDP 水平要达到中等发达国家水平。为此，到 2035 年，GDP 总量按 2020 年不变价格要翻一番，即从 2021 年至 2035 年的 15 年里，平均年增长率达到 4.8% 以上；到 2050 年前后，GDP 总量按不变价格增长近 2 倍，从 2021 年到 2050 年的 30 年里，年

---

① 刘伟，中国人民大学原校长，教授。

② 本节首发于《经济日报》2024 年 11 月 1 日第 1 版。

均 GDP 增长率达到 4.6% 左右。因此，必须进一步全面深化改革，提高创新力，以新发展理念引领改革，特别是加快培育新质生产力，实现全要素生产率大幅提升，推动产业创新和结构升级，才可能在经济发展约束条件发生系统性深刻变化的过程中，有效实现经济发展的目标。要实现经济质的有效提升和量的合理增长，需要大力提升宏观经济治理能力现代化水平。

一方面，在宏观调控政策上不断提高科学性。适应市场经济周期性变化和宏观经济失衡的特点变化，切实通过逆周期调节淡化周期波动性；通过跨周期调节，切实降低宏观经济调控长期成本。通过政策统筹协调，切实使宏观经济政策与其他经济政策、经济政策与非经济政策、宏观经济政策中的财政政策与货币政策、财政收入政策与财政支出政策、货币数量政策与货币价格政策等能够形成方向上的一致性，促进宏观经济趋向均衡，宏观经济目标特别是增长、物价、就业和国际收支等基本指标如期达成。这就要求在经济体制机制上，特别是财税体制和金融体制等方面不断深化改革。正如党的二十届三中全会《中共中央关于进一步全面深化改革、推进中国式现代化的决定》（以下简称《决定》）所强调的："统筹推进财税、金融等重点领域改革，增强宏观政策取向一致性。"

另一方面，在宏观经济治理方式上不断提高有效性。适应总供给与总需求矛盾变化以及矛盾主要方面的演变，统筹扩大内需与深化供给侧结构性改革，在对冲需求冲击、稳定经济增长、淡化经济周期、推动宏观经济主要指标稳健达成的同时，对冲供给侧冲击，注重培育新动能，优化升级产业结构，逐渐提升国民经济发展质态，切实加速推进经济高质量发展。坚持"稳中求进"这一宏观经济治理的重要原则，使经济总量增长与结构升级、需求侧调控和管理与供给侧结构性改革、短期均衡目标与长期发展目标等多方面切实实现有机统一。因此，《决定》要求，必须健全宏观经济治理体系，同时必须健全推动经济高质量发展体制机制。

二是实现经济发展和社会进步相统一的现代化进程，要求必须健全宏观经济治理体系，提升宏观经济治理能力现代化水平。首先，中国式现代化具有丰富的内涵和鲜明的特征，目标是要建成富强民主文明和谐美丽的社会主义现代化强国；进一步全面深化改革要求统筹推进“五位一体”总体布局，协调推进“四个全面”战略布局，并非单纯的实现经济发展目标。正如《决定》所指出的，“以经济体制改革为牵引，以促进社会公平正义、增进人民福祉为出发点和落脚点，更加注重系统集成，更加注重突出重点，更加注重改革实效，推动生产关系和生产力、上层建筑和经济基础、国家治理和社会发展更好相适应”。因此，必须在实现经济发展基础上切实促进社会各方面的现代化，在坚持高质量发展是新时代硬道理的同时，切实推动社会文明的进步，在以经济体制改革为牵引并聚焦于构建高水平社会主义市场经济体制过程中进一步全面深化改革，形成经济增长和社会发展相互协调的良性互动。这就特别要求在宏观经济治理体系和能力上适应中国式现代化发展要求，推动统筹协调与重点突破的有机统一，努力缓解经济发展与社会各方面现代化进程不协调甚至脱节的深刻矛盾。

其次，我国作为世界上最大的发展中国家，以中国式现代化全面推进中华民族伟大复兴进入不可逆转的历史进程，无论是对于世界还是对于我国而言，都是前所未有的历史性变化，其中面临的矛盾和挑战也必然是空前的。一方面，就我国自身而言，伴随社会主要矛盾的变化，在经济、政治、社会、文化、生态环境等方面会相应地面临一系列新的矛盾。另一方面，就世界格局演变而言，百年未有之大变局必然使我国发展面临的外部环境不确定性明显上升，特别是一系列结构性矛盾将更为尖锐。这就要求宏观经济治理和宏观调控不仅要有效处理总量失衡矛盾，还要深入处理结构性失衡矛盾，尤其是要注重缓解产业之间、城乡之间、区域之间发展的不平衡不协调；缓解失业与空位并存的就业结构性矛盾，过密与过疏并存的人口分布矛盾，财产存量和收入增量上差距扩大的分配结构失衡，等等。要求宏观经济治理更为有机地融入国家治理体系，提升治理能力现代化水平。《决定》提出的进一步全面深化改革的原则之一，是“坚持系统观念，处理好经济和社会、政府和市场、效率和公平、活力和秩序、发展和安全等重大关系，增强改革系统性、整体性、协同性”。对于健全宏观经济治理制度体系而言，坚持这一原则极为重要。

三是实现经济发展、竞争力提升、弥补市场失灵，要求必须健全宏观经济治理体系，提升宏观经济治理制度的有效性。市场经济体制在资源配置上具有竞争性效率，但也有多方面的局限，除在经济增长方面存在的价格刚性（黏性）导致的市场失灵等现象外，在长期发展中的局限性更为突出。这就特别需要构建有效的宏观经济治理制度体系，以在体制机制上为实现长期发展的有效性和可持续性提供相应的制度条件。

首先，对于我国这样一个发展中大国而言，实现中国式现代化，必须以教育科技人才为基础性、战略性支撑，切实遵循科技是第一生产力、人才是第一资源、创新是第一动力的经济社会发展客观规律。正如《决定》所强调的：“必须深入实施科教兴国战略、人才强国战略、创新驱动发展战略，统筹推进教育科技人才体制机制一体改革，健全新型举国体制，提升国家创新体系整体效能。”对于发展中国家来说，出于市场经济体制本身不完善、市场竞争主体本身竞争力普遍不强等各方面发展性和体制性原因，特别是在与发达经济体差距显著的条件下，依靠市场力量本身难以实现科技和产业创新能力的大幅上升和全面超越，需要更好地把市场与政府统一起来，形成更为强大的竞争力。一方面，在发展意义上，需要从国家发展战略的高度，明确改造提升传统产业、培育发展新兴产业、布局引领未来产业等方面的目标和政策，从顶层设计上贯通教育科技人才机制；需要从全球竞争的角度明确国家科技发展战略和政策，从人才资源上形成战略科学家、杰出工程师、领军企业家以及一流产业技工之间的合力。为此，必须健全宏观经济治理体系，进而在资源配置和创新激励等多方面提供经济体制机制上的保障。另一方面，在改革意义上，需要推进健全宏观经济治理体系、构建高水平社会主义市场经济体制。通过构建高水平社会主义市场经济体制，完善市场竞争秩序，提高经济发展的市场竞争力，特别是造就大批世界一流的企业，提升市场力量的创新能力。在这一过程中，宏观经济治理制度体系的健全和完善，以及相应的法治制度和信用制度的健全和完善，具有极为重要的意义。

其次，对于适应长期可持续发展需要而言，现实中的市场经济体制往往难以满足理论上实现充分有效资源配置的条件。由于信息的不对称、产权制度的不完备等，在长期经济发展中，市场经济体制客观上存在不确定性及局限性，其中较为显著的是在处理经济发展与生态环境相互关系上的局限。人类经济发展已形成巨额生态赤字。中国式现代化的重要特征之一在于人与自然的和谐共生。《决定》关于进一步全面深化改革总目标的要求之一，是聚焦于建设美丽中国，加快经济社会发展全面绿色转型，健全生态环境治理体系。但生态环境治理目标单纯依靠市场经济体制本身难以实现，主要原因在于生态环境领域存在严重的外部性。因此需要超越市场，在全国甚至全球范围内达成共识，协调治理。因而，宏观经济治理甚至国际宏观经济治理体系的构建极为重要。《决定》提出的重要改革任务之一是要求深化生态文明体制改革。深化生态文明体制改革，推进相关体制机制健全和完善，需要以构建高水平社会主义市场经济体制为基础，以健全宏观经济治理体系为条件。事实上，我国在经济长期强劲增长、工业化和城镇化加速的发展时期，实现“双碳”目标面临的挑战极为尖锐，迫切需要贯彻新发展理念，加快构建新发展格局，形成现代化经济体系。实现经济高质量发展，需要在体制机制上保障市场在资源配置上发挥决定性作用，更好发挥政府作用，切实把社会主义市场经济体制的优势转变为治理效能。

二、党中央集中统一领导是做好经济工作的根本保证[①]

习近平总书记指出："能不能驾驭好世界第二大经济体，能不能保持经济社会持续健康发展，从根本上讲取决于党在经济社会发展中的领导核心作用发挥得好不好。"2024 年底举行的中央经济工作会议进一步深化了我们党对经济工作的规律性认识，强调"党中央集中统一领导是做好经济工作的根本保证，在关键时刻、重要节点，党中央及时研判形势、作出决策部署，确保我国经济航船乘风破浪、行稳致远"。党中央集中统一领导是做好经济工作的根本保证，这是全党上下形成的最大共识，也进一步坚定了我们在困难和挑战面前做好经济工作的决心和信心。

（一）我国经济发展实践中形成的规律性认识

习近平总书记指出："我们党是执政党，抓好经济工作责无旁贷、义不容辞。"党中央集中统一领导是做好经济工作的根本保证，是习近平经济思想的重要内容，也是从我国经济发展实践中形成的一条重要规律性认识。党的十八大以来我国经济发展实践充分证明，在关键时刻、重要节点，正是因为以习近平同志为核心的党中央及时研判形势、科学决策部署，才确保了我国经济战胜风险挑战，行稳致远。

比如，2020 年新冠疫情突如其来。面对这场世纪疫情，一些国家选择"躺平"应对，给全球经济蒙上阴影。我们党准确判断形势，精心谋划部署，果断采取行动，依托强大综合国力开展全方位的人力组织战、物资保障战、科技突击战、资源运动战，在最短时间集中最大力量阻断疫情传播。同时，稳妥有序放开经济和社会活动，做好"六稳"工作，落实"六保"任务，推动复工复产，形成同疫情防控相适应的经济社会运行秩序，努力将疫情对经济社会发展的冲击和影响降到最

---

① 本节首发于《人民日报》2025 年 1 月 22 日第 9 版。

低。到2020年4月底，全国规模以上工业企业复工率超过99%，中小微企业复工率达到88.4%，重大项目复工率超过95%。正是因为我们党统筹疫情防控和经济社会发展，加大宏观调控力度，才使我国经济在世界各国中率先复苏，2020年国内生产总值（GDP）增长2.2%。比较来看，根据国际货币基金组织数据，当年世界经济平均增速为-2.7%，其中美国经济增速为-2.2%，日本经济增速为-4.2%，欧元区经济增速为-6.1%，我国是全球唯一实现经济正增长的主要经济体。

又如，2024年是实现“十四五”规划目标任务的关键一年。向外看，国际环境更加严峻复杂，全球经济增长动能不足，个别国家对我国遏制打压持续加码；向内看，国内有效需求不足，经济运行出现分化，重点领域风险隐患仍然较多，新旧动能转换存在阵痛。2023年中央经济工作会议对经济工作进行系统部署；2024年中共中央政治局多次召开会议，分析研判经济形势，把握经济总体态势，及时调整经济政策。2024年第二季度后期特别是进入第三季度，我国主要经济指标增速回落，市场预期走弱，海内外忧虑情绪有所蔓延。2024年9月26日中央政治局会议果断部署，推出一揽子增量政策，从加力提效实施宏观政策、进一步扩大内需、加大助企帮扶力度、促进房地产市场止跌回稳、努力提振资本市场五个方面，释放出稳住经济发展大局、延续长期向好大势的强烈信号。这一揽子增量政策兼具问题导向与目标导向，兼顾短期效果与长远布局，使社会信心有效提振，经济明显回升。

总体来看，新时代以来，我国经济社会发展取得历史性成就、发生历史性变革、转向高质量发展，充分证明党中央集中统一领导是做好经济工作的根本保证。在实践中，我们党也不断提炼和总结这一规律性认识，近年来的中央经济工作会议对此作出深刻阐述。比如，2019年中央经济工作会议指出，面对国内外风险挑战明显上升的复杂局面，“成绩来之不易，根本原因在于我们坚持党中央集中统一领导”；2020年中央经济工作会议指出，“党中央权威是危难时刻全党全国各族人民迎难而上的根本依靠，在重大历史关头，重大考验面前，党中央的判断力、决策力、行动力具有决定性作用”；2023 年中央经济工作会议强调，“在党的统一领导下，团结最广大人民，聚焦经济建设这一中心工作和高质量发展这一首要任务，把中国式现代化宏伟蓝图一步步变成美好现实”。以习近平同志为核心的党中央集中统一领导是做好经济工作的根本保证，这是被新时代我国经济发展实践反复证明了的重要结论，是我们党对做好经济工作规律性认识的重要深化。

（二）从高质量发展的角度深入把握这一规律性认识的科学内涵

以中国式现代化全面推进强国建设、民族复兴伟业，是新时代新征程党和国家的中心任务。完成这一中心任务，必须聚焦经济建设这一中心工作和高质量发展这一首要任务。把“党中央集中统一领导是做好经济工作的根本保证”这一规律性认识放在高质量发展中去理解，才能更深入地把握这一规律性认识的科学内涵。

坚持党中央集中统一领导，才能坚持和完善社会主义基本经济制度。社会主义基本经济制度是高质量发展的制度保障。新时代以来，我们党将按劳分配为主体、多种分配方式并存和社会主义市场经济体制纳入我国社会主义基本经济制度，标志着我国社会主义基本经济制度更加成熟、更加定型，也从生产资料的归属关系、生产成果的分配方式、资源配置方式等方面，为党中央对经济工作的集中统一领导创造了制度依据。同时，坚持和完善社会主义基本经济制度，也离不开党中央集中统一领导，这是由生产力与生产关系、经济基础与上层建筑的辩证关系决定的。作为生产关系的制度体现，社会主义基本经济制度是根据我国生产力发展要求不断丰富和完善的；作为我国社会主义初级阶段生产关系总和的经济基础，社会主义基本经济制度的巩固和完善需要发挥上层建筑的积极能动作用。在我国，发挥上层建筑对经济基础的能动作用，一个重要方面就是坚持党中央集中统一领导。新时代以来，我们党坚持全面深化改革，充分发挥经济体制改革的牵引作用，不断完善社会主义市场经济体制，推动党领导经济工作的体制机制更加成熟更加完善，有力保障了我国经济平稳运行、宏观经济治理不断完善、对外开放不断扩大，极大地激发了我国经济发展的内生动力。

坚持党中央集中统一领导，才能做到科学治理、统筹协调。高质量发展是对经济社会发展方方面面的总要求，要求坚持系统观念，协调好各方面利益，做到统筹兼顾、系统优化、突出重点、协调推进、稳中求进、先立后破。这必须坚持党中央集中统一领导。从宏观经济治理看，推动中国号巨轮行稳致远，需要面对不同主体利益多元化、治理目标多重性、政策工具多样性等。只有坚持党中央集中统一领导，才能增强政策取向一致性，提高宏观经济治理效能，在保持总量均衡的同时推进结构升级与质效向好。从经济结构调整来看，不平衡不充分是当前推动高质量发展面临的突出问题。只有坚持党中央集中统一领导，才能提高城乡区域发展的协调性平衡性，推动新型工业化、信息化、城镇化、农业现代化同步发展，统筹推动传统产业转型升级和新兴产业发展壮大。实践表明，实现科学治理、加强统筹协调，只能也必须发挥党总揽全局、协调各方的领导核心作用。

坚持党中央集中统一领导，才能正确处理政府和市场关系。当前，推动高质量发展还有许多卡点瓶颈需要破解，必须以经济体制改革为牵引进一步全面深化改革，从体制机制上推动解决。经济体制改革的核心问题是处理好政府和市场的关系，特别是要根据新质生产力发展要求，通过进一步全面深化改革形成新型生产关系。以不断做强做优做大我国数字经济为例，把数据作为新型生产要素纳入生产函数。在制度建设方面，要求对生产资料所有制、收入分配制度等进行改革创新；在资源配置方面，需要市场机制调节、企业等微观主体不断创新；在宏观经济治理方面，要求对国家战略规划体制、财政政策机制、货币政策机制等进行完善优化；等等。这些都要求处理好政府和市场的关系。只有坚持和加强党中央集中统一领导，对经济体制改革重点领域和关键环节作出有力部署，才能推动有效市场和有为政府更好结合，形成既“放得活”又“管得住”的经济秩序，不断塑造发展新动能新优势。

（三）坚持干字当头，确保党中央各项决策部署落到实处

2024 年底举行的中央经济工作会议强调：“要加强党对经济工作的领导，坚持干字当头，增强信心、迎难而上、奋发有为，确保党中央各项决策部署落到实处。”我们要深入学习贯彻中央经济工作会议精神，既把握大势、坚定信心，又正视困难、保持清醒，切实增强抓落实的责任感、紧迫感和主动性。

提高做好经济工作的能力和水平。经济是政治的基础，政治是经济的集中表现。各级领导干部要善于用政治眼光观察和分析经济社会问题，善于从讲政治的高度思考和推进经济工作，不断提高政治判断力、政治领悟力、政治执行力。要坚持科学决策，不断提高认识和掌握客观经济规律的水平，提高驾驭社会主义市场经济的能力，更好地回答经济发展的理论和实践问题。要坚持与时俱进，特别是适应经济全球化、新一轮科技革命和产业变革深入发展的要求，全方位提升理论与实践相结合的能力，不断提升做好经济工作的专业化水平。

善于运用法治思维和法治方式解决经济问题。社会主义市场经济本质上是法治经济，必须坚持法治思维、增强法治观念，依法调控和治理经济。新时代以来，我们党推动完成反垄断法修改、推动《公平竞争审查条例》落地见效等，中共中央办公厅、国务院办公厅印发《关于完善市场准入制度的意见》等，不断构建系统完备、科学规范、运行有效的制度体系，改变单纯依靠行政手段来管理经济的办法，改变用超越法律法规的手段和政策来抓企业、上项目推动发展的办法，改变采取陈旧的计划手段、强制手段完成任务的办法。各级领导干部要自觉运用法治思维和法治方式解决经济社会发展面临的深层次问题，依法治理经济，依法协调和处理各种利益问题。

加快构建高水平社会主义市场经济体制。党中央对经济工作的集中

统一领导，最终需要在社会主义市场经济运行中实现。社会主义市场经济体制水平的高低，直接关系党中央对经济工作集中统一领导的效率和水平。为此，要按照党的二十届三中全会和中央经济工作会议的部署要求，发挥经济体制改革牵引作用，加快构建高水平社会主义市场经济体制，加强财政、货币、就业、产业、区域、贸易、环保、监管等政策和改革开放举措的协调配合，推动标志性改革举措落地见效，更好激发全社会内生动力和创新活力。

总之，要深化认识和自觉遵循新时代客观经济规律，把高质量发展作为新时代的硬道理，把推进中国式现代化作为最大的政治，在党的统一领导下，聚焦经济建设中心工作，实现高质量发展主题。①

三、形成既“放得活”又“管得住”的经济秩序②

2024 年中央经济工作会议在总结实践的基础上，进一步深化对做好经济工作的规律性认识，概括出“五个必须统筹”，居于首位的就是“必须统筹好有效市场和有为政府的关系，形成既‘放得活’又‘管得住’的经济秩序”。这为我们深入理解与把握政府和市场关系这一经济体制改革的核心问题提供了重要遵循。

（一）我们党对处理好政府与市场关系的规律性认识进一步深化

在中国特色社会主义经济发展的理论与实践探索中，我们党对社会主义市场经济条件下如何处理好政府与市场关系这一问题的认识，一直在不断深化。在党的十一届三中全会开启改革开放新时期，特别是党的十二届三中全会作出关于开展经济体制改革的决定之后，市场机制作为调节经济的手段逐渐引入我国经济实践。党的十四大报告明确经济体制改革的目标是建立社会主义市场经济体制，同时明确市场在社会主义国

① 中央经济工作会议在北京举行[N]. 人民日报,2023-12-13(1).

② 本节首发于《光明日报》2025 年 1 月 21 日第 11 版。

家宏观调控下对资源配置起基础性作用，并在此后的改革进程中不断强调加强和完善市场在资源配置中的基础性作用。把政府与市场关系建立在社会主义市场经济体制基础之上加以讨论，使我们党关于资源配置中政府与市场关系的认识更加深入。进入新时代，特别是党的十八届三中全会作出关于全面深化改革的决定以来，对市场在资源配置中的作用及政府与市场关系的认识进一步深化。党的十八届三中全会强调，“经济体制改革是全面深化改革的重点，核心问题是处理好政府与市场的关系，使市场在资源配置中起决定性作用，更好发挥政府作用”。一方面，把市场在资源配置中的作用从“基础性”提升到“决定性”，更加强调市场机制的重要性；另一方面，明确“更好发挥政府作用”，更加注重政府调控的有效性。党的二十届三中全会作出进一步全面深化改革的决定，提出“充分发挥市场在资源配置中的决定性作用，更好发挥政府作用”。2024 年中央经济工作会议提出，“必须统筹好有效市场和有为政府的关系，形成既‘放得活’又‘管得住’的经济秩序”，体现了我们党不断深化对经济工作的规律性认识，并将“发挥经济体制改革牵引作用，推动标志性改革举措落地见效”作为 2025 年要抓好的九大重点任务之一，极大地提升了处理好政府与市场关系在实践上的坚定性和理论上的自觉性。

（二）有效市场的制度基础在于构建高水平社会主义市场经济体制

有效市场的基本要求体现在两个方面。一是在资源配置中充分发挥市场的决定性作用，切实保障市场作用的充分性。实践表明，市场经济是实现资源配置最有效的机制。实现资源配置效率最优化和效益最大化，必须充分发挥市场机制作用。二是不断提升市场机制对资源配置竞争行为的约束强度。在制度方面，应使市场中的企业能够真正接受市场规则的硬约束。市场规则要体现公平竞争，在交易条件的形成过程中真正贯彻等价交换原则，市场竞争过程中应切实防止垄断行为对公平竞争的破坏。构建高水平社会主义市场经济体制是处理好政府与市场关系，形成有效市场，进而实现既“放得活”又“管得住”的经济秩序的必要制度基础，其核心在于构建高水平的市场竞争制度和市场经济基础制度。构建高水平的市场竞争制度，要点在于市场主体制度和市场交易制度的建设。一是市场主体制度，即企业制度。市场经济水平的高低取决于市场主体的竞争力，这就需要加快构建现代企业制度，使企业既能真正在产权制度上接受市场规则的硬约束，又切实在治理结构上形成内部的权责利有效制衡和履行外部社会责任的自觉。我国现阶段的市场主体制度建设，关键在于坚持和落实“两个毫不动摇”，培育更多世界一流企业。二是市场交易制度，即竞争秩序。狭义的竞争秩序是指价格决定制度，市场经济能否有效实现交易的关键，在于交易条件能否顺利达成。价格是实现交易的基本经济条件，竞争是否有序，关键看价格是否真正由市场供求关系决定，是否体现公平交易所要求的等价交换原则。广义的交易秩序是指影响交易实现的制度安排，包括各种反垄断制度、反价格扭曲制度、反限制要素自由流动的竞争制度等。我国现阶段市场交易制度建设的关键是加快构建全国统一大市场，同时加快推进要素市场化配置改革并完善要素价格形成机制。构建高水平的市场经济基础制度，要点在于法治制度和信用制度建设。一是法治制度。市场经济是法治经济，市场主体必须恪守契约，这需要有超越市场的力量，即以国家上层建筑的力量加以保护。只有健全和完善法治建设，才能给予市场竞争制度有力的维护，包括对企业产权制度和市场交易制度的维护。二是信用制度。市场经济就其所运用的制度工具而言，体现信用关系。就其赖以支撑的道德基础而言，要求恪守诚信。这就需要在基础制度层面健全和完善信用体系和监管制度，将“诚信”的道德秩序制度化。

（三）有为政府的制度条件在于健全宏观经济治理体系

在现代市场经济中，宏观经济治理是不可或缺的。这种不可或缺性体现在两个方面：第一，市场机制配置资源，主要是微观层面的活动，对于宏观层面的资源配置，市场机制本身难以直接产生作用，这就需要宏观调控和治理。宏观调控和治理的主体只能是政府，主要是中央政府，其实现手段主要是宏观经济政策。因此，在资源配置方面，有为政府主要是指政府在宏观经济调控和治理上能动而系统地发挥作用，以科学的宏观调控实现政府的有效治理。第二，市场机制实现资源有效配置需要一系列条件，在现实中，这些条件往往难以充分满足，因而市场机制总是存在一定的局限性，这就需要政府有所作为，以有为政府弥补市场失灵，进而提高资源配置效率。正因如此，在市场经济中，政府和市场关系成为资源配置中的核心问题。党的二十届三中全会指出，“科学的宏观调控、有效的政府治理是发挥社会主义市场经济体制优势的内在要求”。实现有为政府，在体制上需要健全宏观经济治理体系。不同的宏观经济治理体系建立在不同的基本制度之上，因而具有不同的特点。我国的宏观经济治理体系建立在社会主义制度基础之上，具有自身的特殊性和优势，主要表现为：一是治理体系的内涵既包括宏观经济政策，也包括宏观经济治理制度。特别是我国正处于进一步全面深化改革进程中，改革举措本身成为宏观经济治理体系的重要构成因素，改革本身是提高宏观经济治理效能的重要途径，这是我国宏观经济治理体系不同于其他市场经济体的重要特点。二是宏观经济政策体系不仅包括一般意义上的总量政策，即货币政策和财政政策，而且包括结构政策和发展政策。宏观调控不仅具有显著的总量效应，而且具有深刻的结构效应。三是宏观经济治理政策方向的调整，既强调逆周期调节，也关注跨周期调控。四是宏观调控与微观运行的关系方面，不仅有政府宏观上对市场竞争行为的治理，而且有微观上企业制度对宏观调控的支持，特别是国有企业为宏观经济治理创造了重要微观条件。五是宏观调控方式上，一般而言，宏观调控既可以从总需求端入手展开，也可以从供给侧入手实施，关键是要根据经济体不同时期宏观经济失衡的主要矛盾及矛盾主要方面的变化进行调整，从而有效提高宏观调控水平。中国特色社会主义制度为实现这种调控方式的转换提供了坚实制度基础。

第九章　以有效需求牵引供给，以高水平供给创造需求

刘　伟[①]

宏观经济治理和宏观调控的重要问题在于推动总供给和总需求在相互作用中接近均衡状态，包括总量均衡和结构协调。宏观经济治理机制的有效性，重要的在于能否有效推动供求趋向均衡；宏观调控政策的目标，重要的在于能否有效地克服失衡，或者说，能否将失衡控制在国民经济可以承受的范围之内。新时代以来，尤其是进入新发展阶段以来，国内国际各种风险叠加，我国供给和需求双向同时受到严重冲击，各种矛盾交织，经济发展不平衡不充分的挑战更为深刻。2023 年 12 月召开的中央经济工作会议特别提出加大宏观调控力度，统筹扩大内需和深化供给侧结构性改革，并且把“必须坚持深化供给侧结构性改革和着力扩大有效需求协同发力”作为深化新时代做好经济工作的规律性认识的重要内容。[②] 因此，把握经济规律深入学习和领会习近平总书记关于宏观经济治理的重要论述，特别是其中关于供求关系的重要论述，科学认识和正确把握供求矛盾运动关系，对加快构建新发展格局，完整、准确、全面贯彻新发展理念，实现高质量发展，推动我国经济质的有效提升和量的合理增长，具有极为重要的理论意义和实践意义。

---

① 刘伟，中国人民大学原校长，教授。

② 中央经济工作会议在北京举行[N]. 人民日报，2023－12－13(1).

一、改革开放相当长的时期里我国宏观经济调控是以需求侧管理为立足点，需求侧是宏观经济失衡矛盾的主要方面

所谓宏观调控方式，首先是指宏观调控政策作用的主要方向，即是直接从供给侧入手为主，还是直接从需求侧入手对宏观经济进行政策调控为主，或是双向同时发力。正如习近平总书记所指出的："纵观世界经济发展史，经济政策是以供给侧为重点还是以需求侧为重点，要依据一国宏观经济形势作出抉择。"① 选择的根据主要在于两个方面：一方面，宏观经济失衡矛盾运动特点和经济发展不同阶段不同水平提出的发展要求不同，进而对克服失衡的政策提出不同的目标、倾向和力度；另一方面，不同国家的制度和体制机制条件不同，进而为实现宏观治理和宏观调控提供的体制机制条件及制度可能不同。这在客观必要性和可能性两个方面规定并约束着不同国家、不同发展阶段上宏观调控方式的选择和调整。

供给和需求管理有其不同的特点。就政策的基本目标而言，正如习近平总书记所阐释的："供给侧和需求侧是管理和调控宏观经济的两个基本手段。需求侧管理，重点解决总量性问题，注重短期调控，主要是通过调节税收、财政支出、货币信贷等来刺激或抑制需求，进而推动经济增长。供给侧管理，重在解决结构性问题，注重激发经济增长动力，主要通过优化要素配置和调整生产结构来提高供给体系质量和效率，进而推动经济增长。"② 之所以有这种不同，主要有两方面原因。一是政策直接作用对象不同。需求侧管理政策主要是直接针对消费者和购买者，包括最终消费者的消费行为和作为购买者的企业购买活动，影

① 习近平．在省部级主要领导干部学习贯彻党的十八届五中全会精神专题研讨班上的讲话［M］．北京：人民出版社，2016：31.

② 习近平．在省部级主要领导干部学习贯彻党的十八届五中全会精神专题研讨班上的讲话［M］．北京：人民出版社，2016：30－31.

响市场购买力和购买预期；供给侧管理政策直接作用对象是生产者和投资行为，包括企业和居民的投资活动，影响生产者的积极性和投资效率及能力。二是政策产生作用效果不同。在其他条件不变的情况下，需求侧管理政策会推动价格水平与政策方向同方向变动，即紧缩需求价格水平一般可能下降，而扩张需求价格会相应上升，在增大产出、增加就业、提高企业利润的同时会加大通货膨胀压力。采取供给管理政策一般会推动价格水平与政策方向反方向变动，即扩张供给价格水平通常可能下降，而紧缩供给价格水平则可能上升，[①] 主要是通过降低成本、优化结构、提升效率、增大产出、增加就业，但需要较长时期，需要创新支撑。总之，供给侧管理"要从生产端入手，重点是促进产能过剩有效化解，促进产业优化重组，降低企业成本，发展战略性新兴产业和现代服务业，增加公共产品和服务供给，提高供给结构对需求变化的适应性和灵活性"[②]。就两者的相互关系而言，国民经济总量与结构、经济政策短期与长期效应都是紧密关联的，因而供给侧和需求侧管理之间也是存在深刻的内在联系的。正如习近平总书记所指出的："放弃需求侧谈供给侧或放弃供给侧谈需求侧都是片面的，二者不是非此即彼、一去一存的替代关系，而是要相互配合、协调推进。"[③]

从我国的经济实践来看，相当长的时期里是以需求管理为主。在改革开放之前采取计划经济，因而不存在市场经济条件下的总供给与总需求，也不存在政府对市场经济运行中的宏观总量进行调控的问题。改革开放之后，伴随着市场机制的逐渐培育，市场供求矛盾的对立统一运动逐渐形成，由于种种原因，主要是经济发展水平低下的发展性原因和市场机制不完善的体制性原因，特别是在从计划经济向社会主义市场经济

① 刘伟，苏剑．供给管理与我国现阶段的宏观调控[J]．经济研究，2007(2).

② 习近平．在省部级主要领导干部学习贯彻党的十八届五中全会精神专题研讨班上的讲话[M]．北京：人民出版社，2016：33.

③ 习近平．在省部级主要领导干部学习贯彻党的十八届五中全会精神专题研讨班上的讲话[M]．北京：人民出版社，2016：31.

转轨过程中，传统计划经济条件下形成的短缺经济的克服仍需要一个艰苦的发展和改革过程。因此，从 1978 年改革初期，到 1998 年亚洲金融危机对我国经济产生深刻冲击的 20 多年时间里，我国宏观经济失衡的主要特点是需求膨胀、供给不足、经济短缺，因而主要冲击压力是需求拉动的通货膨胀，矛盾的主要方面在需求侧。相应的宏观经济政策的调控重点是需求管理，宏观政策的基本方向是紧缩需求，宏观政策的首要目标是遏制通胀。1997 年亚洲金融危机爆发至 1998 年春，对我国经济产生明显冲击，突出表现是出口受挫之后内需不足的矛盾进一步加剧。相对于内需不足的市场条件变化，产能过剩，首先是耐用消费品产能过剩矛盾逐渐加剧，要求长期适度紧缩需求的宏观经济政策倾向必须作出调整，由紧缩转为扩张，继而围绕扩大内需开始采取“积极的财政政策，稳健的货币政策”。到 2008 年世界金融危机爆发，并进一步对我国经济产生冲击，内需疲软矛盾进一步尖锐，产能过剩由消费品产能过剩进一步扩展到投资品产能过剩。为应对世界金融危机冲击，从 2008 年末开始宏观经济政策进一步加大扩张力度，采取“更加积极的财政政策和适度宽松的货币政策”，直到 2010 年底退出，继续回到 1998 年以来的“积极的财政政策，稳健的货币政策”轨道。但政策的着力方向仍然主要集中于扩大内需，只是力度有所调整。从 1998 年到 2008 年再到党的十八大召开之前，这一时期我国宏观经济失衡矛盾的主要方向仍在于需求侧，与此前不同的是，不是需求膨胀，而是需求疲软，相应的宏观经济调控的主要入手方向仍然是需求侧，不同于以往的是政策方向不是紧缩需求，而是扩张需求。

二、进入新时代之后我国宏观经济矛盾的主要方面在于供给侧，供给侧结构性改革成为宏观治理和调控的主线

党的十八大之后，我国经济发展进入“十三五”时期，经济新常态成为显著特征，“就要把适应新常态、把握新常态、引领新常态作为

贯穿发展全局和全过程的大逻辑”①。国际国内经济态势发生了新的趋势性变化，经济社会发展面临的矛盾和约束条件发生了历史性改变，开放环境和体制条件也发生了根本性的演化，供给和需求的内在特征和相互关系发生了深刻的改变。“从需求方面看，全面刺激政策的边际效果明显递减；从供给方面看，既要全面化解产能过剩，也要通过发挥市场机制作用探索未来产业发展方向。我们必须全面把握总供求关系新变化，科学进行宏观调控。”② 在经济新常态下，“我国经济发展虽然有周期性、总量性问题，但结构性问题最突出，矛盾的主要方面在供给侧”③。宏观经济政策单纯依靠刺激内需难以解决结构性矛盾，矛盾的主要方面在供给侧，因此，必须把改善供给结构作为主攻方向，实现由低水平供需平衡向高水平供需平衡跃升。在试图扩大需求的前提下，把推进供给侧结构性改革作为适应经济新常态、引领新常态的经济发展和经济工作的主线。从生产方入手，围绕提升企业竞争力，调整经济结构，提高供给质量，采取并实施一系列供给侧管理的宏观政策和供给侧结构性改革，先是明确“三去一降一补”，而后进一步制定“巩固、增强、提升、畅通”的八字方针，推动供给体系的质量和竞争效率的提高，进而克服深层次的结构性矛盾，实现供给与需求之间更高水平基础上的平衡。

事实上，长期发展中从供给侧入手解决结构性矛盾和失衡，从生产端提升企业、产业和整个国民经济的竞争力，进而推进结构升级和经济质态的演进，从发展质态和规模总量上实现经济增长和可持续发展，是国际社会各国普遍的追求。“从国际经验看，一个国家发展从根本上要

---

① 习近平．在省部级主要领导干部学习贯彻党的十八届五中全会精神专题研讨班上的讲话[M]．北京：人民出版社，2016：2－3.

② 习近平．经济工作要适应经济发展新常态（2014 年 12 月 9 日）[M]//十八大以来重要文献选编：中．北京：中央文献出版社，2016：244.

③ 习近平．在中央财经领导小组第十三次会议上的讲话（2016 年 5 月 16 日）[M]//中共中央文献研究室．习近平关于社会主义经济建设论述摘编．北京：中央文献出版社，2017：105.

靠供给侧推动。一次次科技和产业革命，带来一次次生产力提升，创造着难以想象的供给能力。当今时代，社会化大生产的突出特点，就是供给侧一旦实现了成功的颠覆性创新，市场就会以波澜壮阔的交易生成进行回应。”① 也就是说，高质量创新驱动的供给能够创造出巨大的市场需求。二战后包括美国、英国、德国、法国、日本等在内的主要资本主义国家在坚持凯恩斯主义的需求管理为主（特别是短期宏观调控）的同时，也以不同方式对产业结构、科技创新等供给侧的长期发展作出战略性的调控和政策引导。日本和法国等在战后初期一段时期里甚至制定了有计划的产业政策。在 20 世纪 80 年代，美、英等国面对传统凯恩斯主义政策形成的“滞胀”，还曾发动所谓“供给革命”，但都未取得预想的成效，事实上又都重回凯恩斯主义立场。而战后苏联东欧等社会主义传统的计划经济国家的经济调控和管理的着力方向和重点，始终集中于生产侧，并以集中计划的方式直接掌控企业、产业和整个国民经济体系，力图以非均衡的赶超式发展大力推进结构升级，迅速实现工业化，但总体来说也不成功。从西方主要资本主义国家的经济实践上看，供给管理和供给革命不成功的主要原因在于：一是在政策上，其宏观政策更为重视短期目标，这与其所谓民主政体的任期制有关，因而更强调需求管理而忽视具有长期性质的供给管理；二是在制度上，供给管理及革命直接影响生产者，特别是首先影响作为要素集合的企业（微观意义上的生产者），进而影响作为企业集合的产业（中观意义上的生产者），再影响作为产业集合的国民经济结构（宏观意义上的生产者），这与资本主义市场经济的私有制和自由竞争制度存在矛盾。传统社会主义计划经济国家以集中计划的方式直接控制企业、产业、国民经济，之所以也未能如期实现赶超，根本原因在于取消了市场竞争，不存在市场需求对供给的约束和牵引。因而，一方面，生产的发展和产业结构调整具有盲

---

① 习近平．在省部级主要领导干部学习贯彻党的十八届五中全会精神专题研讨班上的讲话［M］．北京：人民出版社，2016：34.

目性，脱离市场反映的社会经济发展真实有效的需求，形成资源配置的结构性失效；另一方面，企业可以不受市场约束，不受市场需求制约，在国有制“软预算约束”的体制下，不仅在微观上形成企业低效率，而且在宏观上形成“短缺经济”，进而产生严重的总量失衡和结构失衡。因此，在需求与供给的对立统一矛盾运动中，要有效实施供给管理政策，实现“供给侧结构性”发展目标，必须创造并具备相应的制度和体制条件，因而我国提出以供给侧结构性改革来适应和引领经济新常态，特别突出了“结构性”“改革”的意义。把“结构性”作为供给侧入手要解决的关键问题，把“改革”作为实现目标的不可或缺的条件，把社会主义市场经济体制的完善作为基础，① 同时必须贯彻新发展理念。

三、进入新发展阶段我国经济在总供给和总需求两端双向受到冲击，宏观经济治理和宏观调控需要在机制和政策上更加强调统筹需求与供给，需要两端协同发力

伴随我国经济社会发展“十三五”规划目标的达成，我们党提出的“第一个百年奋斗目标”实现，我国经济社会发展进入新阶段（2020 年 10 月召开的党的十九届五中全会正式提出），我国发展面临新的机遇和挑战。就机遇而言，我们在实现了“第一个百年奋斗目标”的基础上开启了“第二个百年奋斗目标”新征程，中华民族伟大复兴发展到了不可逆转的进程。经过理论和实践上的长期探索和艰苦奋斗，我们为以中国式现代化实现中华民族伟大复兴提供了更为坚实的物质条件，更为完善的体制保证，更为主动的精神力量。就挑战而言，包括国际国内环境的深刻变化，约束条件和发展目标的历史性演变，我国经济

① 刘伟．经济新常态与供给侧结构性改革[J]．管理世界，2016(7)；刘伟，苏剑．供给管理与我国的市场化改革进程[J]．北京大学学报(哲学社会科学版)，2007(5)．

社会发展各种矛盾和社会主要矛盾运动呈现新特点，遇到的矛盾、风险和挑战空前复杂、系统、尖锐。机遇与挑战的内涵发生了深刻变化，机遇更具战略性、可塑性，即总体的趋势性和过程的不确定性，挑战更具复杂性、全局性，即矛盾更尖锐，风险更具系统性；机遇和挑战的相互关系发生了深刻变化，不再是一般的机遇大于挑战，而是更具辩证性，即“机遇与挑战并存，挑战前所未有，应对好了，机遇也前所未有”，显然挑战更具前置性；战略机遇期发生了深刻变化，难以再明确具体战略机遇期的时长，而是正处于难预料因素增多的时期。

特别是在新冠疫情冲击下，就宏观经济运行而言，需求供给双向萎缩。一方面，在全球经济负增长条件下，我国内需疲软的矛盾进一步突出，特别是在疫情冲击下消费需求增长动力不足尤显突出；另一方面，供给侧结构性矛盾仍然突出，结构性产能过剩和新动能不足并存，在欧美国家加大围堵打压力度的情况下，“卡脖子”矛盾和结构升级动能不足相互交织，经济增长在总量和结构上均受到严重影响。受需求和供给双向萎缩冲击，虽然 2020 年在全球经济负增长的同时我国经济增长达到 2. 3%，是世界主要经济体中唯一保持正增长的国家，但与我国经济发展历史数据相比仍处于最低增长速度水平。

与这种宏观经济失衡出现的新态势相适应，我国宏观调控方式和政策力度及着力点开始发生变化，对于统筹协调供给与需求有了进一步的认识，对需求侧管理予以新的强调。在 2020 年 12 月召开的中央经济工作会议上，提出在坚持以深化供给侧结构性改革为主线的同时，科学精准实施宏观政策，努力保持经济运行在合理区间，坚持扩大内需；强调在加快构建以国内大循环为主体、国内国际双循环相互促进的新发展格局过程中，紧紧扭住供给侧结构性改革这条主线的同时，“注重需求侧管理，打通堵点，补齐短板，贯通生产、分配、流通、消费各环节，形成需求牵引供给，供给创造需求的更高水平动态平衡，提升国民经济体系整体效能”[①]。

2021 年 12 月，中央经济工作会议进一步分析宏观经济面临的新挑战，指出：“我国经济发展面临需求收缩、供给冲击、预期转弱三重压力。”[②] 首先要求宏观政策要稳健有效，积极的财政政策要提升效能，加大财政支出政策强度和财政收入政策支持力度；稳健的货币政策要灵活适度，保持流动性合理充裕；强调“财政政策和货币政策要协调联动，跨周期和逆周期宏观调控政策要有机结合。实施好扩大内需战略，增强发展内生动力”[③]。明确提出宏观上实施好扩大内需战略，在此基础上，结构政策要着力畅通国民经济循环，“要深化供给侧结构性改革，重在畅通国内大循环，重在突破供给约束堵点，重在打通生产、分配、流通、消费各环节”。[④]

2022 年 12 月，中央经济工作会议针对我国经济恢复的基础尚不牢固的问题，进一步强调需求侧管理的战略重要性，强调扩大内需与深化供给侧结构性改革两方面的有机结合。“需求收缩、供给冲击、预期转弱三重压力仍然较大，外部环境动荡不安，给我国经济带来的影响加深”，要求在宏观调控方式上“把实施扩大内需战略同深化供给侧结构性改革有机结合起来”，在宏观经济政策上突出强调“着力扩大国内需求。要把恢复和扩大消费摆在优先位置”，“要通过政府投资和政策激励有效带动全社会投资”。[⑤] 进一步要求，积极的财政政策要“加力提效”，稳健的货币政策要“精准有力”，以加大宏观政策刺激总需求，特别是扩大内需的力度，更好应对各种超预期因素冲击。

2023 年中央经济工作会议深入剖析了进一步推动经济回升向好需要克服的困难和挑战，更加强调有效需求不足等方面的失衡特点，把

---

① 中央经济工作会议在北京举行[N]. 人民日报,2020-12-19(1).
② 中央经济工作会议在北京举行[N]. 人民日报,2021-12-11(1).
③ 中央经济工作会议在北京举行[N]. 人民日报,2021-12-11(1).
④ 中央经济工作会议在北京举行[N]. 人民日报,2021-12-11(1).
⑤ 中央经济工作会议在北京举行[N]. 人民日报,2022-12-17(1).

“深化供给侧结构性改革和着力扩大有效需求协同发力”上升为新时代做好经济工作需要认识和遵循的重要规律。会议指出：“进一步推动经济回升向好需要克服一些困难和挑战，主要是有效需求不足、部分行业产能过剩、社会预期偏弱、风险隐患仍然较多，国内大循环存在堵点，外部环境的复杂性、严峻性、不确定性上升。”因而，在宏观调控方式上要求，“加大宏观调控力度，统筹扩大内需和深化供给侧结构性改革”；在宏观经济政策上要求，“强化宏观政策逆周期和跨周期调节，继续实施积极的财政政策和稳健的货币政策，加强政策工具创新和协调配合”，财政政策要适度加力、提质增效，货币政策要灵活适度、精准有效。特别需要指出的是，2023 年中央经济工作会议在总结深化新时代做好经济工作规律性认识时，在以往总结概括基础上进一步概括了“五个必须”，其中第二个“必须”即“必须坚持深化供给侧结构性改革和着力扩大有效需求协同发力，发挥超大规模市场和强大生产能力的优势，使国内大循环建立在内需主动力的基础上，提升国际循环质量和水平”①。

四、当前实现需求与供给两端协同发力，需要深化认识和自觉遵循客观经济规律，切实提升宏观经济治理和政策调控的有效性

回顾和总结我国经济社会发展进入新阶段以来，特别是自 2020 年受疫情冲击等国内外多重风险挑战深刻影响下，我国宏观经济治理和宏观经济政策与经济中出现的新矛盾、新失衡不断变化相适应，作出了相应的调整，在供给与需求两端的关系处理上，实践和理论层面都在不断深化。中央在 2020 年提出扭住深化供给侧结构性改革主线的同时，强调要注重需求侧管理；2021 年明确提出在面对“三重压力”条件下，

① 中央经济工作会议在北京举行[N]. 人民日报,2023－12－13(1).

要实施好扩大内需战略，同时要深化供给侧结构性改革；2022 年进一步要求把实施扩大内需战略同深化供给侧结构性改革有机结合起来；2023 年更进一步，把“坚持深化供给侧结构性改革和着力扩大有效需求协同发力”作为新时代做好经济工作必须认识和遵循的客观规律。

正如习近平总书记所深入阐释的，“更好统筹扩大内需和深化供给侧结构性改革，增强国内大循环动力和可靠性”是破除制约形成新发展格局主要矛盾和问题的需要，是加快构建新发展格局的客观要求。习近平总书记指出：“构建新发展格局的关键在于实现经济循环的畅通无阻。能否实现，主要取决于供给和需求两端是否动力强劲、总体匹配、动态平衡、良性互动。这就需要把扩大内需战略同深化供给侧结构性改革有机结合起来，供需两端同时发力、协调配合，形成需求牵引供给、供给创造需求的更高水平动态平衡，实现国民经济良性循环。”① 党的二十大报告在阐释高质量发展这一主题的内涵和要求时，突出强调了把实施扩大内需战略同深化供给侧结构性改革有机结合起来，进而推动经济实现质的有效提升和量的合理增长。② 可以说，习近平总书记关于需求与供给相互关系的重要论述，是习近平新时代中国特色社会主义经济思想中的重要内容。特别是关于宏观经济治理和宏观经济调控的重要论述，是党的创新理论关于新时代做好经济工作的规律性认识的深化，也是加快构建新发展格局的重要遵循。只有真正实现两者的有机结合，才能切实增强国内大循环的动力和可靠性，进而为实现国内国际双循环提供坚实基础并赢得主动；才能有效缓解供求严重失衡错位和循环不畅，进而从根源上推动防范化解经济金融领域重大风险。

要实现两者的有机结合，重要的政策要求在于：一是在政策目标和政策导向上，必须追求以有效的市场需求牵引供给，以高质量的供给创

---

① 习近平．加快构建新发展格局 把握未来发展主动权[J]．求是，2023(8)．

② 习近平．高举中国特色社会主义伟大旗帜 为全面建设社会主义现代化国家而团结奋斗——在中国共产党第二十次全国代表大会上的报告[N]．人民日报，2022-10-26(1)．

造需求，从而实现高水平的动态平衡，而不是以“大水漫灌”式的劣质需求去拉动低效率的经济泡沫。所谓扩大有效的市场需求，是指“扩大有收入支撑的消费需求、有合理回报的投资需求、有本金和债务约束的金融需求”①，“激发有潜能的消费，扩大有效益的投资，形成消费和投资相互促进的良性循环”②。所谓高质量的供给，是指通过深化供给侧结构性改革，以“持续推动科技创新、制度创新，突破供给约束堵点、卡点、脆弱点，增强产业链供应链的竞争力和安全性”③，进而自主可控、高质量地供给。说到底是要贯彻新发展理念，以科技创新引领现代化产业体系建设，以科技创新推动产业创新，催生新产业、新模式、新动能，发展新质生产力。④ 二是在政策制定和传导机制上，要坚持稳中求进工作总基调，并以此作为长期坚持的治国理政的重要原则，这是我们党对经济工作重要的规律性认识。⑤ 当前，要特别强调坚持稳中求进，以进促稳、先立后破；加强政策工具创新和协调配合，准确把握经济工作的政策取向，在政策实施上强化协同联动，放大组合效应；在政策效果评价上注重有效性，着力提升宏观政策支持高质量发展的效果；加强宏观经济调控的统筹协调，坚持系统观念，这是我们党总结的对经济工作的又一重要规律性认识。⑥ 在多重目标中寻求动态平衡，在统筹兼顾中突出重点。当前特别需要抓住主要矛盾，突破瓶颈制约，注重前瞻布局，统筹扩大内需和深化供给侧结构性改革，统筹新型城镇化和乡村全面振兴，统筹高质量发展和高水平安全，统筹推进深层次改革和高水平开放。⑦ 三是在宏观经济治理机制上，我国正处在不断深化社会主义市场经济历史进程中，同时是最大的发展中国家，就宏观经济政

① 习近平．加快构建新发展格局 把握未来发展主动权[J]．求是，2023(8)．
② 中央经济工作会议在北京举行[N]．人民日报，2023-12-13(1)．
③ 习近平．加快构建新发展格局 把握未来发展主动权[J]．求是，2023(8)．
④ 中央经济工作会议在北京举行[N]．人民日报，2023-12-13(1)．
⑤ 中央经济工作会议在北京举行[N]．人民日报，2021-12-11(1)．
⑥ 中央经济工作会议在北京举行[N]．人民日报，2021-12-11(1)．
⑦ 中央经济工作会议在北京举行[N]．人民日报，2023-12-13(1)．

策类型而言，不仅包括总量政策，而且包括结构政策，以适应总量失衡和结构失衡、总量增长与结构升级、短期均衡和长期协调的发展要求。就政策工具而言，不仅包括财政政策、货币政策，而且包括市场机制和市场环境培育等改革政策，以适应宏观政策实施和传导对市场经济体制的要求。就宏观调控的方向而言，不仅包括需求管理（既包括重视需求管理的短期总量效应，又包括关注需求管理的长期结构效应，强调逆周期调节的同时重视跨周期调节），而且包括供给管理（既包括重视供给管理的长期结构效应，又包括注重供给管理的短期总量效应），以对冲经济面临的需求和供给双重冲击。就宏观治理实现体制基础而言，根本在于构建高水平的社会主义市场经济体制。这不仅需要切实在体制上为市场在资源配置中发挥决定性作用提供保证，从而促进供给和需求之间的总量和结构性动态均衡。就其实现过程而言，本质上是市场竞争并逐渐趋向收敛的过程，强调供给与需求两端协同发力，真正有机统一扩大内需战略与深化供给侧结构性改革，而不是将两者孤立，甚至分割开来。关键在于培育充分竞争的市场体系，而且需要切实在体制上为更好发挥政府作用提供条件，单纯依靠市场在现实中是不具备充分实现供求均衡的可能的，现代化的经济体系所要求的现代经济体制必须是市场与政府有机结合良性互动的体制。对于处于深化改革和实现赶超过程中的我国经济而言，发展中的特殊矛盾和体制机制上的不完善，更需要推进市场化、法治化，需要坚持社会主义市场经济改革方向，才可能具备供求均衡发展的制度基础。

第十章　从科技创新看美国的经济前景

苏　剑　杨盈竹①

一、引言及理论框架

对于美国这样的市场经济来说，产能过剩是其长期面临的问题。面对产能过剩，目前世界各国采取的对策都是财政政策和货币政策。这两个政策虽然通常能够在短期内迅速扩大需求，但扩大出来的需求是劣质需求。财政政策要么通过扩大政府购买来直接扩大需求，要么通过减税或者增加转移支付来提高居民的可支配收入，从而提高居民的消费需求；在前者情况下，随着基础设施等项目的实施，其边际效率会逐步下降，在后者情况下，消费的边际效用会逐步下降，不管怎么说，导致的都是质量越来越低的需求。同时，增加政府支出、减税等会导致政府财政赤字增加，埋下政府债务危机的隐患。而货币政策主要是通过降息来扩大投资需求的，随着利率的下降，扩大出来的投资需求的边际收益率也会下降，从而导致劣质投资。

这是凯恩斯主义宏观调控政策理论体系的缺陷。凯恩斯主义宏观经济学中只考虑需求的数量，不考虑需求的质量，尤其是在投资函数中，

---

① 苏剑，北京大学经济学院教授、博士生导师，北京大学国民经济研究中心主任；杨盈竹，北京物资学院外国语言与文化学院讲师。

虽然明确指出投资同时决定于资本的边际效率和利率两个因素，但凯恩斯主义投资函数中只包括利率，不包括资本的边际效率。因此，在凯恩斯主义宏观经济学和宏观经济政策中，仅包括金融市场和货币政策，却不包括资本的边际效率的决定因素即创新，以及提高资本边际效率的政策即创新支持政策。同样，在消费函数中也不区分传统产品和新产品，从而忽略了这两类创新之间的差别，也就忽略了创新尤其是产品创新对消费的拉动作用。

本章试图通过引入创新和创新支持政策来弥补凯恩斯主义经济学及经济政策的这一缺陷。按照熊彼特的说法，创新分为产品创新、工艺创新、市场创新、原料创新和管理创新五大类。为简单起见，本章仅考虑产品创新和工艺创新。产品创新和工艺创新是科技创新的两种主要形式。从经济学意义上说，这两类创新是完全不同的创新，工艺创新扩大的是供给，产品创新扩大的是需求。

本章认为，扩大需求最根本的办法是产品创新。新产品会给消费者带来更高的边际效用，因而是优质消费。既然能够给消费者带来更高的边际效用，消费者就愿意付出较高价格来购买这种新产品，从而使得企业投资生产新产品的收益率较高，宏观经济出现银行危机的概率就较低。

产品创新给消费者创造了前所未有的消费需求。但要让这种需求能够以较大幅度拉动经济，还需要这种新产品能够普及，因此就需要降低成本，而降低成本是工艺创新的任务。因此，要想实现经济的高质量增长，就既需要产品创新，又需要针对这些新产品的工艺创新。

因此，就宏观经济政策而言，就需要创新支持政策，既鼓励产品创新，又鼓励针对这些新产品的工艺创新。这就把科技领域引入了宏观经济学，也把科技政策引入了宏观调控体系，成为跟凯恩斯主义需求管理政策至少同等重要的宏观调控政策。

刘伟、苏剑（2009）讨论了创新支持政策与凯恩斯主义需求管理政策的关系以及二者的组合方式。他们认为，二者各有优缺点。凯恩斯主义需求管理政策的优点是不确定性较小（相对于创新支持政策）、紧缩时的效果好于扩张时的效果，缺点是会导致劣质需求；创新支持政策的优点包括会引发优质需求、扩张时的效果好于紧缩时的效果，缺点是不确定性较大。因此，他们认为，二者应该以如下方式组合：用创新支持政策解决长期问题，用凯恩斯主义需求管理政策解决短期问题；用创新支持政策扩张，用凯恩斯主义需求管理政策紧缩；用创新支持政策解决系统性问题，用凯恩斯主义需求管理政策解决偶发性问题。

苏剑、陈阳（2019）讨论了创新支持政策对高质量发展的意义，并指出 2008 年爆发的美国金融危机就是产品创新不足且最终被迫采取凯恩斯主义需求管理政策的结果。

苏剑、刘斌（2009）认为，2008 年爆发的美国金融危机就是产品创新不足以及凯恩斯主义需求管理政策尤其是货币政策的结果。他们认为，2000 年后美国经济出现衰退，美联储降息，导致次级贷款的出现，最终在 2004 年经济过热、美联储加息的情况下房地产泡沫破灭，导致了这次金融危机。

二、科技创新与长周期

长周期又称“康德拉季耶夫”，其驱动力是以产品创新为核心的科技革命。上一轮长周期始于 1945 年，其驱动力是 IT 革命，一直持续 60 多年，最终在 2008 年以一场全球性金融危机收场。

产品创新是指通过引入新的产品或改进现有产品的功能、性能、设计等方面，以满足市场新的需求或者创造新的需求。产品创新一方面能够提供新供给，即满足市场上尚未满足的需求；另一方面可以创造需求，即通过在产品的功能、性能等方面进行创新，激发消费者的购买欲望。

针对产品创新的工艺创新使新需求普及，工艺创新是指通过改进生产工艺、技术、材料等方面，提高产品的质量、生产效率或降低成本。通过工艺创新使得产品在生产上更加高效，成本更低，从而可以提供更具竞争力的价格，满足更多消费者的需求。首先，通过工艺创新可以提高产品的质量和性能，使得消费者对产品有更高的认可度和满意度。消费者对质量和性能更好的产品有更高的购买意愿，从而刺激了新需求的产生和普及。其次，通过工艺创新可以降低产品的成本，使得产品的价格更加具有竞争力。较低的价格可以吸引更多的消费者购买，从而拉动了新需求的普及。

革命性产品创新和工艺创新的结合可以推动经济进入长周期。首先，产品创新带来的新供给和创造的新需求可以促进市场的活跃，增加了企业的销售和利润，推动了经济的增长。其次，工艺创新可以提高企业的生产效率和降低生产成本，增加了企业的竞争力，进一步推动了经济的发展。最后，产品创新和工艺创新的不断迭代和发展，形成了一个良性循环，使得经济保持长期的增长态势。

三、美国经济已经进入新的长周期

近年来，美国出现了一些具有革命性的科技成果，包括星链系统、机器人、太空产业、量子计算、核聚变技术、室温超导技术等。

（一）星链系统

星链（Starlink）是美国太空探索技术公司（SpaceX）推出的一个卫星互联网项目，旨在提供全球高速互联网服务。该系统由数千颗低地球轨道卫星组成，覆盖广泛的地理区域，特别是在偏远地区和网络覆盖不足的地区。2021 年初起，星链开始为一些地区的用户提供测试服务，并计划逐步扩大服务范围。该项目的目标是通过大规模部署卫星，提供高速、低延迟的互联网连接，使全球更多地区能够接入互联网。随着全球数字化的持续发展，对高质量的互联网连接的需求越来越大。星链的卫星网络可以提供覆盖广泛地理区域的高速互联网服务，为全球范围内的用户提供连接。星链的发展前景受到广泛关注，并被认为具有巨大的市场潜力。2019 年 9 月，摩根士丹利的研究报告初步预测，到 2030 年星链市场占有率或将达到 33.3%，营业收入将达到 151.42 亿美元。

2022 年 2 月，创始人马斯克曾表示，SpaceX 星链用户终端或将超 25 万，但目前来看已经大大超过了这个数字，星链的用户数量正在高速增长，2022 年底 SpaceX 星链卫星互联网在全球的订购用户数量突破 100 万，到 2023 年 5 月初其全球的订购用户数量已经超过 150 万，截至 2023 年 9 月，星链用户已达 300 万，增长势头强劲。同时，星链系统也能够应用在军事领域，成为现代军事行动的科技武器的有力代表。2022 年 12 月，SpaceX 推出了“星盾”项目，该项业务在俄乌冲突中也得到启用，美国国防部为乌克兰购买了星链服务，为乌克兰士兵提供了稳定的通信保障。而中国也开始加快在星链方面的布局，力图打造中国版“星链”。除了中国，英国、日本等国均先后推出“星链”计划。

（二）机器人

人形机器人和 ChatGPT 是美国在机器人领域的两大重要成果，两者的市场前景广阔。具体来看，人形机器人解决体力问题，人工智能解决智力问题，二者结合将创造出体力、智力都远超自然人的人形机器人，成为家用消费品。

波士顿动力公司是一家以设计和制造先进机器人技术著称的美国公司，开发了一系列灵活、具有高度机动性和稳定性的机器人。其中最著名的“Atlas”是一种人形机器人，可以在复杂的环境中行走、跑步、跳跃，能够适应不平坦的地形。同时，它配备了各种传感器和摄像头，用于感知周围环境，能够根据场景中的障碍物和地形自主规划和调整步态。这种人形机器人在未来可能有着广泛的应用领域，包括在紧急救援、建筑施工、工业自动化等领域发挥作用。人形机器人市场发展迅速，多个公司陆续推出相关产品，2022 年特斯拉已经推出人形机器人

Optimus。随着未来 AI 技术更多地应用在人形机器人中，人形机器人的智能化水平将大幅提高，其发展未来可期，而这也将带动人形机器人核心零部件市场的扩大。根据高盛的预测，在理想情况下，到 2035 年人形机器人市场将达到 1540 亿美元。

随着人工智能技术高速发展，市场对于生成式 AI（AI 语言模型）的需求持续增长。ChatGPT 是由 OpenAI 公司研发推出的一款 AI 语言模型，功能十分强大，基于大量的学习数据，能够灵活理解人类自然语言，并与用户自然顺畅地交流对话，从而完成任务和回答问题，其应用场景丰富广泛。在 ChatGPT 的带动下，整个生成式 AI 行业蓬勃发展，同时生成式 AI 也逐步被应用在医疗领域，目前已取得初步成果。例如，2023 年 3 月微软旗下的子公司 Nuance 发布了一款名为“Dragon Ambient eXperience（DAX）Express”的 AI 临床笔记本，该软件引入了 ChatGPT - 驱动，大幅缩短了临床记录的生成时间；英伟达正在研发一款用于训练和部署超算规模的大型生物分子语言模型“BioNeMo”，2023 年 7 月向美国生物科技公司 Recursion 投资 5000 万美元，以加速 AI 在药物发现领域的突破性基础模型开发。彭博行业研究的研究报告认为，ChatGPT 为生成式 AI 市场注入活力，在未来 10 年将推动该行业快速发展，并预测到 2032 年生成式 AI 市场的营业收入将达到 1.3 万亿美元，是 2022 年收入的 32.5 倍。

（三）太空产业

航天技术早已出现，马斯克等的工艺创新使其成本大大降低。SpaceX、蓝色起源（Blue Origin）和火箭实验室（Rocket Lab）等私营航空航天公司在商业航天和发射服务方面取得了重大进展，它们致力于可重复使用的火箭，降低发射成本，增加发射频率。与此同时，卫星技术也在不断发展，用于通信、对地观测和导航的卫星体积更小、性能更强。除私人公司外，各国政府在太空产业方面的支出也逐年增加，根据美国非政府组织太空基金会（Space Foundation）数据，2022 年全球太空经济的规模为 1190 亿美元，其中美国位居第一，占 60% 左右。当前，美国宇航局正在大力推进阿尔忒弥斯计划，致力于将人类送到月球，并进行可持续的月球探索。火星探索也是一个长期目标，机器人任务为未来潜在的人类任务铺平了道路。太空产业的未来充满了无限的可能性，包括完成更进一步的月球和火星探测任务，开发打造新太空栖息地，甚至是商业太空旅行、太空运输和太空移民也将逐渐成熟普及。蓝色起源和维珍银河（Virgin Galactic）目前已提供亚轨道旅行，乘客可以在短暂时间内体验失重状态和俯瞰地球。其中，维珍银河从 2014 年起累计卖出 800 多张太空旅行票，目前票价为 45 万美元，未来需求或将更加旺盛。根据太空基金会统计，全球太空经济在 2023 年的规模已经达到 5700 亿美元，年增长率为 7.4%，而未来 5 年太空经济规模的增长率将达 41%，太空旅游将成为一个新的消费品和消费热点，太空经济的发展前景一片大好。

（四）量子计算

在过去的几十年里，在世界各国政府的倡议下和商业利益的驱动下，量子计算的研究和开发工作得到了极大的发展。量子计算机是一种利用量子力学原理来进行计算的新型计算机。有别于传统计算，量子计算机使用量子位（Qubit）来表示信息，它可以同时处于 0、1 的叠加以及各种中间态，这使得量子计算机在某些问题上具有潜在的优势。像谷歌、IBM 和微软这样的大型企业以及 Rigetti、D－Wave 和 Xanadu 这样的初创公司都已经建造了量子计算机。其中，IBM 是量子行业发展的先行者和佼佼者，其在 2016 年推出了一个名为 IBM Q Experience 的公共云平台，允许用户在真实的量子计算机上运行实验，这有助于推广量子计算的理解和应用。同时，IBM 致力于将量子计算技术商业化，于 2019 年推出了商用量子计算机 IBM Q System One，用于提供给企业和研究机构使用的量子计算服务，而 IBM 正在芝加哥大学和东京大学开展为期 10 年的研究项目，志在打造 10 万量子比特系统的超级量子计算机。量子计算是一项重大的颠覆性和革命性技术，在商业应用方面已取得相当大的进展，其能够带来的经济价值是无可限量的。2022 年 8 月，波士顿咨询集团（BCG）的研究报告指出，未来 3 ~ 5 年量子计算的市场规模将达到 50 亿 ~ 100 亿美元，而未来 15 ~ 30 年达到 45 亿 ~ 8500 亿美元。2023 年 5 月，IBM 宣布将于 2033 年前推出量子计算机。

（五）核聚变技术

美国一直在核聚变技术领域进行研究开发，致力于打造清洁、可持续的能源来源。核聚变是一种将轻元素（通常是氢同位素氘和氚）融合在一起，释放出巨大能量的过程，类似于太阳和恒星的能量产生机制。目前美国已经在核聚变技术领域取得巨大的进展，尽管核聚变商业化仍有长路要走，但市场普遍对其持看好态度，核聚变领域的初创公司数量增长较为迅速，成为众多投资者的选择目标。聚变行业协会（FIA）的最新报告显示，2022 年全球核聚变领域的投融资达到 62. 1 亿美元，截至 2024 年 4 月，全球可控核聚变行业所获得的总投资额已达到 71 亿美元。微软公司和一家核聚变初创企业 Heligon Energy 签署协议，后者将于 2028 年前实现核聚变发电，并于 2029 年开始为前者提供核聚变发电。根据中信证券的研究报告，凯旋投创预测全球核聚变市场规模将在 2027 年达到 3951. 4 亿美元，复合年均增长率为 6. 0% 。

（六）室温超导技术

室温超导技术是指常温下实现超导状态的一种技术，一般来讲，超导材料需要在极低的温度下才能展现其超导的特质，在超导状态下电流能够零电阻地流动，使能源得到更为有效的储存和运输，因而长期以来温度成为制约超导材料应用的重要因素，科学家多年来一直在持续探索如何在室温下实现超导，即研发室温超导材料，试图在室温超导技术领域实现突破。2023 年 3 月 8 日，美国罗切斯特大学一研究团队宣布研发出一种近常压室温超导材料，后其发表在 *Nature* 上，同年 7 月该研究团队称正在申请常压室温超导材料相关专利，但这些成果只停留在纸面上尚未得到权威验证，不过一旦得到证实将带来巨大的商业价值。

四、美国经济的前景

以上具有革命性的科技成果会带来新的消费热点。太空旅游、星链系统、智能人形机器人、人工智能作为新的消费品，有的已经上市，有的呼之欲出。而量子计算、核聚变技术、超导技术等又会使未来出现更多消费热点。这些科技成果还是我们从媒体上能够公开得到信息，可能有更多的革命性成果我们还不知道。由此我们判断美国经济已经进入了一个新的长周期。党的二十届三中全会公报中指出，“面对纷繁复杂的国际国内形势，面对新一轮科技革命和产业变革，面对人民群众新期待，必须自觉把改革摆在更加突出位置，紧紧围绕推进中国式现代化进一步全面深化改革”。可见，中共中央也认为世界经济迎来了新一轮科技革命。

目前，世界经济虽然已经进入了新一轮科技革命带来的新周期，但现在新产品带来的优质需求还不足，难以单独拉动美国经济的增长。目前拉动美国经济增长的主要因素是研发支出和新产品。研发支出本身便是一种投资，也是需求的一部分。同时美国经济中已经出现了一些新产品，比如星链、电动汽车、太空旅游等，但这些新产品的数量还不大，规模也比较小，还不足以独立拉动美国经济的增长。因此，接下来美国经济也需要转换动能，最终转化为主要由新产品拉动。但是在这个转换过程中，因为新产品还没有完全成长起来，而且研发支出力度可能不够，以致美国经济或许会出现一定程度的收缩。在这种情况下，美国经济会出现一定的波动，因而美国可能会发挥宏观经济政策的作用，进行一定程度的降息。美国一旦完成经济动能转换，就会进入一个新的经济上升时期，继而可能就需要加息。这是对美国经济中长期走势的判断。

综合来看，我们认为美国经济未来几年陷入衰退的可能性不大，主要原因在于以下四个方面。

第一，美国经济已经进入新的长周期，大量的新产品和相应的工艺创新也在迅速推进，相关新产品的成本/价格迅速降低，同时有大量的研发投资，这些成为拉动美国经济的主要力量。

目前美国经济仍维持超预期韧性的主要原因在于人工智能、太空探索等科技创新。2008 年后，美国长期实施低利率政策，主要是为了应对当时的金融危机。2008 年，房地产市场泡沫破裂，导致许多银行和金融机构面临破产威胁，信贷市场陷入冻结，经济活动受到重大冲击。为了刺激经济复苏，美联储采取了一系列低利率政策措施，其中最重要的是将联邦基准利率降至历史低位。联邦基准利率是美联储对银行放贷利率的指导，对整体经济活动具有重要影响。

美国低利率政策对产品创新产生了积极的影响。低利率环境鼓励企业进行投资和扩张，从而创造更多的创新机会和新产品，主要表现在以下三个方面。首先，低利率政策降低了企业的融资成本。企业可以更容易地获得贷款资金，用于研发新产品、采用新技术和开拓新市场。这种灵活性融资有助于推动创新，让企业有更多资金投入研发和创新项目中。其次，低利率促进了风险投资和创业活动。投资者更倾向于寻求高回报的投资机会，而在低利率环境下传统的固定收益投资的收益有限，因此投资者更愿意投资初创企业和具有高增长潜力的创新型公司，这种风险投资的增加为创新型企业提供了更多资金支持。最后，低利率有助于提升消费者的购买力。低利率政策使得消费者能够获得低成本的贷款，从而使得他们更可能购买新型创新产品，刺激了市场需求，从而推动企业开发更多满足市场需求的创新产品。总体来说，美国的低利率政策为企业创新提供了更多的融资机会，促进了风险投资和创业活动，同时增强了消费者的购买力。这些因素共同促进了科技进步和产品创新，推动了经济的持续增长和进步，拉动美国经济进入长周期，在未来这些成果仍将继续推动美国经济向前发展。

2000—2004 年，美国采取了低利率政策，最终导致全球金融危机的出现。2008 年后，美国采取了长期的低利率政策，但我们认为这不会导致新的金融危机，原因就在于本次低利率政策对科技创新是有利的，从而引发了优质需求的出现。

第二，目前美国劳动力市场表现良好。根据已经公布的数据，尽管 2024 年 11 月非农就业数据趋弱，美国 11 月失业率仍为 4.2%，仍属于历史低位水平。根据经济学家 Olivier Blanchard 的估计，疫情后美国的自然失业率为 4.5% ~5%，美国当前失业率为 4.2%，实际失业率仍低于自然失业率，表明美国的劳动力市场仍处于需求旺盛的状态，即使失业率上升 0.3 ~0.8 个百分点，美国经济依然是充分就业。

第三，美国货币政策具有充分的降息空间。目前美国虽然已经几次降低联邦基金利率，但仍然高达 4.25%，即使经济真的出现衰退，美国也有足够的降息空间，可以通过大幅降息来缓解经济不景气的问题。

第四，特朗普政府可能会在供给侧和改善市场环境方面采取一些扩张性政策，这将有利于美国经济的运行。首先，在传统的能源领域采取一些支持性的政策，从而降低美国的能源成本。其次，调整政府和市场的关系，比如成立政府效率部，减少政府对市场的过度监管，从而释放美国经济的活力。最后，进一步减税，这也将降低美国企业的运营成本，从而改善美国营商环境，吸引各国企业到美国投资，同时吸引美国企业回流。

五、结论

我们认为，美国经济将继续保持稳定增长的态势，其未来经济维持景气增长的主要动力在于美国强大的科技创新带来的众多新产品，科技进步和产品创新拉动美国经济进入长周期，星链系统、人工智能、太空产业、量子计算产业、核聚变技术和室温超导技术等多个产业市场前景大好，而美国在这些领域具有先发优势，占据主导地位，具有巨大的发展空间。总体来说，结合目前的状况我们判断美国经济前景较为乐观，但仍然存在一些挑战和风险，需要密切关注通货膨胀、贸易摩擦、债务问题以及全球经济形势和贸易政策变化等因素对经济的影响。

参考文献

[1]刘伟,苏剑. 如何刺激投资？兼谈创新支持政策与货币政策的关系以及宏观调控方式的未来走向[J]. 中国工商管理研究,2009(3).

[2]苏剑,陈阳. 从美国金融危机看经济的高质量增长[J]. 西安交通大学学报(社会科学版),2019(6):58－63.

[3]苏剑,刘斌. 美国金融危机的成因和我国的对策[J]. 经济前沿,2009(1):12－13.

[4]章罗娜,李心蕊,赵书阁,等."星链"星座建设成本及运营分析[J]. 国际太空,2020(11):23－27.

[5]余南平,严佳杰. 国际和国家安全视角下的美国"星链"计划及其影响[J]. 国际安全研究,2021(5):67－91,158－159.

[6]朱光辉,王喜文. ChatGPT 的运行模式、关键技术及未来图景[J]. 新疆师范大学学报(哲学社会科学版),2023(4):113－122.

[7]顾浩楠. 人形机器人历史沿革与产业链浅析[J]. 机器人技术与应用,2023(4):6－8.

[8]王喆,敖翀,拜俊飞. 超导材料行业专题报告:聚焦技术进展带来的超导产业化提速[R]. 中信证券,2023－08.

[9]中国移动《网安观察》智库. 网信安全技术热点:室温超导技术发展分析[J]. 电信工程技术与标准化,2023(9):22－23.

[10]The Boston Consulting Group(BCG). Can Europe catch up with the US (and China) in quantum computing? [Z]. 2022－08.

[11]Fusion Industry Association (FIA). The global fusion industry in 2023: Fusion companies survey by the fusion industry association [Z].

2023 -07.

[12]Space Foundation. The space report 2023 q2[Z]. 2023 -07.

[13]Bloomberg Intelligence. Generative AI to become a $1.3 trillion market by 2032, research finds[Z]. Bloomberg. com. 2023 -06.

[14] Morgan Stanley. SpaceX, starlink and tesla: Moving into Orbit [Z]. 2019 -09.

第十一章　持续综合施策，促进房地产市场止跌回稳

——2024 年房地产形势分析和 2025 年展望

邹士年[①]　李星洲[②]

一、2024 年房地产市场仍处于调整中

（一）房地产市场整体仍处于低景气水平

从全面反映房地产市场状况的国房景气指数来看，2024 年以来均处于 95 以下的较低景气水平，但自 5 月开始逐月回升，截至 11 月国房景气指数为 92.62（见图 11－1）。

（二）房地产开发投资仍低位运行

全国房地产开发投资保持下行趋势，尤其是房屋新开工面积和竣工面积仍深度下滑。根据国家统计局数据，2024 年 1—11 月，全国房地产开发投资 93634 亿元，同比下降 10.4%（按可比口径计算）；其中，住宅投资 71190 亿元，下降 10.5%。房地产开发企业房屋施工面积 726014 万平方米，同比下降 12.7%；其中住宅施工面积 508389 万平方

① 邹士年，经济学博士，副研究员，研究方向为宏观经济、房地产经济等。国家信息中心经济预测部发展战略和规划研究室副主任。

② 李星洲，中央财经大学经济学专业学士，为本报告进行了数据收集、整理和制图工作并参与第一部分写作。

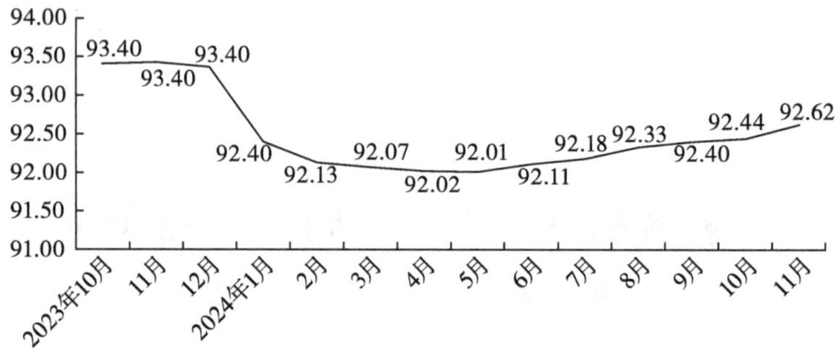

图 11－1　国房景气指数

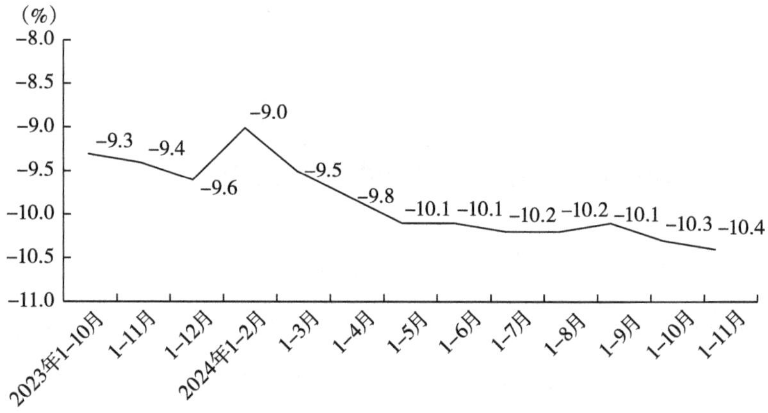

图 11－2　房地产开发投资同比增速

米，下降 13.1%。房屋新开工面积 67308 万平方米，下降 23.0%；其中住宅新开工面积 48989 万平方米，下降 23.1%。房屋竣工面积 48152 万平方米，下降 26.2%；其中住宅竣工面积 35197 万平方米，下降 26.0%。详见图 11－2。

（三）房地产销售整体缓慢回升

房地产销售整体仍然疲软，新房销售面积和销售额降幅较大，二手房销售好于新房，新房中的现房销售又好于期房。2024 年 9 月 26 日中央政治局会议后，房地产销售回暖迹象明显，10 月单月出现房地产销售拐点。住房城乡建设部“全国房地产市场监测系统”网签数据显示，

10月全国新建商品房网签成交量环比增长6.7%，同比增长0.9%，比9月同比扩大12.5个百分点，自2023年6月连续15个月下降后首次实现增长；全国二手房网签成交量环比增长4.5%，同比增长8.9%，连续7个月同比增长。根据国家统计局数据，2024年1—11月，新建商品房销售面积86118万平方米，同比下降14.3%，其中住宅销售面积下降16.0%；新建商品房销售额85125亿元，下降19.2%，其中住宅销售额下降20.0%（见图11－3）。

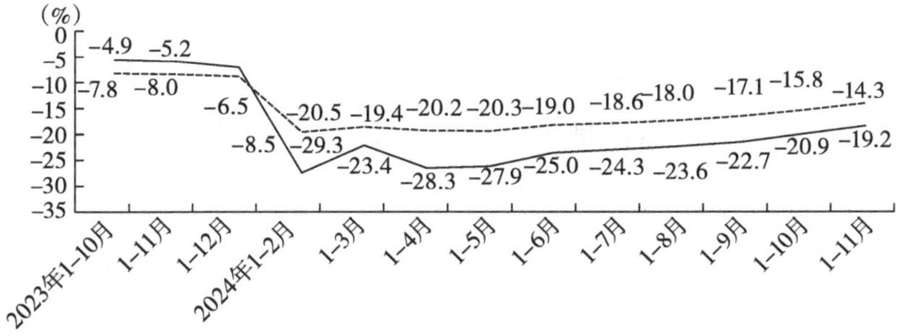

图11－3　新建商品房销售面积和销售额增速

（四）房企到位资金降幅逐月收窄

2024年，房企到位资金仍深度下滑，但降幅逐月收窄。2024年1—11月，房地产开发企业到位资金96575亿元，同比下降18.0%（见图11－4）；其中，国内贷款下降6.2%，利用外资下降29.2%，自筹资金下降11.0%，定金及预收款下降25.2%，个人按揭贷款下降30.4%。为了解决房地产企业的融资困难，确保房企现金流稳定、打赢保交房保卫战，2024年相关部门建立房地产融资支持项目“白名单”机制。分批分类将合规住房开发贷款项目统一纳入“白名单”，而且“白名单”项目不断扩围增效，10月住房城乡建设部表示，要将所有房地产合格项目都纳入“白名单”，应进尽进、应贷尽贷，满足项目合理融资需求。

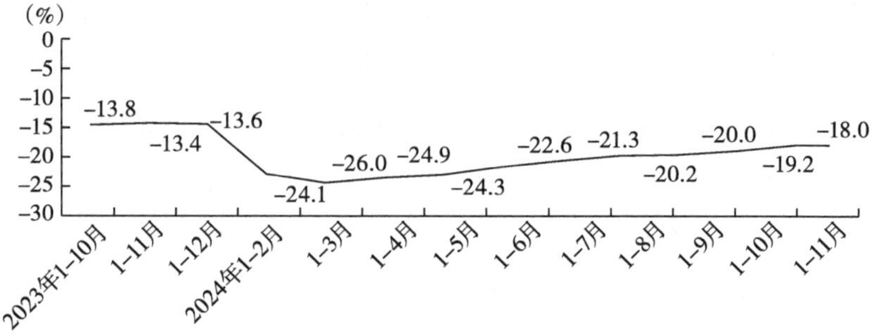

图 11－4　全国房地产开发企业到位资金增速

（五）各线商品住宅价格仍处于调整中

2024 年房地产市场在供需发生变化的情况下，价格整体处于下行状态，但是随着政策的不断发力，尤其是 9 月底中央政治局会议提出“止跌回稳”的目标，多部门政策随之跟进，从 10 月开始商品房价格下行出现明显收窄。2024 年 1—11 月，全国新建商品房销售均价为 9885 元/平方米，同比下跌 5.7%，跌幅已连续 6 个月收窄。国家统计局发布的消息显示，11 月，70 个大中城市中，各线城市商品住宅销售价格环比降幅收窄或转涨、同比降幅趋稳，房地产市场预期进一步改善。70 个大中城市中，新建商品住宅销售价格环比上涨城市有 17 个，比上月增加 10 个；二手住宅环比上涨城市有 10 个，比上月增加 2 个。

二、2025 年房地产市场有望止跌回稳

2024 年 9 月 26 日中央政治局会议对房地产市场提出“止跌回稳”，相当于为 2025 年的房地产市场形势定调。12 月 9 日召开的中央政治局会议在提到做好 2025 年经济工作时强调要“稳住楼市股市”。各地和各部门的政策组合拳将源源不断为房地产止跌回稳注入能量，政策协同有望进一步加强，加速市场预期修复和量价企稳，推动房地产各项指标在 2025 年加快修复。

（一）房地产投资降幅有望收窄

房地产投资主要包括建安投资和土地购置费，建安投资与前期拿地密切相关。自2021年以来市场降温，房企拿地趋于理性，土地拍卖整体呈现低溢价和高流拍的特点，因此前期的拿地情况不支撑2025年建安投资大幅攀升。2024年第四季度开始的销售回暖对2025年房企拿地有一定积极意义，但区域差异进一步拉大，一线城市拿地仍维持较高的溢价率，二线城市溢价率自底部也有小幅回升。同时，货币化安置等方式的重启、新增实施100万套城中村和危旧房改造、鼓励专项债对存量土地收购等举措都给房地产市场投资带来积极影响。但是，当前商品房的高库存会在一定程度上对房企拿地积极性产生抑制作用。从整体上看，2025年房地产投资动力与压力并存，预计2025年全年房地产开发投资同比增速在-5%左右。

（二）房地产市场销售有望逐步企稳

2024年10月，房地产市场在政策的刺激下出现拐点，成交面积环比大幅上升，二手房市场表现更为亮眼，成交达到2023年小阳春以来的又一高点。展望未来，核心城市还有进一步放松限制政策的空间，房贷利率也有进一步调整空间，税收优惠等政策持续落地，加上土地收储和商品房收储政策的进一步优化，房地产市场政策为预期好转带来积极影响。2024年下半年以来的资本市场，尤其是股市的活跃也给居民资产收入预期带来信心。从历史来看，我国股市通常领先于楼市复苏，如果2025年资本市场继续积极改善，或能为楼市企稳带来助力。预计2025年全年新建商品房销售面积同比增速在-10%左右。

（三）房地产到位资金状况有望好转

在政策的有力驱动下，2024年房企融资环境显著改善，尤其是房地产"白名单"扩围、项目贷款投放速度加快。2024年第四季度，金融机构对房地产"白名单"项目融资的支持力度进一步加大，对房地产合格项目“应进尽进”、已审贷款“应贷尽贷”、资金拨付“能早尽早”。预计这一政策在 2025 年将继续深入推进，房地产到位资金状况将继续保持好转态势，为保交楼任务的完成和房地产市场的止跌回稳做好保障。

（四）房价整体有望逐渐企稳

随着各部门综合施策带来市场信心恢复、市场成交量回暖，加上 100 万套货币化安置改造住房需求的推升，房价整体有望逐渐企稳。但各线城市之间及城市内部各个区域之间房价回稳的差距可能较大。一、二线热点城市的房价有望率先企稳，甚至有所上升。三、四线城市的房价由于下行时间较长、供需活跃度较低，房价企稳回升难度较大，但降幅随着成交量下行速度的减缓也会有所收窄。总之，2025 年房价有望实现“止跌回稳”的目标。

三、当前房地产市场仍需关注的问题

当前房地产市场在利好政策不断释放下，信心不断恢复，成交量不断攀升，止跌回稳态势有望继续。同时，在房地产市场供需关系发生改变和经济发展面临一定压力的情况下，房地产市场需求回暖的持续性还有待观察，房地产市场投资信心也有待恢复，商品房去库存和房企风险仍值得关注。

（一）房地产市场需求回暖的持续性仍有待观察

2024 年 9 月 26 日中央政治局会议后，围绕加大宏观政策逆周期调节、扩大国内有效需求、加大助企帮扶力度、推动房地产市场止跌回稳、提振资本市场五个方面的政策“组合拳”产生的效应之快之强，超过之前多轮楼市纾困政策。10 月楼市全方位转暖，市场预期发生向好变化。12 月 9 日的中央政治局会议强调的“稳住楼市股市”，进一步提振了市场信心。但是，房地产市场的需求受居民收入预期的影响，仍比较脆弱，政策边际效应也会产生递减，市场回暖的持续性仍有待观察。

（二）房地产市场的投资信心仍有待恢复

由于房地产市场调整叠加人口和经济发展等因素，市场需求低迷持续时间较长，房价下跌还有待企稳。从房企拿地和商品房新开工、竣工面积等数据来看，房地产开发企业仍持谨慎态度，截至 2024 年 11 月，房地产投资已经持续 30 个月保持负增长。虽然保障性住房投资的力度有所加大，一定程度上弥补了商品房投资的下滑，但整体房地产市场投资信心的恢复还有赖于需求端的恢复，只有房地产市场需求端持续回暖，才会带来房企投资信心的恢复。

（三）房地产市场去库存压力仍然较大

截至 2024 年 11 月底，全国商品房待售面积 73286 万平方米，同比增长 12.1%。其中，住宅待售面积增长 18.4%。根据市场同期监测数据，三、四线代表城市可售面积出清周期已超 30 个月，二线代表城市出清周期也达到 21.2 个月，均处于历史高位。当前政策对去库存的支持力度较大，100 万套城中村和危旧房改造货币化安置的实施，如果按照每套 100 平方米计算，大约可以消化 1 亿平方米的库存，不过也仅占 2023 年销售数据的 1/10，可见去库存还是要依靠市场自身的持续回暖。

（四）房地产企业偿债压力仍然较大

近两年，房地产行业持续洗牌，流动性危机成为企业面临的最大风险。新房销售的持续低迷严重制约了房地产企业资金回笼，房企债务偿还压力较大。根据中指研究院监测数据，到 2024 年底房企到期债券余额 1000 亿元左右，2025 年到期债券余额 7000 多亿元。虽然总体债务压力较高峰期已有所缓解，但仍有违约债券需要展期或重组，在销售端仍在筑底的情况下，总体偿债压力仍在。

四、促进房地产市场止跌回稳政策建议

呵护当前房地产市场需求回暖趋势，进一步加强住房消费信心，多

措并举稳住住房消费和投资，促进房地产市场止跌回稳。因城施策，落实好“严控增量，盘活存量，提升质量”的要求，进一步完善保障房体系建设，加快构建房地产发展新模式。

（一）千方百计呵护住房消费信心

一是有针对性地做好对新房消费信心的呵护。新房由于有更好的设计理念和规划，有助于改善性需求的释放，但当前消费者对新房消费的主要担忧是烂尾风险和配套不完善。应继续全力做好“白名单”制度，推进保交房任务的完成，打消居民对购置新建商品住房交付的疑虑。同时，要积极做好新房的相关配套设施建设，稳定居民对新建商品住房的消费信心。二是继续稳定好二手房的消费信心。与新建商品房销售低迷不同的是，2024 年二手房成交较为活跃。尤其是 10 月的集中成交，让二手房率先出现整体企稳趋势。二手房成交的活跃和企稳对新房市场具有极大意义，下一步一些大城市应继续降低和减少二手房交易中相关税负和交易时间限制等，维护好二手房市场的活跃度。三是继续发挥一线城市对住房消费信心的引领作用。从房地产市场发展的经验来看，一线城市房地产市场是重要的风向标，房地产市场回暖一定是先从一线热点区域开始的。应进一步放松对一线城市房地产调控力度，废除一切限制需求的行政措施，促进市场持续回暖，扭转居民对房价的预期、增强购房者信心。四是进一步加强住房消费的舆论引导。当前，我国城镇化发展还有一定空间，住房改善性需求潜力也很大，应对我国住房消费充满信心。对当前市场回暖的有关新闻和自媒体要积极引导，尤其是加强对保交房推进情况的报道，营造放心购买新建商品住房的良好环境，为促进房地产市场稳定提供有力的舆论支持。

（二）多措并举稳住住房消费需求回暖

一是推动一线及热点城市的房地产限制性政策应放尽放。当前房地产市场的回暖需要一线及热点城市保持一定的热度，应该抓紧清理不适应当下市场环境的限购、限售、限价等阻碍市场需求进一步扩大的政策，政策调控不要“刻舟求剑”。二是进一步降低购房成本和实施购房补贴政策。继续研究出台进一步降低交易环节税收和贷款成本的相关措施。可以考虑根据孩子数量和贷款情况确定首付标准，无贷款的一孩家庭购买第二套可以认定为首套，以此类推。支持各地对高学历人才和多孩家庭实施购房补贴政策。三是落实好100万套城中村和危旧房改造任务。这一举措将有助于促进购房需求入市，加速存量房去库存，进一步激发市场活跃度，各地方政府要谋划好项目并积极做好资金配套。四是进一步提升居民收入和保障水平，促进住房市场需求的可持续性。各地要真正贯彻好就业优先政策，支持发展吸纳就业能力强的行业和产业，多渠道切实提高居民收入水平。同时，持续提升居民社会保障水平，促进居民住房消费潜力释放。

（三）综合施策扩大房地产市场投资

一是切实落实好专项债收储土地及存量房工作。通过收购开发商闲置土地或存量房，加快开发商资金回笼，改善企业的流动性，降低房企风险。同时，《关于运用地方政府专项债券资金收回收购存量闲置土地的通知》明确要求“收回收购的土地原则上当年不再供应用于房地产开发”，这意味着将会从房地产基本面改善供求关系，有利于房地产投资信心的恢复。二是进一步完善房地产预售制度。加强预售资金监管，确保预售资金专款专用，防止资金挪用导致的项目烂尾，稳定住房消费者信心，促进住房消费和投资的良性循环。推动预售向现售模式的转型，降低预售制带来的风险，稳定投资环境，提升市场透明度和开发商的责任意识，以新房消费信心的增强来促进投资的扩大。三是落实好当前对房企的融资支持政策。加大“白名单”项目贷款支持力度，推动银行对“白名单”项目应贷尽贷。确保央行等三部门提出的“三个不低于”指标要求得到实质性落地，改善房企融资环境。四是积极支持房企多渠道融资。加大对房企“第二支箭”融资的支持力度，推动更多上市房企完成股权融资。鼓励金融机构为房企提供多样化的融资方式，如银行贷款、债券融资、股权融资等。支持符合条件的房企通过资本市场进行融资，包括 IPO、再融资等。同时，推进房地产企业的兼并重组和转型，加快市场风险出清。

（四）加快构建房地产发展新模式

一是增加保障性住房建设和供给。加大保障性住房（如公租房、共有产权房等）的建设力度，满足工薪收入群体和低收入家庭的刚性住房需求。充分发挥市场机制的作用，引导多主体投资保障房，实现多渠道供给。各地应因城施策将保障房供给与消化存量房相结合，积极利用专项债收购存量房用于保障性住房。二是优化住房供给结构，提升住房品质。根据市场需求和城市规划，适当增加用于改善性住房建设的土地供应，优化土地资源配置。鼓励房企开发商建设更多大户型、高品质住宅，满足人民群众对美好生活的向往。大力提升住房供给品质，包括房屋质量、节能环保性能、配套设施、物业服务等方面，努力打造好房子，满足居民刚性住房需求和多样化改善性住房需求。同时，积极有序推行商品房现房销售和按照套内面积销售，提振新建商品住房需求。三是完善商品房基础性制度。进一步完善商品房土地供应制度、开发制度、销售制度、交付和保养制度等，完善房屋从开发建设到维护使用的全生命周期管理机制。加快构建“人、房、地、钱”要素联动机制和租购并举的住房制度。四是推进“平急两用”公共基础设施建设和城中村改造。统筹新建增量与盘活存量，积极盘活城市低效闲置资源，依法依规、因地制宜、按需新建相关设施。充分发挥市场机制作用，加强标准引导和政策支持，鼓励和吸引更多民间资本参与“平急两用”设施的建设改造和运营维护。

第十二章　市场环境巨变与银行业转型路径选择

——2024年我国银行业经营形势回顾与2025年展望

周景彤　刘官菁[①]

2024年，全球政治经济格局持续动荡，世界经济增速低位运行，居民消费增速回落，私人投资和政府支出温和增长，总需求增速下滑。中国经济总体平稳运行，但当前经济回升基础还不牢固，外需支撑难以抵补内需不足，新兴产业发展难以抵补房地产等传统产业拖累，经济结构性、周期性转换过程中的多重阵痛依然明显。银行是金融服务实体经济的主力军。国内外市场环境的重大变化，给我国银行业展业、盈利和资产质量等方面带来了深刻影响。整体来看，2024年我国银行业经营发展稳健，规模增速平稳，盈利能力相对稳定，资产质量整体向好，风险抵补能力较强，但也存在经营难度增大、业务转型压力上升、净息差持续收窄等痛点。

一、2024年我国银行业经营形势回顾

（一）银行业资产负债扩表速度总体平稳，信贷投放量稳质优

截至2024年10月，我国银行业金融机构总资产、总负债余额分别为431.46万亿元、395.65万亿元（按境内机构口径统计），同比增速

---

① 周景彤，中国银行研究院副院长、研究员，中国国际金融学会常务理事，中国宏观经济学会理事；刘官菁，中国银行研究院研究员。

分别为 7.47%、7.50%（见图 12－1），分别较 2023 年同期放缓 2.3 个、2.5 个百分点。2024 年，银行业金融机构资产负债规模扩张速度放缓（见图 12－2），一方面是由于实体经济融资需求减弱，另一方面是受监管对资金“低贷高存”空转套利、银行手工补息等现象规范力度加大以及金融业增加值核算方式优化的影响。商业银行信贷投放结构不断优化，加大对金融“五篇大文章”① 领域的资源投入，有效支持实体经济转型发展的融资需求。截至 2024 年第三季度末，普惠小微贷款、高技术制造业中长期贷款、涉农贷款、绿色贷款余额同比增速分别为 14.5%、12.0%、10.8%、25.1%（见表 12－1），显著高于全部人民币贷款增速（8.1%）。随着我国房地产市场供求关系的重大变化和市场的持续调整，2024 年房地产开发投资增速与居民购房意愿均有所下滑，截至 2024 年第三季度末，房地产贷款余额和个人购房贷款余额同比增速分别为－1.0%、－2.3%（见表 12－1），均维持负增长态势。

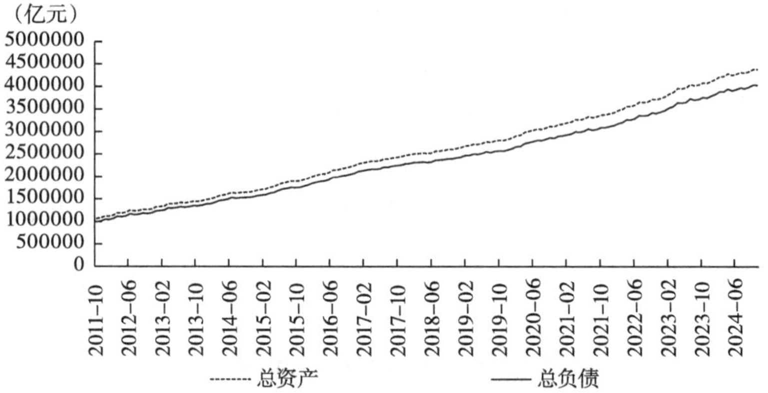

图 12－1　银行业金融机构总资产和总负债

资料来源：Wind 数据库，中国银行研究院。

① 2023 年中央金融工作会议指出，做好科技金融、绿色金融、普惠金融、养老金融、数字金融“五篇大文章”。

表 12－1　商业银行部分领域信贷余额同比增速　（%）

时间	普惠小微	高技术制造业	涉农	绿色	房地产	个人购房
2020 年 9 月	29.6	—	11.1	—	12.8	15.7
2020 年 12 月	30.3	—	10.7	—	11.7	14.6
2021 年 3 月	34.3	45.0	10.7	24.6	10.9	14.5
2021 年 6 月	31.0	46.3	10.1	26.5	9.5	13.0
2021 年 9 月	27.4	39.7	10.1	27.9	7.6	11.3
2021 年 12 月	27.3	32.8	10.9	33.0	7.9	11.3
2022 年 3 月	24.6	31.9	12.2	38.6	6.0	8.9
2022 年 6 月	23.8	—	13.1	40.4	4.2	6.2
2022 年 9 月	24.6	—	13.7	41.4	3.2	4.1
2022 年 12 月	23.8	—	14.0	38.5	1.5	1.2
2023 年 3 月	26.0	42.5	16.2	38.3	1.3	0.3
2023 年 6 月	26.1	41.5	16.0	38.4	0.5	－0.7
2023 年 9 月	24.1	38.2	15.1	36.8	－0.2	－1.2
2023 年 12 月	23.5	34.0	14.9	36.5	－1.0	－1.6
2024 年 3 月	20.3	27.3	13.5	35.1	－1.1	－1.9
2024 年 6 月	16.9	16.5	12.1	28.5	－1.0	－2.1
2024 年 9 月	14.5	12.0	10.8	25.1	－1.0	－2.3

资料来源：Wind 数据库，中国银行研究院。

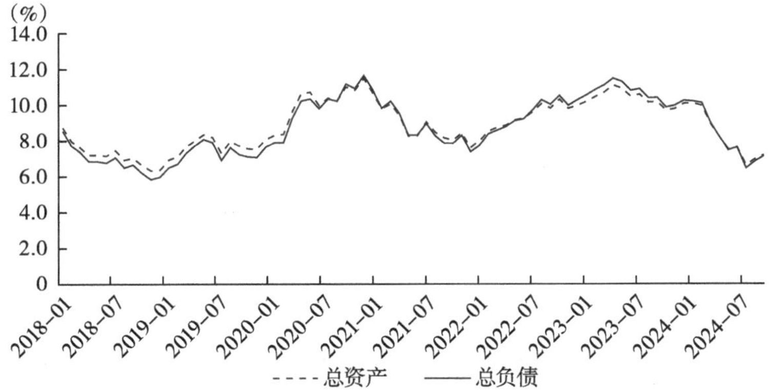

图 12－2　银行业金融机构资产负债规模同比增速

资料来源：Wind 数据库，中国银行研究院。

（二）盈利能力维持稳健，非息收入占比上升

2024 年前三季度，商业银行净利润为 1.87 万亿元，同比增长 0.48%，较上年同期增速（8.96%）出现明显放缓。这与 2024 年货币政策持续发力为实体经济减负、银行业资产扩表速度有所下降有关。特别值得关注的是，货币政策持续宽松背景下，我国银行业净息差快速收窄，2024 年第三季度末，商业银行净息差为 1.53%，降至历史最低水平，挤压商业银行盈利空间（见图 12－3）。面对利息收入下降的挑战，商业银行积极拓展支付结算、资管理财等业务，2024 年前三季度非息收入占总收入比重 22.95%，较上年同期上升 2.33 个百分点。

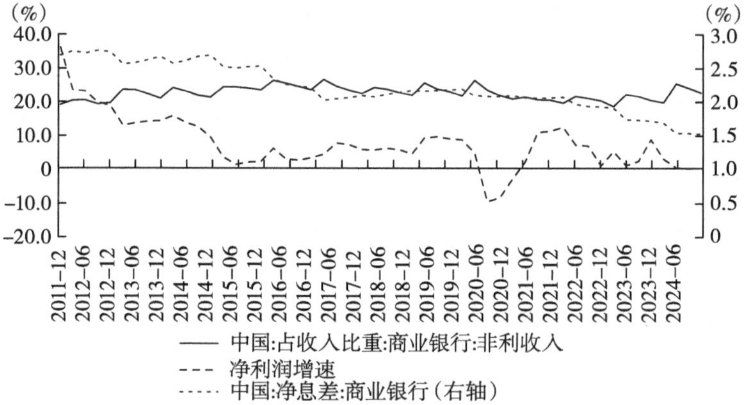

图 12－3　商业银行非息收入占比、净利润增速及净息差变化

资料来源：Wind 数据库，中国银行研究院。

（三）不良贷款管理能力不断增强，资产质量持续改善

2024 年，国家针对不良资产管理和处置发布了多项重要政策，涵盖了税收优惠、行政许可、资本管理等多个方面，有力促进了不良资产的有效处置和商业银行的健康稳健发展。同时，商业银行不断强化信用风险管理，积极与市场化机构合作，综合运用多种手段对不良资产进行处置，总体资产质量持续改善。截至 2024 年第三季度末，不良贷款余额为 3.38 万亿元，同比增长 4.7%；不良贷款比例为 1.56%，同比下

降0.05个百分点（见图12－4）。

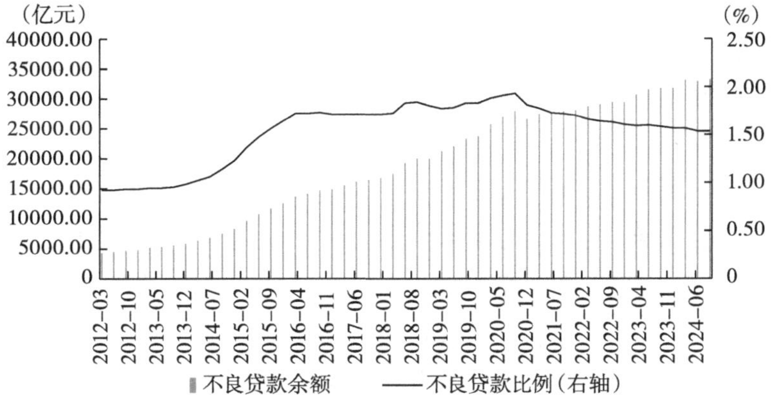

图12－4　不良贷款余额及比例

资料来源：Wind数据库，中国银行研究院。

（四）资本充足指标企稳回升，风险抵补能力良好

《商业银行资本管理办法》于2024年1月1日正式实施，聚焦构建差异化资本监管体系，全面修订风险加权资产计量规则，有利于促进银行改善资本充足情况，持续提升风险管理水平。截至2024年第三季度末，商业银行核心一级资本充足率、一级资本充足率、资本充足率分别为10.86%、12.44%和15.62%，分别比上年末上升0.32个、0.32个和0.56个百分点。随着实体经济运行企稳，企业经营情况改善，银行加强前瞻性管理，合理计提拨备水平，并运用动态计提拨备机制吸收资产损失，为盈利常态化增长和银行可持续发展奠定基础。截至2024年第三季度末，商业银行拨备覆盖率为209.48%，比上年末上升4.34个百分点，银行业风险抵补能力进一步提升（见图12－5）。

（五）大银行全球系统重要性地位稳固，中小银行国际竞争力不断提升

根据金融稳定理事会（FSB）发布的2024年全球系统重要性银行（Global Systemically Important Banks，G－SIBs）名单，全球共有29家银

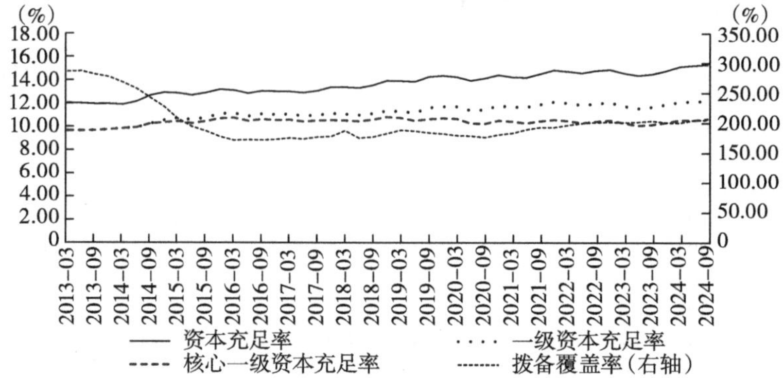

图 12－5　资本充足率及拨备覆盖率

资料来源：Wind 数据库，中国银行研究院。

行机构入选，我国共有 5 家大行进入分组名单，工、农、中、建 4 家大行位列第 2 组，交行位列第 1 组，与上年一致。在英国《银行家》杂志最新发布的 2024 年全球银行 1000 强榜单中，我国工、农、中、建 4 家大行连续 7 年排前四名，2023 年末上榜中资银行税前利润规模为 0.38 万亿美元，同比下降 1.83%；一级资本规模达 3.55 万亿美元，同比增长 6.98%。如果剔除美元升值影响，上榜中资银行税前利润规模与一级资本规模分别增长 0.10% 和 8.80%。榜单中，中资中小银行表现亮眼，国际竞争力不断提升。例如，长城华西银行、大连农村商业银行、广东南粤银行、新网银行的税前利润增速均超过 50%；广东南粤银行、嘉兴银行、烟台银行、温州银行的一级资本增速均超过 30%。

二、当前我国银行业面临的主要风险

（一）国内外经济形势复杂甚至严峻，多重冲击下银行业经营基本面承压

2025 年，全球经济下行风险提高，可能呈现总需求、总供给同步回落的特征，全球居民消费回落（见表 12－2），贸易、投资与经济活

动仍将受到地缘政治风险及贸易保护主义升级的影响。特别是在中东地区，地缘政治紧张局势再度加剧，或将引起新的大宗商品和供应链扰动。2024 年 11 月，美国共和党候选人唐纳德·特朗普赢得美国总统大选，提名关税政策的忠实支持者霍华德·卢特尼克为商务部部长，并在社交媒体表示将在上任首日对来自墨西哥和加拿大的所有商品加征 25% 的关税，对来自中国的所有进口商品加征 10% 的关税。特朗普政府对关税和产业回流的强硬态度使得保护主义成为未来国际贸易的最大风险，或将导致新一轮全球关税政策博弈。宏观经济与金融市场稳定面临全球债务水平上升的挑战。根据国际货币基金组织预测，全球公共债务水平预计到 2024 年底将超过 100 万亿美元，占全球 GDP 的 93%，到 2030 年将接近全球 GDP 的 100%，主权债务风险不断演化，成为威胁宏观经济与金融市场稳定的重要因素。中国银行研究院报告预测，2025 年全球经济增速将下行至 2.6%，远低于历史平均水平。在多重外部冲击下，银行业经营和全球化发展面临的外部环境依然复杂严峻。

表 12－2　全球主要经济体零售销售额/指数同比增速

国家（地区）	2022 年不变价居民消费占全球份额（%）	2023 年增速（%）	2024 年零售销售额/指数同比增速				2024 年 1—9 月均值较 2023 年增速变动（百分点）
			Q1 平均增速（%）	Q2 平均增速（%）	Q3 平均增速（%）	1—9 月均值（%）	
美国	19.9	3.7	2.0	2.4	2.3	2.2	－1.4
中国	12.8	7.8	4.3	2.7	2.7	3.1	－4.7
欧元区	11.1	－1.9	－0.2	0.1	1.8	0.6	2.5
日本	3.2	5.7	2.6	2.9	2.1	2.5	－3.1
巴西	2.6	1.7	5.9	4.7	4.0	4.9	3.1
印度尼西亚	2.4	1.5	5.6	0.7	5.0	3.8	2.2
英国	2.3	3.2	2.6	0.5	2.4	1.8	－1.4
墨西哥	2.1	9.6	8.9	7.1	7.3	7.8	－1.8
韩国	1.3	2.3	0.9	0.0	－0.3	0.2	－2.1

续表

国家（地区）	2022 年不变价居民消费占全球份额（%）	2023 年增速（%）	2024 年零售销售额/指数同比增速				2024 年 1—9 月均值较 2023 年增速变动（百分点）
			Q1 平均增速（%）	Q2 平均增速（%）	Q3 平均增速（%）	1—9 月均值（%）	
澳大利亚	0.9	3.3	1.2	2.0	2.6	1.9	-1.4
南非	0.7	-1.3	-0.2	2.1	2.4	1.3	2.6

资料来源：世界银行，Wind 数据库，中国银行研究院。

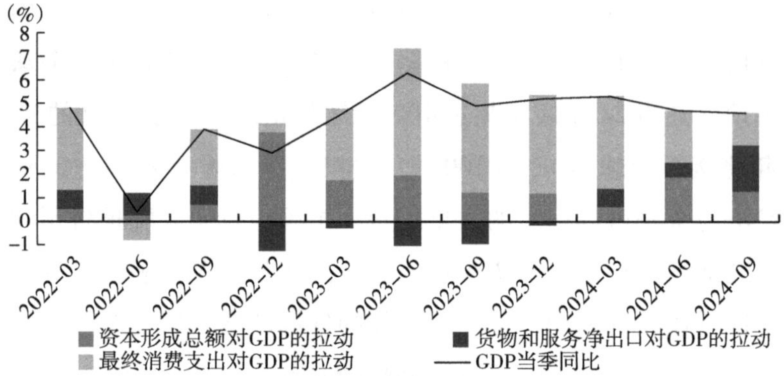

图 12-6　“三驾马车”对 GDP 的拉动作用

资料来源：Wind 数据库，中国银行研究院。

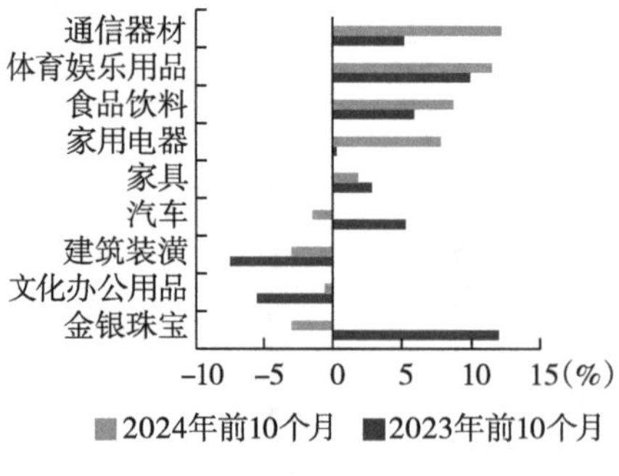

图 12-7　主要种类商品消费增速

资料来源：Wind 数据库，中国银行研究院。

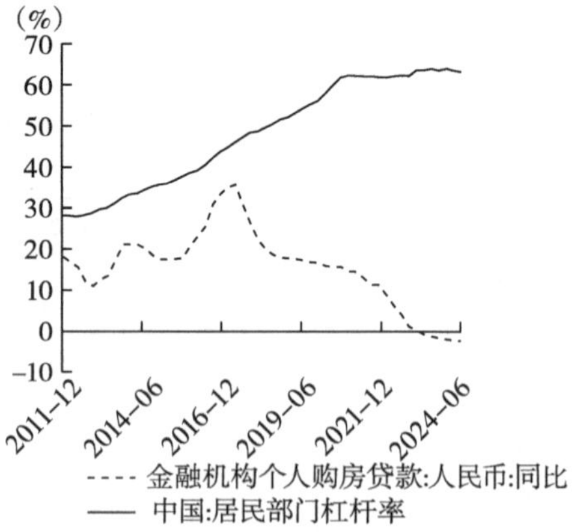

图 12-8　居民部门杠杆率与购房贷款余额增速

资料来源：Wind 数据库，中国银行研究院。

从国内经济运行情况看，2024 年经济总体平稳运行，外需和新兴产业发展对经济的支撑作用明显增强，经济企稳回升动力持续提升，但仍存在内需不足、房地产行业深度调整拖累经济发展等问题，居民及企业消费和投资意愿不强（见图 12－6）。在房地产价格下跌、股市低迷、疫后消费习惯改变、产品与服务供给同质化严重等因素影响下，越来越多的居民倾向于将收入用于储蓄或还债，2024 年消费明显走弱，大部分种类的商品消费增长放缓（见图 12－7、图 12－8）。未来，特朗普政府对华加征关税政策可能会对我国出口造成冲击，但我国可通过反制措施或谈判协商减少负面影响；一揽子稳经济政策的实施以及未来增量政策进一步加力的空间，将成为推动内需回升、风险化解、信心恢复的重要力量，预计中国 2025 年 GDP 增长 5% 左右。虽然我国经济长期向好的趋势不会改变，但短期内在出口形势不明朗、企业利润下降、消费和投资意愿较弱等因素影响下，银行各大板块业务均会受到影响，未来业务发展的可持续性面临挑战。

（二）欧美主要经济体开启降息周期，降息路径的不确定及不同经济体间利差走阔将加大国际金融市场波动

2024 年，随着通胀治理成效初步显现，部分主要经济体货币政策重心开始转为稳经济，陆续开启降息周期（见图 12－9）。美联储 2024 年 9 月 18 日降息 50 个基点，11 月继续降息 25 个基点，联邦基金利率下调至 4.50% ~4.75%。2024 年 10 月 17 日，欧洲央行宣布三大关键利率再降 25 个基点，为 2024 年以来的第三次降息。英格兰银行 2024 年 11 月 6 日降息 25 个基点，将利率由 5% 下调至 4.75%。欧美降息潮将改善全球金融市场流动性，可能提高投资者风险偏好和投机情绪，增加跨境资本流动的短期性、波动性，造成金融市场不稳定。但是，特朗普上台后其加征关税、限制移民等一系列政策主张可能使美国通胀压力卷土重来，并使美联储延缓降息步伐、缩小降息幅度，增加降息路径的不确定性，加大金融市场波动。此外，不同经济体间经济及就业基本面的差异将导致货币政策分化，利差走阔，部分货币汇率波动率与对冲成本上升：欧洲经济及就业的疲弱将使欧洲央行在 2025 年有较大概率连续降息；日本央行 2024 年结束了长达 8 年的负利率时代，未来将保持渐进式加息路径；俄罗斯、巴西央行则在通胀压力下选择继续加息。对于我国银行业而言，未来需要关注和防范金融资产价格、跨境资本流动和汇率波动对财富管理、跨境借贷、外汇衍生品交易等业务的扰动，合理配置资产负债。

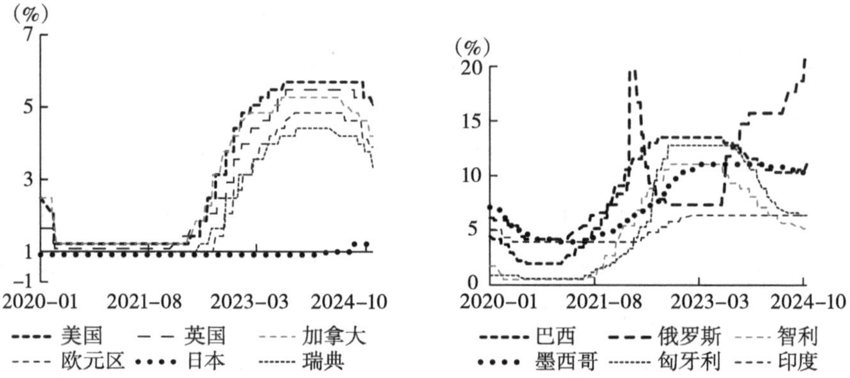

图 12－9　部分经济体政策利率变化

资料来源：Wind 数据库，中国银行研究院。

（三）特朗普 2.0 时代，美国在金融领域的政策主张可能给我国银行业带来新的风险

一是特朗普政府监管宽松、自由放任的金融政策取向将再度回归，可能导致系统性金融风险上升。在特朗普第一个总统任期内，金融稳定监督委员会（FSOC）的工作人员被大幅削减，支持机构间协调的基础设施也显著减少；2018 年《经济增长、监管救济和消费者保护法案》颁布，监管标准被大大放松。这些政策都为 2023 年春季的美国银行业危机埋下了种子，成为系统性金融风险上升的重要原因。未来，我国银行业应密切关注美国在金融领域的政策及国际同业、市场动态，警惕系统性风险跨机构、跨市场传染。二是若特朗普兑现其关于支持加密货币

的一系列竞选承诺，加密货币行业将迎来快速发展，未来可能对银行跨境业务和支付业务造成一定挤压，同时美国银行业可能会加速加密货币技术与业务的融合，带来更加激烈的市场竞争压力。此外，若加密货币技术取得进一步发展和应用，其去中心化、交易隐蔽的特点可能会加大银行在识别可疑交易和反洗钱、反恐融资等方面的难度，增加银行合规及监管处罚风险，也给金融市场的稳定性带来一定的挑战。三是特朗普政府可能强化金融制裁手段和限制性措施，增加我国银行在国际市场上的运营风险。尤其是在金融和技术领域的制裁，可能会限制我国银行与一些美国金融机构的合作，或迫使我国银行遵守美国对其他国家的制裁政策，这要求我国银行在进行跨境金融交易时要更加谨慎。

（四）快速发展的生成式 AI 具有巨大应用潜力，但当前技术仍存在诸多风险与挑战

当前，生成式 AI 在银行业的应用场景不断拓宽，招商银行、江苏银行、平安银行等机构已通过自主研发方式构建大语言模型平台；工商银行、中信银行等也对行业通用基础大模型进行加工研发，搭建自身的生成式 AI 应用；邮储银行通过外包方式接入“文心一言”，在风控、营销等领域成功应用大模型。但是，大模型在训练、使用、监管等方面仍存在许多风险与不确定性。一是数据训练和模型使用过程中可能存在数据隐私泄露风险与安全隐患，需要进行数据脱密、脱敏和防复制处理；二是 AI 输出结果的可靠性和准确性不稳定，特别是在涉及复杂金融知识的领域，这与银行日常服务中低容错率的要求相悖；三是若模型被不当训练，可能会在提供服务过程中输出种族歧视、性别歧视或价值观错误的观点，若处理不当容易引发舆情与声誉风险；四是当前我国《生成式人工智能服务管理暂行办法》总体而言对 AI 技术创新持鼓励和开放的态度，但未来监管规则的细化可能给银行业带来新的合规风险。

三、2025 年我国银行业经营形势展望

2025 年，在更加积极的财政政策和适度宽松的货币政策支持下，我国经济有望巩固回升向好态势，在较为复杂的国内外形势下保持增长韧性，为银行业提供更为有利的经营环境。银行业资产负债规模增速预计将会回升，在政策调节下不同机构的扩张速度差距可能缩小；短期内利润增长空间较为有限，政策支持及业务转型将有利于改善盈利的可持续性；不良资产比例将继续稳定下降，但需关注结构变化及部分机构风险；新一轮注资政策将缓解未来资本补充压力，助力大型商业银行更好发挥主力军和压舱石作用。

（一）资产负债规模增速回升，不同机构间的增速差距可能缩小

2024 年中央经济工作会议提出，要实施适度宽松的货币政策，发挥好货币政策工具总量和结构双重功能，适时降准降息，保持流动性充裕，使社会融资规模、货币供应量增长同经济增长、价格总水平预期目标相匹配。在 2024 年社会融资增长持续偏弱，尤其是私人部门信贷增长乏力的背景下，2025 年货币政策适度宽松将带动银行业资产负债规模增速回升。当前，不同类型银行业机构间资产负债规模增速分化较为明显，但未来在政策调控下增速差距可能缩小。2024 年 10 月，大型商业银行总资产同比增速为 9.94%，总负债同比增速为 10.21%；城市商业银行总资产同比增速为 9.22%，总负债同比增速为 9.24%；农村商业银行总资产同比增速为 6.08%，总负债同比增速为 5.95%；股份制商业银行总资产同比增速为 4.10%，总负债同比增速为 3.76%（见图 12－10）。相较而言，股份制商业银行资产负债扩张速度最慢，且负债端扩张速度放缓更为明显，这与大部分股份制商业银行更加依赖同业负债、负债和存款成本偏高、对零售存款的吸收能力相对较弱有关。在吸存难度普遍上升的市场环境下，股份制商业银行负债端增长压力进一

步抬升。2024 年 11 月 29 日，市场利率定价自律机制发布《关于优化非银同业存款利率自律管理的自律倡议》，要求将非银同业活期存款利率纳入自律管理，证券公司、基金公司、保险公司、商业银行理财子公司等机构的同业活期存款利率将紧跟央行政策利率变动，逐渐消除套利空间。这有利于压降同业活期存款利率，为商业银行特别是负债结构中同业负债占比较高的股份制商业银行降低负债成本、缓解息差收窄压力带来更多空间，有利于缩小不同机构间的资产负债规模增速差距。

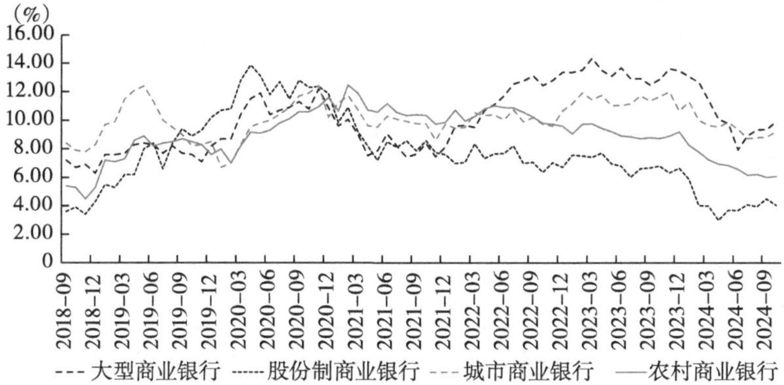

图 12－10　不同类型机构总资产同比增速

资料来源：Wind 数据库，中国银行研究院。

（二）短期内利润增长空间较为有限，政策支持及业务转型为盈利的可持续性赋能

近年来，商业银行积极落实中央战略决策和政策指引，不断加大对实体经济支持力度，积极提供高质量金融服务，持续缩减息差，有效助力经济企稳回暖和房地产、地方债等领域改革化险。2024 年前三季度大型商业银行、股份制商业银行、城市商业银行、农村商业银行净利润同比增速分别为－1.3%、1.2%、3.4%、2.9%，这主要是由于在政策利率不断调降背景下，商业银行息差快速收窄，让利实体经济。特别是 2024 年积极支持存量房贷利率调整将对商业银行利润造成较大冲击。2024 年 9 月 29 日，中国人民银行发布公告，并指导市场利率定价自律

机制发布倡议：各商业银行于 10 月 31 日前统一对存量房贷利率实施批量调整。根据中国人民银行数据，此次统一调降的平均降幅在 0.5 个百分点左右，将节省借款人利息支出 1500 亿元，同时将在未来一段时间内每年减少商业银行同等规模的利润，该规模预计约为商业银行 2024 年利润的 6%，给净利润增长带来较大压力（见表 12－3）。

表 12－3　存量房贷利率下调 0.5%对银行未来 5 年利润影响预测

年份	个人购房贷款余额（亿元）（按第三季度末估算）	调降 0.5% 存量房贷利率减少利润（亿元）	银行业全年利润（亿元）（按 1% 增速估算）	减少利润占全年利润比重（%）
2024	375600	1510	24013	6.2
2025	369590	1490	24253	6.1
2026	363677	1460	24495	6.0
2027	357858	1440	24740	5.8
2028	352132	1420	24988	5.7
2029	346498	1390	25238	5.5

注：根据中国人民银行数据估算，存量贷款平均年限约为 16 年，假定该参数在预测期内保持不变。个人购房贷款余额预测增速（－1.6%）为 2023 年第二季度个人购房贷款余额出现负增长以来的季度同比增速均值。

资料来源：Wind 数据库，中国银行研究院。

未来，商业银行将持续加大对实体经济的支持力度，预计短期内利润增长空间较为有限，而负债端存量存款利率调整相关政策及商业银行自身盈利模式的转变将有助于保障利润的可持续性。2024 年 11 月 29 日，市场利率定价自律机制公布了《关于在存款服务协议中引入“利率调整兜底条款”的自律倡议》，对公客户同银行签订的存款服务协议中需加入“利率调整兜底条款”，当存款利率调整后，客户和银行可协商确定存款利率水平，客户可以选择接受调整后的存款利率，也有权提前终止协议。这有助于降低银行在存量存款中的利率风险，稳定净息差，保障稳健经营及利润的稳定性。此外，积极拓展财富管理等非息收入业务的战略转型也有助于商业银行增强盈利能力的可持续性。

（三）资产质量总体稳定，但需关注结构变化及部分机构风险

自2023年第二季度以来，商业银行损失类不良贷款占不良贷款总额的比重呈现快速上升趋势，2024年第三季度较2023年第一季度上升88.2%，而次级类、可疑类贷款呈现下降趋势，这与风险分类新规实施、风险资产加快下迁有关（见图12－11）。2023年7月1日，《商业银行金融资产风险分类办法》正式施行，明确规定金融资产逾期后应至少归为关注类，逾期超过90天、270天、360天分别对应次级类、可疑类、损失类。在商业银行不良贷款总额不断增加以及银行加快不良资产处置的背景下，次级类、可疑类相对更好处置，但会导致损失类贷款的占比上升。而且，损失类贷款占不良贷款总额比重上升的趋势也反映出银行未来的潜在损失将增加。

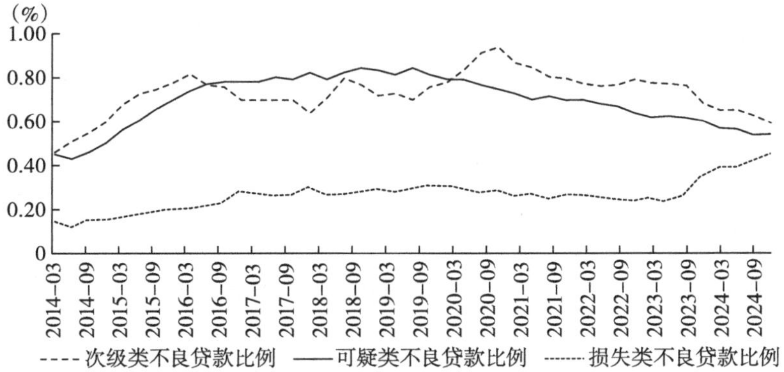

图12－11　我国银行业不良资产结构变化①

资料来源：Wind数据库，中国银行研究院。

分行业领域来看，未来需持续关注房地产、普惠小微、个人贷款、新兴行业、外贸企业等领域信用风险。房地产领域，2024年9月中央政治局会议首次明确了"促进房地产市场止跌回稳"的政策导向，从

① 商业银行按照风险程度将贷款划分为五类：正常、关注、次级、可疑、损失，后三种为不良贷款。次级类贷款损失的概率为30%～50%，可疑类贷款损失的概率为50%～75%，损失类贷款损失的概率为75%～100%。

促需求、去库存、防风险、新模式等角度进行了更全面的部署，有助于扭转市场预期，推动房价止跌回稳，提升银行信贷资产安全性、稳定性。不过，房地产企业流动性风险依然较为严峻，需要保持关注。此外，未来“保交楼”完成后，部分专项贷款可能重新被划分为不良资产，使风险处置压力快速上升。普惠小微领域，在经历了连续 3 年增速超过 20% 的快速增长后，普惠小微贷款 2024 年增速放缓，前期大规模新发放普惠贷款存在的信用风险开始暴露。特别是住宿餐饮行业受到前期疫情的严重打击，经营韧性较弱，修复进程缓慢，并且该行业的中小企业较多，与居民消费密切相关，居民消费完全恢复尚需时间，影响住宿餐饮营收增长，制约相关主体还贷能力。个人贷款领域，受经济弱复苏影响，部分居民的收入水平和还款能力有所下降，从部分披露第三季度个人贷款不良率的上市银行情况来看，个人贷款及垫款的不良率指标较上年同期均有所增高。预计 2025 年个人消费贷款、信用卡等资产质量情况需要继续关注。新兴行业方面，部分快速发展的新兴行业泡沫开始“隐现”，暴露出供需不匹配甚至产能过剩等问题。以新能源汽车行业为例，已有部分新兴车企出现资金链告急、倒闭，未来需密切关注重点企业信用风险。外贸企业方面，2025 年特朗普政府推动贸易保护主义风险上升将使外贸企业生产经营面临更多困难和挑战，对其偿付能力产生负面影响。

分机构来看，大型商业银行和股份制商业银行的不良贷款比例呈现稳定下降趋势，2024 年前三季度均稳定在 1.25% 左右，城市商业银行不良贷款比例自 2021 年以来也压降在 2% 以下，但农村商业银行的不良贷款比例仍超过 3% （见图 12 – 12）。值得关注的是，在农村商业银行不良贷款比例占比较高的同时，其拨备覆盖率相比其他类型机构反而较低，这对其未来经营的稳健性构成一定挑战。

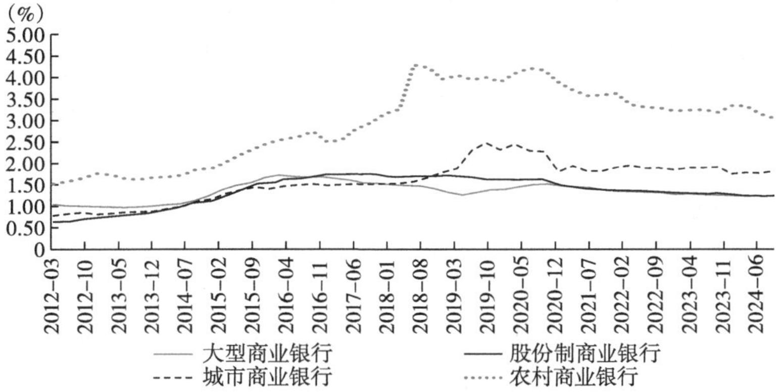

图 12－12　不同类型机构不良贷款比例

资料来源：Wind 数据库，中国银行研究院。

（四）新一轮注资政策将缓解未来资本补充压力，助力大型商业银行更好发挥主力军和压舱石作用

2024 年 9 月 24 日国新办新闻发布会上，相关部门表示，国家计划对 6 家大型商业银行增加核心一级资本，将按照“统筹推进、分期分批、一行一策”的思路，有序实施。2024 年 10 月 12 日国新办新闻发布会上，相关部门表示，将发行特别国债支持国有大型商业银行补充资本。根据中国银行研究院报告，假设本次注资能够有效缓解大型商业银行未来 5 年核心一级资本补充压力，此次注资规模预计将达到万亿元级别，为大型商业银行缓解资本补充压力、提升息差水平、转变投资业务发展模式、增强服务实体经济能力注入一剂“强心针”，助力大型商业银行持续发挥好服务实体经济主力军和金融稳定压舱石的作用。

四、相关建议

2024 年中央经济工作会议指出，要实施适度宽松的货币政策，发挥好货币政策工具总量和结构双重功能，适时降准降息，保持流动性充裕，使社会融资规模、货币供应量增长同经济增长、价格总水平预期目

标相匹配。2025 年，我国将继续实施支持性的货币政策取向，保持流动性合理充裕，进一步降低企业和居民综合融资成本，为推动经济持续回升向好营造良好的货币金融环境。这要求银行业进一步夯实自身经营的稳健性，在有效防范风险的前提下不断提升经营效率及盈利能力，持续加强“强大的金融机构”建设，切实增强服务实体经济的能力和效果，走好中国特色金融发展之路。

（一）加大对“两重”“两新”支持力度及新兴科技、绿色发展、高端装备制造等新兴领域业务布局，为经济社会发展大局提供有力金融支撑

商业银行应在提供精准资金支持和创新金融服务方面加力扩围，为“两重”“两新”政策落地实施提供坚实后盾，更大力度支持“两重”项目，促进企业设备升级换代和消费品市场的更新换代。同时，“两重”“两新”政策的推进，有利于扩大有效需求、促进经济高质量发展，为商业银行创造新的业务增长点，两者形成双向奔赴、互相赋能的良性循环。应把握产业发展方向，聚焦重点客户，做强产业金融，支持战略性新兴产业发展。密切跟踪新兴科技、绿色发展、高端装备制造等新产业、新业态的发展趋势，紧跟市场需求和客户偏好变化，积极创新金融产品和服务模式；建立专业人才队伍，加大对熟悉战略性新兴科技发展趋势、相关政策及法律知识的专业人才的培养和引进力度，以人力资源赋能业务发展；探索多元化支持方式，与风险投资、科技园区、担保机构、科技小额贷款公司等开展战略性合作，降低信贷风险并拓宽融资渠道。

（二）优化资产负债结构及盈利模式，在息差收窄环境中保持稳健经营

在货币政策立场转为适度宽松背景下，银行净息差将进一步收窄。商业银行应保持资产负债结构中较高存贷比，确保货币政策传导效率，避免陷入“流动性陷阱”。欧洲及日本在实施负利率政策时都曾出现银行贷款比例下降、现金和存放央行份额大幅上升的现象，宽松货币政策未能实现预期效果。为避免出现流动性囤积，更好地助力刺激消费和投资需求，银行应进一步加大获客和营销力度，丰富线上线下金融服务场景，提高差异化的风险识别能力，针对客户的不同需求和资质推出更加多元化的贷款产品，在适度宽松的货币政策下保持较高的存贷比。由于银行资产端收益率对基准利率变动的敏感性大于负债端成本率对基准利率变动的敏感性，且银行资产端平均期限大于负债端平均期限，降息环境下银行经营压力将进一步上升。银行可在满足流动性安全合规的前提下，适度加大期限错配力度，降低负债久期，适度控制高成本定期存款规模和提高长期债券配置比例。同时，积极拓展非息收入，加强投行、商行业务联动，增加证券、交易板块的收入贡献；加大海外业务布局，围绕服务国内产业资本、优势产业链“走出去”以及“一带一路”沿线基础设施、绿色转型、大宗商品、矿产资源开发等领域的融资需求，提供国际化的金融服务，开拓全球化的收入来源。

（三）持续做好金融工作“五篇大文章”，为新质生产力发展提供全方位的金融支持

商业银行应继续加大对科创、绿色、普惠、养老等关系国家重大战略发展领域的支持力度，不断优化内部激励约束机制，提升相应条线人员积极性，确保资金更多流入重点发展领域。应使更多信贷资源流入科创、绿色等新质生产力快速形成和发展的领域，针对科创型企业的特点，提供个性化的信贷产品；积极把握AIC试点政策机遇，加强投贷联动，将AIC股权投资作为做好科技金融大文章的重要抓手。针对绿色环保企业，推出多样化的绿色金融产品，支持其可持续发展。以大数据、人工智能等技术为支撑，积极建立和加强与各级政府、金融机构同业的信息共享机制，减少信息不对称，对信用评价体系进行优化和完善，降低小微企业的信贷成本。发挥银行在客户关系、服务渠道、老年客户资源和产品配置等方面的优势，创新养老投资产品和服务，在养老金融市场快速发展中率先成为提供“一站式”服务的养老金融综合服务商。推动数字技术与传统金融相互融合、相互渗透，加快数字化转型。

（四）加强全面风险管理，加大风险监测与防控力度

监管应密切关注外部形势变化及新发展阶段中金融风险的新来源、新特征、新传导路径，合理调整压力测试的风险因子与情景设置，提高风险管理的前瞻性；充分利用大数据、人工智能等技术手段更加准确地识别金融风险，实现对金融市场的精准监管，提高监管效率。商业银行应对市场风险、信用风险、利率风险、政策风险等分别采取有效措施进行分类防控，同时密切关注不同风险间的联动效应。要警惕跨境资本流动大幅波动带来资产价格暴涨暴跌，实时跟踪市场动态和资产组合的风险敞口，及时调整投资策略。要做好普惠小微、个人贷款、新兴行业、外贸企业等潜在信用风险较高领域的贷前准入与贷后管理工作，同时加强与市场化机构合作，对不良资产进行有效处置。要前瞻性分析主要经济货币政策的调整路径及节奏，根据自身经营及业务需求合理优化外币融资币种及期限结构，稳定外币负债敞口及成本，合理使用各类衍生工具对冲风险敞口，锁定利率或汇率风险。密切跟踪特朗普 2.0 时期金融制裁的演变情况，特别是关注相应制裁手段、方式及主体变化情况，深入研究可能产生的影响，前瞻性分析并提出应对预案，加强对风险管理及相关业务条线员工的培训，确保业务操作与经营合法合规。

（五）积极把握新技术带来的转型机遇，同时密切防范数字化发展中的各类风险

在数字化转型特别是 AI 技术蓬勃发展浪潮中，商业银行越来越依靠大数据、云计算、人工智能等技术，通过建立各类模型来实现智能获客、产品定价、风险内控、自动化决策等。新技术的广泛应用显著改善了客户体验，有效提升了管理精细化水平，大幅降低了内部管理成本，但潜在风险也在不断上升。监管应把握好创新与监管的动态平衡，不断

适应金融数字化转型的发展趋势，增强监管措施的针对性、适用性和可操作性；提升穿透式监管能力，加强监管科技运用，同时指导商业银行加强合规风险管理数字化建设，提升自身数据治理水平。一方面，商业银行应积极以新技术赋能风险管理，建立强大的数据分析和 AI 团队，持续优化算法，确保风险预测的准确性和及时性。另一方面，商业银行应重视网络安全，建立全面的网络安全策略，构建先进的防火墙和入侵检测系统，并为员工提供网络安全培训；建立健全数据保护机制，确保客户信息的安全性和保密性，并制定严格的数据管理政策；为避免发生技术故障导致系统中断，银行需要建立完善的应急机制，确保在发生故障时能够快速恢复运营，同时加强员工的操作风险管理培训，提高其对新技术的理解和应用能力，以减少人为错误的发生。

参考文献

[1]周景彤,梁斯．商业银行风险新特征及其防范[J]．中国银行业,2022(1):61,66－67.

[2]宋首文．银行数字化转型下的模型风险管理框架[J]．金融监管研究,2023(9):12－31.

[3]张红地．低利率背景下商业银行如何应对汇率风险[J]．银行家,2023(7):48－50.

[4]中国银行研究院全球经济金融研究课题组,陈卫东,钟红,等．全球经济复苏疲软,货币政策取向分化:中国银行全球经济金融展望报告(2024 年)[J]．国际金融,2024(1):17－26.

[5]中国银行研究院中国经济金融研究课题组,陈卫东,周景彤,等．政策与市场共同推动经济向潜在增长水平回归:中国银行中国经济金融展望报告(2024 年)[J]．国际金融,2024(1):27－34.

[6]周臻,杨文梅,熊陈言．我国银行业当前不良贷款结构分析[J]．清华金融评论, 2024(7):74－76.

第十三章　地方政府债务发展2025年展望

邢　军　彭　澎　郑涵天　尹　甜[①]

一、中国地方政府债务发展现状

分税制改革作为我国财税体制的重大变革，重塑了中央与地方的财权事权格局，对地方政府债务产生了巨大的影响。随着中国城镇化进程稳步推进，地方基础设施建设需求持续旺盛，资金缺口与债务融资需求越发凸显。当前地方政府债务问题呈现债务规模庞大、分布不均、债务管理需加强等特点。尽管中国地方债务风险总体上仍处于可控范围，但其与经济社会的诸多领域紧密相连，通过信贷风险、债券市场风险、土地财政依赖以及市场预期效应等多重路径，与银行体系、资本市场、房地产市场及实体经济等领域产生了风险交织与共振的可能性，需及时监测与评价。

（一）债务规模

在债务研究领域，政府债务的范畴具有复杂性。从广义视角出发，政府债务涵盖国债、地方政府债以及隐性债务。而中国政府债务结构主要分为显性债务与隐性债务两大类别。显性债务，又被称作法定债务，指的是中央和地方政府依据法律法规，进行举借、担保，并纳入预算管

---

① 邢军、彭澎，远东资信评估有限公司；郑涵天，首都经济贸易大学；尹甜，对外经济贸易大学。

理体系的债务，具体包括国债和地方债。与之相对的隐性债务，因政府边界的模糊性，其边界范围在学界与业界均存在较大分歧。在中央政府层面较为宽泛的隐性债务界定中，可能包含养老金缺口等项目。聚焦地方政府层面，隐性债务的范畴更为复杂，主要是地方政府在法定限额以外，通过直接或间接的方式承诺以财政资金偿还，或者违法提供担保等手段所举借的债务。此外，随着地方政府债务管控政策的不断调整以及实际举债情况的变化，部分名义上与地方政府不存在直接关联，但在实际决策过程中由地方政府主导形成的债务，同样被纳入隐性债务的范畴。鉴于本章着重探讨地方政府债务，同时考虑数据获取的可行性，本章将发债城投平台的有息债务，作为广义的地方政府隐性债务进行深入的分析与讨论①。整体基本数据来源于 Wind 资讯。

1. 政府债务

中国政府债务的构成上，中央政府债务占比相对低，地方债务占比高，城投债务占比较大；中国地方政府债务规模庞大，且增长迅速。

2014 年以来，中国地方政府债务管理经历了重要变革，政府债务规模逐步扩大；同期，地方总债务（地方政府债 + 城投有息债务）在中国政府债务中的占比整体呈上升趋势，在 2022 年达到 73.48% 的近期高位后，于 2023 年和 2024 年略有回落，分别为 72.94% 和 72.08%（见图 13 – 1）。

2023 年末，中国政府债务规模为 109.8 万亿元，其中地方政府债务 40.5 万亿元、城投有息债务 39.6 万亿元和国债 29.7 万亿元，分别占同期 GDP 的 32.16%、31.39% 和 23.57%。

2024 年末，中国政府债务规模为 123.03 万亿元，同比增长 12.05%。其中，地方政府债务 47.54 万亿元、城投有息债务 41.20 万

① 杨业伟，王春呓．地方政府债务的规模与压力——读懂地方政府债务系列（一）[R]．国盛证券，2023 – 08 – 04.

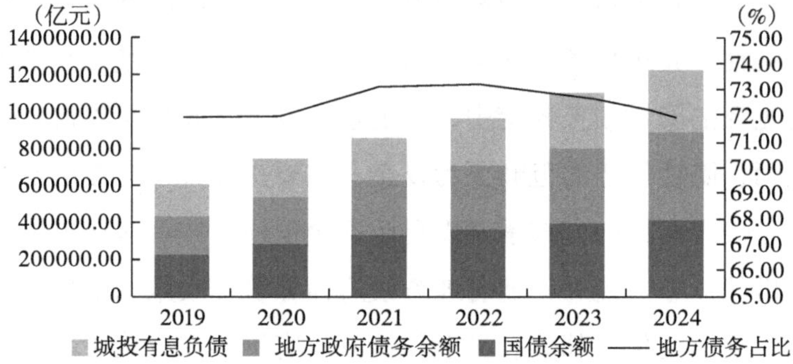

图 13－1　中国政府债务规模

资料来源：Wind 资讯，远东资信整理。

亿元和国债 34.29 万亿元，分别约占同期 GDP 的 35.24%、30.35% 和 25.42%（见图 13－2）。其中，在化解隐性债务风险的背景下，地方政府债券发行规模同比增长 16.31%，主要源于特殊再融资债券放量发行。

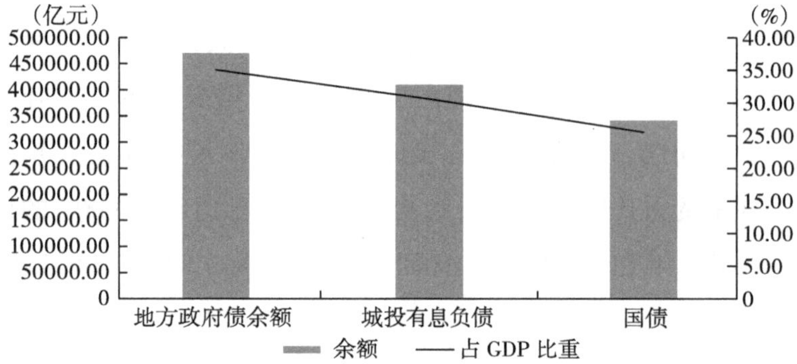

图 13－2　2024 年末各种类政府债务/GDP

资料来源：Wind 资讯，远东资信整理。

2. 地方政府债

地方债成为地方政府越来越重要的债务来源。

分税制改革后财权上移、事权下放，地方财政收支缺口催生举债需求；政绩考核导向下促使地方政府大规模举债投资；城镇化进程加速，人口集聚带来公共服务、基础设施建设压力，资金需求远超财政供给，地方政府只能借助融资平台等渠道负债融资。地方债在促进地方经济发展、缓解地方财政压力、推动政策落实等方面发挥了重要作用。

城投公司，是地方政府设立或控股的专门负责城市基础设施建设、公共服务项目投资、城市运营等任务的公司。它们承担着推动地方经济发展、改善民生条件、提升城市综合竞争力的重要职责，是地方政府的融资载体。城投债务与地方政府债在成本、期限以及融资行为规范性方面存在显著差异。在政府债务研究框架下，常以城投平台有息债务指代地方政府隐性债务，以地方政府债代表地方政府显性债务。2024 年，显性债务占地方总债务的比例达到 53.47%。

地方政府债按照资金用途划分为一般债与专项债。专项债在地方政府债中的占比不断提升。与一般债不同，专项债对应的是有一定收益的项目，其偿债资金来源明确为项目自身产生的政府性基金收入或专项收入。在地方政府面临财政收支压力，同时希望通过举债来推动经济建设的情况下，专项债这种依靠项目收益偿债的模式更具吸引力。它能够在一定程度上减轻地方财政的直接偿债负担，实现项目资金的自平衡，提高债务可持续性。详见图 13－3。

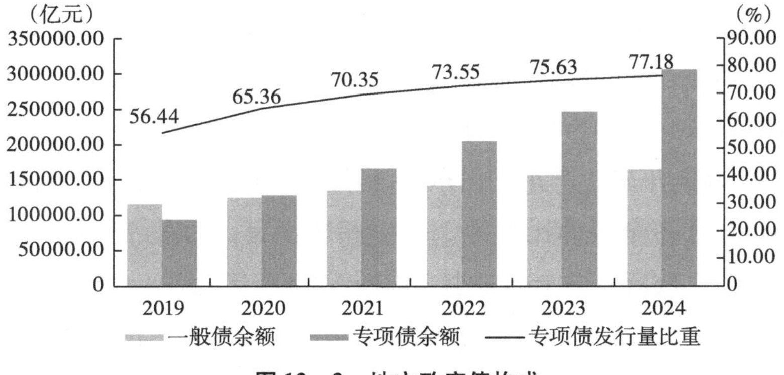

图 13－3　地方政府债构成

资料来源：Wind 资讯，远东资信整理。

截至 2024 年末，地方政府债券发行规模达到 9.7 万亿元，净融资规模为 6.8 万亿元，与 2023 年全年相比，增长幅度达 19.4%。在发行结构方面，再融资债券发行规模为 5.0 万亿元，在总发行规模中的占比攀升至 51.5%，较 2023 年高出 1.4 个百分点。从债务余额来看，地方政府债余额总量为 47.34 万亿元。按照资金用途进行划分，专项债发行量占据 77.18% 的份额，而一般债则占 22.82%。

2024 年，特殊再融资债券的发行情况超出了预期，整体发行规模接近 2.5 万亿元。具体而言，特殊再融资一般债券的发行量为 0.25 万亿元，而特殊再融资专项债券的发行量则达到了 2.22 万亿元。从省份分布来看，江苏、贵州、山东、湖南、四川等省份在特殊再融资债券的发行规模上名列前茅。

2024 年，地方政府债券尤其是专项债的发行年限和剩余平均年限明显拉长，发行利率逐步走低，使得融资成本逼近 2% 的水平。2021 年以来，这一趋势尤为明显。

（二）债务分布

中国地方政府的债务分布不均匀，城投融资在多数地方的融资结构中仍占主导地位。

截至 2023 年末，江苏、浙江、山东地方债务规模最大，分别为 10.2 万亿元、8.5 万亿元和 5.1 万亿元。截至 2024 年末，江苏、浙江、山东地方债务规模仍位居前列，分别为 11.4 万亿元、9.4 万亿元和 5.5 万亿元，广东则上升为 5.5 万亿元。

截至 2024 年末，广东、山东、江苏、浙江、四川地方政府债券余额居前，合计占全国的比重为 31%。相较而言，西藏、宁夏、青海和海南等地地方政府债券余额较小，均低于 5000 亿元。

城投融资渠道经历了一定程度的收紧，但在多数省份，城投的有息债务仍在其地方债务中占比最高。尤其是在地方债务规模较大的省份，城投债务占比普遍较高。2024 年，江苏、浙江的城投债务占比分别是 75.16%、70.89%。详见图 13－4。

城投有息债务可以分为债券、银行贷款和非标等种类。2024 年末，

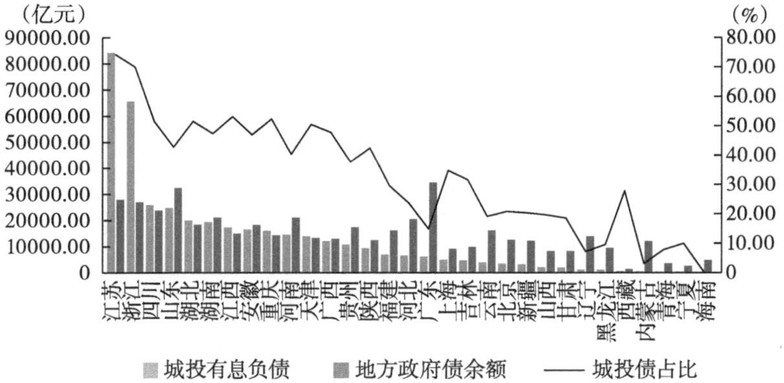

图 13－4　2024 年末地方政府债构成

资料来源：Wind 资讯，远东资信整理。

城投有息债务中银行贷款、债券和非标分别占 63.9%、28.9% 和 7.2%。银行贷款仍然是占比最大的融资渠道。图 13－5 为城投有息债务构成。

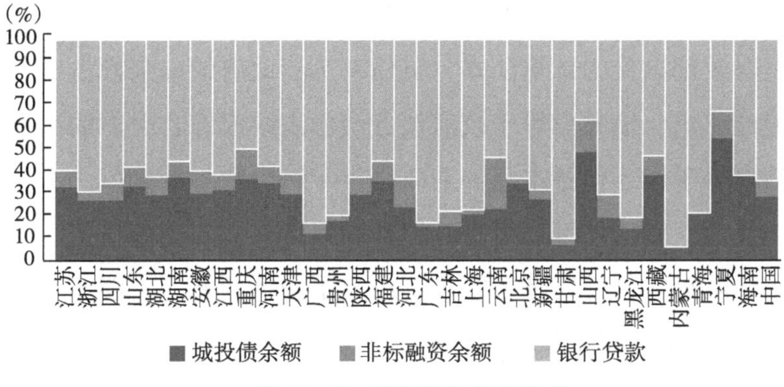

图 13－5　城投有息债务构成

资料来源：Wind 资讯，远东资信整理。

截至 2024 年末，未来 5 年到期地方政府债务结构如图 13－6 所示。其中，城投债偿还量 2024 年最高，为 4.46 万亿元；地方政府债偿还量 2025 年为高值，为 3.93 万亿元。

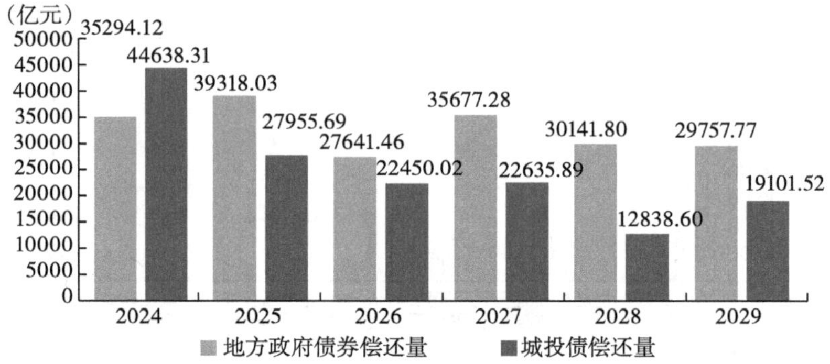

图 13-6　到期需偿还债务金额

资料来源：Wind 资讯，远东资信整理。

（三）债务压力

近年来，伴随债务率和负债率的显著增长趋势，地方政府债务规模不断攀升。尤其值得关注的是，一些经济相对落后的地区，受限于有限的财政收入，正面临着日益严峻的债务负担问题。

根据财政部出具的计算公式，负债率等于政府债务余额占地方国内生产总值的比重，债务率等于政府债务余额占政府综合财力的比重。此外，偿债率等于偿还债务本息额与政府当年综合财力的比值。本章使用债务率、负债率和偿债率三个指标综合衡量地方政府债务负担。

我国的政策文件针对债务管理，设定了包括债务率、偿债率等在内的多项关键指标，并明确指出，一旦利息支出占财政支出的比例超过10%，地方政府需立即启动财政重整程序。追溯至源头，最早提及地方政府偿债相关指标的政策文件是 2011 年由国务院办公厅颁发的《关于做好地方政府性债务审计工作的通知》。该文件详细列出了债务率、偿债率、逾期债务率以及借新还旧偿债率等多项指标，但当时未设定具体的警戒线数值。在这些指标中，债务率被视为衡量政府债务状况最为核心的指标，中国为此设定的警戒线为 100%。至于偿债率，国际上普遍采用的控制上限为 20%。而对于债务率本身，则遵循国际通用标准，将其警戒线设定为 60%。

1. 全国层面地方政府显性债务压力

近年来，各省政府债务规模不断扩大，政府显性债务压力不断上升。

2018 年以来，全国范围内地方政府显性债务率快速攀升，2022 年达到 121.43%，已突破 120% 的警戒线，而 2024 年地方政府显性债务率将达到 171.60%，仍呈快速增长态势。

具体到 2024 年，地方政府债务余额达到 47.54 万亿元，地方一般公共预算收入 21.97 万亿元，政府性基金收入 5.74 万亿元，合计形成地方政府综合财力 27.71 万亿元（见图 13－7）。这意味着地方政府债务规模超过其综合财力。加强地方债务管理、优化财力分配、提升经济内生增长动力显得尤为重要。

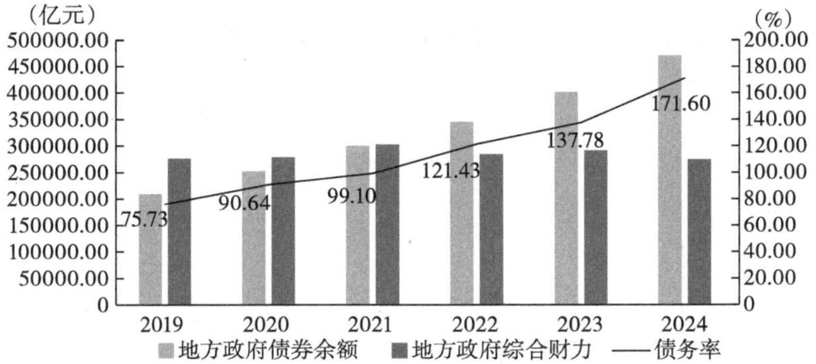

图 13－7 2019—2024 年全国地方政府显性债务

资料来源：Wind 资讯，远东资信整理。

在利息支出与财政支出的比例方面，一般债券的利息支出占比较低，而专项债券的利息支付比例则呈较快的增长趋势。由于专项债券规模的急剧扩大，加之政府性基金支出的显著缩减，共同促使专项债券利息支出在政府性基金支出中的占比迅速上升，至 2023 年，这一比例已经达到 7.63%。详见图 13－8。

2024 年，全国层面政府显性负债率预计为 35.09%，距离 60% 的警

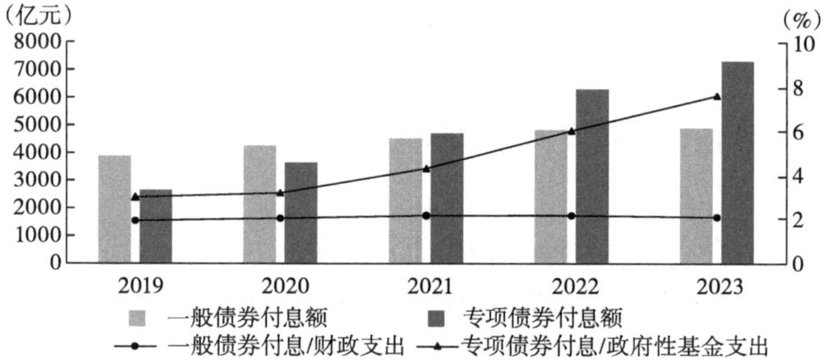

图13－8　2019—2024年地方政府负债

资料来源：Wind资讯，远东资信整理。

戒线尚有一段距离，而负债率（宽口径，加入隐性债务）为65.63%，已经超过60%的警戒线，因此我国目前隐性债务压力加大。从总体趋势来看，政府负债率正处于增长阶段，具体来说，政府负债率由2019年的43.79%大幅跃升至2024年的65.63%，平均每年增加4.37个百分点。这一快速增长态势主要归因于地方政府债务的急剧膨胀，据统计，2019—2024年，地方政府债务的年均复合增长率高达21.47%。详见图13－9。

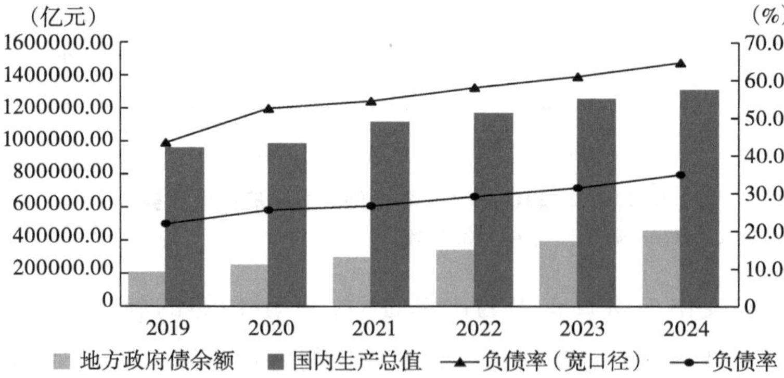

图13－9　2019—2023年付息支出与财政支出比例

资料来源：Wind资讯，远东资信整理。

从区域角度来看，2022年，仅有青海和贵州两个省份的负债率超过60%的国际警戒线，而2023年，吉林、天津也超过了60%，甘肃、海南、新疆和黑龙江的负债率超过了50%，处于较高的水平。2024年有青海、天津、贵州、吉林、新疆、甘肃和重庆7个省份的显性负债率突破60%的国际警戒线，同时海南、江西和黑龙江三省的显性负债率已经超过56%，面临着较高的风险。详见图13－10。

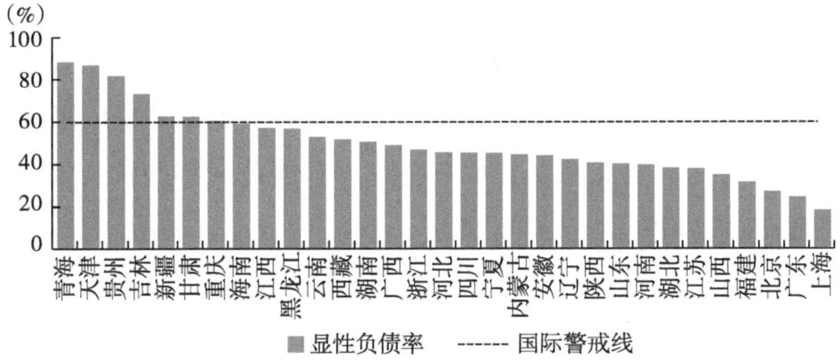

图13－10　2024年各省地方政府显性负债率

资料来源：Wind资讯，远东资信整理。

2. 地方政府隐性债务压力

各地广义债务率较高，信用风险事件较多。

2024年末，城投企业的有息债务总额达到41.20万亿元，构成了广义地方政府债务中一个相对难以管理的部分。近年来，由于地方财政实力的减弱以及偿债压力的不断累积，地方债务问题日益严峻，致使一些资质较弱的地区出现了风险事件。2025年以来，青岛李沧区与西安曲江新区等地的融资平台因非标债务违约事件，相继触发了债券的交叉违约保护机制，这一情况加剧了市场对非标债务风险的关注。2024年内已累计报告超过160起非标舆情事件，这一数字与2023年全年的数量相当，表明地方融资平台的债务压力并未得到有效缓解。从地区分布来看，山东省非标舆情事件的数量累计超过60起，依然显著高于其他省份。至于其他地区，虽然出现舆情的省份数量有所减少，但值得注意的是，陕西省和河南省在2024年内分别发生了30起和19起非标舆情事件，均创下历年新高。

采用（城投有息债务与地方政府债务余额之和）/（一般公共预算收入 + 政府性基金收入 + 转移性收入 + 国有资本经营收入）这一公式来衡量广义债务率。2023 年末，各地隐性债务率分布情况如图 13 - 11 所示。其中，天津、吉林、青海及甘肃的广义债务率处于高位，超过 700%；而贵州、新疆、江西、湖北、湖南及黑龙江的广义债务率则位于 500% ~700%。若以地方政府债务余额/（一般公共预算收入 + 政府性基金收入 + 转移性收入 + 国有资本经营收入）来计算狭义债务率，则青海、黑龙江、吉林、甘肃、新疆及天津的狭义债务率也较高，均超过了 400%。

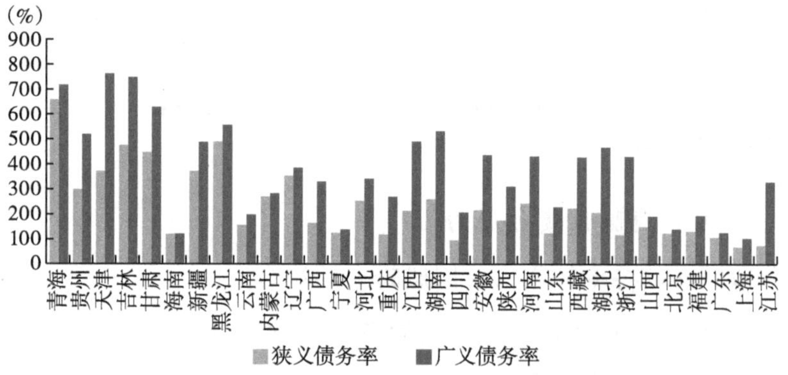

图 13 - 11　2023 年各省地方政府隐性债务率

资料来源：Wind 资讯，远东资信整理。

由于个别省份尚未披露 2024 年的财政信息，因此部分省份采取预测值，预计 2024 年末各地广义债务率较高，其中安徽、辽宁、青海、天津、江苏、湖南和江西的广义债务率较高，均超过 700%。以地方政府债务余额/（一般公共预算收入 + 政府性基金收入 + 转移性收入 + 国有资本经营收入）表示狭义债务率，则辽宁、青海和安徽大于 600%。详见图 13 - 12。

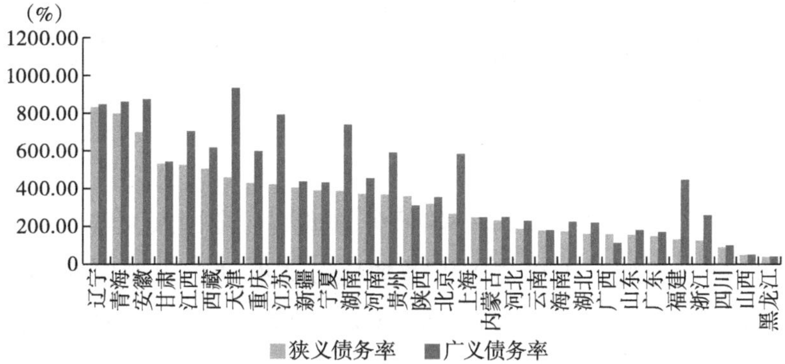

图 13-12　2024 年各省地方政府债务率

资料来源：Wind 资讯，远东资信整理。

二、中国地方政府债务管理分析

地方政府债务管理问题是当前经济治理的重要议题，与财政体制改革、政府职能转型以及风险防控能力建设密切相关。近年来，为应对债务规模扩张和结构失衡的挑战，地方政府逐步建立了规范化的债务管理框架，包括全面清理存量债务、加强地方政府债券管理、推动隐性债务显性化等措施。这些举措在一定程度上缓解了短期压力，但长期效果仍有待观察。尤其是在经济增速放缓和财政收入增长乏力的双重压力下，地方政府在平衡债务偿还与经济发展的关系方面面临严峻考验。其背后折射出的是现行财政分权体制与地方政府发展需求之间的深层次矛盾，这一矛盾需要通过深化财税体制改革、优化资源配置和提升债务管理能力来加以解决。

（一）化债政策

2024 年以来，地方政府债券相关政策亮点纷呈。一揽子化债方案持续优化与完善，旨在更高效地化解地方债务。同时，推出了近年来力度最大的化债政策，为地方债务的解决提供了有力支持。财政政策逆周期调节的力度也在逐步加大，地方债新增限额更是创下了历年新高，彰显了政府在稳定经济、促进增长方面的决心。此外，政策还着重强调了建立与高质量发展相适应的政府债务管理机制，以确保债务管理的科学性和可持续性。

1. 具体措施

2024 年 11 月至今进入新一轮债务置换后，全国人大常委会通过了关于批准《国务院关于提请审议增加地方政府债务限额置换存量隐性债务的议案》的决议，推出了“6 +4 +2”的 12 万亿元协同化债计划，这是目前为止力度较大的化债行动。在这一轮债务置换中，一是增加 6 万亿元地方政府债务限额置换存量隐性债务，一次报批，分 3 年实施安排，根据地方政府隐性债务规模按照全国统一比例分配；二是自 2024 年起，计划连续 5 年，每年从新发行的地方政府专项债券中划拨 8000 亿元，以增强政府性基金的财力，并专门用于化解债务，预计 5 年内累计可置换隐性债务 4 万亿元；三是对于 2029 年及以后年度到期的、与棚户区改造相关的隐性债务共计 2 万亿元，将继续遵循原合同条款进行偿还。

2. 化债特点

近年来，中国地方政府债务管理在宏观政策的指引下持续优化，充分体现了政策制定层对经济运行全局的把握能力。保持战略定力、持续用力成为核心方向，通过增强地方政府做好经济工作的责任感和紧迫感，推动债务化解与经济发展的双轮驱动。政策强调“在发展中化解债务”，由此前单一“防风险”的思路转向“防风险与促发展并重”，标志着地方债务管理迈入新阶段。

新一轮化债政策的核心在于优化债务结构、降低成本并激活经济动能。一方面，针对存量债务问题，通过专项债务置换缓解地方政府“燃眉之急”，有效降低融资成本；另一方面，政策引导资金资源精准投向重点领域，畅通地方资金链条，增强地方经济发展动力，为稳增长政策的实施提供重要支撑。这一思路的转变不仅反映出地方政府债务管理方式的成熟，也彰显了政策层面对经济长远发展的系统性考量。

在严格管控债务风险的背景下，政策坚持“底线思维”，明确偿债责任主要由地方政府承担。以 2024 年 12 月 12 日完成的新增 2 万亿元隐性债务置换专项债额度为例，发行债券以超长期限为主，既满足短期资金需求，又平衡了长期偿债压力，有效防范道德风险，避免形成“中央兜底”的错误预期。这一责任划分体现了政策的严肃性和前瞻性，有助于维护财政纪律和市场信号的稳定性。

化债方式地区差异明显。江苏省作为目前唯一突破 2000 亿元的省份，发行规模位居榜首。湖南、山东（含青岛）、河南、贵州、四川等省份的发行规模也均在千亿元以上。整体而言，各地区在发行规模和节奏上呈现一定的差异性。从发行期限来看，与 2024 年前三季度地方债发行期限集中在中长期限不同，本轮置换隐债专项债以超长期限为主（见图 13－13）。除首发的河南债和贵州债与中债国债利差相对较高外，其余大部分利差为 5～10 个基点。

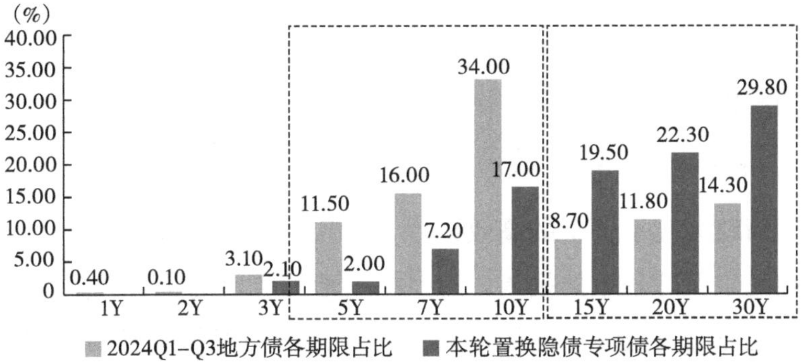

图 13－13　2024 年 11 月 15 日至 12 月 12 日置换隐债专项债与 2024 年前三季度地方债发行期限对比

注：包含截至 12 月 5 日已发行置换隐债专项债和 12 月 6—12 日要求提前一周披露发行计划的置换隐债专项债。

资料来源：DM，Wind 资讯，远东资信整理。

（二）化债影响

此次化债政策调整的核心动因可以归结为宏观经济运行压力加大、地方财政流动性紧张、财政支出增速放缓，以及一系列微观层面风险事件的集中暴露。从这些角度出发，本轮化债政策的推出具有重要的现实针对性和战略意义。一方面，该政策通过优化债务结构、降低融资成本，为地方财政走出流动性困境提供了有效支持；另一方面，通过畅通资金链条和激活经济动能，推动地方经济迈向更为稳健、可持续的良性循环轨道。这不仅有助于增强地方政府稳增长政策的实施能力，也为防范系统性金融风险和提升市场信心奠定了坚实基础，进一步推动了经济发展模式的优化与升级。

1. 缓解短期债务压力，增强地方财政稳定性

新一轮地方债务化解政策通过专项债务置换，显著降低地方政府融资成本，优化债务结构。在缓解短期偿债压力的同时，释放了财政资金用于其他重点领域的投入。债务结构的改善为地方财政运行提供了更大的灵活性，提升了地方政府应对复杂经济环境的能力，有助于维护财政体系的稳定。

2. 激活经济动能，助力稳增长政策实施

化债政策注重资金的高效配置，优先支持基础设施建设、重点产业发展和民生保障领域的投入。通过畅通地方政府的资金链条，政策有效激活了地方经济发展的内生动力。债务化解与经济增长目标协同推进，不仅提升了地方政府对稳增长政策的实施能力，也进一步夯实了经济复苏和高质量发展的基础。

3. 降低系统性风险，提升市场信心

通过超长期限专项债的发行和合理的偿债责任划分，化债政策有效降低了地方债务违约风险，防范了可能引发的系统性金融危机。同时，政策强化了对隐性债务的监管和问责，市场对政府债务管理的规范化、

透明化充满信心。这种积极信号有助于增强资本市场对地方经济的信任，为吸引长期投资创造了更为稳定的政策环境。

4. 推动治理机制优化，提高政策实施效能

化债过程对债务管理的全面性和规范性提出了更高要求。通过严格的预算约束和人大监督，地方政府债务管理逐步形成了完善的治理框架。这种机制优化不仅提升了政策执行效能，还为地方政府提升管理能力、促进公共资源高效配置提供了重要契机，为未来的财政与经济改革奠定了坚实基础。

5. 提升地方经济韧性，助力长远可持续发展

在“防风险与促发展并重”的化债思路指引下，地方债务化解政策注重在稳增长中实现债务问题的动态平衡。资金流向重点产业和基础设施建设，为地方经济注入了新的发展动能。同时，政策对地方政府偿债责任的明确划分，推动了地方经济由依赖债务驱动向高质量发展模式的转型，增强了地方经济的可持续性和抗风险能力。

6. 面临的潜在挑战与应对方向

尽管化债政策在多个层面产生积极影响，但在经济增速放缓、地方财政收入增长乏力的背景下，地方政府偿债压力依然较大，欠款规模尤为突出，特别是在西部省份，其政府欠款占净资产比例、应收账款周转天数等指标均高居全国前列。未来需通过进一步深化财税体制改革，提升地方收入分配能力。同时，需提升专项债券资金使用效率和投向的精准性，避免低效投资造成新的债务风险。通过完善政策配套措施和提升地方政府治理能力，化债政策将为中国经济高质量发展提供更有力的保障。

三、中国地方政府债务风险展望

随着城市化进程的加速推进和基础设施建设的不断扩大，地方政府

债务规模持续增长，债务风险逐渐累积。2025年，中国地方政府债务风险将面临新的机遇与挑战。

（一）地方政府显性债务发展展望

预计2025年，中国地方政府显性债务规模持续扩大，但增速逐渐放缓，这主要得益于国家对地方政府债务管理的加强、防范化解债务风险力度的加大以及地方政府自身债务管理的改善。地方政府显性债务的品种和期限结构趋于多样化，有利于降低债务风险。同时，部分地方政府通过债务置换等方式优化债务结构，提高债务资金使用效益，部分地方政府可能会主动压缩债务规模。

1. 地方政府债务率预测

（1）地方政府债务余额

2019—2024年，地方政府债务余额年均增速约为16.54%。展望未来，地方政府仍将面临显著的稳增长压力。鉴于隐性债务化解在未来5年内持续占用新增专项债额度，同时专项债资金使用范围不断扩大及土储专项债重新发行，预计2025年赤字率目标可能为3.5%～4.0%。后续一系列增量财政政策预计将覆盖地方政府债务化解、房地产市场、金融稳定、投资促进和消费提振等关键经济领域。这些政策的综合实施有望修复政府、银行和家庭的资产负债表，推动风险逐步出清，恢复市场信心，并为经济持续回稳向好提供有力支撑。

（2）地方综合财力的增速

过去几年，由于减税政策等因素影响，一般预算收入增速相对有限。2019—2024年，地方政府综合财力年均增速约为3.33%。假设未来这一增速维持不变，预计2025年地方综合财力将突破33.7万亿元。这一估算反映出地方政府财力在中长期内的稳步扩张潜力，但也需关注宏观经济环境变化及政策调整可能带来的不确定性。

从2023年的数据来看，江苏、广东、山东、四川、浙江等经济发达地区地方政府综合财力位居前列。在过去几年，由于减税等影响，一般预算收入增速非常有限。此外，考虑中央将加大对地方支持以及地产市场的调整，对于未来几年地方政府综合财力的估算采用 2019—2023 年年均复合增长率。2024 年和 2025 年地方政府综合财力预测值如图 13－14 所示。

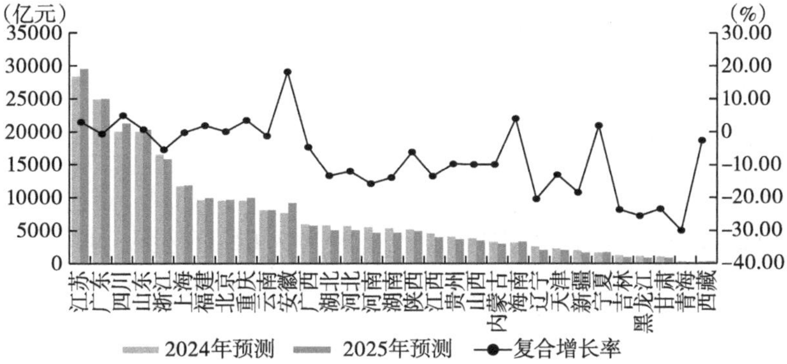

图 13－14　2024 和 2025 年地方政府综合财力预测

资料来源：Wind 资讯，远东资信整理。

2. 地方政府负债率预测

（1）国内生产总值

根据国家统计局初步核算数据，2024 年全国 GDP 达到 134.91 万亿元。在此基础上，根据各大机构对 2025 年 GDP 增速的预测数据，取 10 家机构预测值的算术平均值，可以推算 2025 年 GDP 约为 142.4 万亿元。这一预测为中长期经济走势提供了参考，但仍需结合国内外经济环境、政策变化及不确定性因素对实际增长的潜在影响进行进一步的分析和验证。

（2）负债率

根据 2024 年全国 GDP 数值（134.91 万亿元），推算 2024 年中国负债率将达到 65.63%，超过 60% 的国际警戒线。这一情况需引起高度关注，尤其是在当前经济复苏压力较大的背景下。

假设未来 5 年地方政府债务余额年均增速维持在 17.59%，并依据

2025 年 GDP 预测值（约 142.4 万亿元）进一步推算，2025 年中国负债率预计将回落至 48.08%，低于 60% 的国际警戒线。这种回落趋势表明，在经济增长拉动下，债务占 GDP 比重可能趋于改善，但仍需结合财政政策调整和债务化解措施的实际效果进行动态监测与评估。

3. 地方政府偿债率预测

（1）债务偿还本息额

根据 Wind 数据，截至 2024 年 12 月 15 日，未来 5 年的债务偿还本息额如前文图 13－6 所示。

（2）偿债率

2025 年地方政府债到期需偿还金额为 3.01 万亿元，城投债到期需偿还金额为 2.70 万亿元，债务偿还本息额为 5.72 万亿元。根据估算，2025 年偿债率为 20.19%，已经超过 20% 的国际警戒线。

（二）地方政府隐性债务发展展望

城投债务风险是地方债务风险的主要矛盾。2023 年地方显性债务率为 137.78%，已经超过 120% 的国际警戒线，但地方政府债发行人为省级政府，融资成本低，且发行期限较长，整体债务管控较为规范，目前市场认可度很高。而城投债务作为广义政府债务中占比最大的部分，城投发债主体的资质差异巨大，随着地方财力增长疲弱，以及土地财政收入锐减，部分区域风险事件频发，地方保刚兑的能力下降，部分弱资质地区游走在风险边缘，债务滚续也更加艰难。

近两年城投有息债务增速明显回落。随着 2014 年地方政府债务管控定调“开正门，堵偏门”，以及中国工业化城镇化增速放缓，地方投资需求增速回落，近 10 年城投有息债务增速逐步下降。城投有息负债的 3 年复合增速由 2020 年的 28.57% 下降至 7.78%。在经济增长中枢下滑和防范债务风险常态化背景下，未来城投有息债务增速或维持低增速。预计 2025 年发行规模将略低于 2024 年。

（三）各省地方政府债务发展展望

各省地方政府债务的发展展望受多种因素的影响，包括地方经济状况、财政实力、债务管理水平以及中央政府政策导向等。

1. 各省地方政府负债率

（1）政府债务余额

2019—2024 年，各省地方政府债务余额年均复合增长率较高。未来政府依然面临较为显著的稳增长压力，假设政府债务增速与过去几年相同，以 2024 年各省政府债务余额为基数，计算 2025 年各省地方债务余额的预测值。

（2）国内生产总值

假设 2024 年 GDP 增速与政府预期目标一致，并以 2023 年全国 GDP 为基数，可以推算 2024 年的全国 GDP 总量。进一步地，根据 2025 年全国 GDP 增速取 10 家机构预测值的算术平均值，应用于 2024 年 GDP 数据，则可推算出 2025 年 GDP。

（3）地方政府负债率

综观 2023—2025 年的数据，中国地方政府债务余额呈现逐年上升趋势，2023 年总债务余额为 40.50 万亿元，2024 年增加至 47.54 万亿元，2025 年预测将达到更高水平。这种增长与地方政府扩大基建投资、推动经济增长的政策背景紧密相关。尽管 GDP 也在同步增长，但债务余额的增速明显快于 GDP 增长，这使得负债率继续攀升。总体来看，中国地方政府债务在未来数年仍面临一定的风险压力，但也反映了地方财政对经济发展的支撑作用。

整体来看，以负债率 60% 的国际警戒线为界，2025 年预计将有青海、天津、贵州、吉林、甘肃、新疆、海南和黑龙江 8 个省份面临高负债率，负债率预计超过 60%；云南、河北、广西、重庆、江西、内蒙古、辽宁、宁夏、湖南和安徽 10 个省份也面临高负债率的压力，预计上述省份的负债率将在国际警戒线附近波动，未来几年需要重点关注。

从省份层面观察，发现某些省份承受着较高的债务压力，预测负债率高的省份基本集中在国办发〔2023〕35 号文界定的 12 个债务高风险重点省份。首先，目前我国西部地区地方政府债务率普遍较高，反映出经济发展对政府债务的依赖。四川、新疆和云南等省份债务余额绝对值较高，但 GDP 增长潜力较大，有望缓解部分债务压力。其中，贵州省 2023 年债务余额为 1.51 万亿元，2025 年预计达到 1.75 万亿元；2023 年 GDP 为 2.09 万亿元，2025 年预计增长到 2.33 万亿元。GDP 增速虽较快，但债务率仍较高，反映出贵州经济发展过程中对政府融资的高度依赖。

其次，我国东北地区债务压力较大且经济增速较慢。例如，吉林和黑龙江的债务余额虽不算最高，但其 GDP 增速较低，也面临着负债率较高的问题，反映出经济发展对政府融资依赖较强的特点。

最后，我国东部地区总体债务规模大，但债务风险相对可控。例如，广东、江苏和浙江等经济发达省份债务余额均位于全国前列，但由于 GDP 增速较快，负债率依然可以保持在较低水平。

2. 各省地方政府债务率

2023 年，中国的地方政府债务率（宽口径）为 272.03%，2024 年略微下降至 271.78%，表明总体债务率基本保持稳定。这反映出地方政府虽然通过经济增长和债务置换等手段控制了债务率的进一步恶化，但绝对债务水平依旧较高。总体来看，地方政府的债务管理压力仍然较大，尤其是在经济增速放缓、财政收入增速低于债务增长的情况下，未来进一步优化债务结构、提升经济质量是关键。

3. 各省债务风险变化分析

将前文的预测值和 2023 年的实际值进行对比不难发现，在中央政府的宏观调控和各省地方政府积极努力下，全国各地的负债状况总体呈现逐步改善的态势，债务风险预计得到一定程度的控制，财政可持续性显著增强，为经济高质量发展奠定了更为稳固的基础。

具体来说，首先，在债务率小于 120% 的区间内，2023 年上海为唯一一个负债率低于 40% 的省份。而 2024 年，预计山西将会加入这一区间，并且依旧能够保持低负债率水平。

其次，在债务率介于 120% 至 300% 的区间内，2023 年山西、福建、广东和北京处于负债率较低的 40% 以下。而 2024 年，预计上海将从低负债率区域转入中负债率区域，与广东和北京一同位列此区间。这一变化或许与上海等发达地区面临的财政支出压力增加、地方债务融资规模扩大以及基建投入增加等因素有关。

最后，在债务率大于 300% 且负债率大于 60% 的区间内，2023 年共有 15 个省份，包括内蒙古、辽宁、山东、河北等地区，其中内蒙古和辽宁债务率持续走高。而在 2024 年的预测中，位于该区间的省份数量有所缩小，下降至 9 个。

综合看来，山西、宁夏、河北的政府债务情况有明显的改善，债务率或负债率预计下降一个区间。湖南、天津、四川、重庆、江西、安徽、甘肃、陕西等地区需要进一步重点关注，预计上述省份 2024 年面临一定的债务风险，同时天津、重庆、辽宁、贵州等省份持续处于高债务率和高负债率区间，债务风险较高，或对地方经济发展构成负担。海南省的债务率预计会提升，这可能是因为自贸港建设导致的资金需求激增，但其经济基础较弱，偿债能力需关注。

总的来说，改善明显的省份如山西和宁夏，应继续巩固债务风险防控成效，并为其他地区提供可借鉴的经验。部分高债务地区如天津和重庆，需要进一步增强财政收入来源，借助中央支持，避免债务压力对地方经济形成制约。恶化显著的省份如甘肃、陕西和四川，需要加强债务透明化管理，提高专项债务使用效率，避免高风险的债务滚动行为。

四、中国地方政府债务化解建议

从全国整体看来，化解中国地方政府债务需要政府、金融机构和社会各方的共同努力，以下为几点政策建议。

第一，推进财税体制改革，优化债务形成机制。

一方面，强化地方财权与事权匹配，重新划分中央与地方政府的财权与事权，确保地方政府具备足够的财政收入支持其事权需求，减少过度依赖举债的现象。完善中央转移支付制度，增加对经济欠发达地区的支持，缩小区域间债务压力差异。另一方面，优化税制与收入来源，推动资源税、环境保护税等改革，拓宽地方财政收入来源，加强税收征管，特别是针对房地产相关税收的规范管理。同时，逐步剥离城投平台融资职能，推动城投平台市场化转型，将政府融资职能交由更规范的债务工具。

第二，地方政府需要强化债务管理与风险防范机制。

一方面，建立地方债务风险预警体系，利用大数据和人工智能技术，实时监测地方债务率、偿债率等关键指标，动态评估区域债务风险。对高风险地区实施分级管理和重点监管，确保问题可控。另一方面，推进隐性债务显性化，清理并规范地方政府隐性债务，推动其转化为显性债务，便于管理和透明化。设立专项债务化解基金，支持地方偿还隐性债务。

第三，加强中央政府的支持与指导。

建议设立债务置换计划，推出新一轮债务置换计划，将高利率短期隐性债务置换为低利率长期显性债务，降低地方政府的融资成本。同时，支持高质量发展项目，通过中央专项转移支付，重点支持能够产生持续收益的基建项目，为地方财政带来长期增量。

第四，推进社会资本参与债务化解。

吸引民间资本参与债务化解，推动 PPP（政府与社会资本合作）模式发展，利用社会资本化解地方债务。鼓励社会资本参与地方基建项目运营，提高项目的经济回报率。发展区域合作机制，建立跨省市债务联合管理机制，共同化解区域性债务压力。

第十四章　人民币汇率将在合理均衡水平上保持基本稳定

——2024 年人民币汇率走势回顾与 2025 年展望

周景彤　范若滢[①]

2024 年，人民币对美元汇率在合理区间波动，经历了“稳—升—贬”三个阶段，并且呈现人民币对美元汇率与人民币对一揽子货币汇率走势背离、人民币汇率与中国股市走势的正相关性降低的新特征。展望 2025 年，人民币汇率走势主要取决于特朗普 2.0 对华政策、中美货币政策路径对比、中国稳增长政策力度与效果等三大因素的影响。这三大因素既会对中国经济基本面、对外贸易等方面产生影响，也会对市场情绪、资本流动等领域产生扰动，进而共同影响人民币汇率走势。人民币汇率可能面临一定的贬值压力。但中国经济仍具有较强韧性，中美利差有望收窄，中国政策调控工具充足，人民币汇率大概率将在合理区间内波动。但也要密切关注人民币汇率一定程度的波动可能给经济金融稳定带来的影响，包括加大金融市场波动的风险、放大跨境资本流动带来潜在金融危机风险、给我国货币政策调控带来一定掣肘、给外贸企业带来汇兑损益风险等。

2024 年 12 月召开的中央经济工作会议明确提出要“保持人民币汇率在合理均衡水平上的基本稳定”。面对未来不确定性加大的内外环

① 周景彤，中国银行研究院副院长、研究员；范若滢，中国银行研究院研究员。

境，需要多措并举、综合施策，维护好人民币币值稳定和金融稳定。一是增强中国经济发展内生动力，提升应对外部冲击能力；二是关注主要央行货币政策新动向，做好应急预案万全准备；三是进一步完善跨境资本流动管理，维护金融市场稳定；四是扎实推进高水平对外开放，更大力度吸引中长期国际资本流入，对冲资本外流压力；五是加强汇率预期管理，维护汇率市场预期基本稳定。

一、2024 年人民币汇率走势回顾

（一）人民币汇率影响因素框架分析

汇率受经济基本面、贸易投资活动、货币政策、市场预期等多重因素的综合影响。汇率决定理论是国际金融理论的核心内容之一，主要包括国际借贷学说、购买力平价学说、利率平价学说、国际收支说等。一般情况下，汇率走势短期看资本流动与市场情绪等，中长期看经济基本面、国际收支和宏观政策等（见图 14－1）。

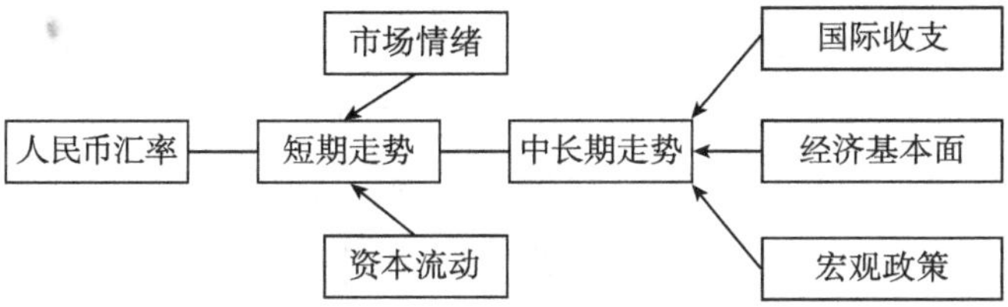

图 14－1　影响人民币汇率的主要因素分析

资料来源：作者整理，中国银行研究院。

1. 经济基本面是决定汇率长期走势的核心因素

古典汇率理论认为，经济基本面是解释汇率变动的核心因素，汇率走势从根本上反映的是经济体之间经济实力的对比与变化。尽管影响汇率短期波动的因素较多，但其长期走势是由经济基本面决定的。经济基本面影响本国货币及资产的回报率和出口能力，进而影响投资者持有货币的意愿。经济增长会通过“GDP 增长—投资利润率上升—资本流入

增多—汇率升值”的路径对汇率产生影响（反之则反是）。多年来，中国经济总体稳定为人民币汇率在合理区间运行奠定了坚实的基础，更有助于抵御汇率风险。

2. 国际收支的变化反映外汇市场供需情况

外汇市场供求变化是国际金融理论解释汇率变动的核心观点，外汇市场供求变化主要对应的是一国国际收支平衡表中经常项目和资本项目下的资金流动。一国国际收支的变化反映了该国外汇市场的供需情况，进而会对汇率走势产生重要影响。当国际收支为顺差时，意味着国际市场对该国货币的需求增加，而外币供给增加，对外币的需求小于供给，从而推动外币贬值、本国货币升值；逆差则推动本国货币贬值。长期以来，我国大规模的贸易顺差，货物贸易和资本流动等方面未出现剧烈波动，且保持外汇储备充裕，是人民币汇率保持基本稳定的重要力量。

3. 宏观政策是影响汇率走势的重要因素

外汇市场的参与者除了企业、个人等市场主体，还有央行等政策部门。央行在外汇市场的调控政策会对汇率走势产生非常重要的影响。央行可以在外汇市场上动用外汇储备来进行外汇买卖，达到调控汇率的目标。稳汇率工具储备充足有助于防止人民币汇率出现大幅单边波动。货币政策也会通过影响货币供应量影响汇率。如果一国提高该国利率，投资者对该国货币有加息预期，假定其他条件不变，则有利于吸引外资流入，推动本币升值；反之，则推动本币贬值。利差收窄甚至倒挂是汇率贬值的触发因素，中国一年期基准利率等指标以及其他经济体的货币政策都会影响中外利差，从而影响人民币汇率。金融开放政策层面的支持和人民币国际化的推进则形成人民币汇率升值的长期支撑。中国加快建设更高水平开放型经济新体制，更加有助于提升国际收支和外汇市场运行的稳定性，对外汇储备规模或将形成稳定支撑。

4. 跨境资本流动影响汇率短期走势

跨境资本流动也是影响外汇市场供求的重要因素，一般情况下，更倾向影响短期汇率走势。当跨境资本持续净流入时，出现资本项目顺差，外汇供给多需求少，外币相对贬值，推动人民币升值；当跨境资本持续净流出时，则将增大人民币贬值压力。跨境资本大规模的流入或流出都容易引起短期汇率波动。

5. 市场情绪是引起汇率短期波动的重要因素

行为金融理论认为，人的心理因素会对市场行为产生重要影响。对应地，市场情绪的波动会引起市场主体在外汇市场的行为变化，进而影响汇率走势。市场是动态变化的，预期也随之进行调整，其中既有对往期预期的确认或纠偏，也有对未来预期的理性或情绪化判断。当市场情绪趋于乐观，市场主体会预期人民币将升值，则可能会减少外汇的持有或者尽快进行外汇结算，买入更多人民币，以减少未来人民币升值带来的损失，会形成市场正反馈，进而加快人民币升值步伐；当市场情绪趋于悲观，则相反。一般情况下，市场情绪的过度非理性波动容易引起外汇市场的“羊群效应”，不利于汇率稳定，因此，需要密切关注市场情绪的波动情况，市场对中国经济回稳向好的信心有利于稳定人民币汇率。

（二）2024 年人民币汇率走势及新特征

1. 2024 年人民币汇率呈现“稳—升—贬”的走势

2024 年人民币对美元汇率总体保持稳定，呈现“稳—升—贬”的走势。截至 12 月 9 日，人民币对美元中间价报 7.187，较年初贬值 1.53% 左右（见图 14－2）。从全年波动来看，人民币对美元汇率先后经历了先稳、后升、再贬三个阶段。

第一阶段：从年初到 7 月底，人民币对美元汇率整体稳定，在 7.07～7.14 区间内窄幅震荡、小幅贬值。受美联储降息时点后延、中国经济稳中趋缓、中美利差维持高位等因素影响，从年初到 7 月底，人民币对美元中间价由 7.077 跌至 7.135，小幅贬值了 0.81% 左右。

第二阶段：从 8 月初到 9 月底，人民币对美元汇率持续升值。受美联储开启降息、美元指数走弱、中美利差收窄等因素影响，从 8 月起，人民币呈现明显升值态势，人民币对美元中间价由 8 月初的 7.132 升至 9 月底的 7.007，升值了 1.78%。

第三阶段：10 月初到年底，人民币对美元汇率再度走贬。受美国大选影响，“特朗普交易”导致全球金融市场产生较大波动。市场普遍预期，特朗普上台后可能实施加征关税、驱逐移民和减税等措施将会导致美国再通胀，引起短期美元指数和美债利率反弹，非美货币汇率贬值压力加大。人民币对美元中间价由 10 月初的 7.071 快速走贬至 12 月 9 日的 7.187，贬值幅度约为 1.61%。

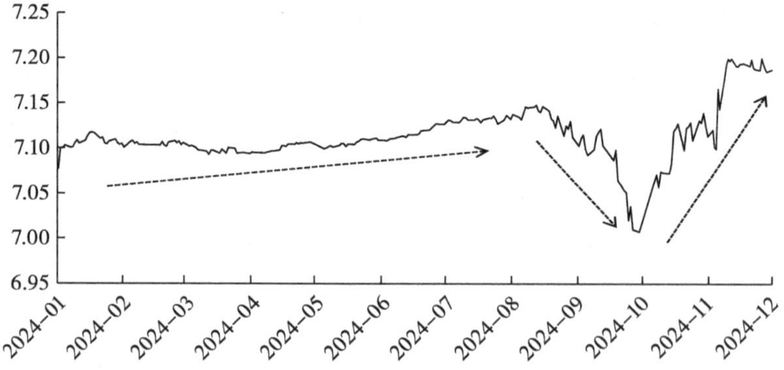

图 14－2　2024 年人民币对美元中间价走势

资料来源：Wind 数据库，中国银行研究院。

2. 2024 年人民币汇率运行新特征

第一，人民币对美元汇率与人民币对一篮子货币汇率走势背离。2024 年，人民币对美元汇率贬值，但人民币对一篮子货币保持基本稳定并强于年初水平，表现出一定的韧性。截至 12 月 6 日，人民币 CFETS、BIS、SDR 汇率指数分别为 99.71、105.48 和 93.74，分别较年初升值 1.6%、2.3% 和 0.2%（见图 14－3）。这主要是由于在美元指数走强之际，大部分非美货币均对美元贬值，且主要经济体非美货币贬值幅度大于人民币贬值幅度。截至 12 月 9 日，2024 年以来美元指数累计涨幅约6%。对比主要非美货币，欧元对美元贬值5%，日元对美元贬值10%，人民币对美元贬值1.53%，显示人民币表现较欧元、日元等主要非美货币更为坚挺。一方面，近年来人民币波动较小，且处于稳定的低利率环境中，避险属性增强；另一方面，2024年以来中国出口表现较为强劲，商品贸易的基本盘有力地支撑了人民币对一篮子货币汇率表现。此外，人民银行稳汇率政策使得人民币对美元汇率贬值偏缓，人民币汇率弹性相对偏小。我国经济总体稳定，并且9月底以来一揽子增量政策推动市场预期明显回暖，也对人民币汇率形成支撑。

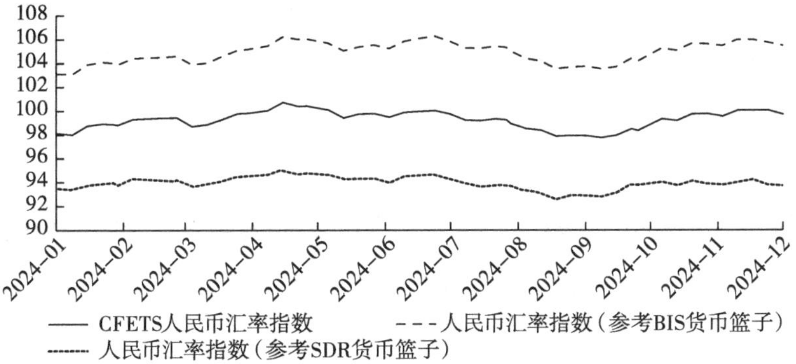

图14-3　2024年人民币汇率指数走势

资料来源：Wind数据库，中国银行研究院。

第二，人民币汇率走势与中国股市走势的正相关性在降低。从历史经验来看，人民币汇率与国内风险资产之间往往存在一定的正相关关系。但2024年以来，二者的正相关性在下降，尤其是10月后人民币快速贬值均与A股震荡上行形成明显背离。主要原因在于，一是北向资金对市场影响力的弱化，在北向资金信息不实时公布以及市场对其关注度与敏感度降低的情况下，北向资金的流向变化对市场情况的影响、对股市的冲击力度均大幅减弱。二是由于当前市场主要矛盾聚焦国内因素，加之此前大量资金涌入市场，使得市场整体具有较为充裕的资金支撑，在当前增量政策预期持续存在的背景下，市场出现较大不利走势的可能性较低。

（三）2024 年人民币汇率影响因素分析

1. 我国宏观经济整体上行，但下行压力依然存在

经济基本面是解释汇率变动的基础因素，汇率的长期走势主要是由经济基本面决定的。2024 年，我国经济保持稳定恢复态势。受房地产市场深度调整、内需疲弱、社会预期低迷等因素影响，前三季度中国经济景气逐季走弱，第一、第二、第三季度经济增速分别为 5.3%、4.7%、4.6%。9 月以来，一揽子稳经济增量政策加力推出，诸多领域出现积极变化，供需两端均有所回暖。整体来看，当前中国经济回升基础还不牢固，经济结构性、周期性转换过程中的多重“阵痛”依然明显，突出表现为外需支撑难以抵补内需不足、新兴产业发展难以抵补房地产拖累。

第一，外需支撑作用增强，但难以抵补内需不足的拖累。2024 年前三季度，消费、投资、净出口对经济增长的贡献率分别为 49.9%、26.3%、23.8%，分别较上年同期下降 33.6 个、5.1 个百分点和提高 38.7 个百分点。受益于全球贸易复苏、中国产品竞争力提升等因素，2024 年出口较快增长。1—10 月，出口金额（美元计价）同比增长 5.3%，增速较上年同期加快 11 个百分点。从出口目的地来看，中国与亚洲国家经贸关系不断巩固，东盟成为推动出口增长的主要动力。从产品类型来看，对外投资带动中间品贸易增长亮眼。从出口方式来看，数字技术发展催生贸易新增长点。但内需不足问题持续显现，供强需弱矛盾进一步凸显。1—10 月，社会消费品零售总额、固定资产投资分别同比增长 3.5%、3.4%，增速较上年同期下降 3.4 个百分点和上升 0.5 个百分点。在房地产价格下跌、股市低迷、预期走弱等因素影响下，越来越多的居民倾向于将收入用于储蓄或还债，而不是消费。截至 2024 年第三季度末，居民部门杠杆率为 63.2%，较上年同期下降 0.7 个百分点；金融机构个人购房贷款余额为 37.56 万亿元，连续 6 个季度出现同

比下降，较历史高点（2023 年第一季度）下降了 1.38 万亿元。房地产市场持续处于深度下行区间。“5·17”和“9·24”两轮房地产刺激政策出台后，市场均出现阶段性、结构性改善，但目前仍未出现趋势性回暖。此外，受地方财政收支压力加大、项目储备不足、地方政府积极性偏低等因素影响，基建投资增速表现不及预期，在经济下行期发挥托底经济的作用不足。

第二，新兴产业持续培育，但尚难以抵补房地产对经济增长的拖累。2024 年，工业对稳定经济增长发挥了重要支撑作用。1—10 月，规模以上工业增加值和高技术产业增加值分别同比增长 5.8%、9.1%，较上年同期分别提高 1.7 个和 7.2 个百分点；前三季度，工业对经济增长的贡献率为 37.5%，较上年同期大幅提高 12.7 个百分点，高技术产业投资对全部固定资产投资增长的贡献率达到 27.1%。但与此同时，工业回升面临较多掣肘，稳增长压力持续抬升。第一、第二、第三季度，工业增加值同比分别增长 6%、5.9% 和 5.1%，呈现逐季下行走势。新兴产业对经济带动作用不及房地产业。根据国家统计局数据，2021 年，我国战略性新兴产业增加值占 GDP 的比重为 13.4%，低于广义房地产部门[①]占 GDP 的比重（16.5%）。此外，不同新兴产业周期各异，在推动经济增长过程中协同共振效果相对有限。短期供需错配问题凸显，新兴产业支撑潜力尚未完全释放。有效需求不足下生产整体边际回报走弱，新兴产业盈利增长受限。1—9 月，规模以上工业企业产销率为 96.1%，为近年来新低水平。部分新兴产业产能扩张过快，陷入低价竞争的“旋涡”。

2. 美联储启动降息政策，但美元指数在波动中走强

美元指数走势对人民币汇率会产生重要影响。历史上看，人民币对

① 参考许宪春等（2015）的方法，基于 2020 年国家统计局投入产出表完全消耗系数的计算（许宪春，贾海，李皎，等．房地产经济对中国国民经济增长的作用研究[J]．中国社会科学，2015（1）：84－101，204．）。

美元汇率与美元指数存在着“此消彼长”的关系，二者相关性约为80%。2024年，美元指数整体在波动中走强（见图14－4），主要原因在于美国经济韧性较强、美联储降息路径不确定性较大、特朗普上台引发市场波动等方面。

图14－4　2024年美元指数走势

资料来源：Wind数据库，中国银行研究院。

2024年，美国经济整体表现好于市场预期，GDP增速呈前高后低的特点。从同比增速看，2024年上半年美国GDP同比增速为3.0%，第三季度降至2.7%。从环比增长折年率看，前三个季度增速分别是1.6%、3.0%、2.8%，预计第四季度将回落至2.4%左右。从分项来看，私人消费、企业投资、政府支出是推动经济增长的重要贡献项，而贸易逆差再度扩大拖累经济增长。2024年前三季度，美国私人消费支出同比增长2.6%，比2023年增速提高0.1个百分点。美国劳动力市场整体表现良好，劳动力薪资增速虽有所下滑，但仍明显高于疫情前水平，美国金融市场价格波动走高，居民财产性收入持续增长，为居民消费支出提供了较强支撑。企业投资逐渐从低位反弹，其中，居高不下的利率水平持续给住宅投资带来负面影响，但企业设备投资和知识产权投资依然维持稳定增长态势，是驱动私人投资增长的重要贡献因素。政府支出继续保持扩张态势，前三季度对GDP增长拉动率分别为0.3个、0.5个和0.9个百分点。

由于美国经济韧性较强、通胀水平回落趋缓、劳动力市场持续紧张等因素，2024 年以来美联储降息一再延后。美联储在 2024 年 9 月才开启第一次降息 50 个基点，11 月再次降息 25 个基点。需要注意的是，美联储这一轮降息属于预防式降息而非纾困式降息，美国经济基本面表现并不弱。美国就业市场仍然比较强劲，且通胀出现了黏性，甚至个别月份的通胀出现了超预期的反弹。尽管美联储的宽松周期打开，未来仍存在很大的不确定性。此外，特朗普 2.0 的关税政策等有可能推高美国的通胀中枢，进一步增加了美联储降息路径的不确定性。

3. 出口贸易表现较好，国际收支整体平稳

2024 年以来，我国国际收支保持基本平衡。从经常账户来看，继续呈现合理规模顺差。受益于全球贸易复苏和中国产品竞争力提升，2024 年我国出口整体保持较快增长。1—10 月，出口金额（美元计价，下同）同比增长 5.3%，增速较上年同期加快 11 个百分点。从绝对规模来看，第二季度以来剔除价格因素[①]的实际出口金额高于近年来的增长趋势；从相对规模看，前三季度中国出口金额占 GDP 的比重为 20.7%，明显高于上年同期水平。从出口目的地来看，中国与亚洲国家经贸关系不断巩固，东盟成为推动出口增长的主要动力。2024 年 1—10 月，中国对东盟出口增长 10.8%，增速高于对美国（3.3%）、欧盟（1.9%）等其他贸易伙伴，拉动整体出口 1.7 个百分点左右。从产品类型来看，对外投资带动中间品贸易增长亮眼。受发达经济体贸易保护主义和国内市场竞争加剧等因素影响，当前中国企业正在经历新一轮出海，除了传统纺织等劳动密集型行业，还主要集中于汽车、机械设备和电气设备等具备全球竞争力的领域，主要目的地为东南亚及拉美国家。2024 年 1—10 月，中国机电类产品出口增长 6.9%，其中汽车零配件、电子元件、音视频设备零件出口分别增长 5.8%、5.8%、5%；纺织纱

① 以 2015 年为基期，使用出口价格指数进行调整。

线制品出口增长 4.1%，其中化学纤维纺织原料出口增长 8.7%。

从资本项下看，跨境资金流动趋向均衡，有助于外汇市场整体稳定。外资来华投资有所增加，外资投资境内债券延续稳定流入态势，前三季度累计净增持超过 800 亿美元；外资投资境内股票情况明显改善，外债变动保持平稳。外汇市场交易比较活跃。2024 年前三季度，跨境资金恢复净流入，外资来华投资逐步向好，境内主体对外投资总体有序；境内人民币外汇市场交易量总计 30.27 万亿美元，同比增长 10.1%。我国不断深化外商投资和对外投资管理体制改革，推动金融市场双向开放，直接投资、证券投资均保持稳步增长态势，将促进跨境资本双向均衡流动，增强跨境资本流动稳健性。

外汇储备规模保持基本稳定。2024 年以来，非美元货币对美元汇率有贬有升，全球资产价格总体上涨，在汇率折算以及资产估值变动等非交易因素影响下，我国外汇储备规模稳中有升。截至 11 月末，我国外汇储备规模为 32659 亿美元，较上年同期上涨约 3%。

4. 10 月以来“特朗普交易”引起市场预期较大波动

“特朗普交易”，本质上是市场对特朗普所主张的政策，尤其是大规模对内减税、对外提高进口商品关税以及严苛的移民政策等在政策主张上的预期反应。这些政策被广泛预期将抬升美国物价水平，从而引发美国经济“再通胀”风险。在这种预期下，市场参与者可能会调整其对美联储货币政策路径的预期，认为在“再通胀”压力下，美联储可能会放缓其降息的步伐。2024 年 10 月以来，市场开始进行“特朗普交易”，推动短期美元汇率和利率反弹，非美货币汇率普遍出现贬值。进一步地，“特朗普交易”主要通过两条路径对人民币汇率产生影响。一是通过信心渠道影响金融市场预期，使全球金融市场交易主线从此前的美联储降息切换到对“再通胀”风险的担忧，从而推动美元走强，使人民币汇率承压。9 月底以来，美元指数上涨约 5%，人民币对美元汇率则贬值约 1.6%。二是市场担心特朗普关税通过贸易和投资渠道影响国际收支平衡和外汇供求关系，加速中国产业外迁，进而加大人民币汇率贬值压力。

二、2025 年人民币汇率走势展望

2025 年，人民币汇率走势主要取决于特朗普对华政策、中美货币政策路径比较、中国稳增长政策力度与效果等三大因素的影响。这三大因素既会对中国经济基本面、对外贸易等方面产生影响，也会对市场情绪、资本流动等领域产生扰动，进而共同影响人民币汇率走势。

（一）关注特朗普政府对华政策的变化

整体来看，特朗普对华政策对人民币汇率的影响是偏负面的。一是特朗普将大幅提高关税税率，会显著影响美国通胀形势，冲击中国对美国的贸易顺差格局，引致我国短期资本流动方向再度转向。特朗普已表明将会对墨西哥、加拿大等重要贸易伙伴所有进口商品征收 25% 的关税，对中国则将在原有关税的基础上对所有进口商品加征 10% 的关税。关税最终将由消费者买单，形成通胀效应，对美联储的降息周期形成制约。同时，对华大幅加征关税将冲击中国贸易顺差格局，影响经常项目下的人民币汇兑结算。参考特朗普 1.0 任期以来，中国对美国出口金额及占比明显下降。2017 年到 2024 年前 10 个月，中国对美贸易出口金额占比已由 18.99% 降至 14.62% 。2022 年欧盟取代中国成为美国第一大贸易伙伴，2023 年中国降至美国第四大贸易伙伴。中国部分产业将面临更激烈的市场竞争和市场份额流失。据中国海关总署统计，2023 年中国对美出口占比较大产品依次是机电、音像设备及其零件附件、杂项制品、纺织原料及制品等。在此背景下，2025 年中国经常项目下贸易顺差、货物贸易项目下人民币结售汇顺差均会受到影响，导致人民币对美元汇率承压。预计关税将分批逐步加征，随着双方谈判的展开，节奏多有反复，导致人民币汇率的波动性增强。此外，由于 2025 年跨境资

金有望从金融项目流入，部分填补货物贸易顺差减少等带来的经常项目缺口，且美联储仍在降息周期中，预期本轮加征关税的影响将小于 2018 年。

二是加大对华高科技领域投资限制，推动中美科技竞争局势升级。目前特朗普已承诺将更加重视美国高科技领域发展，尤其是支持美国本土芯片、计算机产业等，放松对人工智能、加密货币等多领域的金融监管。上一任期内，特朗普政府将多家中国企业、科研院所等机构列入出口管制清单，涉及航空航天、5G、半导体、芯片、人工智能等科技领域，限制美国对中国高科技企业出口和投资。2024 年 10 月，美国财政部宣布将限制美国对中国半导体、人工智能和量子技术领域投资。特朗普再次上台后，将继续对中国高科技发展实施更大力度的制裁封锁，国际资本对中国境内技术的相关跨境投资将受到限制，给中国高新科技企业发展带来挑战，并将显著影响国际资本对投资中国的信心，给人民币汇率带来不利影响。

（二）关注美联储货币政策周期及中美利差的变化

预计本轮美联储降息路径的不确定性较大。一是降息力度取决于通胀风险与经济韧性的取舍，利率中枢水平不会很低。一方面，2025 年美国通胀有卷土重来的可能。特朗普执政背景下，其税收、贸易和移民等政策主张将增强美国通胀黏性甚至出现通胀反复，可能减少美联储降息次数。例如，大规模减税政策可能在需求端产生额外的通胀压力，使得价格水平更具黏性；加征关税和施行更严格的贸易协定重塑全球供应链，造成进口成本上升，并传导至消费者价格；移民政策的收紧可能导致劳动力市场趋紧、工资上涨，增加企业的生产成本，加剧市场对通胀反复的担忧。另一方面，美国经济仍存韧性。2024 年前三季度，美国经济以 2.7% 的年化季率稳步增长。其中，消费支出占比最高，个人消费支出季调环比增速为 3.7%，较第二季度增加 0.9 个百分点，创近 6 个月以来新高。2024 年美国制造业 PMI 仍在 50 以下，10 月下滑至

46.5，但占美国 GDP 较多的服务业景气度提升，服务业 PMI 升至 56，高于预期的 53.8。因此目前美国经济无需较低利率的支撑。

二是降息周期时间跨度或更长，甚至可能出现暂停。受地缘政治冲突、全球供应链断裂、金融市场波动等诸多挑战影响，美国通胀可能再次来袭，促使美联储货币政策调整更为谨慎，或采取在较长时期内逐步将政策利率降至更正常或中性水平的策略。外部政策环境不确定性以及通胀反复的可能性，或引发降息步伐暂停。

从整体趋势上看，美联储仍处于降息周期中，市场预期 2025 年美联储降息空间大约为 75 个基点，而国内降息空间可能在 40 个基点。中美利差的变化方向上是利多人民币汇率的，但鉴于中美利差依旧倒挂，非避险环境下，市场做多人民币的动力依然不足。

（三）关注中国稳增长增量政策的出台及实施效果

展望 2025 年，外部环境不确定性加大，内部稳增长增量政策将是影响中国经济走势的关键。一揽子稳经济政策的实施以及未来增量政策进一步加力的空间，将成为推动内需回升、风险化解、信心恢复的重要力量。事实上，2024 年 9 月底以来，一揽子稳经济增量政策加力推出，政策覆盖面广、针对性强，诸多领域出现积极变化。资本市场方面，9 月底以来，上证综指、万得全 A 等指数均呈现明显反弹。10 月 A 股新开户数达 685 万，同比增加 484%，是历史上单月第三高（第一、第二高均发生在 2015 年股市热度高峰期）。房地产市场方面，9 月中央政治局会议首次明确了“促进房地产市场止跌回稳”的政策导向。各线城市的新房、二手房市场表现均有所改善。经济基本面方面，主要经济指标回升。2024 年 10 月、11 月，制造业 PMI 分别为 50.1%、50.3%，连续两个月回升至荣枯线以上。受消费品以旧换新政策带动，10 月消费同比增长 4.8%，增速较上月加快 1.6 个百分点。其中，家用电器、汽车消费当月同比增速分别为 39.2%、3.7%，分别较 8 月提高了 35.8 个、11 个百分点。

2024 年 12 月中央政治局会议首次提出“加强超常规逆周期调节”，并指出要“实施更加积极的财政政策和适度宽松的货币政策”。从财政政策角度来看，与全球主要经济体相比，中国政府杠杆率相对较低，其中中央政府杠杆率空间较大，预计 2025 年将实施更加积极的财政政策，有望打破 3% 的赤字率约束，超长期特别国债、专项债规模均将扩大。财政支出将由重投资转向投资与消费并重。此外，2024 年 11 月推出的一揽子化债组合拳共 12 万亿元①，随着新一轮化债工作的推进，能够有效减轻地方政府偿债压力，激发地方政府发展经济的动力和能力。从货币政策角度来看，这是时隔 14 年我国货币政策基调再次转为“适度宽松”，上一次是在 2009 年、2010 年应对国际金融危机时期。经济复苏基础仍需进一步巩固，物价仍较低迷，需要货币政策为实体经济创造较宽松的金融环境。在适度宽松的货币政策环境下，预计 2025 年将保持较大力度的降准和降息。此外，2024 年以来，消费品以旧换新和大规模设备更新改造政策取得了较明显成效，2024 年 11 月国务院常务会议新闻发布中提到“加大力度支持大规模设备更新，扩大消费品以旧换新的品种和规模”。预计 2025 年相关政策力度有望进一步加码。

中国经济增长韧性较强，积极政策逐步落地，同时外贸表现稳定，外汇储备稳健，为人民币汇率稳定提供了坚实基础。国内一揽子增量政策在稳增长、稳楼市方面的具体效果，将是决定人民币汇价走向的关键；10 万亿元财政刺激将使人民币得到长期升值动力；央行稳汇率政策或对汇率预期有所支撑。目前，我国国际收支保持平稳，外汇交易者更加成熟，交易行为更加理性，市场韧性显著增强；“待结汇盘”是稳定人民币汇率的内在力量，待“特朗普交易”拥挤度达到极限后反转，刚性结汇盘预计仍会涌现，并有可能与美国步入去库阶段后的套息交易

① 一是新增 6 万亿元地方政府专项债务限额，2024—2026 年每年安排 2 万亿元，支持地方用于置换各类隐性债务。二是放宽新增地方政府专项债使用限制，2024—2028 年连续 5 年安排 8000 亿元，补充政府性基金财力，专门用于化债，累计可置换隐性债务 4 万亿元。三是 2029 年及以后到期的棚户区改造隐性债务 2 万亿元，仍按原合同偿还。

平仓共振。

综合来看，预计 2025 年人民币将在合理区间双向波动，人民币对美元汇率将面临一定贬值压力，但中国经济仍具有较强韧性，中美利差有望收窄，我国政府政策调控工具充足，人民币汇率并无大幅贬值的基础，对一篮子货币汇率或稳中有升。

三、关注汇率波动可能给中国经济金融运行带来的影响

汇率稳定至关重要。汇率波动幅度过大既不利于进出口贸易，也不利于金融市场的平稳发展。考虑 2025 年人民币汇率将面临更大的不确定性，未来需要关注由此带来的潜在风险。

（一）加大金融市场波动的风险

人民币汇率的波动容易导致市场情绪的不稳定，产生“羊群效应”，进而引起金融市场的共振。从历史经验来看，人民币汇率与国内风险资产之间往往存在一定的正相关性。但 2024 年以来，二者的正相关性有所下降。当前，资本市场在中国政府决策方面的重要性明显提升。在房地产市场持续下行、土地财政难以为继、内需不足问题凸显等背景下，新一轮宏观政策把提振和发展资本市场作为重要抓手。未来如果人民币汇率短期内面临较大贬值压力，或将对中国金融资产的吸引力造成负面影响，还容易引发短期资金从中国金融市场流出，带来中国金融市场震荡，需要引起高度关注。

（二）放大跨境资本流动带来潜在金融危机风险

近年来，我国资本流动出现明显变化，尤其是短期跨境资本波动增加，而短期资本的流动对汇率变动的反应最为敏锐和迅速。2025 年，人民币汇率运行的干扰因素增多，不确定性较大，或将面临更大的波动率。因此，需要关注人民币汇率波动带来的跨境资本流动的变化。大量短期资本的快速进出，可能引发资产价格的大幅变动，给金融市场带来

冲击。比如，当一国货币贬值，本国资本为了避免货币贬值的损失，常常迅速逃往国外，存于本国银行的国际短期资本或其他资本，也会大规模撤离该国市场以防止损失，可能导致该国股市的暴跌。从国际经验来看，跨境资本流动是许多国家爆发金融危机的诱因甚至是根源所在，跨境资本大进大出会放大国内金融体系的脆弱性与波动性，加剧经济体之间的风险跨境传染。

（三）对我国货币政策调控形成一定掣肘

当前，我国经济复苏基础仍需进一步巩固，物价仍较低迷，需要货币政策为实体经济创造较宽松的金融环境。2024 年 12 月，中央政治局会议指出要“实施更加积极的财政政策和适度宽松的货币政策”。这是时隔 14 年我国货币政策基调再次转为“适度宽松”。但我国货币政策目标是多重的。如果人民币汇率面临较大的贬值压力，则国内的货币宽松容易受到汇率目标的制约。

（四）给外贸企业带来汇兑损益风险

近年来，我国工业/建筑耗材、工业制品外需占比大幅提升，汽车外需占比创历史新高。汇率变动会对我国出口企业的盈利能力和经营风险产生影响，企业结算外汇收入与对外债务偿还可能面临更大的汇兑风险，进而增加企业的财务风险。在满足马歇尔—勒纳条件时，由于消费和生产行为的黏性作用，汇率对进出口数量的影响存在滞后效应，汇率短期内大幅贬值会造成以本国货币计价的出口收入相对减少，以外国货币计价的进口支出相对增加，从而造成经常项目收支逆差增加或是顺差减少，短期内贸易差额恶化。

四、相关建议

货币是金融体系的基础，是综合国力、国际竞争力和宏观治理能力的综合体现。强大的货币作为金融强国六大关键核心要素之首，体现了其金融强国基石地位与作用。而币值稳定是“强大的货币”的基础特征。面对未来不确定性加大的内外环境，需要多措并举、综合施策，维护好人民币币值稳定和金融稳定。

（一）增强经济发展动力，提升应对外部冲击能力

良好稳定的经济基本面是汇率基本稳定的重要基础。面对未来可能出现的复杂局面，我国应做好政策储备，增强中国经济发展动力。

对外政策储备上，需研判美国产业政策变化及对全球产业链影响，动态调整中国产业链在全球布局与要素分配优化，对冲击较大行业给予重点支持和及时救助，降低贸易争端和科技制裁的不利影响。前瞻性考虑美联储降息决策步伐，以及特朗普2.0对美元态度方向影响。保持与美国进行高级别对话与磋商谈判，引导中美关系达成互利共赢走向。加强政府、行业与企业联动，及时为境外中资机构提供宏观指导，为企业境外业务提供保障。

对内政策储备上，需继续加大一揽子增量政策的推进实施力度。特别是重视扩内需政策的作用，稳步推动内生增长动力恢复增强，巩固市场主体信心和改善预期，为人民币汇率走势提供基础支撑。财政政策更加积极有为，可适当提高赤字率，进一步扩大超长期特别国债和专项债规模，加大中央对地方转移支付规模。进一步优化财政支出结构，由重投资向投资和消费并重转变，加大对医疗、教育、社保等方面的财政投入。坚持高水平科技自立自强，提高芯片、半导体等高新技术产品自给率，降低关键产品对海外供应链的依赖。

（二）关注美联储等货币政策新动向，做好应急预案准备

加强对主要央行货币政策调整和国际金融形势演变的监测，密切关注国内外金融市场和金融机构运行情况。提前研判美联储货币政策正常化路径及对我国市场流动性、汇率、跨境资本流动等因素的影响，统筹政府部门、金融系统和市场主体开展压力测试，及时制定和完善应对潜

在外部风险的预案。国内货币政策制定应以我国为主，保持连续性和可持续性，确保经济运行在合理区间。继续创设和丰富调控工具箱，坚决打击短期投机炒作，稳定市场预期。继续推动汇率形成机制的市场化，让市场在外汇资源配置中发挥决定性作用，但也要保留足够的政策工具和能力，应对人民币汇率市场的不确定性。

考虑美元走势的不确定性，以及特朗普对华政策可能造成的负面影响，建议研究人民币换锚以应对未来风险，更加重视人民币对一篮子货币的汇率表现。

（三）进一步完善跨境资本流动管理，维护金融市场稳定

加强对跨境资金流动的监测、分析和预警，制定有效措施加强对跨市场、跨机构和跨产品资本流动的监管，将货币市场、资本市场、外汇市场和保险市场跨境资本流动和跨境交易纳入统一监管框架。综合运用跨境资本流动管理政策工具，充分运用银行结售汇综合头寸管理、缴纳远期售汇风险准备金、外债调控、外汇敞口限制等多种政策工具调节跨境资金流动，增强政策实施效果。防控短期跨境资本的异常流动，防控非理性、违法违规资金的流动，加强贸易、投资背景审查，市场剧烈波动时酌情限制资本流出渠道，守住底线，避免系统性金融危机的爆发。加强金融监管机构与其他涉外经济管理部门之间的政策协调和信息共享，提升管控合力。

（四）扎实推进高水平对外开放，更大力度吸引中长期国际资本流入，对冲资本外流压力

坚定不移推进高水平对外开放、制度型对外开放，更大力度吸引和利用外资。加快形成与国际高标准规则相衔接的制度体系和监管模式，打造国际一流营商环境，继续放宽外商来华投资限制，鼓励更多全球外资机构、长期资本来华兴业展业。稳步拓展国际合作新空间，对重点制造业企业来华投资提供优惠措施，增创产业合作和竞争新优势。尤其吸

引更多非美盟友的外商资本投资和全球资源要素流入。例如，维持好中沙之间良好的产业合作关系，坚定沙特阿拉伯等国对华未来发展信心，更广泛吸引中东资本投入我国新质生产力领域发展，并做好利益分配方案设计。在美欧市场逐渐收紧背景下，不断寻求贸易伙伴多元共进，加快与新兴市场、友好国家和周边国家的合作关系升级。考虑特朗普倾向于退圈、退群政策，可与区域合作中同样受损的非美盟友国家积极寻求战线统一，主动构建有利于我国的多边和双边规则体系。

（五）提高汇率预期管理质量，维护汇率市场预期稳定

在提升汇率灵活性和透明度的同时，紧密跟踪市场变化，在必要时采取相应的措施以减少顺周期行为加大汇率的实际情况的背离。提高汇率预期管理质量，释放出足够清晰的信号，及时回应社会关切，通过新闻答问、专家解读、高层发声、媒体评论等多种途径进行预期管理。打破市场对人民币汇率单边走势的预期，避免出现“羊群效应”引发过度波动。

参考文献

[1]李扬,余维彬．人民币汇率制度改革:回归有管理的浮动[J]．经济研究,2005(8):9.

[2]宿玉海,姜明蕾,刘海莹．短期资本流动、人民币国际化与汇率变动关系研究[J]．经济与管理评论,2018,34(2):10.

[3]王宏伟．人民币汇率决定因素分析[J]．市场研究，2018(2):3.

[4]易纲,范敏．人民币汇率的决定因素及走势分析[J]．经济研究,1997(10):10.

[5]张昊天．人民币汇率波动对我国进出口贸易的影响分析[J]．商场现代化,2018(7):2.

[6]周景彤,吴丹．人民币汇率波动回顾、展望及对外汇储备影响

[J]. 国际金融,2024(2):38 -47.

[7]周景彤,范若滢. 人民币汇率大概率仍将在合理区间内波动[J]. 中国外汇,2022(1):30 -33.

[8]周景彤,范若滢. 人民币汇率波动趋势分析[J]. 中国国情国力,2017(10):4.

[9]周景彤,范若滢. 如何看待人民币汇率波动[J]. 开发性金融研究,2020(1):12.

第十五章　2025 年 A 股策略展望

杨为敩　孟子君　鲁子弘[①]

一、A 股 2024 年行情回顾总结

2024 年上证指数总体微涨，且经历两轮先跌后涨，波动仍然显著。上证指数的第一次启动在 2024 年 2 月，受三大“救市政策”的影响，上证指数从 2 月 5 日 2635 的低点开始逐步上涨，涨至 5 月 20 日的 3171 点。第二次启动则始于 9 月 18 日，受一系列提振经济及市场政策的影响，从 2690 点涨至 3674 点。详见图 15 – 1。

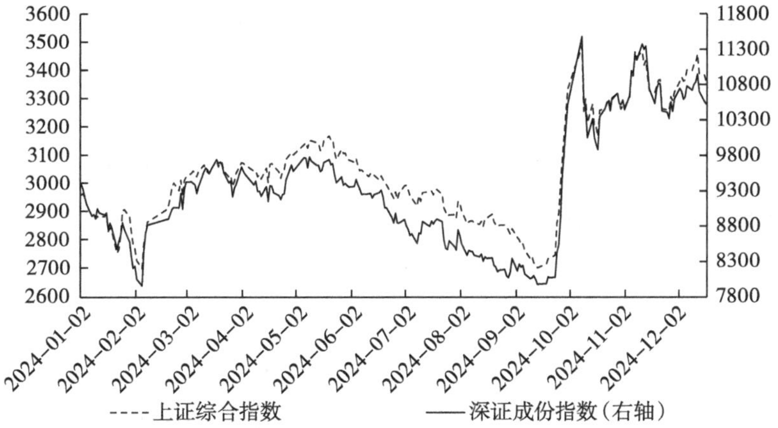

图 15 – 1　2024 年上证综指、深证成指走势图

资料来源：Wind 数据库。

① 杨为敩，国元证券总量负责人；孟子君，国元证券资产配置资深分析师；鲁子弘，国元证券总量研究员。

风格上，A 股热点经历了从高红利切换到科技的过程。上半年高股息、国有大型银行、低波红利、中特估等对估值强有力的支撑，而小盘股、成长股表现较差。“9·24”政策宣布前后，市场进入大量增量资金，流动性更加充裕，AI、算力、半导体、鸿蒙系、人形机器人、豆包系、谷子经济、摩尔线程系等概念一波接着一波崛起。见图 15－2。

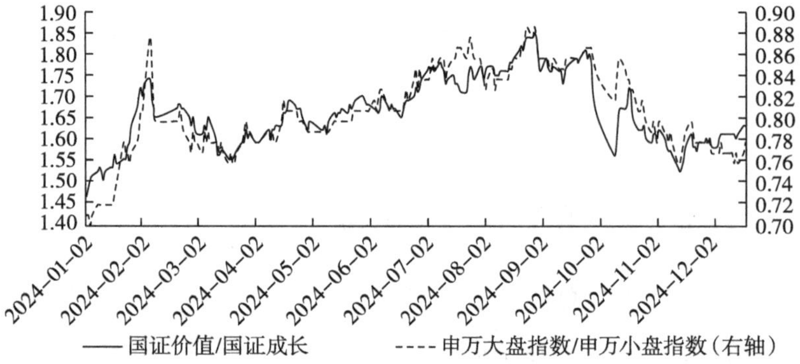

图 15－2　2024 年 A 股变化趋势

资料来源：Wind 数据库。

二、当前经济的三个问题

（一）金融和经济的走势背离

当前经济最大的矛盾是杠杆和经济本身的分裂。历史上，我们的融资周期和经济周期的形态节奏至少大抵相似，但 2024 年以来，我们实体增长速度向上，但狭义社会融资及广义社融总额的增长速度向下。详见图 15－3。

造成裂口的原因之一是制造业投资。这一次制造业投资的加快并不是经济内生的，按照既往规律来讲，工业产能利用率在高位，制造业投资才能出现显著向上的弹性和持续力，而目前达不到这个条件，如 2021 年后，工业产能利用率一路下滑，到目前已经跌到 2014—2015 年附近的水平。详见图 15－4。

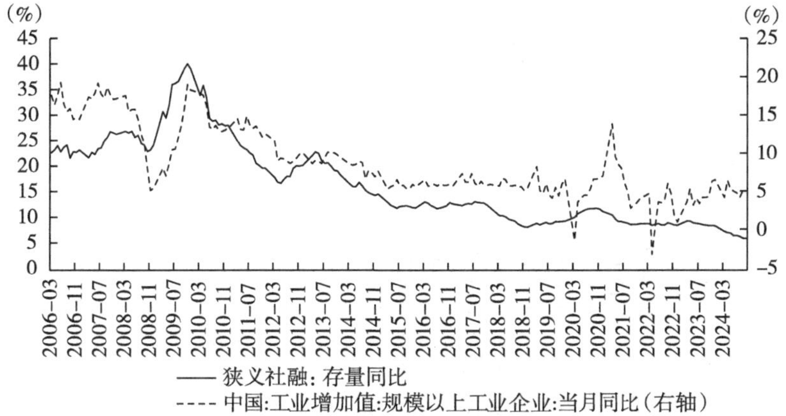

图 15－3　2006—2024 年融资和经济走势

资料来源：Wind 数据库。

制造业投资向上的一个解释是大规模设备更新改造。由于 2024 年重新推出环保目标（单位 GDP 能耗下降 3 个百分点），很多企业为了达成环保任务，进行了大规模的设备更新改造。

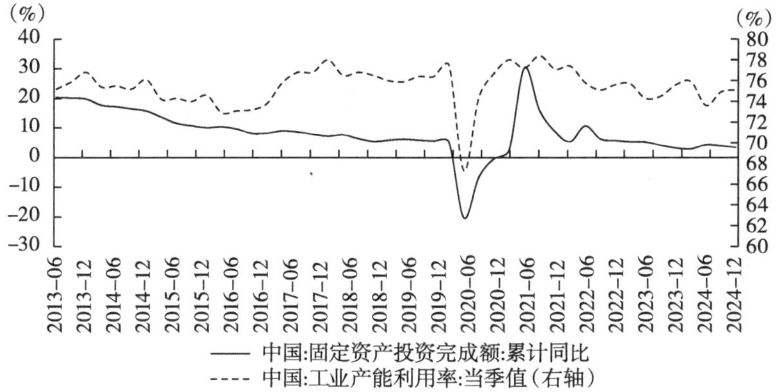

图 15－4　我国固定资产投资完成额和工业产能利用率变化趋势

资料来源：Wind 数据库。

原因之二是房地产销售得到一些改善，且带动地产开发行为变得更加活跃。行业的供需逐步走向出清，地产行业的主动融资也开始缓慢增长，这些积极的信号逐步对经济增长形成影响。详见图 15－5 至图 15－7。

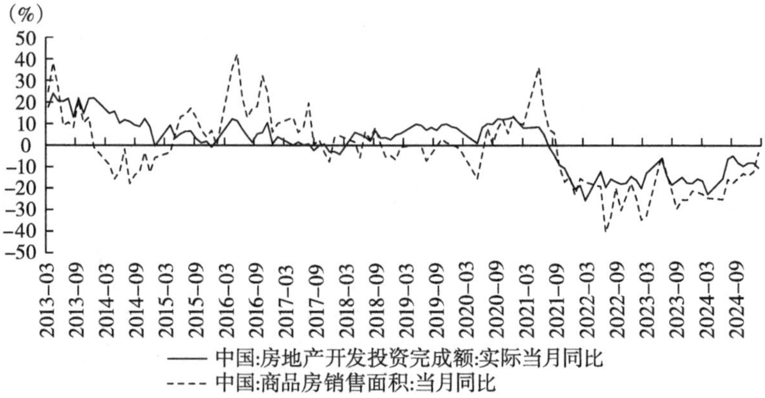

图 15－5　房地产开发投资完成额和商品房销售面积变化趋势

资料来源：Wind 数据库。

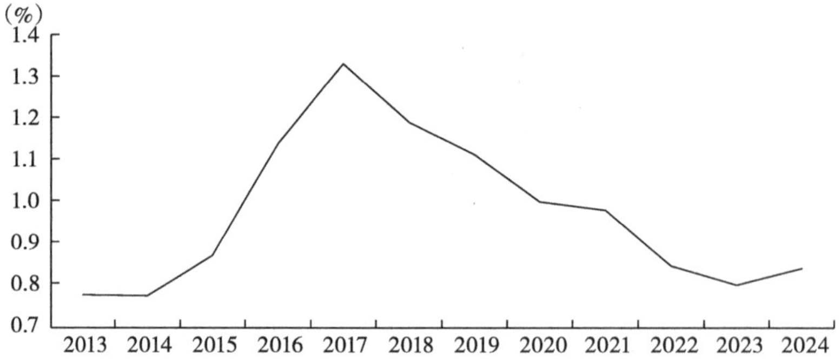

图 15－6　房地产出清率变化趋势

资料来源：Wind 数据库。

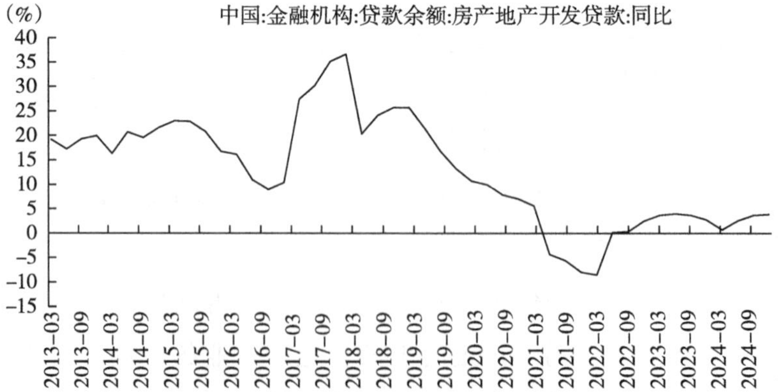

图 15－7　房产地产开发贷款变化趋势

资料来源：Wind 数据库。

（二）信用扩张无力的解释

一是居民在去杠杆。虽然地产销售有所改善，但居民按揭贷款表现没有改善，自 2023 年 6 月以后，居民按揭贷款呈现负增长。详见图 15－8。

二是工业企业的杠杆在纠偏。2021 年后，工业企业的贷款呈现了一轮非常明显地加快，大概率和当时的工业品通胀周期及其带来的高利润增长有关，而在这轮通胀过后，工业企业的融资意愿也逐步走向历史均值水平。详见图 15－9。

三是小微企业的资金需求在下降。小微普惠的授信贷款企业接近停止增长，这意味着不良预期可能已经传导到很下游的位置。详见图 15－10。

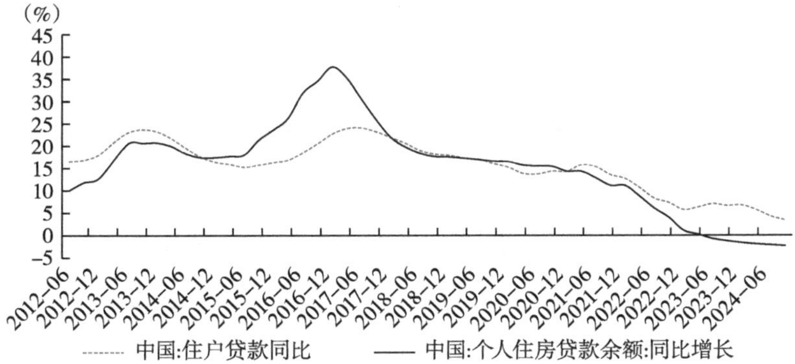

图 15－8　居民去杠杆趋势

资料来源：Wind 数据库。

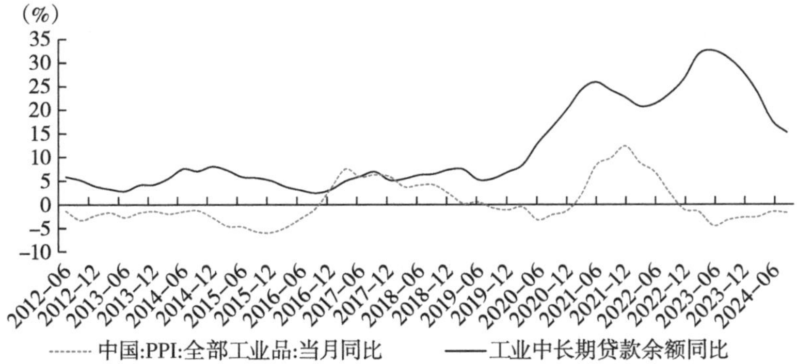

图 15－9　工业企业杠杆变化趋势

资料来源：Wind 数据库。

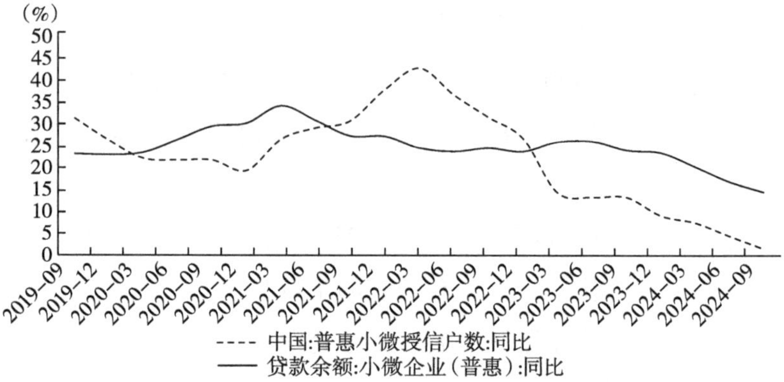

图 15－10　小微企业资金需求变化趋势

资料来源：Wind 数据库。

（三）经济的主要矛盾

1. 三个问题

一是地产目前的改善只是集中在新房领域，二手房领域欠佳。新房好转的原因应该也和供给足够低有关系，但不可否认的是，新房状态的回暖对二手房产生了虹吸效应，目前二手房的挂牌还在缓慢加速，但挂牌价格加速下探，截至目前地产的投资属性还没有恢复。详见图 15－11、图 15－12。

图 15－11　新房的供给变化趋势

资料来源：Wind 数据库。

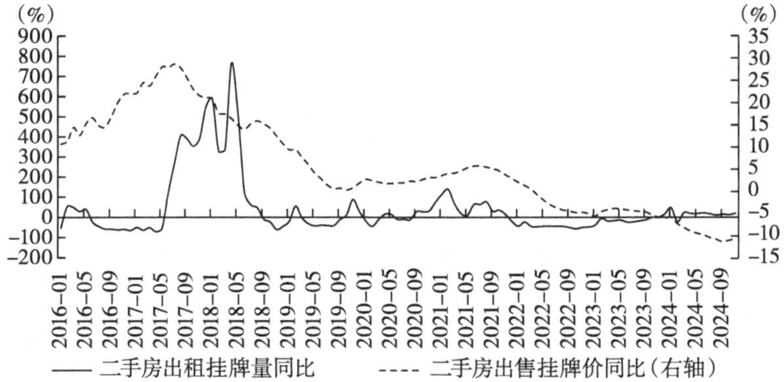

图 15－12　二手房市场交易趋势

资料来源：Wind 数据库。

二是制造业投资可能会变成拖累。即使工业企业贷款增长速度有所下降，但目前工业企业的净贷款增速还在 15% 左右，相较于负增长的 PPI 及工业企业利润，这个速度还是过快，资本开支的速度也相应偏快。而且从长期来看，工业企业的亏损率已经接近 3 成，这已经达到 2000 年左右大量去产能时的亏损率。详见图 15－13。

如果 2025 年不加码环保政策，不出意外的话，制造业会调整内生资产结构，2024 年大规模产能扩建的盛景可能很难再次见到。详见图 15－14。

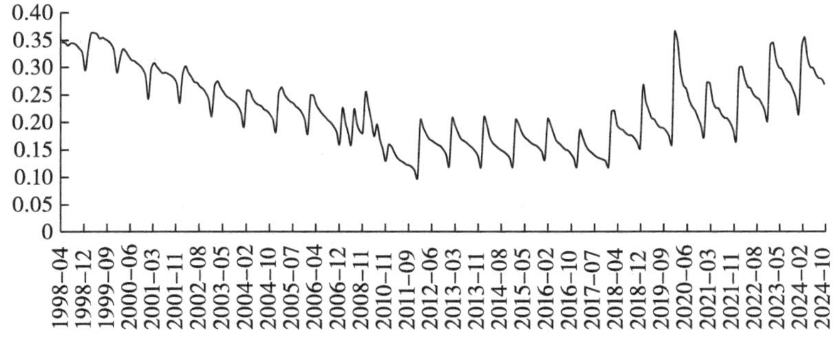

图 15－13　亏损企业占比变化趋势

资料来源：Wind 数据库。

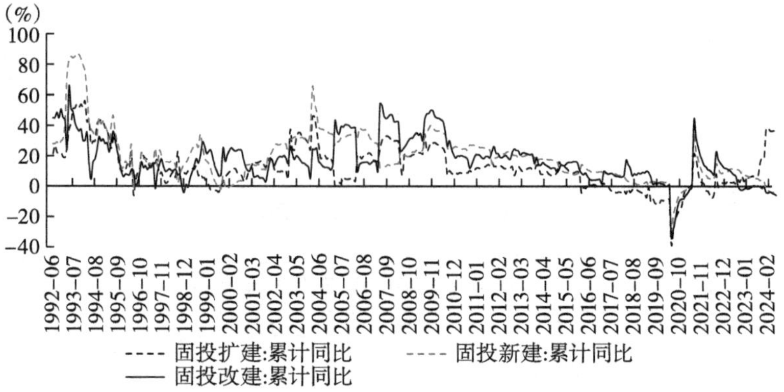

图 15 −14　固投、扩建、新建变化趋势

资料来源：Wind 数据库。

三是企业分层问题。从上市公司和宏观数据看，二者在负债端的规模上近期发生很明显的方向性差异。宏观数据里，全企业口径的融资没有改善，但上市公司口径的负债逐步回到正增长模式，这意味着大企业这一轮的预期表现比中小企业乐观。从上市公司的内部结构也能看出，国央企企业资产负债率很高，但负债增长速度更高。详见图 15 −15、图 15 −16。

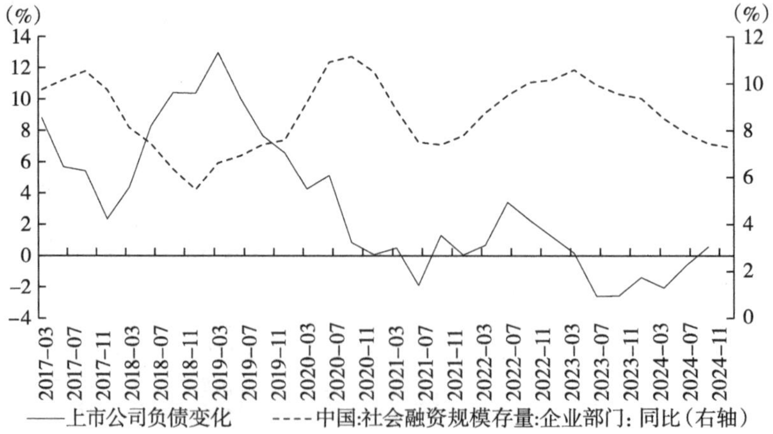

图 15 −15　上市公司融资情况

资料来源：Wind 数据库。

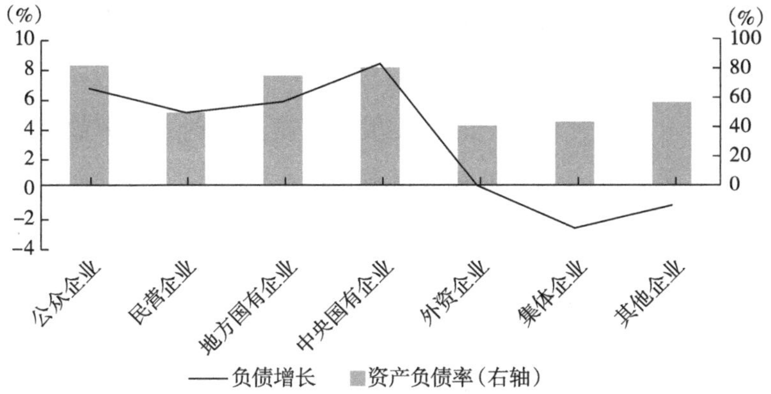

图 15－16　主要类型企业资产负债率

资料来源：Wind 数据库。

现在比较大的问题发生在私营单位和相应的就业人员上。近 10 年来，私营企业人员规模显著扩张，截至目前，在城镇就业人员中，私营单位人员占到 64% 左右，而当这个系统出现问题之后，绝大多数就业人员的预期是被显著影响的。详见图 15－17。

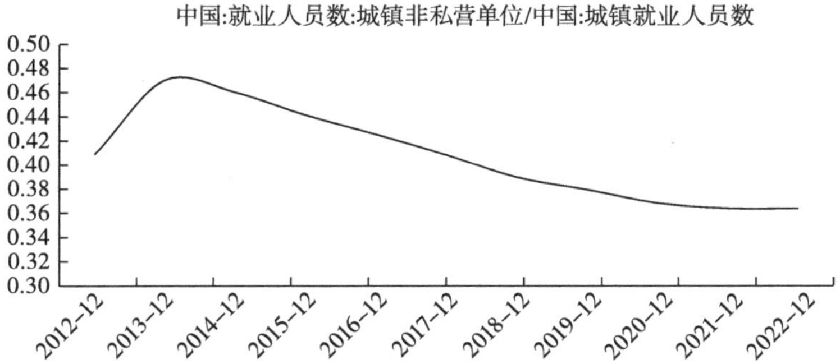

图 15－17　城镇非私营就业占比

资料来源：Wind 数据库。

2. 三个矛盾

综上所述，目前经济矛盾可以大体认定为三点。

一是一手房与二手房的矛盾。这个问题短期不太关键，但一旦二手房继续消磨地产价格的预期，进而摧毁地产的财富效应，那对一手房市场和地产投资依然存在约束。

二是工业企业的出清需求。这个问题目前没有太多有效解，只能逐渐以时间换空间。

三是房价、消费和生产的相互负面反馈。表现为大多数就业人员因预期受损不愿意买房消费带来的反噬效应。

三、何为有效政策

（一）增量是个重要的突破口

当下仅在存量状态下改变现实相对比较困难。

一是财政上，地方政府的资产负债表不能平衡。地方政府在资产端上，一般靠显隐性债务对冲财政收入的波动，平稳资产端规模，但本轮财政收入减少之后，在化债压力下，地方政府债务无法扩张，导致2021 年以来地方政府部门的现金流入总体下降。

在常规年份，地方政府每年安排的基建投资量占当年总流入的 65%左右，但因近 3 年流入规模下降和高速的基建投资，这个比例已经快速上升到 77%，已接近 2009 年水平。如果之后没有新的加杠杆工具承接，目前的基建规模很难长期维系，即使我们通过化债放缓现金流入的下降，这部分资金形成实物量的效率也是有限的。详见图 15－18、图 15－19。

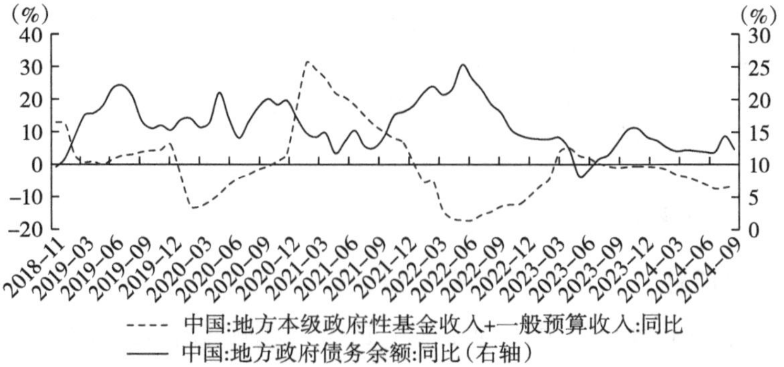

图 15－18 地方财政情况

资料来源：Wind 数据库。

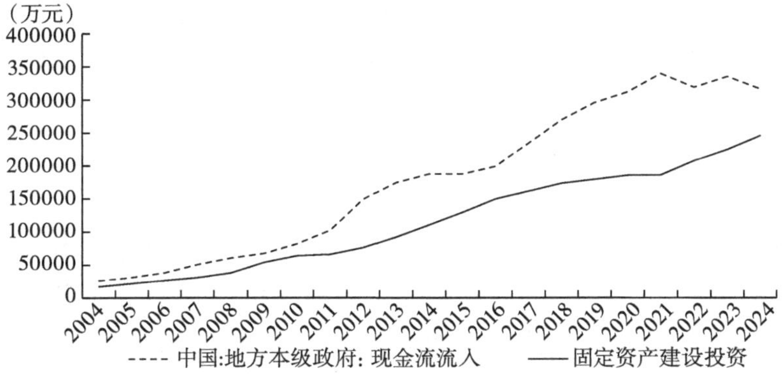

图 15－19　地方财政现金流入和固定资产建设投资

资料来源：Wind 数据库。

二是股市单方面很难发挥作用。长期来看，股市本身的稳定增量只是公司的利润增长，其余为财富转移，如果推动股价产生一轮非常快速的牛市，很明显其中更多的变化是财富转移的部分。以 2015 年牛市为例，在泡沫破灭后的次年，高净值人群的资产获得了比平均速度更快的升值（见图 15－20），如果历史重演，将会出现更严重的结构问题。

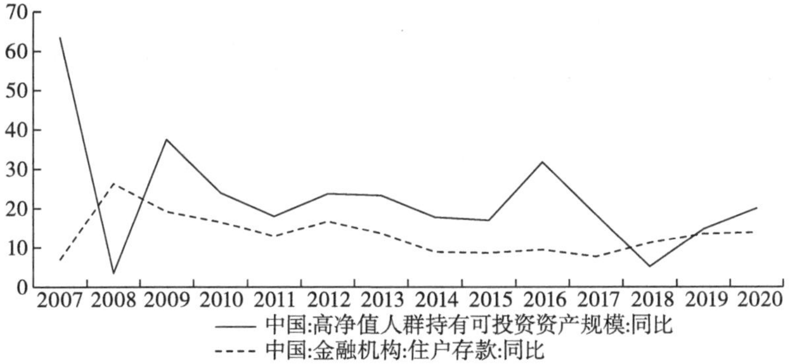

图 15－20　住户存款和高净值人群持有可投资规模变化情况

资料来源：Wind 数据库。

现在可操作的路线就是打破存量，显著增加增量，包括快速降准降息。目的有二：一是尽快使名义利率和宏观资产回报率接轨，降低去杠杆的经济性；二是制造通胀，通过扭转预期的方式扭转人们的消费及购房行为。截至目前，市场对当前政策的反应是乍见之欢，但后续是否会有基于基本面的持续交易，还要看政策不断试错后何时把重心放在大幅调降利率上。

（二）汇率不是个大问题

即使短期对汇率存在顾虑，但实际不必特别担心这个约束：

一是如果观察 NDF 的升水幅度，现在的汇率预期是稳定的，不至于发生 2015 年那样的失速（见图 15－21、图 15－22）；

二是中国相对美国的基本面是修复的，而且长期来看，现在美国的通胀中枢处于高位，后面会有更大的下降空间，这会在一定程度上对冲中国政策试错带来的增长中枢下沉空间。

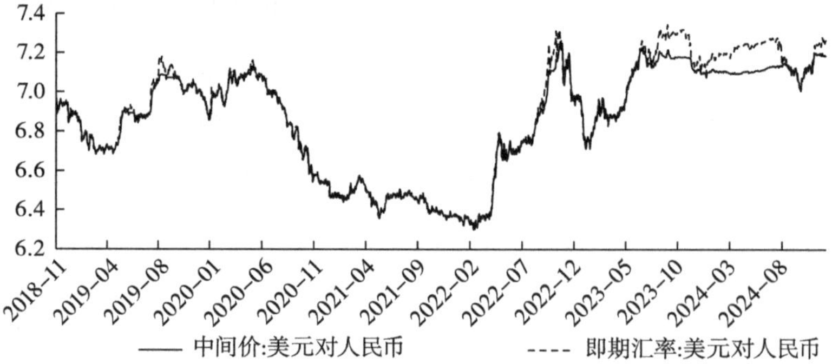

图 15－21　美元对人民币中间价和即期汇率变化趋势

资料来源：Wind 数据库。

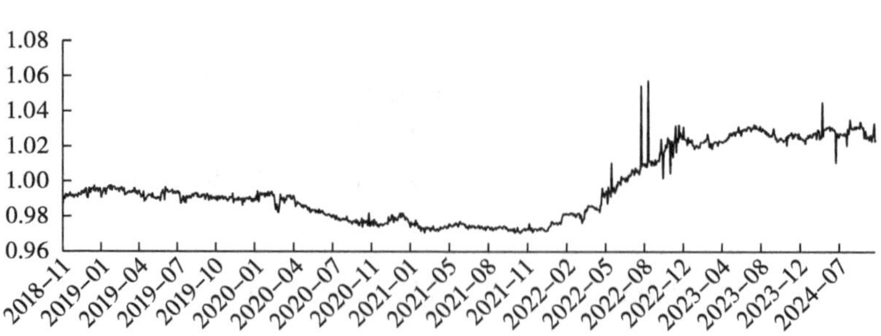

图 15－22　美元对人民币即期汇率/ NDF 变化趋势

资料来源：Wind 数据库。

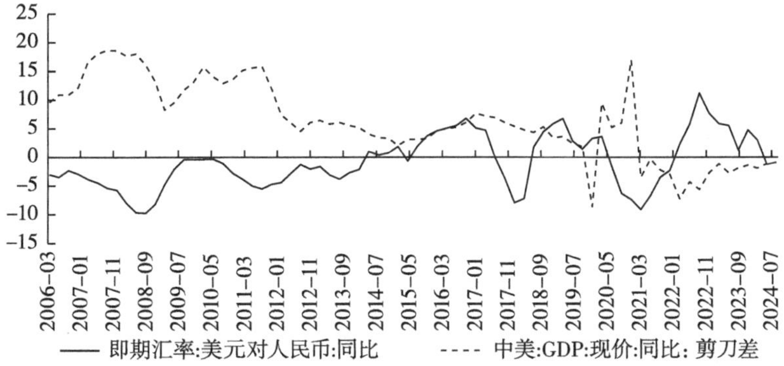

图 15－23　即期汇率（美元对人民币）和中美 GDP 现价同比变化趋势

资料来源：Wind 数据库。

长远来看，人民币汇率继续贬值的空间不算太大（见图 15－23），即使政策考虑汇率问题，也会给政策一定的时间窗口，关键是我们能否抓住这个时间窗口。

四、2025 年基本面评估

（一）海外压力其实有限

现在普遍认为，即使美国加税会给 2025 年的出口带来压力，这个因素在短期其实很难形成具体的利空。我国出口形态和全球景气周期大致吻合，这是通过“一带一路”建设不断努力的结果。贸易摩擦这个矛盾不会很快体现为出口数据的下跌。见图 15－24 和图 15－25。

展望 2025 年，全球景气指数很可能还在高位（全球的基准利率不会大幅向上调整，暂未看到逆效应），因此出口未必是一个负向的拖累。

（二）经济有可能在韧性状态下继续回落

在中性政策的假设下，2025 年的经济基本面可能会温和回落，GDP 可能会回落到 4.5% 左右。

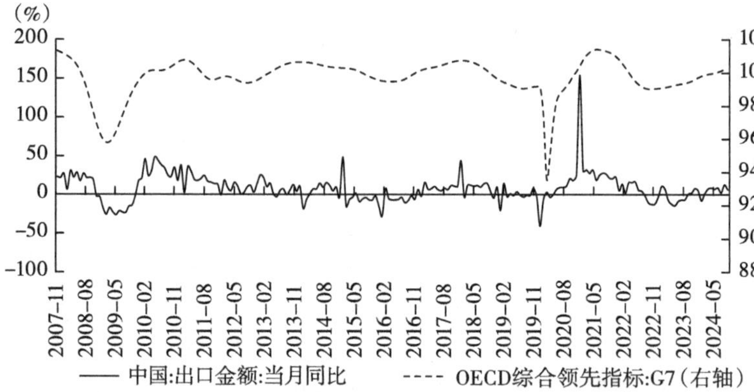

图 15-24 中国出口金额当月同比和 OECD 综合领先指标

资料来源：Wind 数据库。

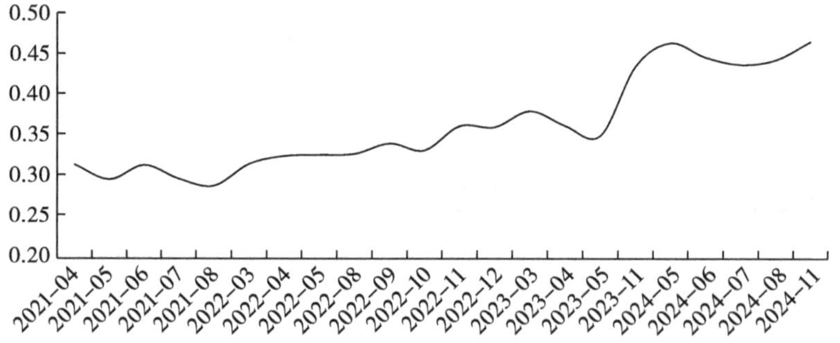

图 15-25 我国对共建“一带一路”国家出口金额占比

资料来源：Wind 数据库。

前文所述经济矛盾在 2025 年还会形成掣肘：

一是工业继续出清，带动制造业投资向下，目标增长在 7% 左右；

二是房价—生产—消费的负向循环仍然存在，消费增长速度继续放缓，目标增长速度在 1.5% 左右。

但也有两个积极变化：

一是新房市场在周期意义上出清，房地产数据对经济的负面影响逐渐转为中性影响；

二是全球主要经济体如果延续信用扩张状态，2025 年工业品价格可能从负增长变成正增长（PPI 目标为 2% 左右），库存周期可能见底。

详见图 15－26。

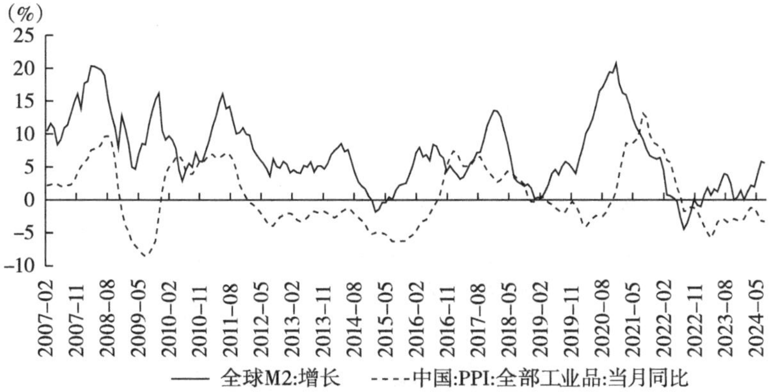

图 15－26　全球 M2 增长和中国 PPI 当月同比

资料来源：Wind 数据库。

五、权益市场及其风格

从节奏上看，2025 年最大的预期差可能发生在基本面，即预期经济很不客观，但实际表现没有如此悲观。因此，权益市场的出清也许偏缓，但要抛开牛市思维，以阿尔法机会为主。

从结构上，如果指数不出清，剩余流动性导向仍是一个核心结构，机会大多是自下而上的。

建议关注的方向有：

（1）海外景气引领的方向：出海贸易、半导体、免税店；

（2）工业通胀再起，小金属的投资机会：锗镓锑墨；

（3）利率下行、投资回报增加：保险；

（4）长期有增长前景、短期有安全边际的科技板块：传感器、摄像头、光芯片。

图 15－27 为相关板块指数变化趋势。

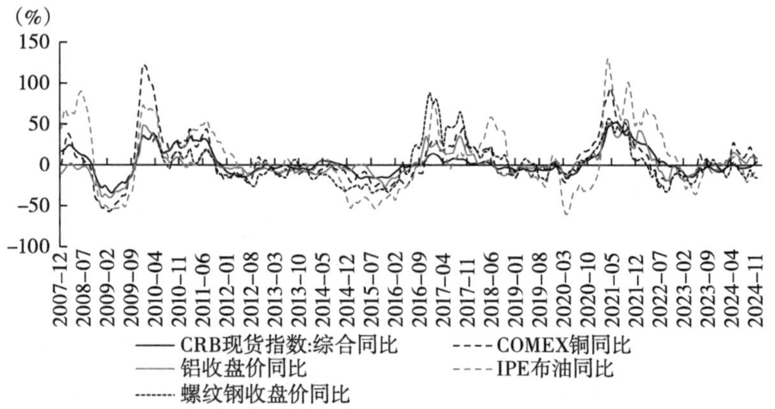

图 15－27 相关板块指数变化趋势

资料来源：Wind 数据库。

第十六章 “大食物观”视角下我国粮食安全面临的风险挑战与保障路径

张欣桐 田惠敏①

一、基于“大食物观”战略的我国粮食安全新要求

“国以农立，食为先”，粮食安全问题始终是关乎国家稳定大局的核心议题。近年来，我国粮食产量连年丰收，食物供给能力不断提升，供求总体基本平衡。根据国家统计局数据，2024 年全国粮食生产在连续 9 年稳定在 1.3 万亿斤以上的基础上，首次迈上 1.4 万亿斤新台阶，总产量达 14130 亿斤，同比增长 1.6%，增产量为 221.8 亿斤。粮食稳产增产离不开国家“藏粮于地、藏粮于技”战略对耕地红线与种质资源保护的有效举措。立足守住耕地保护红线，我国耕地保护措施卓有成效。自然资源部有关数据显示，2021 年以来，全国耕地总量连续 3 年实现净增加，累计增加 1758 万亩，扭转了耕地连续多年缩减以及“南增北减”的局面。同时，我国现已建成超过 10 亿亩的高标准农田，农田的有效灌溉面积已达到 7157 万公顷，全国农机总动力已超过 11 亿千瓦，农作物自主选育品种的种植面积占比超过 95%，农业科技进步贡献率已超过 63%。此外，我国农业种质资源保护能力不断增强，当前

---

① 张欣桐，宁波财经学院工商管理学院讲师，管理学博士；田惠敏，国家开发银行规划研究院资深经理，研究员，经济学博士。

我国已经建成世界上规模最大、设备先进、管理完善的农业种质资源保护利用体系，其中现代化的国家农作物种质资源新库能够满足未来 50 年的长期战略保存需求。这些成就标志着我国农业现代化进程的显著进步，体现了我国在农业科技创新和基础设施建设方面的巨大投入和卓越成效。

随着我国粮食生产供应能力的持续增强以及国民生活水平的显著提升，居民饮食习惯也从满足于“吃得饱”的基本生理需求逐步过渡到追求“吃得好”的高质量健康需求。这一转变不仅反映了物质生活的改善，也体现了人们对营养均衡和食品安全的高度重视。为顺应居民饮食消费结构的变化趋势，我国的粮食安全观念亦随之演进，由过去单纯注重粮食生产数量保障的“口粮观”转变为确保居民饮食均衡健康的更加全面的“大食物观”。习近平总书记多次强调：“要树立大农业观、大食物观，农林牧渔并举，构建多元化食物供给体系。”自 2015 年中央农村工作会议首次提出“树立大农业、大食物观念”以来，“大食物观”多次被列入中央一号文件，并相继出台有关重要文件。2016 年的中央一号文件强调“面向整个国土资源，全方位、多途径开发食物资源”，以满足日益多元化的食物消费需求；2022 年 11 月，中共中央办公厅、国务院办公厅将“树立大食物观”写入《乡村振兴责任制实施办法》；2023 年中央一号文件中明确要求“树立大食物观，加快构建粮经饲统筹、农林牧渔结合、植物动物微生物并举的多元化食物供给体系，分领域制定实施方案”；2024 年中央一号文件，要求树立大农业观、大食物观，多渠道拓展食物来源，探索构建大食物监测统计体系；2024 年 9 月，《国务院办公厅关于践行大食物观构建多元化食物供给体系的意见》对加快构建多元化食物供给体系，有力保障各类食物有效供给等具体工作要求作出系统明确部署。

“大食物观”强调食物的多元化、营养化和可持续化，这种观念的转变，要求我们从更广阔的视角审视粮食安全问题。因此，在“大食物观”战略视角下，我国粮食安全不仅局限于关注粮食的数量安全，更注重粮食的质量安全和营养安全。这种全面的粮食安全观念，意味着在保障粮食供应充足的同时，要确保粮食的营养价值和对环境的可持续性。在这一战略指导下，我国粮食安全的保障，一方面需顺应人民群众食物结构变化的趋势，在资源环境承载力的框架内，全面规划“山水林田湖草沙”等自然资源的综合开发，以实现多元食物来源的拓展。同时，必须对粮食的生产、加工、流通以及消费的全过程进行精细化管理，确保从田间到餐桌的每一个环节均达到营养和安全的双重标准。另一方面鉴于我国人多地少、人均耕地资源稀缺的基本农业国情，我们必须坚守耕地保护的底线，逐步提高粮食生产的科技水平和效率，进一步强化国内粮食供应的安全保障体系，确保“口粮绝对安全”，从而有效应对外部环境的多重风险挑战。

二、当前我国粮食安全面临的外部多重风险

在我国粮食供求总体平衡、国内供应形势持续向好的局势下，国际政治与经济形势动荡、贸易保护主义日益抬头、俄乌等地缘冲突持续、极端气候多点频发等多重因素不断冲击全球粮食供应链，也给我国粮食安全保护带来了严峻的潜在多元风险。

粮食贸易保护主义逐渐升温，关税与非关税壁垒等出口限制政策影响国际粮食市场，对我国粮食进口造成不利影响。新冠疫情冲击以及俄乌冲突爆发以来，随着能源和化肥等农业生产资料价格的上涨，粮食贸易保护主义在全球更大范围内持续升温。粮食出口国为保障本国粮食安全，采取限制出口或禁止出口等贸易政策，导致全球粮食市场供应紧张，并引发粮食价格波动。国际食物政策研究所有关数据显示，受俄乌冲突影响，2022 年全球共有 32 个国家实施了出口限制措施，具体包括出口许可要求、出口税、出口禁令等在内的 77 项具体措施。近年来，我国粮食进口需求持续攀升，对国际粮食市场的依赖程度在逐渐提高。

2012—2023 年我国粮食进口需求总量从 8024. 6 万吨增长到 16196. 0 万吨，累计增长 101. 8%。同时，我国粮食进口来源的集中性极为显著，这种高度集中的进口格局无疑加剧了我国粮食供应体系的脆弱性。若主要进口国实施出口限制政策，将不可避免地对我国粮食市场的稳定性产生不利影响。当前，随着黑海粮食协议搁浅和印度等粮食出口大国实施新一轮粮食出口禁令，我国粮食进口格局已发生变化。在黑海粮食协议生效期间，中国从乌克兰进口玉米数量为 578. 2 万吨，而黑海粮食协议失效后，中国从巴西进口的玉米数量迅猛增加，2023 年我国自巴西进口玉米数量达 1280. 6 万吨，占我国玉米进口总量的 47. 16%。印度大米出口禁令迫使我国稻谷及大米进口量大幅下降，同时在中美贸易摩擦影响下，也进一步提高了我国对其他国家饲料粮食进口的依赖程度。2023 年我国大米进口总量为 259. 68 万吨，同比大幅下降 58. 3%，而从巴西进口大豆数量为 6995. 02 万吨，同比增长 21. 1%。

以持续紧张的俄乌冲突为代表，地缘政治的紧张局势加剧，导致国际粮食供应链的稳定性受到严峻威胁。俄罗斯与乌克兰均是全球重要的粮食生产与贸易大国，在俄乌冲突爆发以前两国在全球粮食供应链中占据重要地位。而俄乌冲突爆发与持续期间，两国的粮食生产与贸易均受到冲击，特别是乌克兰遭受重创，并引发国际粮食市场阶段性供应紧张与粮食价格时段性持续攀升。具体来看，根据美国农业部相关数据，对比冲突爆发前的 2021 年，2022 年乌克兰的大麦、小麦与玉米生产量分别同比下降 38. 53%、34. 86% 与 4. 94%，出口量分别同比下降 52. 46%、9. 14% 与 12. 42%。同时，2022 年 2 月 24 日地缘冲突爆发引发全球食物的价格急剧攀升，食品、谷物和肉类的价格指数在 2022 年 3 月分别达到 159. 7、170. 1 和 119. 3，为自 2007 年到 2008 年粮食危机以来的最高值。随着我国粮食期货与现货市场逐渐融入国际舞台，国际粮食贸易对国内粮食市场的影响日益显著。俄乌冲突的持续升级，加之澳大利亚及东南亚部分地区遭受的严重干旱，导致小麦、水稻等主要粮食作物产量锐减，叠加全球海上运输路线频繁受到波及，美元大幅加息以应对通胀等一系列因素的共同作用，使得国际粮食价格持续在高位徘徊。截至 2022 年 4 月 10 日，CBOT 的小麦、玉米、大豆的收盘价相较于俄乌冲突前同比分别上涨 24.5%、13.8%、5.5%。粮食作物价格的上涨，直接导致我国在饲料粮食进口方面面临更大的成本压力，尤其是在供需缺口较大的情况下，这一影响尤为突出。

极端气候现象多点频发、高发导致全球主要粮食产区粮食减产，对我国粮食安全保障构成不可忽视的潜在风险。近年来，全球变暖使得海平面高度不断刷新，并导致一些地区持续高温、特大暴雨、严重干旱等极端天气事件频繁发生，对全球食物供应造成巨大损失。根据《2023年世界粮食及农业统计年鉴》所发布的数据，自 1991 年起，由于气候变化及频繁发生的自然灾害，全球种植业与畜牧业遭受的经济损失累计达到惊人的 3.8 万亿美元，平均每年的损失大约为 1230 亿美元，这组数据凸显了自然灾害给农业经济带来的高额经济负担。气候变化与自然灾害，特别是干旱、洪涝、台风等极端气候事件，作为全球性的问题，对全球粮食生产与稳定供应造成了深远的影响，并在近年愈加突出。未来，如果气候变化引发的极端天气现象同时侵袭全球主要粮食产区，将对全球粮食供应构成严峻挑战。根据联合国粮农组织发布的数据，2022年，全球共有 12 个国家的 5680 万民众因极端气候事件，遭受了严重的粮食短缺问题，陷入严重的粮食不安全状况，相较于 2021 年的 2350 万增长了逾 1 倍。极端气候事件对我国的影响主要体现在：一方面，全球范围内的极端气候现象和自然灾害对粮食安全的影响可能会间接传导至我国，从而增加我国粮食进口的不确定性风险；另一方面，国内干旱、洪水、寒潮等极端气候现象和自然灾害的发生，对农作物的生长周期和产量造成不利影响，直接对我国粮食生产安全构成潜在风险。

三、“大食物观”视角下我国粮食数量与质量安全挑战

（一）“大食物观”视角下我国粮食供应数量安全挑战

在“大食物观”战略视角下，我国粮食供应数量安全所面临的挑战主要体现在耕地资源的有限性、农业生产者数量锐减以及粮食供应链的环节损耗与浪费上。具体来看：

第一，尽管我国粮食总产量实现了连续增长，但人均耕地面积仅为世界平均水平的 40%，耕地资源的稀缺性对粮食生产的可持续性构成了严峻挑战。一方面，随着工业化和城市化的快速推进，耕地资源被占用的情况日益严重，耕地保护红线仍然面临巨大压力。另一方面，我国耕地资源面临严峻挑战，由于工业废水污染、酸雨腐蚀、重金属污染等多重因素的叠加影响，优质耕地面积持续缩减的趋势尚未得到有效遏制，这进一步加剧了耕地资源的紧缺状况。根据《2022 中国生态环境状况公报》所披露的数据，2021 年我国中等和低等耕地面积占总耕地面积的比重高达 68. 76%，而耕地质量的平均等级仅为 4. 76 等。

第二，在我国劳动年龄人口数量与比例双降局势下，随着城镇化进程加速推进，我国农业生产者数量锐减趋势难以扭转。根据第七次全国人口普查数据，我国农村人口占比下降为 36%，相较于第五次、第六次全国人口普查数据，农村人口已经大量流失。而普查结果的农村人口数量因部分居民选择进城务工而有所减少，导致实际常居住在乡村的人口数量更要少于统计数据，且留守农村的劳动力以妇女和老年人为主。这些从事农业生产的“老农人”普遍面临知识结构陈旧、缺乏现代农业技术和科学管理方法的挑战，导致劳动效率和经济效益均处于较低水平。

第三，随着我国居民生活水平和收入的不断提升，居民的膳食结构逐步从以碳水化合物为主的单一模式，转变为更加多样化和均衡的饮食模式。这一显著变化不仅增加了对各类粮食和食品的多样化需求，也对

粮食供应体系提出了更为严格的质量与安全标准。我国的粮食生产供应现状表现为口粮有余与饲料粮短缺并存，在居民膳食结构调整提高对动物蛋白的需求量的形势下，这进一步增加了对饲料粮食的需求压力。2013 年以来，我国肉蛋奶消费拉动了饲料粮需求的激增，2023 年玉米进口量高达 2713 万吨，大豆进口量高达 9941 万吨，均处于历史高位区。

第四，我国粮食在收割、加工和储运等供应链环节的损耗情况仍然严重。根据国家粮食和物资储备局有关数据，我国每年在粮食仓储、运输、加工等粮食供应链各环节的粮食损失达 3500 万吨以上。究其原因，粮食的环节损耗主要是粮食流通管理机制不够完善、仓储设备落后陈旧、仓储布局不够合理、运输方式不够规范、流通基础设施及技术滞后等因素导致，改进与提升空间非常大。农业农村部有关数据估计，每年因粮食生产后续环节处置不当，农户损失粮食 7% ~ 11%；每年因粮食过度加工，损失粮食 750 万吨以上。

（二）“大食物观”视角下我国粮食供应质量安全挑战

在“大食物观”战略视角下，在保障粮食供应数量安全的同时，必须重视粮食供应质量安全。粮食质量安全关系到居民的身体健康，当前随着经济的快速发展和人民生活水平的提高，消费者对食品的质量和安全要求越来越高，粮食质量安全问题日益受到关注，成为粮食安全的重要组成部分。粮食从种子萌发到最终呈现于餐桌之上，需历经生产、加工、存储、运输及销售等诸多环节，若任何一个环节出现疏漏，均可能引发粮食质量安全方面的隐患。

在育种环节，种业是农业的“芯片”，优质的粮食作物的生产，依托于优质的种质资源，然而我国种质资源保护与创新能力不足仍是突出问题。一方面，我国种质资源保护力度仍然明显不足，主要粮食作物品种丧失严重，同时我国种质资源保护和利用体系不够健全，种质保存保育技术平台的软硬件设施不够完善。另一方面，我国种业核心技术自主创新能力较弱，种业研发投入、育种基础研究、种业科技自主创新能力与种业发达国家相比，还存在较大差距。以我国对外依存度极高的大豆产业为例，目前，我国尚未成功培育出具有商业化应用价值的转基因大豆品种，这在一定程度上限制了我国大豆产业的发展和自主性。

在生产环节，确保粮食作物的健康生长，必须依赖于高质量的耕地资源与水资源。然而，当前我国农村生态环境面临严峻挑战，土壤污染、灌溉水源污染等问题日益凸显，这些因素无疑加剧了粮食供应质量安全的压力。在我国，广大农户的生态意识尚显不足，生态保护和耕地可持续开发的理念尚未深入人心。随着城镇化和工业化的深入推进，非农用水量显著增加，加之城镇污水、工业污水排放以及农村生活污水处理不当，导致农作物灌溉水源遭受污染，这不仅影响了粮食生产的可持续性，也对粮食供应的质量安全构成了严峻挑战。同时，农药、化肥的过度使用以及管理不严格也是影响粮食生产质量安全的重要方面。在粮食种植与生长过程中，过度依赖农药、化肥等化学物质的现象普遍存在，这不仅导致粮食中的农药残留超标，直接危害人体健康，还对土壤造成了难以逆转的污染，甚至导致土壤结构的板结，严重威胁土地的长期生产力。

在粮食加工、仓储与运输环节中，不当操作同样可能引发粮食质量安全风险。在粮食加工环节，若企业卫生不达标、工艺不规范、检验不严格，可能导致粮食混入灰尘、沙粒等杂质，甚至携带大肠杆菌、沙门氏菌等细菌，严重损害粮食质量。在仓储环节，以新鲜收获的谷物为例，谷物中含有水分和微生物，在仓储过程中若未能实施及时的烘干储存措施或通风、散热设备配备不足，则易受霉菌、虫害等影响，导致质量下降甚至变质成为毒粮。此外，在运输环节，为了保持粮食的新鲜度和品质，在长距离运输过程中可能使用食品添加剂，这可能导致粮食中夹带有害物质。

四、“大食物观”视角下我国粮食安全保障路径

（一）加强国际粮食供应链安全风险的预警与监测

在国际政治经济局势动荡、粮食全球化深度分工布局以及粮食出口国政策频繁调整等背景下，国际粮食供应链的层级和节点越来越多，风险来源与传导路径愈加复杂，难以进行及时监测与准确研判。对此，在国际粮食供应链安全风险监测方面，我国应建立能够实现全链条监测的安全风险监测预警体系，提高对全球粮食市场变化的敏感度和应对能力。通过加强与国际组织的合作，共享粮食安全信息，及时收集和分析国际粮食市场动态，准确把握国际粮食市场运行规律。特别是重点关注主要粮食出口国的生产、出口政策变化，以及全球粮食贸易流向和价格波动。通过对这些数据深入分析，能够对国际风险对我国粮食安全可能产生的影响作出准确评估，并据此提前制定应对策略。同时，我国应积极参与国际粮食安全治理，通过深化与国际粮农组织、世界粮食计划署等国际行业组织，以及主要粮食生产国和消费国的交流与合作，试图建立更广泛的多边或双边合作，进一步增强我国在国际粮食市场的话语权和影响力，确保我国粮食安全的外部环境稳定。

（二）主动参与全球粮食治理深化粮农领域国际合作

充分利用国际市场和统筹国内外两种资源，确保国家粮食安全，是中国式现代化进程中粮食安全治理的基本要求。在当前国际经济贸易形势日益复杂和多变的背景下，我国应积极主动参与全球粮食安全治理，并进一步深化在粮食和农业领域的国际合作。首先，通过积极投身全球粮食治理，表达我国对粮食安全的关切和需求，在国际粮食市场中争取到更有利的地位，并进一步促进国际规则的完善，共同打造一个更加公正合理的国际粮食贸易体系。其次，通过构建更广泛的双边或多边粮食安全合作框架，加强与主要粮食生产国和消费国之间的技术交流与合

作，推动粮食生产技术的转移和知识共享，共同提高粮食生产效率和可持续性。最后，通过紧密合作，可以共同开发适应气候变化的农作物品种，增强粮食作物的抗逆性，降低极端气候对粮食生产的不利影响，从而更有效地应对自然灾害风险带来的挑战。

（三）提高粮食自然灾害风险的应急响应与抵御能力

近年来，厄尔尼诺效应以及拉尼娜现象的加剧，导致全球气候异常，频繁发生干旱、洪水等极端天气，严重威胁粮食生产与供应安全。提高粮食自然灾害风险的应急响应能力，需要构建科学的粮食生产风险评估体系，并依托气象监测和灾害预测技术，对可能发生的自然灾害进行早期预警和风险评估，提前采取措施，减少灾害对粮食生产的负面影响。完善农业保险机制，扩展保险覆盖范围，大力推进三大粮食作物完全成本保险和种植收入保险政策，确保灾后及时补偿，降低农民经济损失。根据国家金融监督管理财产保险监管司有关数据，2023 年，我国农业保险赔付 1124 亿元，同比增长 25. 4%，惠及农户 5772 万户，农险赔付率达到 80%，有效减轻了农户损失。同时，应加强农业基础设施建设，不断改善粮食生产物质条件，增强抵御灾害风险的能力。例如，推进平原洼地治理，改善灌溉系统、增强农田排涝能力，以及建设高标准农田，强化种子、农机、化肥等防灾、减灾物资储备等，全面提高农田的抗灾能力。此外，推广具备卓越抗灾能力的作物品种，如那些能够抵御干旱、洪水侵袭以及病虫害侵扰的品种，同样是提高粮食生产稳定性的关键所在。

（四）立足国内多措并举全方位守住粮食自给供应量

为了应对国际环境中的多重不确定性风险，以及国内不断增长的粮食需求，必须立足国内，确保粮食自给供应量的稳定。首先，需要加强耕地资源的保护和合理利用，严格控制非农业用途的耕地占用，确保耕地总量动态平衡。2024 年中央一号文件提出，改革完善耕地占补平衡制度，坚持“以补定占”，将省域内稳定利用耕地净增加量作为下一年度非农建设允许占用耕地的规模上限。其次，统筹规划与合理使用耕地，一方面进一步强化对耕地质量的保护措施，通过科学施肥和合理轮作，确保土壤中各类营养成分的均衡，并防止土壤养分的单一耗竭以及病虫害的累积。另一方面应优化粮食生产结构，根据市场需求调整种植结构，并逐步增加主要饲料粮的生产，以降低对国际市场的依赖。再次，应加大对农业科技创新的投入，提升农业生产者的技能和知识水平，通过推广现代农业技术和管理方法，提高农业劳动效率和经济效益。同时，为了激发农民生产粮食的积极性和提升生产效率，政府应当通过多渠道筹集资金，并完善粮食补贴政策，确保农民的投入产出在现有基础上得到进一步的提升。最后，2024 年 11 月，中共中央办公厅、国务院办公厅印发的《粮食节约和反食品浪费行动方案》提出，聚焦重点领域和关键环节，切实降低粮食和食品损耗浪费。强化粮食供应链管理，应全链条推动粮食和食物节约，建立健全粮食和食物节约长效机制，特别是加强对主要粮食作物的全口径损失数据调查研究，并据此构建粮食损耗科学测度的指标体系，从粮食供应全链条推进粮食节约，着重减少生产技术落后、装备配置不足、储备设施陈旧、运输衔接不当以及人员操作失误等可控原因造成的粮食损耗。

（五）加强种质资源开发保护与育种技术自主创新能力

种质资源对粮食生产至关重要，是推动现代农业发展的物质基础，也是保障粮食安全的核心资源。一方面，加强种质资源的开发与保护。首先，收集并保护粮食作物及其他农作物的种质资源，保持其多样性，同时挖掘其中的优良基因性状，为生物育种技术的原始创新提供坚实支撑。其次，要加大政策支持力度，完善保护与利用体系，构建精准鉴定平台和种质资源数据库，为信息共享和研究工作做好准备。最后，推进种质资源的普查、调查和收集工作，保护地方特有及珍稀濒危资源，并建设管理保护区。另一方面，提升育种技术的自主创新能力。首先，必须重视生物育种过程中的基础技术研究和基础研发工作，增强基础理论研究和原始创新能力，为关键技术的突破奠定坚实基础。其次，针对提高粮食单产能力和攻克抗虫难题，转基因技术提供了一个有效的解决途径，需要在法律和政府监管的框架内推进其产业化应用，并增加研发投入以强化自主创新能力。再次，以市场推广为导向，完善农业模式和政策性支持，加强知识产权保护，建立一个良好的产业化生态系统，从而提高产业转化能力和效率。最后，考虑我国种业企业普遍规模较小、实力较弱，政府应当发挥引导作用，提供资金、技术和人才支持，构建一个紧密结合产学研用的商业化育种体系。

（六）增强粮食供应链各环节的质量安全保障能力

党的二十大报告指出着力提升粮食产业链安全水平，2024 年中央一号文件要求健全粮食全产业链监测预警机制。为了确保粮食供应链的完整性和稳定性，必须进一步强化从粮食生产、加工、储存到运输各环节的安全保障措施，提高粮食的储存、运输和加工效率，确保粮食从田间到餐桌的每个环节均达到安全标准，保障人民群众“吃得安全、吃得健康”。第一，必须强化粮食生产过程中的品质监控，完善粮食质量安全标准体系，在国家粮食质量高标准要求下，严格监管农药、化肥等农业投入品的使用，推广使用低毒、低残留的绿色投入品与生态农业、有机农业等绿色生产技术，保障粮食的天然和健康，确保粮食在生产环节的质量安全性。第二，提升粮食加工企业的技术装备水平，采纳先进的加工技术和设备，以减少加工过程中的污染和损耗。第三，提高粮食储存设施的现代化程度，运用科学的储存方法，预防粮食霉变和虫害，延长粮食的保质期。第四，优化粮食物流体系，提升运输效率和安全性，确保粮食在运输过程中的新鲜度和安全性。第五，构建全面的粮食质量追溯体系，确保从田间到餐桌的每一个环节都可追踪，以便在发现问题时能够迅速锁定源头并采取相应措施，从而保障粮食产品的质量安全。此外，通过实施粮食质量的追踪溯源机制，鼓励消费者参与粮食质量安全监督，实现粮食供应链各环节可监督、可追溯，将有助于进一步加强粮食供应链各环节企业主体的社会责任意识，杜绝不良商家的无良与不法行为，保护农民和消费者的合法权益。

参考文献

[1]黄晓芳．耕地总量实现连续三年净增加[N]．经济日报,2024－10－14(6).

[2]王一杰,丁小明．妥善化解风险,共保粮食安全[J]．群言,2024(10):44－46.

[3]汪子旭．我国建成世界规模最大农业种质资源保护利用体系[N]．经济参考报,2024－12－12.

[4]荣志杰,姜启军,牛亮,等．大食物观下中国省级粮食安全评价研究[J]．价格理论与实践,2023(7):35－41,110.

[5]陈志钢,徐孟．大食物观引领下低碳减排与粮食安全的协同发展:现状、挑战与对策[J]．农业经济问题,2023(6):77－85.

[6]冯建飞,张姬桉桉．大食物观视角下实现种业安全的路径探究[J]．种子科技,2024,42(21):158－160.

[7]魏勇军,刘春光,黄毅．新形势下我国粮食安全面临的国际风险与防范措施[J]．农业科技通讯,2024(8):51－55,207.

[8]丁存振,徐宣国．国际粮食供应链安全风险与应对研究[J]．经济学家,2022(6):109－118.

[9]谭砚文,杨世龙．风险叠加背景下我国粮食安全面临的挑战及对策[J]．华南农业大学学报(社会科学版),2024,23(2):1－9.

[10]孔祥智,李愿,顾善松,等．俄乌冲突对中国粮食安全的影响[J]．农村工作通讯,2022(10):26－28.

[11]杨海泉．联合国粮农组织发布报告显示:全球粮食危机进一步加剧[N]．经济日报,2023－05－06(1).

[12]胡子瑜．新形势下粮食安全问题与供应链整合研究[J]．中国稻米,2024,30(6):122－124.

[13]王新华,付尚超．新形势下中国粮食安全面临的风险挑战及对策[J]．粮食科技与经济,2023,48(4):1－6.

[14]蒋和平,王晓君．粮食稳产增产难度持续加大 必须坚持走中国特色粮食安全之路[J]．中国农民合作社,2024(3):20－22.

[15]罗屹,李轩复,黄东,等．粮食损失研究进展和展望[J]．自然资源学报,2020,35(5):1030－1042.

[16]青平,邓秀新,闵师,等．“双循环”背景下我国粮食安全韧性及风险管控战略研究[J]．中国工程科学,2023,25(4):26－38.

[17]钟钰,王帅．中国式现代化下的粮食安全治理路径研究[J]．治理现代化研究,2024,40(6):39－50.

[18]马文博．从田间到餐桌全链条推进粮食节约[N]．中国商报,2024－11－28(2).

[19]朱湖英,汤诗婕,肖国安．中国粮食产业链风险研究综述与展望[J]．中国农业资源与区划,2024,45(9):142－155.

[20]季光照．加强粮食质量安全管理建立粮食质量追溯体系[J]．中国新技术新产品,2009(20):119.

[21]佟爱华,秦雯,邢勇．“中国好粮油”产品质量追溯体系建设构想[J]．中国粮食经济,2018(1):58－60.

第十七章 俄乌冲突后全球能源格局分析及中国的应对建议

陈丽娜[①]

2022年2月俄乌冲突爆发，作为近年来规模最大的地缘政治事件之一，对全球石油、天然气、煤炭等化石燃料的贸易流向带来较大冲击，全球能源供应安全问题愈发凸显，能源保供与低碳转型成为各国能源发展的优先级。在此背景下，本章对比研究了俄乌冲突前后全球能源贸易流向的变化，分析了各国为系统性提升能源供应安全保障能力呈现的能源投资布局新特征，同时阐述了能源供需结构随之出现的新变化，提出了在国际形势日趋复杂的当下中国的能源应对建议。

一、能源贸易流向变化

（一）全球石油贸易流向

从石油产量来看，美国、俄罗斯和沙特阿拉伯是全球前三大石油生产国，2023年其石油产量合计占全球石油产量的42.1%。2017年美国取代沙特阿拉伯成为最大的石油生产国，在国际石油市场中的地位和影响力不断提升。从石油进口国来看，俄乌冲突爆发前，欧洲是最大的石油进口国，中国次之，美国、印度、日本紧随其后。从石油出口国来

① 陈丽娜，国家电力投资集团有限公司发展研究中心研究员。

看，中东地区是最大的石油出口地区，美国次之，亚太地区（日本除外）、俄罗斯、加拿大紧随其后。详见图 17－1。

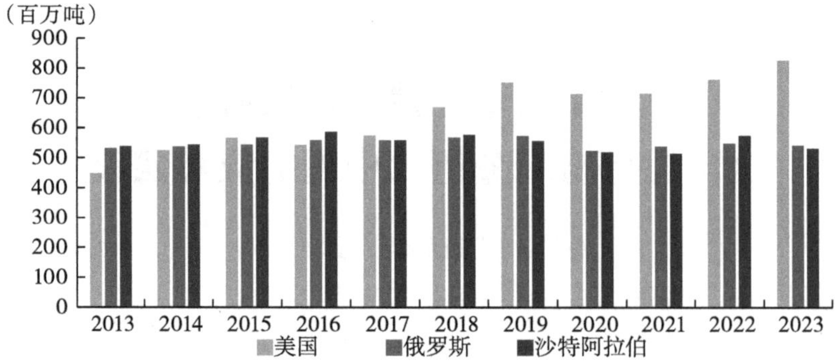

图 17－1　2013—2023 年全球前三大生产国石油产量

资料来源：能源研究院《世界能源统计年鉴》（2024 年）。

注：石油包括原油、页岩油、油砂、凝析油（伴生气凝析油或需进一步精炼的凝析油）与天然气凝析液（从天然气制品中分离出的乙烷、液化石油气和石脑油）。

1. 俄罗斯

俄罗斯作为全球最大的原油生产国和出口国之一，俄乌冲突爆发后，欧美国家对俄罗斯实施能源制裁导致国际石油贸易格局发生深刻变化，俄罗斯石油出口呈现“西减东增”趋势。

2021 年俄罗斯对欧洲原油及成品油出口量为 214.6 百万吨，俄乌冲突爆发后对欧洲的出口量逐年下滑，2023 年较 2021 年降低 67.4%，对欧洲的出口份额由 2021 年的 53.1% 下降为 2023 年的 21.1%。同时，俄罗斯将石油出口重心转向亚洲，对中国内地原油及成品油出口份额由 2021 年的 20.5% 上升至 2022 年的 24.5%，2023 年进一步升至 37.1%；俄罗斯对印度原油及成品油出口增长更为显著，出口量由 2021 年的 6.6 百万吨增加至 2022 年的 44.3 百万吨，增长了 5.7 倍，2023 年较 2022 年又翻了一番，对印度的出口份额由 2021 年的 1.6% 上升至 2023 年的 27.3%。详见图 17－2 至图 17－4。

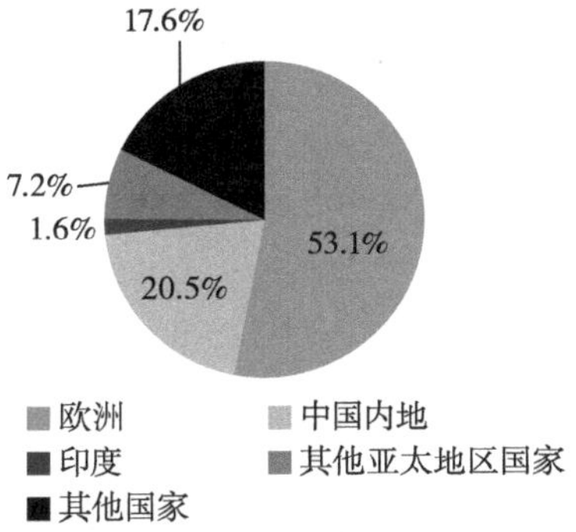

图 17－2　2021 年俄罗斯原油及成品油出口（按目的地分布）

资料来源：BP。

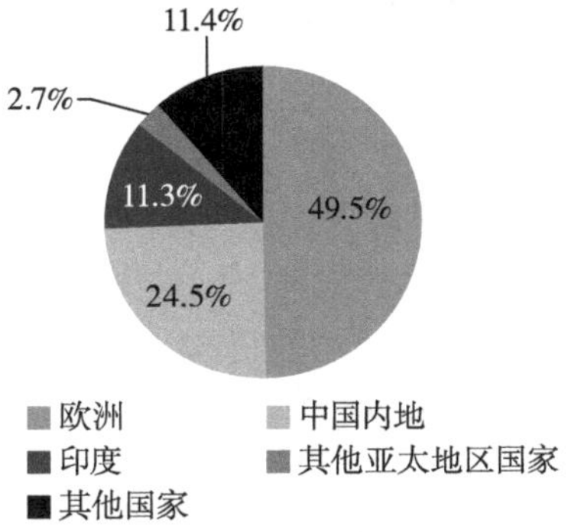

图 17－3　2022 年俄罗斯原油及成品油出口（按目的地分布）

资料来源：BP。

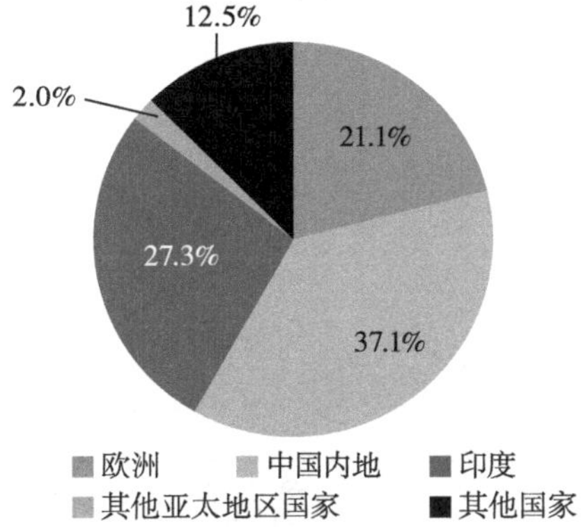

图 17－4　2023 年俄罗斯原油及成品油出口（按目的地分布）

资料来源：BP。

从月度数据来看，由于英美两国对俄罗斯石油出口依赖较小，俄乌冲突爆发后，两国对俄罗斯石油进口依存度迅速下降直至为 0；欧盟国家短期内无法完全摆脱对俄罗斯石油进口依赖，进口依存度在经历快速下降后维持在 5% 左右；俄乌冲突爆发后中国对俄罗斯石油进口依存度稳中有升，土耳其对俄罗斯石油进口依存度明显上升，由 22% 左右逐步上升至 60% 左右。进一步从欧盟内部来看，主要是捷克、匈牙利、拉脱维亚、斯洛伐克四个国家对俄罗斯石油进口依赖较大，俄乌冲突爆发后在经历短期波动后，对俄罗斯石油进口依存度并未出现明显下降。

详见图 17 –5、图 17 –6。

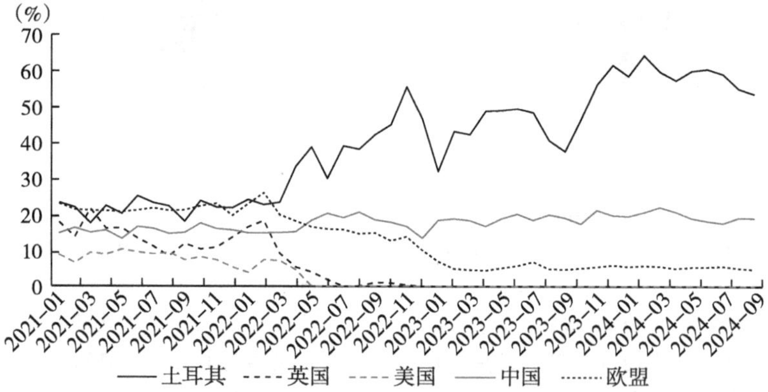

图 17 –5　主要国家（地区）对俄罗斯石油进口的依存度

资料来源：国际能源署（IEA），Wind 数据库。

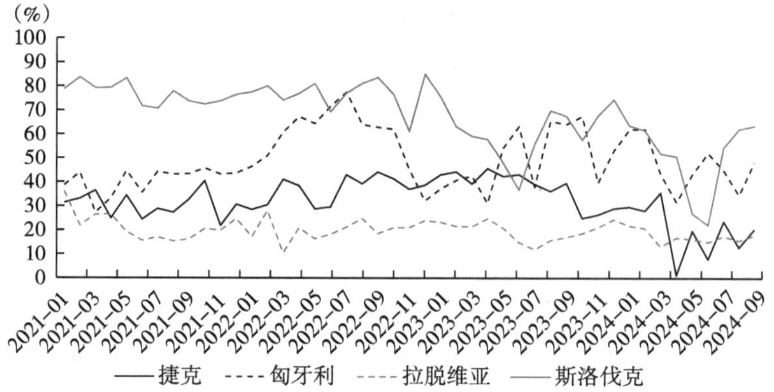

图 17 –6　代表性欧盟国家对俄罗斯石油进口的依存度

资料来源：国际能源署（IEA）。

2. 欧洲

俄乌冲突爆发后，欧洲逐步降低对俄罗斯石油进口依赖，进口来源更加多元化。欧洲对俄罗斯原油及成品油的进口份额由 2021 年的 32.3% 下降为 2023 年的 11.1%。同时，欧洲增加了对美国的进口，进口份额由 2021 年的 11.7% 上升至 2023 年的 18.6%；欧洲对伊拉克、沙特阿拉伯等中东地区国家的进口份额也在逐年缓慢提升。详见图 17 –7 至图 17 –9。

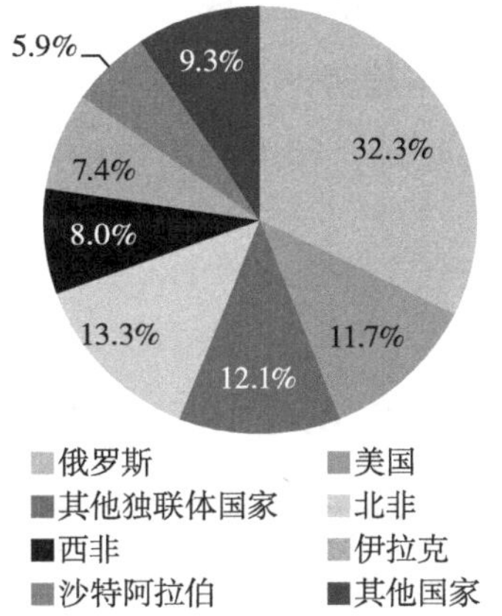

图 17－7　2021 年欧洲原油及成品油进口（按目的地分布）

资料来源：BP。

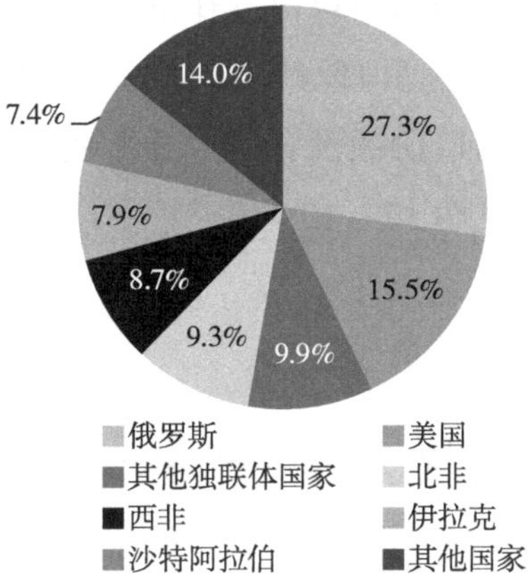

图 17－8　2022 年欧洲原油及成品油进口（按目的地分布）

资料来源：BP。

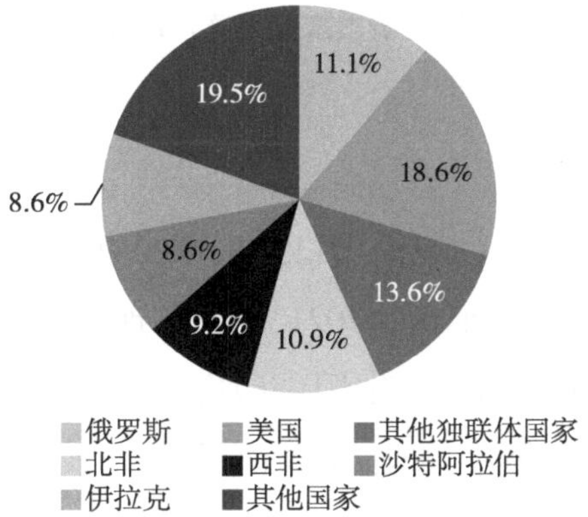

图 17－9　2023 年欧洲原油及成品油进口（按目的地分布）

资料来源：BP。

3. 美国

俄乌冲突使得俄罗斯石油出口受到限制，同时伊朗、委内瑞拉等传统石油出口大国受美国制裁，短期内难以提升出口量，美国在全球石油市场上的话语权显著提升，主要出口地由亚洲转向欧洲。2022 年 2 月以后，美国对欧盟国家原油及成品油出口份额逐步上升，截至 2024 年 9 月，出口份额为 19.4%，相较于俄乌冲突爆发前上升了约 5 个百分点；对英国的出口份额在俄乌冲突爆发后的一年内出现了明显上升，随后在2.3%～5.1%的区间维持震荡；从整体趋势来看，对中国、日本、韩国的出口份额没有发生显著变化，对墨西哥、印度的出口份额逐步下降。详见图 17－10。

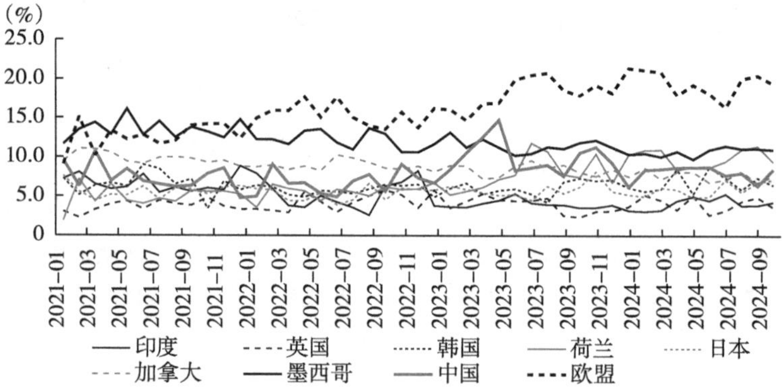

图 17－10　美国对主要国家（地区）原油及成品油出口份额

资料来源：美国能源信息署（EIA）。

4. 中东地区

中东作为全球最大的石油出口地区，20 世纪 90 年代以后，主要出口区域由欧美转向亚太地区，2021 年中东地区对亚太地区原油及成品油的出口份额达到 77.4%，中国、印度、日本是其主要出口国。俄乌冲突爆发后，2022 年中东地区原油及成品油出口量较上年增加了 11.4%，主要是增加了对欧洲的出口，对其他国家的出口量也稳步上升；2023 年中东地区对欧洲的出口进一步增加，出口份额由 2021 年的 9.7% 上升至 2023 年的 12.7%，同时显著减少了对印度的出口，出口份额由 2021 年的 15.0% 下降至 2023 年的 12.1%，对中国、日本的出口份额较为稳定。详见图 17－11 至图 17－13。

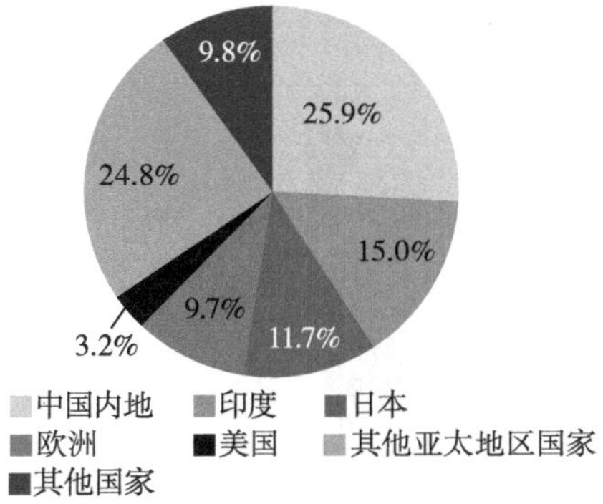

图 17－11　2021 年中东地区原油及成品油出口（按目的地分布）

资料来源：BP。

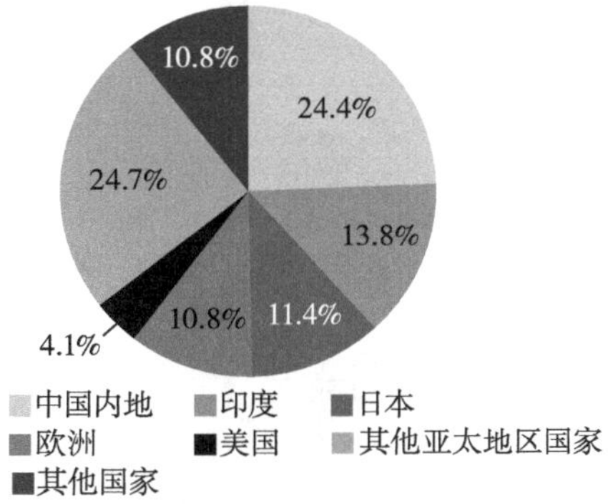

图 17－12　2022 年中东地区原油及成品油出口（按目的地分布）

资料来源：BP。

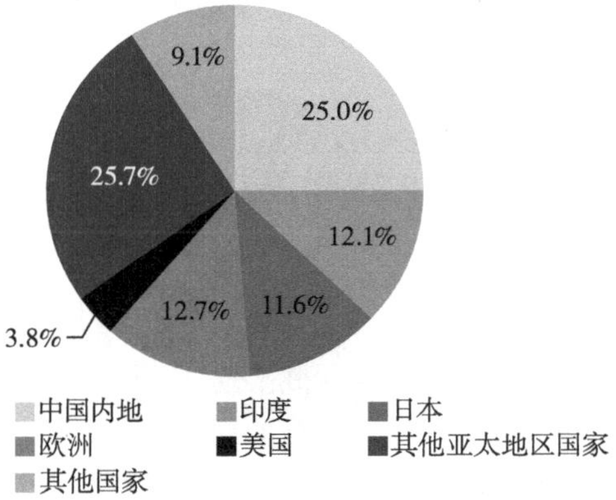

图 17－13　2023 年中东地区原油及成品油出口（按目的地分布）

资料来源：BP。

5. 中国

中国是全球最大的石油进口国，2022 年及之前几年，中国从俄罗斯进口原油量仅次于沙特阿拉伯。随着俄乌冲突的持续，2023 年俄罗斯成为中国进口原油量最大的国家。中国内地对俄罗斯原油的进口份额由 2021 年的 15. 1% 上升到 2023 年的 19. 0%；对沙特阿拉伯原油的进口份额由 2021 年的 16. 7% 下降为 2023 年的 15. 2%。另外，中国减少了对西非、中南美洲的进口，增加了对其他亚太地区国家的进口。详见

图 17－14 至图 17－16。

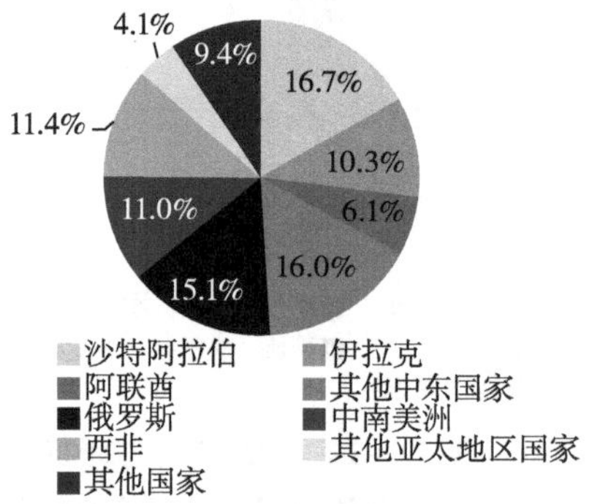

图 17－14　2021 年中国内地原油进口（按目的地分布）

资料来源：BP。

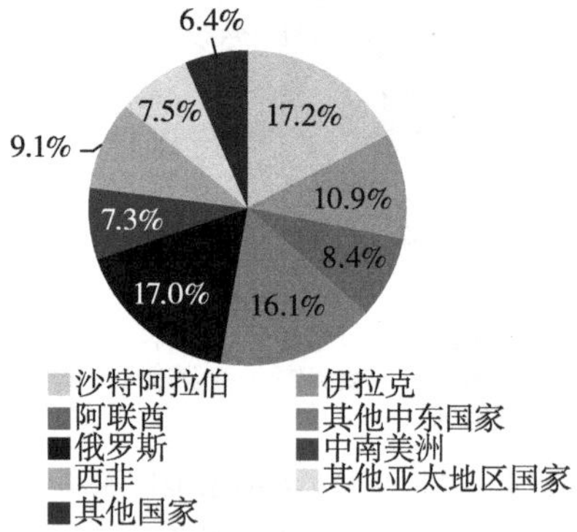

图 17－15　2022 年中国内地原油进口（按目的地分布）

资料来源：BP。

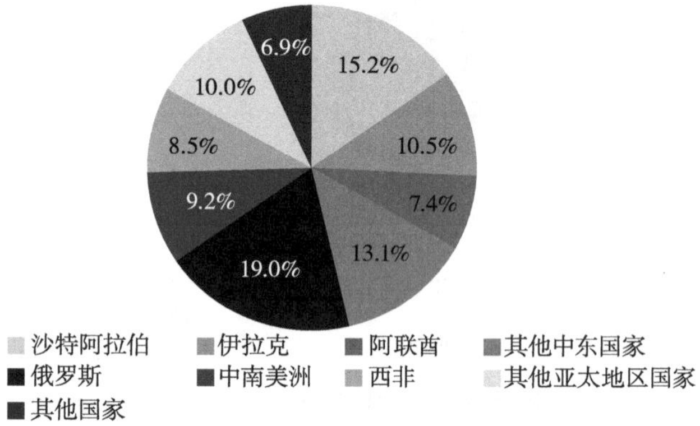

图 17－16　2023 年中国内地原油进口（按目的地分布）

资料来源：BP。

（二）全球天然气贸易流向

全球天然气储量分布较为集中，主要分布在中东地区、独联体国家、亚太地区、北美洲和非洲，占比分别为 40.3%、30.1%、8.8%、8.1% 和 6.9%，中南美洲和欧洲天然气储量占比较少，占比分别为 4.2% 和 1.7%（见图 17－17）。从各国天然气产量来看，2022 年美国天然气产量居全球第一，占比达 24.5%，俄罗斯位列第二，占比为

15.3%，伊朗、中国、加拿大、卡塔尔紧随其后，六国合计占比约为60.4%，全球天然气供给较为集中（见图17－18）。从各地区天然气消费量来看，2022年独联体国家和中东地区消费量占全球总消费量的比例分别为14.8%和14.1%，北美洲和亚太地区消费量较大，占全球总消费量的比例分别为27.3%和23.0%（见图17－19）。

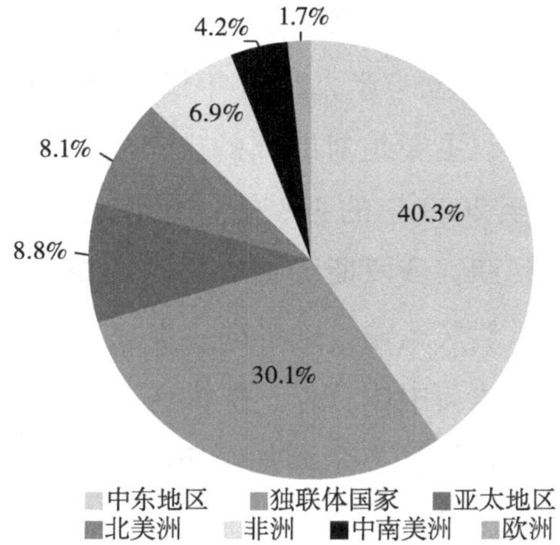

图17－17　2020年全球天然气已探明储量分布

资料来源：Wind数据库，BP。

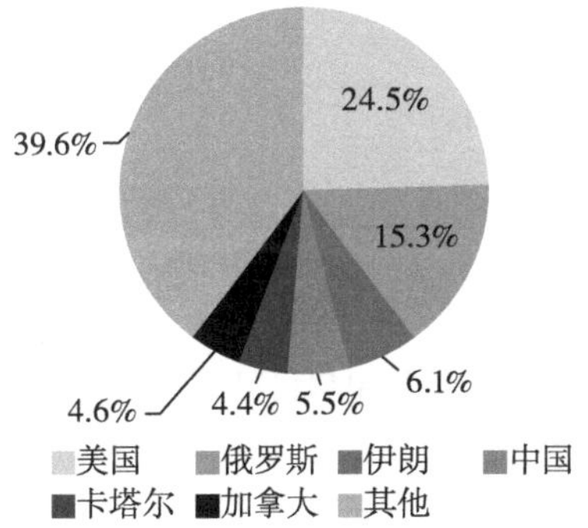

图17－18　2022年全球天然气产量分布

资料来源：BP。

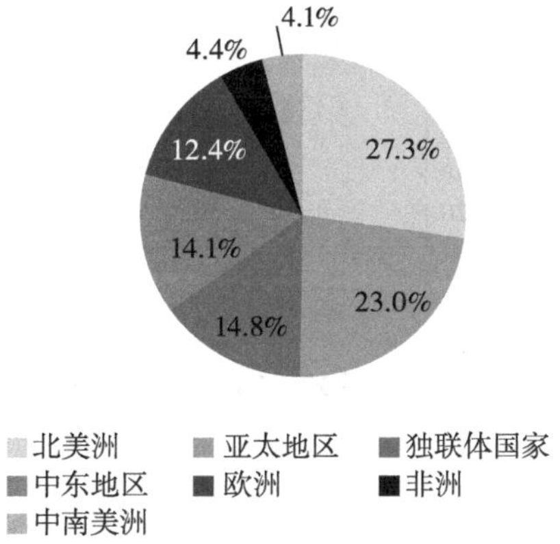

图17－19　2022年全球各地区天然气消费量占比

资料来源：BP。

由于天然气供需出现地域分布错配，全球天然气主要的贸易区域为北美洲、欧洲和亚太地区。俄乌冲突爆发以来，全球天然气市场经历剧烈的波动，随着市场逐步消化俄罗斯—欧洲管道气减输带来的影响，全球天然气贸易格局正在重塑。

1. 俄罗斯

俄罗斯以管道天然气出口为主，液化天然气（LNG）出口体量较小。俄乌冲突对俄罗斯管道天然气出口影响较大，2021 年俄罗斯管道天然气出口量为 2013 亿立方米，2023 年仅为 954 亿立方米，较 2021 年减少一半以上。其中，主要是对欧洲的出口受限，出口量由 2021 年的 1670 亿立方米减少至 2023 年的 498 亿立方米，降幅达 70.2%。由于过境乌克兰管输协议到期，俄罗斯天然气公司在 2025 年 1 月 1 日停止了过境乌克兰的管道天然气运输，这将进一步减少对欧洲管道天然气的出口。同时，俄罗斯加速与中国合作，扩大了对中国管道天然气的出口，出口量由 2021 年的 76 亿立方米增加至 2023 年的 213 亿立方米，增幅达 180%。详见图 17－20。

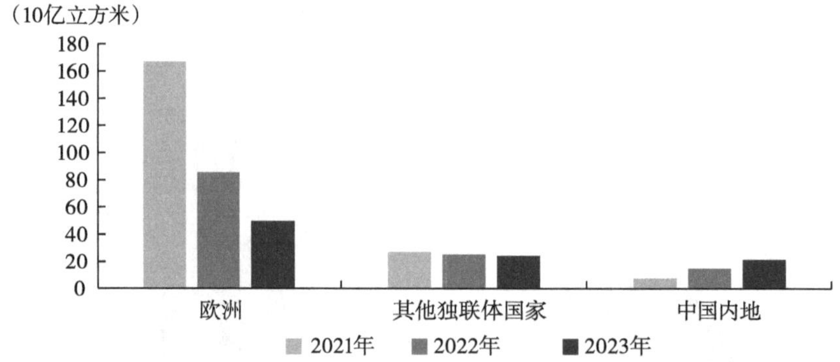

图 17－20　2021—2023 年俄罗斯管道天然气出口情况

资料来源：BP。

2. 欧洲

欧洲为全球第一的管道天然气进口地区，主要依赖从俄罗斯、挪威、非洲等周边国家或地区进口管道天然气，并从世界各地进口部分

LNG。俄乌冲突后，欧洲管道天然气进口量在 2022 年不降反增，自 2023 年开始才有所下降。尽管欧洲减少了对俄罗斯管道天然气的进口，2022 年进口量较上年降低了 48.9%，但在欧洲内部，欧盟国家显著增加了对除挪威以外的其他欧洲国家的进口，2022 年进口量较上年增加了 7.2 倍（见图 17－21）。同时，为降低对俄罗斯天然气进口依赖，欧洲积极寻求替代能源供应，增加了从美国、中东、北非等地的 LNG 进口。2022 年欧洲 LNG 进口量同比增长 57.3%，其中，美国成为最大供应国，卡塔尔其次，占比分别为 42.4% 和 16.5%（见图 17－22）。

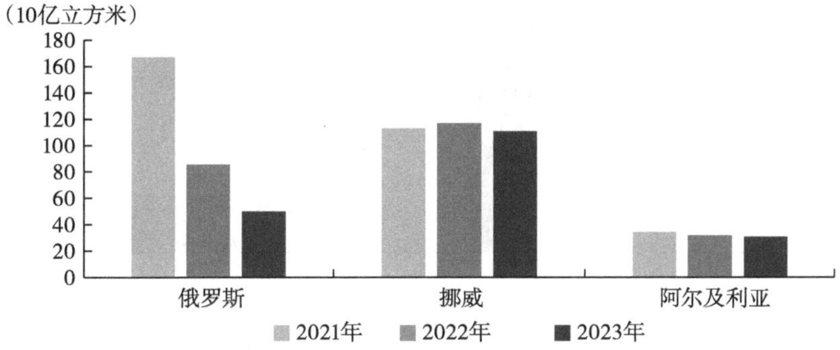

图 17－21　2021—2023 年欧洲管道天然气进口情况

资料来源：BP。

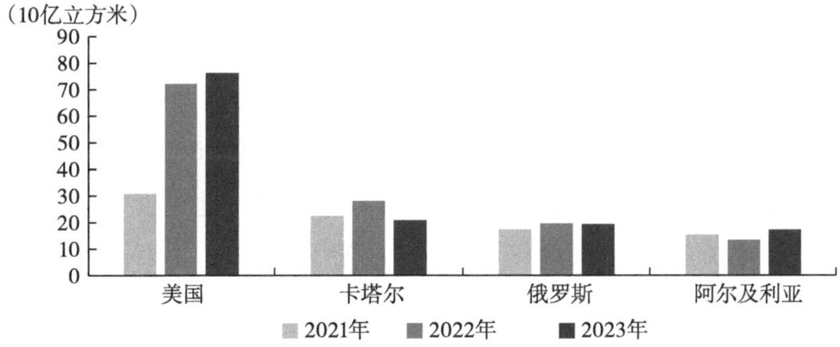

图 17－22　2021—2023 年欧洲 LNG 进口情况

资料来源：BP。

3. 卡塔尔

中东地区的天然气贸易主要集中在卡塔尔，且以 LNG 出口为主。卡塔尔主要向亚太地区和欧洲出口液化天然气，2022 年卡塔尔对亚太地区 LNG 出口占比为 71.1%，同比下降 1 个百分点；对欧洲 LNG 出口占比为 24.5%，同比上升 3.5 个百分点，但由于受到美国竞争，2023 年卡塔尔对欧洲 LNG 出口量小幅下降，略低于俄乌冲突发生前。详见图 17－23。

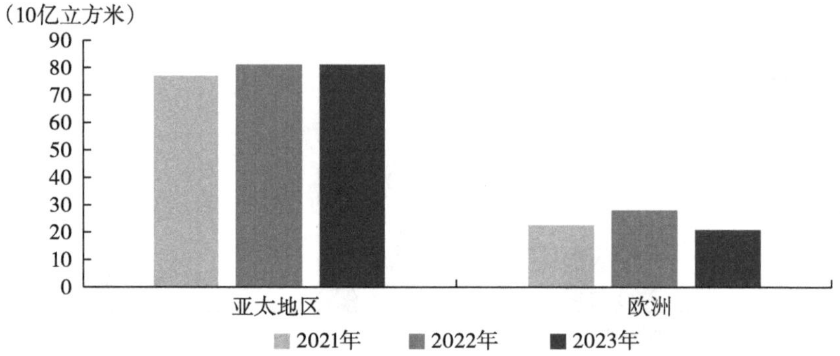

图 17－23　2021—2023 年卡塔尔 LNG 出口情况

资料来源：BP。

4. 美国

俄乌冲突爆发后，美国 LNG 出口大幅增加，2021—2023 年，美国 LNG 出口年均增速维持在 9.6% 左右，2023 年美国 LNG 出口量占全球总出口量的 20.8%，超过卡塔尔成为全球最大的 LNG 出口供应国。从出口流向看，俄乌冲突爆发后美国 LNG 主要出口地由亚太地区转向欧洲，2022 年美国对亚太地区 LNG 出口量为 241 亿立方米，同比减少 47.4%，占美国出口份额由 2021 年的 48.2% 降至 23.1%；对欧洲 LNG 出口量为 721 亿立方米，同比增加 1.3 倍，占比由 2021 年的 32.4% 升至 69.1%。另外，中南美洲作为美国第三大 LNG 出口地区，2022 年出口量为 65 亿立方米，同比减少 61.3%，占比由 17.7% 降至 6.2%。详见图 17－24。

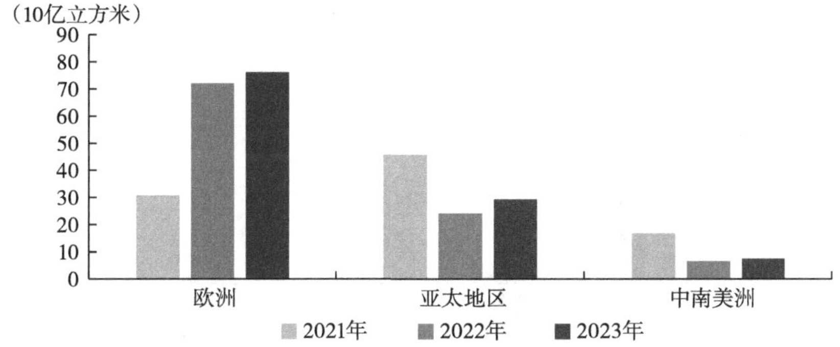

图 17－24　2021—2023 年美国 LNG 出口情况

资料来源：BP。

5. 中国

中国天然气进口以 LNG 为主，管道天然气进口量仅为 LNG 的一半左右。长期以来土库曼斯坦是中国管道天然气的最大来源国，俄乌冲突爆发后，中国管道天然气进口量逐年上升，主要是增加了对俄罗斯管道天然气的进口，进口量由 2021 年的 76 亿立方米增加至 2023 年的 213 亿立方米，增幅为 1. 8 倍。同时，2022—2023 年，欧洲天然气市场需求和价格大幅飙升，吸引全球 LNG 资源流入，导致亚洲 LNG 市场需求受到抑制。由于中国 LNG 进口来源较为多元，尽管澳大利亚、美国减少了对中国 LNG 出口，但中国增加了对卡塔尔、俄罗斯 LNG 的进口，进口总量仅在 2022 年同比下降了 14. 9%，2023 年又再次回升。详见图 17－25、图 17－26。

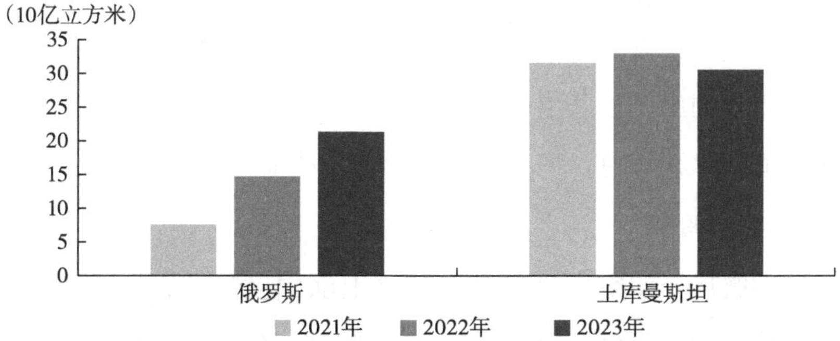

图 17－25　2021—2023 年中国管道天然气进口情况

资料来源：BP。

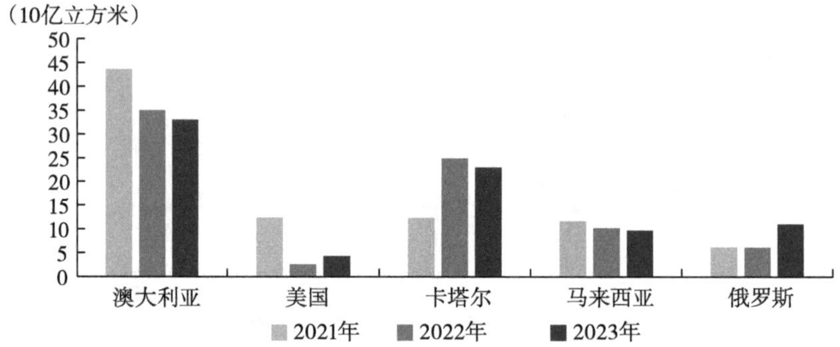

图17－26　2021—2023年中国LNG进口情况

资料来源：BP。

（三）全球煤炭贸易流向

出于经济性因素的考量，长期以来煤炭形成了区域内就近流动的贸易格局。全球煤炭贸易以亚太地区为主导，2021年全球煤炭进口量为33.5艾焦，中国是第一大煤炭进口国，进口量占全球煤炭进口量的19.9%，日本、印度、韩国进口量分别占14.4%、13.9%、10.0%；澳大利亚、印度尼西亚、俄罗斯出口量占比分别为28.6%、26.8%、18.0%，自2022年开始印度尼西亚替代澳大利亚成为第一大煤炭出口国。从贸易流向来看，中国、日本、印度、韩国等亚太地区国家主要从印度尼西亚、澳大利亚、俄罗斯进口煤炭，欧洲煤炭进口主要来自俄罗斯、美国、哥伦比亚。

俄乌冲突后，欧盟对俄罗斯煤炭实施禁运，俄罗斯煤炭向西受阻，对中国、印度的出口显著增加，同时欧洲大幅增加了对南非、美国、哥伦比亚等地的煤炭进口，煤炭贸易流向发生明显调整。

1. 印度尼西亚

俄乌冲突后，印度尼西亚煤炭价格上涨幅度较小，2022年印度尼西亚煤炭价格为127.65美元/吨，同比仅上涨34%，其他主要出口国煤炭价格同比几乎都翻一倍多，因此印度尼西亚煤炭出口量逐年攀升。印度尼西亚煤炭主要出口中国、印度、日本、韩国，2021 年出口份额分别为 37.6%、17.8%、6.5%、6.4%。只有中国在俄乌冲突爆发后短暂减少了对印度尼西亚的煤炭进口，其他亚太地区国家的进口稳中有升。详见图 17－27。

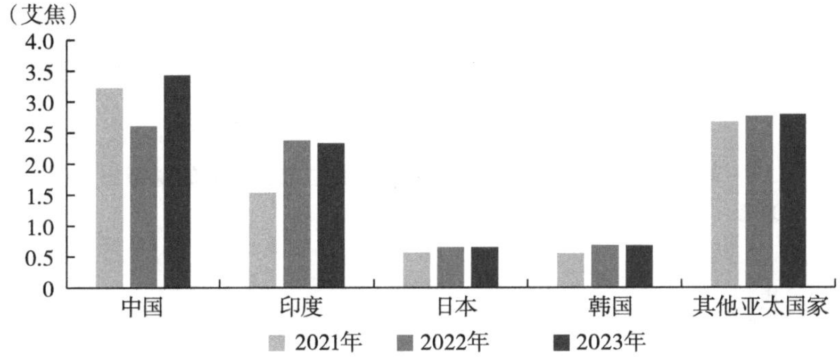

图 17－27　2021—2023 年印度尼西亚对主要国家及地区的煤炭出口情况

资料来源：BP。

2. 澳大利亚

澳大利亚受极端天气以及自身产量规划影响，在满足日本、韩国、印度等国家煤炭需求的基础上，短期内煤炭产量难以大幅提高。从出口结构来看，俄乌冲突爆发后澳大利亚煤炭出口仍以亚太地区为主，只是 2023 年对韩国、印度增加的出口有所减少，同时小幅增加了对欧洲的煤炭出口。详见图 17－28。

3. 俄罗斯

2022 年 8 月起欧盟对俄罗斯煤炭进口禁令正式生效，加上日本宣布禁止俄煤进口，俄罗斯煤炭出口总量显著减少，2022 年同比下降 10.5%，出口流向集中于中国和印度。俄罗斯对中国煤炭出口量由 2021 年的 1.46 艾焦增加至 2023 年的 2.75 艾焦，增幅达 88.4%；对印度煤炭出口量由 2021 年的 0.17 艾焦增加至 2023 年的 0.48 艾焦，增幅达 1.8 倍；对欧洲煤炭出口量由 2021 年的 2.11 艾焦减少至 2023 年的 0.77 艾焦，降幅达 63.5%。详见图 17－29。

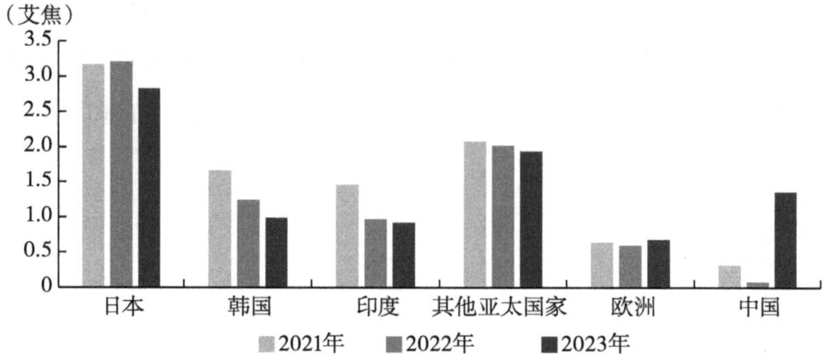

图 17 – 28　2021—2023 年澳大利亚对主要国家及地区的煤炭出口情况

资料来源：BP。

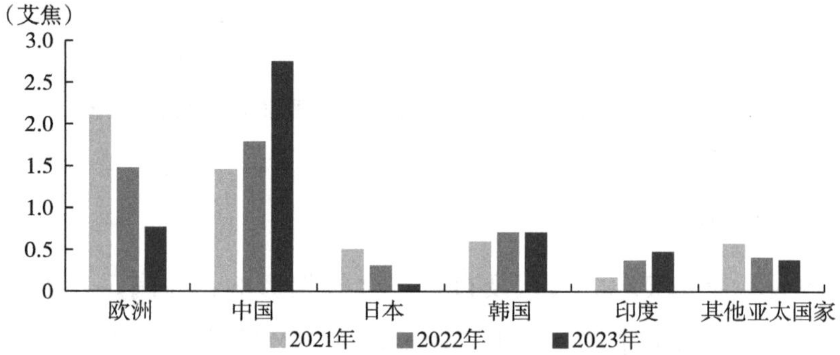

图 17 – 29　2021—2023 年俄罗斯对主要国家及地区的煤炭出口情况

资料来源：BP。

4. 美国

2021 年美国煤炭主要出口到欧洲、印度、中国、日本、中南美洲等地区。俄乌冲突下，美国煤炭出口重点区域由亚太地区转向欧洲，2022 年美国对欧洲煤炭出口同比上升 50.8%，对中国煤炭出口同比下降 60.0%，中国出口份额明显压缩，印度出口份额短暂压缩后又有回升态势。详见图 17 – 30。

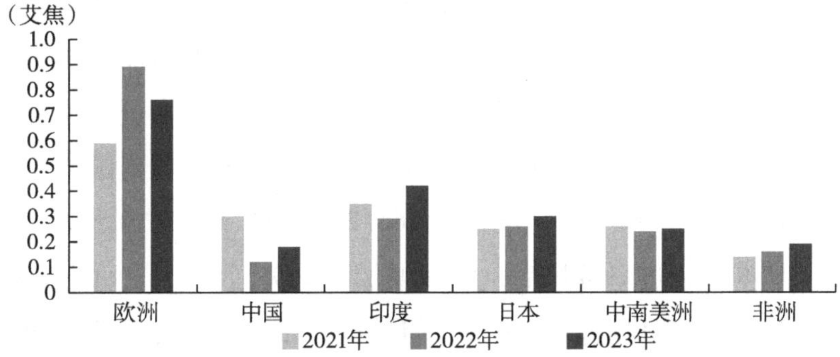

图 17 - 30　2021—2023 年美国对主要国家及地区的煤炭出口情况

资料来源：BP。

5. 中国及其他亚太地区

中国的煤炭进口主要来自印度尼西亚、俄罗斯、蒙古国、澳大利亚、美国、加拿大等国家。2022 年中国减少了对印度尼西亚的煤炭进口，同时增加了对俄罗斯、蒙古国的煤炭进口。从增量结构来看，2023 年中国煤炭进口量大幅增长，主要是对印度尼西亚、俄罗斯、蒙古国、澳大利亚的进口增量可观，一方面因为煤炭价格回落，另一方面因为 2022 年全球普遍是暖冬，欧洲、亚太地区过多的煤炭库存没有被消化，2023 年欧洲国家需求不足、库存外溢，较多煤炭资源转移到亚太地区，尤其是中国。详见图 17 - 31。

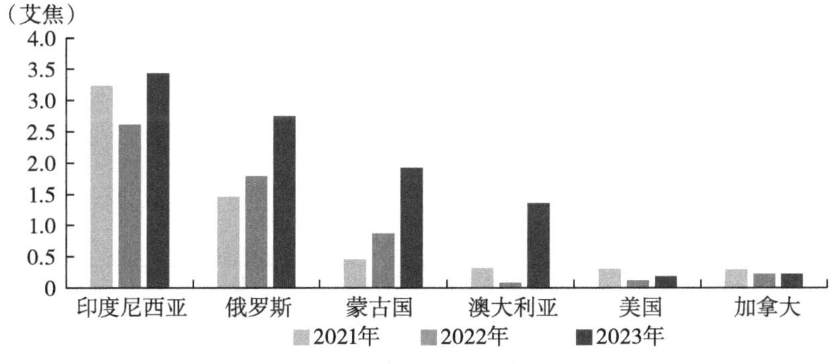

图 17 - 31　2021—2023 年中国煤炭进口情况

资料来源：BP。

印度的煤炭进口主要来自印度尼西亚、澳大利亚、南非、美国、俄罗斯等地区，俄乌冲突爆发后，全球煤价高企，印度增加了对印度尼西亚的煤炭进口，并逐步加大了对相对廉价的俄罗斯煤炭进口力度。日本的煤炭进口主要来自澳大利亚、印度尼西亚、俄罗斯、美国、加拿大等国家，2021 年进口份额分别为 65.2%、11.5%、10.5%、5.1%、4.3%，日本禁止进口俄煤后，转而增加了对美国、加拿大的煤炭进口。韩国煤炭主要进口国与日本一致，但进口分布更为均匀。俄乌冲突爆发后，韩国显著减少了对澳大利亚的煤炭进口，同时增加了对印度尼西亚、俄罗斯及美国的煤炭进口。详见图 17－32 至图 17－34。

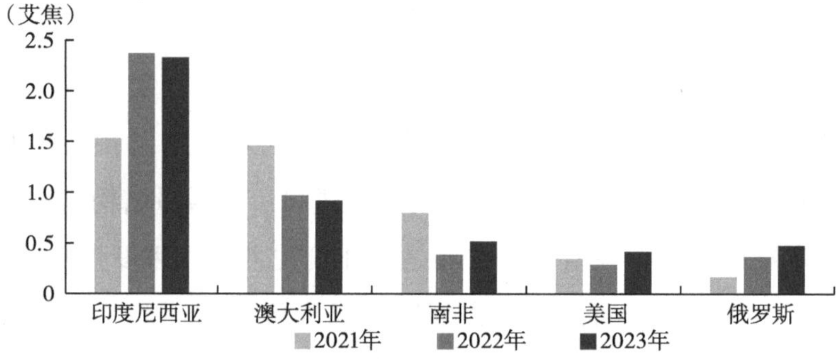

图 17－32　2021—2023 年印度煤炭进口情况

资料来源：BP。

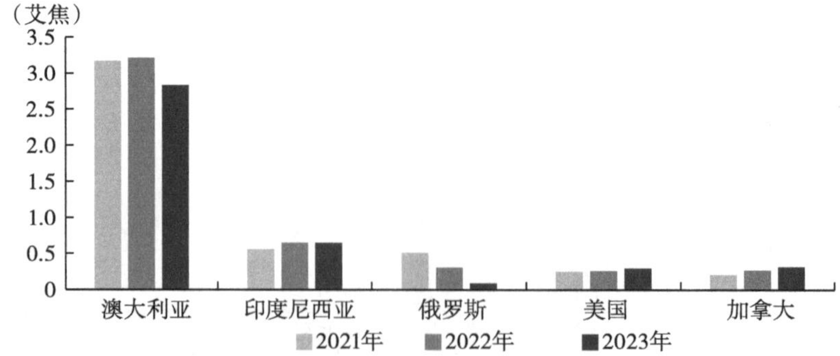

图 17－33　2021—2023 年日本煤炭进口情况

资料来源：BP。

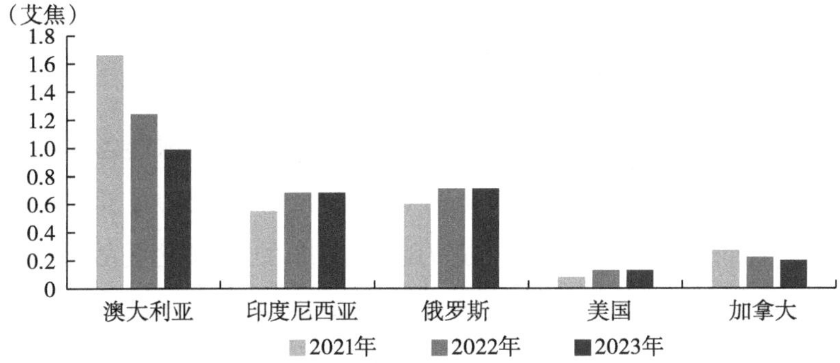

图 17－34　2021—2023 年韩国煤炭进口情况

资料来源：BP。

6. 欧洲

2021 年欧洲的煤炭进口主要来自俄罗斯、澳大利亚、哥伦比亚、美国等国家，进口份额分别为 48.2%、14.6%、14.4%、13.4%。欧洲对俄罗斯煤炭进口依赖度较高，欧盟对俄罗斯煤炭禁运后，增加了对哥伦比亚、美国和南非的煤炭进口，尤其是南非，进口份额由 2021 年的 1.8% 升至 2022 年的 11.7%。另外，为应对能源危机，波兰、德国等欧洲国家重启煤电厂，短期内推高了煤炭需求，2022 年底欧洲能源危机负面影响逐渐削弱，煤炭进口需求减弱，2023 年欧洲煤炭进口总量同比下降 26.9%。详见图 17－35。

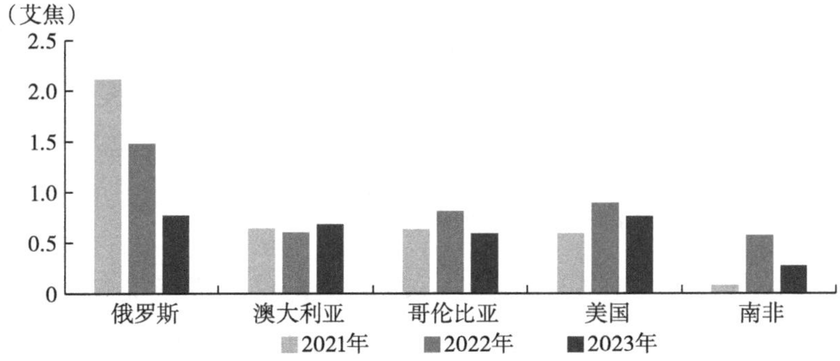

图 17－35　2021—2023 年欧洲煤炭进口情况

资料来源：BP。

二、能源转型投资加速

俄乌冲突及其引发的地缘政治格局演变推动全球能源贸易格局重塑，凸显了能源作为战略性资源在国家经济和安全中的重要性与脆弱性，因此保证能源供应安全将成为越来越多的国家发展战略中的优先目标。为最大限度降低地缘冲突和国际格局变化对能源供应安全的影响，各国在加大化石燃料短期供应的同时，加速了可再生能源的投资布局。

（一）化石燃料投资短期回升

俄乌冲突爆发后，欧洲能源供应短缺问题使得原本占主导的可持续发展议题短暂让位于能源安全性、价格合理性和产业竞争力，化石燃料投资扭转了下降趋势，短期出现了连续回升，2022 年全球化石能源投资额为 8970 亿美元，同比增长 11%，2023 年同比增长 6.2%。一方面，除北美洲外，其他各地区煤炭投资额均显著增长，尤其是亚太地区，欧洲煤炭投资仅在 2022 年增长了 24.9%，2023 年又有所回落。另一方面，为降低对俄罗斯天然气的依赖，欧洲加速投资建设 LNG 接收站等基础设施，2022 年天然气投资额同比增长 9.6%，2023 年进一步增长 19.7%；同时欧洲 LNG 市场需求激增促进了全球新一轮 LNG 出口项目投资，尤其是北美洲及中东地区，2022 年天然气投资额同比分别增长 12.9% 和 48.5%。此外，中东地区的石油投资也稳步增长，2023 年投资额为 1320 亿美元，创历史新高。详见图 17－36、图 17－37。

（二）可再生能源投资持续增长

据国际能源署（IEA）预测，2024 年全球能源投资将首次超过 3 万亿美元，其中 2 万亿美元用于清洁能源技术和基础设施投资。俄乌冲突爆发后全球能源转型投资加速，各国都在加快构建以可再生能源为核心的清洁能源体系，全球可再生能源投资 2021—2023 年年均增长 11.1%，

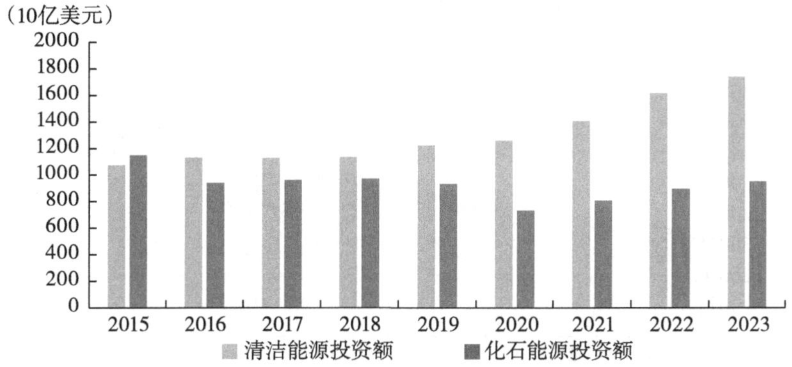

图 17－36　2015—2023 年全球清洁能源和化石能源投资额

资料来源：国际能源署（IEA），Wind 数据库。

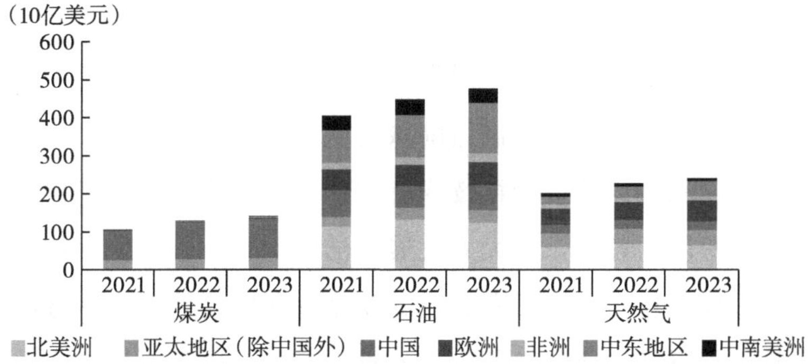

图 17－37　2021—2023 年全球化石能源投资情况（分地区）

资料来源：国际能源署（IEA），Wind 数据库。

2023 年投资额达到 7180 亿美元。分地区来看，全球可再生能源投资分布并不均衡，主要集中在亚太地区、欧洲和北美洲。中国依托庞大的消费市场和“新三样”（电动载人汽车、太阳能电池、锂电池）产业的快速增长，2022 年可再生能源投资达到 2440 亿美元，同比增长 21.4%，约占全球总投资的 37.3%；亚太其他地区可再生能源投资总额仅有中国的一半左右，但在俄乌冲突爆发后投资增速显著提升。欧洲可再生能源投资增长也较为显著，从 2021 年开始几乎保持着两位数的年增速；北美洲 2023 年可再生能源投资同比增长 15.1%，增速明显加快，较 2022 年提升 5.2 个百分点；尽管非洲可再生能源投资增速较快，但整体体量较小，未来仍有很大的增长空间。详见图 17－38。

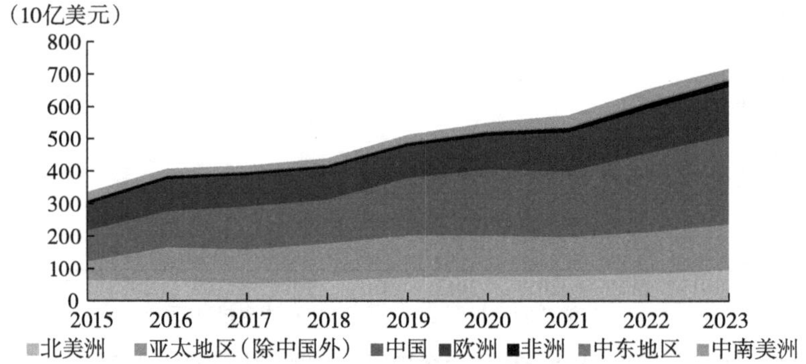

图 17－38　2015—2023 年全球可再生能源投资额（分地区）

资料来源：国际能源署（IEA），Wind 数据库。

（三）能源基础设施及研发投入增加

俄乌冲突爆发后，欧洲被迫削减对俄罗斯的能源依赖，但在这个过程中对美国能源进口的依赖持续攀升。从能源安全、环境保护和气候行动等多维度考量，各国只有大力发展清洁能源，才能摆脱对传统化石能源的路径依赖，从而建立具有韧性的新型能源供应体系。一方面，要增加对能源基础设施、战略储备等的投资；另一方面，要增加清洁能源技术投资，通过智能电网技术创新、储能系统迭代升级、氢能产业链协同发展等系统性工程，加快推进全球能源转型。

从电网投资来看，2015 年以来欧洲、北美洲电网投资逐年上升，亚太地区、非洲、中东地区 2015—2021 年电网投资额呈下降趋势，俄乌冲突爆发后又出现明显回升。2022 年中国电网投资额达到 829 亿美元，同比上升 16.1%；非洲电网投资额仅有中国的 1/10 左右，但增速较快，2022 年同比上升 18.9%。鉴于可再生能源的间歇性和不确定性，发展储能也成为能源转型的关键环节。从储能投资来看，俄乌冲突爆发后全球储能投资快速增长，2022 年投资额较上年翻了一番，2023 年继续以 82.4% 的速度高速增长，投资额达到 374 亿美元，但全球储能投资分布并不均匀，其中87.5%集中在中国、北美洲和欧洲。详见图17－39、图17－40。

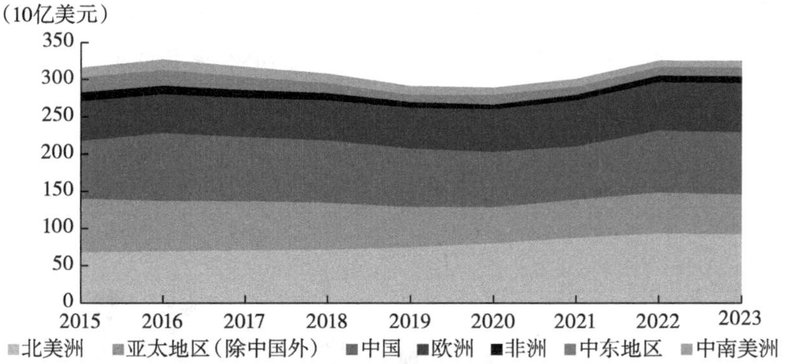

图17－39　2015—2023年全球电网投资额（分地区）

资料来源：国际能源署（IEA），Wind数据库。

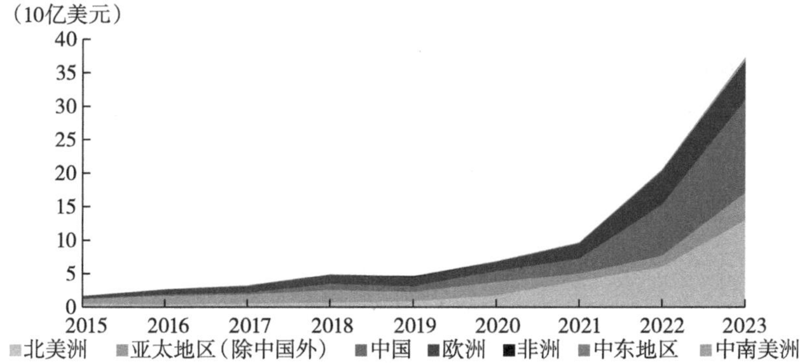

图17－40　2015—2023年全球储能投资额（分地区）

资料来源：国际能源署（IEA），Wind数据库。

近10年来，全球能源研发支出呈现上升态势，持续推动能源领域技术创新。2023年全球能源研发支出总额接近500亿美元，同比增长7%，增长动力主要来自北美洲和中国。中国自2021年起始终保持全球能源研发投入的领先地位，而欧洲同期研发投入增长势头较为强劲，超越北美洲攀升至全球第二位，形成“中欧领跑、北美跟进”的全球能源技术创新格局。进一步从能源研发投入领域来看，欧洲核裂变和聚变研发投入占比最大，2023 年占比达到 23.5%，其次是能效和可再生能源研发投入，占比分别为 20.8% 和 15.3%；美洲其他跨领域技术或研究研发投入占比最大，其次是能效研发投入，占比分别为 26.5% 和 26.3%。另外，欧洲从 2021 年开始重视氢能和燃料电池研发，连续 3 年投入额较上年增加约 7 亿美元，远超美洲国家。详见图 17－41 至图 17－43。

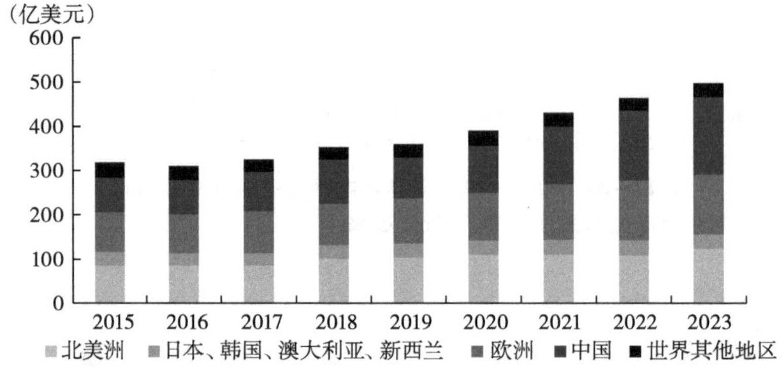

图 17－41　2015—2023 年全球政府能源研发支出额（分地区）

资料来源：国际能源署（IEA）。

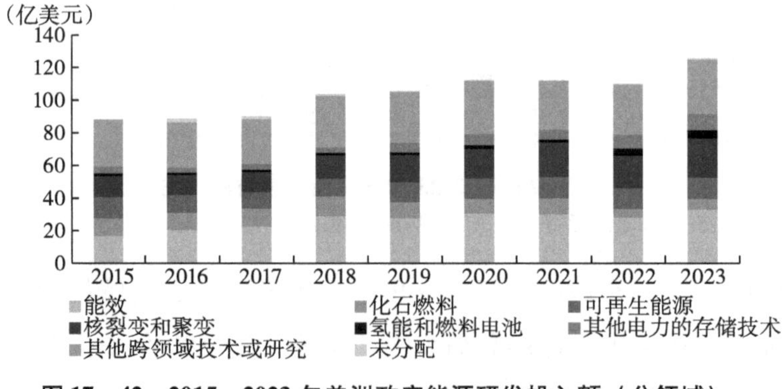

图 17－42　2015—2023 年美洲政府能源研发投入额（分领域）

资料来源：国际能源署（IEA）。

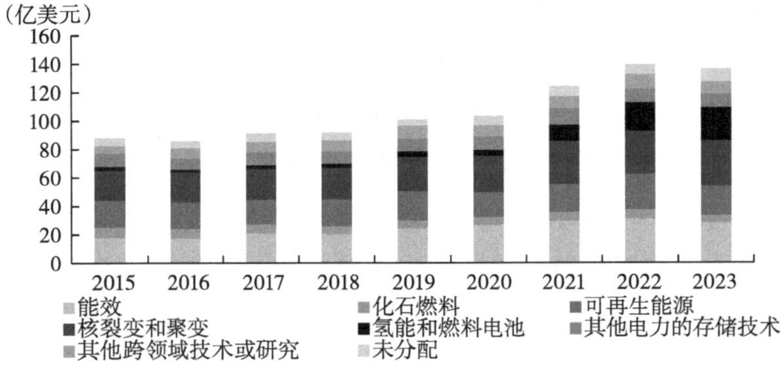

图 17－43　2015—2023 年欧洲政府能源研发投入额（分领域）

资料来源：国际能源署（IEA）。

三、能源供需结构变化

（一）能源供应多源协同

在国际能源战略由“效率优先”向“安全导向”深刻转型的背景下，能源供给体系也随之发生改变，主要呈现以下三方面特征：

一是外部供给多元化进程加速。能源短缺国家正积极寻找地缘政治风险较低且安全可靠的能源供应来源。以欧洲为例，在欧洲能源“去俄化”进程中，一方面转向从美国、中东、北非等地进口石油及天然气，构建环地中海能源圈；另一方面在欧洲内部，欧盟国家显著增加对欧洲其他国家的天然气进口，地理邻近性原则重新主导传统能源供应。随着全球石油市场需求见顶、天然气市场供给过剩与竞争加剧，能源禀赋国家不断拓展新的市场，以俄罗斯为例，在能源出口西向受阻后，一方面深化了与中国的能源合作；另一方面开辟了以印度为代表的新兴市场，逐渐形成“俄—中—印”三角贸易结构。

二是传统能源本土供给增强。俄乌冲突引发全球能源价格震荡，尤其是天然气。从价格波动轨迹来看，2021 年因供需失衡欧洲 TTF 基准天然气价格上涨 390%，2022 年俄乌冲突爆发后更在历史高位基础上再度飙升 117%[①]，这种非线性价格波动给全球天然气进口国带来较大负面影响。在此背景下，全球主要经济体开始加强本土传统能源开发，美国加速页岩油气开发，2022 年天然气产量同比增长 5.2%，原油自给率[②]不断提高，2023 年首次超过 100%；欧洲临时放宽环保限制，重启封存煤电厂，2022 年欧洲煤炭的自给率达到 59.1%，较 2021 年上升 3.4 个百分点，但受资源禀赋限制，欧洲石油、天然气产量增长空间较小；中国天然气自给率由 2021 年的 56.1% 上升至 2022 年的 60.6%[③]。

三是可再生能源发电占比稳步提升。随着可再生能源投资的不断增长，全球能源绿色转型加速，2023 年全球可再生能源发电量占比达 30.2%。分地区来看，中南美洲可再生能源发电占比最高，2023 年达到 71.9%；欧洲仅次于中南美洲，且在 2021 年后可再生能源发电占比快速提升，2023 年达到 48.6%，表明欧洲能源对外依赖度逐步降低；北美洲、亚太地区、非洲和独联体国家可再生能源发电量占比相近，整体呈现缓慢增长态势，占比均在 25% 上下；中东地区由于油气资源较为丰富，可再生能源发展相对缓慢。详见图 17 - 44。进一步从可再生能源发电类型来看，风力发电起步早、规模较大，太阳能光伏发电发展快、后来居上。自 2021 年起，全球太阳能光伏装机容量开始超过风电装机容量，2023 年全球太阳能光伏装机容量达到 1419 吉瓦，新增装机约 346 吉瓦，风电装机容量达到 1021 吉瓦，新增装机约 115 吉瓦。其中，中国风电、太阳能光伏装机容量增长最为显著，2023 年占全球装机总容量的比重均达到 43% 左右。受电网消纳能力不足、储能成本高企及市场饱和度提升等多重因素制约，预计全球太阳能光伏装机增速将于 2025 年后逐步放缓。与此同时，在深远海开发技术突破、规模化开发成本下降、产业链供应链成熟等因素驱动下，全球海上风电将进入加

---

① 资料来源：洲际交易所（ICE）。

② 能源自给率由能源生产量除以能源消费量计算所得。

③ 资料来源：根据 BP、Wind 数据计算所得。

速增长期，有望成为新能源装机增量的核心引擎。详见图 17－45、图 17－46。

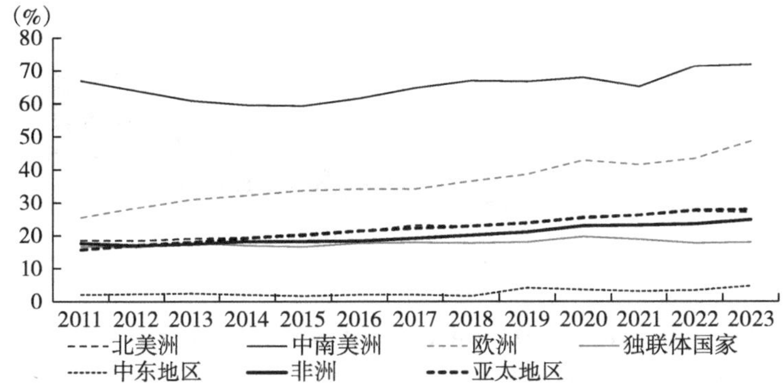

图 17－44　2011—2023 年全球可再生能源发电量占比（分地区）

资料来源：Wind 数据库，BP。

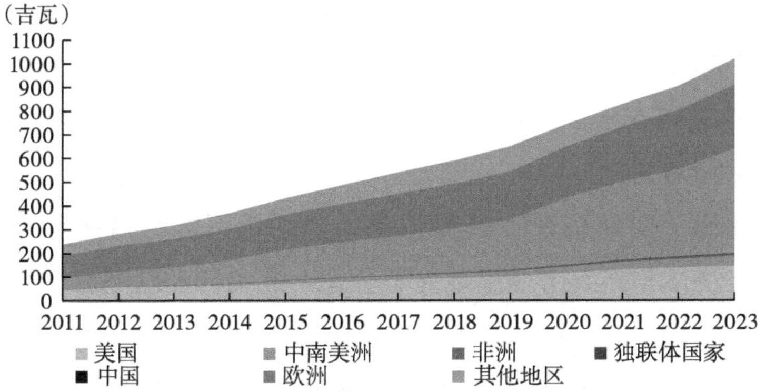

图 17－45　2011—2023 年主要国家或地区风电装机容量

资料来源：Wind 数据库，BP。

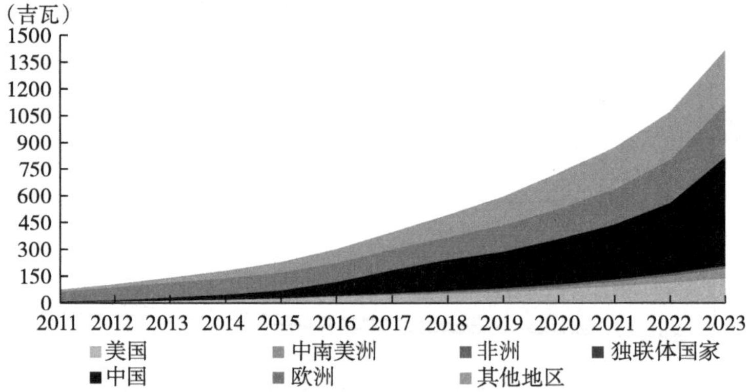

图 17－46　2011—2023 年主要国家或地区太阳能光伏装机容量

资料来源：Wind 数据库，BP。

（二）能源消费结构演进

能源消费与经济增长密切相关，在全球经济增速放缓、产业结构转型、新技术降低能耗的背景下，尽管全球一次能源消费总量仍在逐年增长，2023 年达到 619.6 艾焦，但增速逐渐趋于平缓，同时能源消费结构正发生深刻的变化。

化石能源“西降东升”趋势强化。全球化石能源消费重心加速东移，发达经济体与新兴市场呈现显著分化。北美洲和欧洲石油消费占全球比重持续收缩，2021—2023 年，消费占比分别下降 0.7 个和 0.5 个百分点至 22.4% 和 14.4%；亚太地区石油消费占比提升 0.8 个百分点至 38.2%，成为全球最大的石油消费中心。受俄乌冲突影响，欧洲天然气消费持续下降，2023 年天然气消费占全球比重为 11.6%，较 2021 年下降 2.5 个百分点；亚太地区天然气消费稳中有升，2023 年占比达到 23.3%。欧洲在面临能源危机时短暂增加了煤炭消费，2023 年又再次下降，且消费量创历史新低；亚太地区仍是煤炭消费的主力军，2023 年煤炭消费占全球比重为 82.7%，较 2021 年上升 3.1 个百分点。

非化石能源消费占比不断提高。2021—2023 年，全球非化石能源消费量从 105.7 艾焦增加到 114.8 艾焦，在全球一次能源消费量中的占比由 17.7% 上升至 18.5%。全球一次能源消费逐渐形成煤、油、气、新能源“四分天下”的格局。尽管各区域非化石能源消费占比均在不断提高，但消费结构呈现差异化特征。中南美洲非化石能源在一次能源消费量中占比最高，欧洲次之，2023 年分别达到 36.1% 和 31.4%，且在本地区一次能源消费量中的占比仅次于石油；北美洲仍以石油、天然气消费为主，非化石能源消费比重提升缓慢；2023 年亚太地区非化石能源消费占比为 16.2%，较 2021 年上升了 1 个百分点，但在未来一段时间内煤炭仍将在能源消费中占据主导地位；独联体国家和中东地区都以天然气消费为主，相较于 2021 年，这两个地区的天然气消费占比均有所下滑，但依旧维持在 50% 以上。详见图 17－47 和图 17－48。

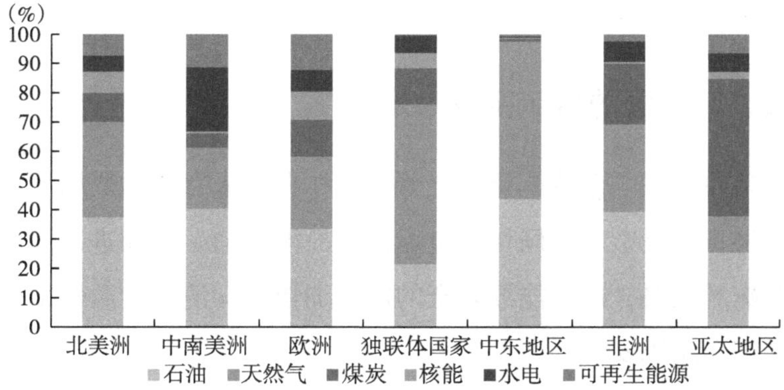

图 17－47　2021 年全球一次能源消费结构（分地区）

资料来源：Wind 数据库，BP。

清洁能源消费日益多元化。全球能源消费由单一的化石能源转向多元化的清洁能源已成趋势，核能、水能、风能、太阳能、生物质能等清洁能源消费比重不断上升。此外，随着技术突破不断实现，氢能需求持续增长，2023 年全球氢能需求达到 9700 万吨，同比增长 2.5%，但短期内低排放氢气成本仍然较高，2023 年产量不足 100 万吨①。当前各国政府积极实施政策以推动低排放氢气以及氢基燃料需求增长，氢能作为

① 资料来源：国际能源署（IEA）发布的《全球氢能回顾 2024》报告。

清洁能源载体的潜力正在逐步释放。

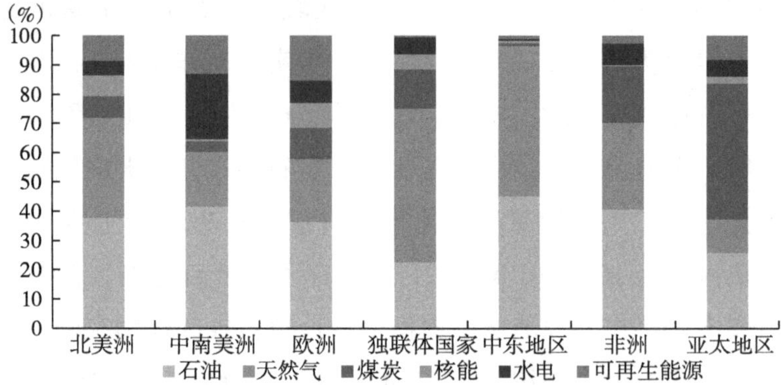

图 17－48　2023 年全球一次能源消费结构（分地区）

资料来源：Wind 数据库，BP。

四、对中国的启示及应对建议

俄乌冲突敲响全球能源安全警钟，在百年未有之大变局下，未来国际形势将日趋复杂。中国作为全球最大的能源消费国和进口国，需采取积极的应对策略，确保能源安全的同时加快推动清洁能源转型，以维护中国经济和能源安全。

（一）多元化能源供给渠道

当前中国新能源发展势头强劲，但短期内油气需求仍不断增长，石油、天然气将作为过渡期重要能源支撑中国经济社会发展全面绿色转型。为保证中国能源供应安全，一方面，要多元化能源供给渠道，避免深度的利益捆绑，巩固和加强与俄罗斯、中亚、中东、拉丁美洲等能源资源丰富国家和地区的合作，深化各方在能源领域的利益交融。另一方面，要强化运输安全，在规划布局油气战略通道时，要充分考虑安全隐患、地缘政治风险等因素，既要增强海上通道的韧性和应对能力，又要不断完善陆上油气进口通道，提升跨关键运输节点的应急保障水平。

（二）提升能源自主保障能力

中国能源供给体系以煤炭为主，要降低外部市场波动带来的冲击，提高能源自给能力，短期内仍要坚持用好化石能源，尤其是煤炭。一是提高化石燃料利用效率，实现煤炭清洁高效利用。一方面加快煤矿智能化建设，从源头提质、规范煤炭清洁有序开发利用；另一方面通过技术赋能推进煤炭与新能源耦合发展，推动煤炭产业向高端化、多元化、低碳化方向转型升级。二是提升油气勘探开发力度，突破"两深一非"开发瓶颈。设立非常规油气专项基金，加快攻克深层、超深层油气等核心技术，推动油气上产提速。三是构建多维度能源储备体系。建立完善政府主导、企业协同的"三级储备"机制，推动 LNG 储罐、地下盐穴储气库等设施建设，建立跨区域调度补偿机制，形成战略储备与商业储备联动的弹性网络，不断提升能源供应链抗冲击能力。

（三）稳步推进能源转型

中国在完善化石能源供应体系的基础上，也要继续推动新能源发展，切实提高能源自给率。一是持续提高可再生能源发电占比。依托风力、太阳能等资源禀赋优势与技术迭代红利，通过统筹推进大型风光基地建设、分布式能源开发等，持续扩大及提高可再生能源装机规模及发电占比。二是加快构建新型电力系统。一方面纵向强基，加快特高压输电、智能配电网和虚拟电厂建设，提升新能源消纳能力；另一方面横向融合，聚焦"风光水储氢"一体化发展，推动电力系统灵活性改造。三是推进氢能产业布局。聚焦绿氢技术突破与产业链协同，推广氢燃料电池重卡、船舶等多元化应用场景，推动氢能由"补充能源"升级为"主体能源"，加速推动能源绿色转型。

（四）加快推动能源技术创新

俄乌冲突不仅暴露了传统能源体系的脆弱性，更凸显了新能源技术创新在能源安全、国际竞争、低碳转型中的重要作用，中国需要持续聚力技术创新，以巩固其在全球新能源产业链中的主导地位。一是聚焦关键领域技术攻坚。重点推进长时储能等关键技术、核心装备和重要部件研发突破，增强自主创新能力。二是推动数字技术与能源产业深度融合。推动区块链赋能交易，提升综合能源交易效率。创新 AI 在电力领域的应用场景，参与需求响应、辅助服务等市场活动。三是构建“产学研用”协同创新体系。在新能源产业集聚区布局国家级新能源创新中心，实施“揭榜挂帅”定向研发机制，构建“基础研究—中试放大—商业应用”的全链条转化体系，推动重大科技成果转化应用。

第十八章　中国式现代化的结构特征、优化潜力和优化路径

李佳霖　董嘉昌[①]

一、引言

随着中国经济进入新常态，总量问题与结构问题交织，结构优化成为推进中国式现代化的重要问题。中国式现代化是全体人民共同富裕的现代化，不仅要求我们始终面向高质量发展、坚持长期主义，更要求我们把结构优化作为现代化建设的出发点、落脚点和着力点。党的二十届三中全会明确“紧紧围绕推进中国式现代化进一步全面深化改革”，指出要“优化各类增量资源配置和存量结构调整”。以结构化视角深入剖析有助于不断激发中国式现代化潜力、促进中国式现代化向好发展。本章创新性地将结构变化问题纳入中国式现代化分析过程，考察中国式现代化结构特征，并指出新阶段结构优化潜力和优化路径。面向高质量发展目标、贯彻新发展理念、化解不平衡不充分矛盾，为实现中国式现代化结构优化并全面推进中国式现代化提供理论支撑和政策启示。

① 李佳霖，西安交通大学公共政策与管理学院助理教授、硕士生导师；董嘉昌，西安交通大学经济与金融学院博士研究生。

二、中国式现代化结构变化的理论阐释

现代化是历史的、发展的概念，是世界各国发展的必由之路。新中国成立以来，中国式现代化内涵日益丰富、实践不断推进，取得了举世瞩目的成绩。从“两步走”“三步走”到党的二十大新的“两步走”，中国式现代化以 20 世纪 50 年代“四个现代化”为起点，经过“一五”时期到“十四五”时期的发展，不断调整、持续完善。党的十九大、二十大引领带动中国式现代化进入新的历史征程，高质量发展成为我国全面建设社会主义现代化国家的首要任务，在更高层次、更深内涵、更广领域上赋予中国式现代化新的内涵与使命。

现代化的本质是生产力的跃迁。作为一个综合性、系统性的概念，现代化涉及经济、社会、政治、科技、文化等多方面转换、变迁、进步，在经济层面包括增长、升级、转型、发展等诸多问题。经济结构构筑经济系统的骨架，关系着生产力和生产关系的生成、演进和互动。不同阶段资源禀赋条件、现代化目标和任务等有所不同，并逐步从追求数量向质量过渡。这一过程中，社会文化发展演进、经济结构调整变迁，推动现代化的主导力量和关键产业等有所变化。现代化进程中的经济结构变迁表征了现代化的核心特点，反映了现代化的独特性和阶段性。中国式现代化既有各国现代化的共同特征，更有基于自己国情的中国特色，由此形成生产力与生产关系、经济基础与上层建筑相互作用、相互适应、相互促进的关系。中国式现代化包含“物”和“人”双重含义下的全面现代化。经济结构变迁改变“物”与“人”现代化的基础和路径，而形成与发展基础、发展阶段、发展目标相匹配的结构是化解不平衡不充分矛盾、支撑中国式现代化加速推进和深化发展的关键。

结构问题在经济学研究中多有涉及，但与经典理论中经济结构的内涵有所不同。其中，发展经济学理论着重强调结构转型，特别是产业结构的变迁。罗斯托认为现代化需要遵循渐进阶段，而发展中国家由于缺

乏生产性投资而难以步入自发阶段。刘易斯认为发展中国家具有传统农业部门和现代工业部门的“二元经济”结构，现代化伴随着工业化进程推进以及传统农业部门剩余劳动力转移和劳动生产率变化。库兹涅茨发现第一产业份额显著下降、第二产业份额显著上升、第三产业份额逐步上升的现象，并指出这一过程伴随人均产值和生产率的高增长率与生产结构的高变换率。帕西内蒂认为，不同部门之间的生产率增长速度和需求扩张程度不同使经济系统构成不断变化，产业结构变化适应需求变化时能够使生产要素向生产率较高的部门转移。克拉克总结出劳动力随经济发展逐步从第一产业向第二产业，进而向第三产业转移的规律。鲍莫尔等指出完成工业化过程的发达国家制造业和服务业产出份额变动的特点。基于发展经济学经典研究，工业化是实现现代化的唯一途径，且这一过程中一国产业必然经过从第一产业到第二产业再到第三产业的转变，并伴随农业份额同时下降等。

相关理论对于从结构视角审视现代化问题给以重要启示。工业化是经济现代化的核心内容，在现代化进程中发挥关键作用。但将工业化简单归结为工业产业特别是制造业等而非生产要素组合变化的过程，将产业结构演进固化为由农业到制造业再到服务业的过程存在误导，对结构转型过程亦缺少分析。此外，发展经济学理论对农业农村现代化重视不够，对农业生产率变动和农业部门变迁关注不足。一国顺利实现现代化的关键在于消除经济增长的障碍。增长理论更强调经济总量问题，所探讨的结构主要为国民经济构成、增长动能结构等，其中结构主义认为发展中国家存在经济结构刚性，而经济结构的调整是经济增长的实质。国际分工理论着眼于国际劳动分工及产业布局，认为结构变迁以生产率提升为基础，其方向、速度与参与国际分工的布局、深度等紧密相关。随着发展中国家与发达国家经济转型和发展过程中先后遇到一系列问题，以新结构主义为代表的学术争鸣提出了进一步思辨思路。事实上，现代化过程是一种多线性、多方向的矛盾运动，发展中每种趋向互相夹杂，多种趋势同时存在，应当从单向度转变为多向度、多侧面的分析。

实践层面，我国现代化进程伴随从工业化到城市化的阶段转换，产业结构变迁，内需拓展空间变化，动能特征改变。快速工业化和城市化浪潮催生农村劳动力转移，带动城乡结构、国民收入分配结构调整，推进工业现代化的同时带动农业农村现代化水平提升；加入 WTO 后外需迅速提振，出口拉动模式兴起使工业现代化实现跨越式进步，第二产业占比快速增加且加工贸易行业迅速发展；全球金融危机使金融业等服务业深度调整，促使我国加大基建领域投资建设来提振内需并推动现代化。与当前中国式现代化阶段相适应的发展目标已经转向高质量发展背景下的结构调整和效率优化，以充分服务于满足人民对美好生活的向往。这也是中国式现代化与一般意义上现代化所强调的生产力提升有所增益之处。中国式现代化结构是中国式现代化进程中构筑现代化基础、支撑现代化变迁、推动现代化进程的经济结构，以现代化的产业结构变迁为核心，受到供需结构、增长动能结构演进调整等影响。现阶段中国式现代化的结构矛盾本质上是发展中的不平衡、不充分问题，制约了要素投入、配置、效率以及全要素生产率提升，阻碍现代化进程。面向以人民为中心的现代化发展目标、服务高质量发展的现代化首要任务，要聚焦产业现代化及结构深度调整等核心问题，以结构优化为抓手推进中国式现代化。

三、中国式现代化结构的变化特征

中国式现代化的核心价值导向在于实现以人民为中心的现代化。新发展理念基于人民日益增长的美好生活需要和不平衡不充分的发展之间的矛盾提出，体现了以人民为中心的政治立场和价值导向，更明确了新时代经济社会的发展观和现代化观。更大力度促进结构高级化合理化、化解不平衡不充分问题是我国当前推进中国式现代化的重要着力点。有必要深入分析中国式现代化的结构特征，围绕中国式现代化目标挖掘产业演进及现代化结构变迁中的问题，才能更好地探索优化潜力和优化路径。

（一）现代化逐步转向工业和服务业主导，生产率持续提升

整体来看，中国式现代化进程中产业演进基本符合库兹涅茨现象，大体呈现出农业份额不断下降、服务业份额不断上升和工业份额先上升后下降的趋势，工业和服务业成为现阶段现代化的主导。我国农业份额保持不断下降趋势，2019 年已下降至 7.1%；工业份额整体上升但波动较大，1980 年之前不断上升、1980—2011 年维持相对稳定至 2011 年后有所下降，2019 年为 38.9%；服务业份额自 1980 年以来持续上升，2012 年超过工业份额①。在产业结构高级化演进的同时，我国产业逐渐实现了从传统向现代的发展。特别是随着工业化和城镇化进程持续深入，工业生产率迅速提升、工业体系不断健全，服务业生产率有所提高、服务业质量持续提升。

尽管中国式现代化表现出以工业和服务业为主导的趋势，但工业和服务业现代化差距仍然明显，劳动生产率仍需提升。整体而言，工业劳动生产率呈逐步上升趋势，且增速较快，如图 18－1 所示；服务业劳动生产率表现为缓慢上升趋势，如图 18－2 所示。从劳均产出所衡量的工业劳动生产率变化来看，在对数人均 GDP 位于 9 附近时，中国与日本和韩国的工业劳动生产率水平较为接近。但日韩及西方高收入国家工业劳动生产率水平在进入高收入阶段后仍保持着持续上升趋势，目前已达到 12 万美元左右。而从劳均产出所衡量的服务业劳动生产率情况看，我国与日本和韩国在跨越高收入阶段门槛时的服务业发展情况相比，服务业劳动生产率水平仍然偏低。

（二）农业现代化正在夯实，但农业就业份额仍明显偏高

我国农业发展呈现农业生产率提升、就业份额和增加值份额下降、

① 资料来源：国家统计局。

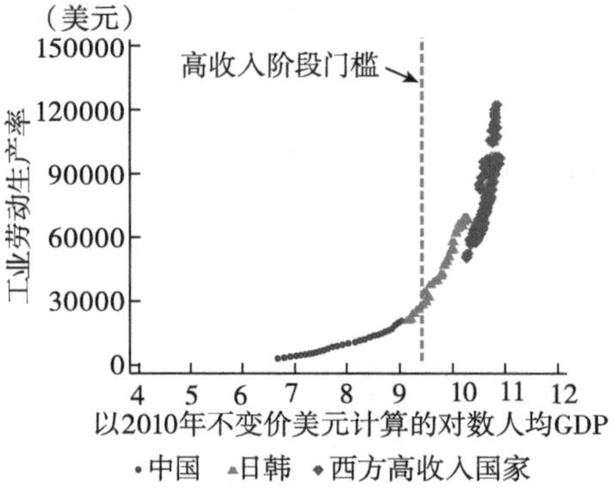

图 18－1　中国与高收入国家工业劳动生产率比较

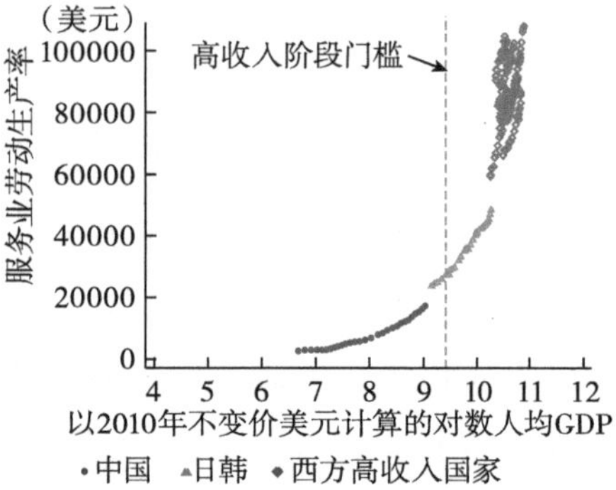

图 18－2　中国与高收入国家服务业劳动生产率比较

资料来源：世界银行数据库（图由作者绘制而成）。

农业回报率提升的基本特征，符合农业现代化的普遍趋势。但与此同时，农业劳动生产率改善幅度有限，对现代化进程有所制约。20 世纪 70 年代以来发达国家第一产业劳动生产率比第二、第三产业有着更为显著的增长，但由于第一产业规模所占比重较小，其劳动生产率的变化为很多结构转型文献所忽视。我国现阶段农业整体发展水平仍然较低。从劳均产出所衡量的农业劳动生产率变化看，日本和韩国的农业劳动生产率在对数人均 GDP 位于 9 附近时大致为 9000 美元，而我国农业劳动生产率大致为 4000 美元①，仍需进一步提升。

我国农业份额伴随现代化进程持续下降，就业份额高于增加值份额。如图 18－3 所示，我国农业增加值份额与西方高收入国家存在明显差异，仍需合理化下降。资本投入不足和规模化程度不高等问题始终阻碍着农业现代化。城乡二元结构制约劳动力有效配置，农村土地制度改革滞后抑制农业生产效率提升，不利于农村经济结构的转换和发展。农地细碎化在限制农业机械化生产和规模化经营的同时，导致劳动力投入过于密集。农业生产经营缺乏多元化主体，制约了农业领域的分工深

---

① 资料来源：世界银行数据库。

化，无法实现充分的现代化生产协作。此外，粮食与经济作物二元结构仍为我国农业主要支柱，正逐步向三元结构协调发展过渡。农业现代化中生产结构和供需结构仍需优化，体制机制约束对农业劳动生产率和农业现代化水平提升的抑制亟须释放。

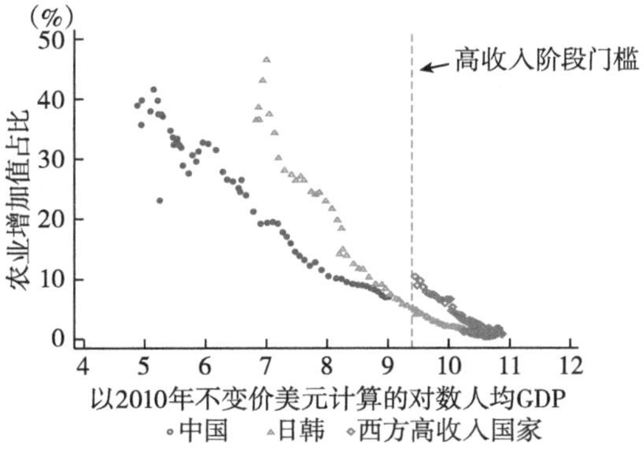

图 18－3　中国与高收入国家农业份额变化趋势比较

资料来源：世界银行数据库（图由作者绘制而成）。

（三）工业现代化加速推进，但工业价值链存在“低端锁定”

我国工业现代化进程顺利推进，技术水平和生产率水平明显提升，体系健全程度、分工细化程度等方面具有领先优势。但工业发展表现出过早“去工业化”现象，工业结构层次偏低、价值链“低端锁定”仍未破除，工业结构升级及价值链向高端攀升仍需发力。改革开放后，我国逐步发展符合比较优势的劳动密集型制造业，工业份额保持在40%～50%。进入中等偏上收入阶段，工业份额迅速下降至40%以下并表现出了过快过早“去工业化”现象。相较而言，日本、韩国在进入中等偏上收入阶段后工业份额反而表现出更加强劲的上升态势，直到跨入高收入阶段后才开始逐步收敛。传统工业产值明显下降，叠加高端工业发展进程相对缓慢，导致我国工业份额整体呈下降趋势。

工业门类从简单到齐全、从以轻工业为主到轻重工业共同发展演进，我国工业现代化快速推进并深度调整。然而工业内部结构存在失衡、发展水平呈现不均，仍需进一步化解。如图 18－4 所示，从增加值占比所衡量的工业内部结构特征看，我国在采矿业，食品、饮料和烟草制品，纺织品、服装和鞋靴，木材、木制品和软木制品等传统工业领域的行业份额偏高，而在计算机、电子和光学设备，机动车辆、拖车和半拖车等技术密集型制造业领域则存在较大差距。现阶段工业内部结构不合理问题突出，这也是我国工业生产率下降背后潜藏的深层次矛盾。亟待从以劳动密集型和资本密集型行业为主导的工业结构向以技术密集型行业为主导的工业结构转变，深化工业现代化结构调整以进一步推动中国式现代化。

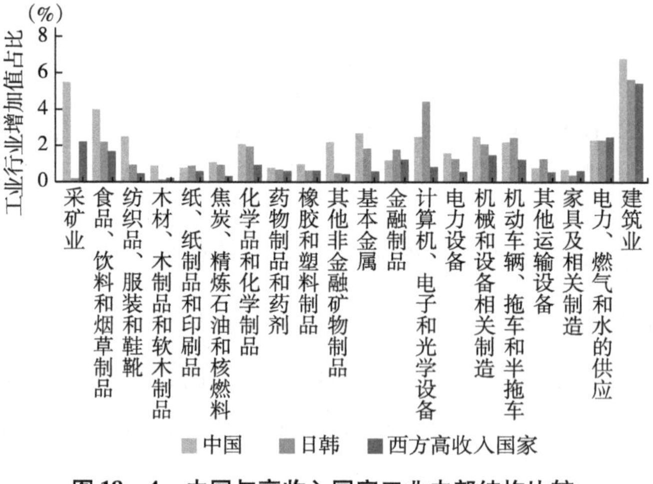

图 18－4　中国与高收入国家工业内部结构比较

资料来源：联合国统计局网站（图由作者绘制而成）。

（四）服务业现代化纵深发展，但服务业结构短板突出

我国高效健全的服务业体系正在构建，从落后到专业化、从劳动密集型向资本和技术密集型转变，服务业现代化迈出实质性步伐。但服务业份额仍然偏低，服务业各行业发展差距较大，短板行业较为突出。我国服务业份额在进入中等偏上收入阶段之前明显低于日本和韩国的服务业份额水平，随着经济发展进入中等偏上收入阶段差距开始缩小。但日

韩以及西方高收入国家在进入高收入阶段后服务业份额仍保持上升至70%～80%，我国服务业份额仅刚刚越过50%水平[①]。目前服务业份额仍远低于发达国家水平，服务业增加值仍需进一步提升，需要有效支持服务业发展、大力推动服务业现代化。

此外，服务业内部结构不均衡、短板行业有待优化。如图18－5所示，从增加值占比所衡量的服务业内部结构特征看，我国批发零售、运输、邮政通信、住宿和餐饮等传统服务业领域的行业份额与日韩以及西方高收入国家较为接近，但计算机和相关信息服务活动、房地产活动、研发和相关商业活动、公共管理和国防、教育医疗等现代服务业领域的行业份额仍然存在较大差距。知识密集型服务业和公共服务业份额明显过低，房地产、公共管理、信息服务等增加值贡献不足、发展短板明显。需要补齐服务业现代化短板，构建优质高效的服务业新体系，增强在投资、消费需求方面的适配性，引导服务业行业有序、高质、高效现代化。

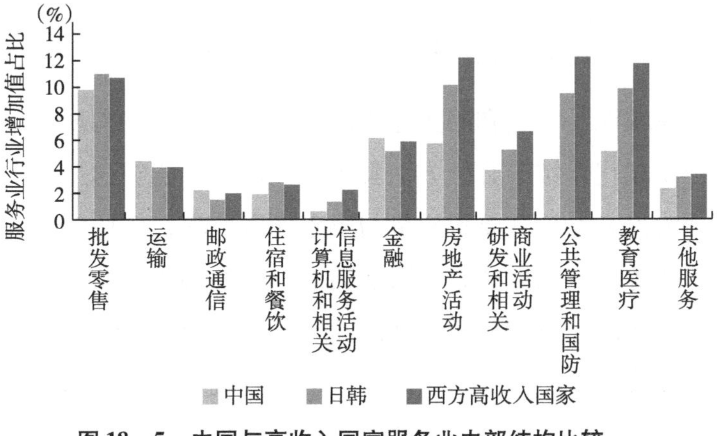

图18－5　中国与高收入国家服务业内部结构比较

资料来源：联合国统计局网站（图由作者绘制而成）。

当前中国式现代化结构问题突出体现为产业支撑与构筑的现代化基

① 资料来源：世界银行数据库。

础失衡，制约三次产业生产率提升及行业结构深层调整，动能转换受阻、供需低效错配等影响中国式现代化结构优化。这不仅是当前现代化进程中存在的问题，也蕴藏着我国推动中国式现代化的结构优化潜力，反映出中国式现代化进一步深化的方向。

四、新阶段中国式现代化的结构优化潜力

为人民谋幸福、为民族谋复兴，是我党领导现代化建设的出发点和落脚点。推进和拓展中国式现代化是一个系统工程，基础是坚实稳定的物质基础和经济条件，而关键在于良好且适配的结构支撑。受到后疫情时代全球经济疲软拖累及国际形势影响，推动中国式现代化面临较大压力。2035 年基本实现现代化需要我国较其他中等发达国家实现更快的经济增长。因此，中国式现代化结构优化需要以实现现代化普遍要求的生产率提升为基础，更要以实现动能转换、供需调整来破除结构障碍、释放结构优化潜力。

（一）中国式现代化结构优化具备生产率全面提升潜力

我国在农业、工业和服务业生产率全面提升以夯实现代化结构优化基础并推动现代化结构升级方面具有巨大潜力。能够通过进一步加大资本、劳动力投入，提升要素质量与要素配置效率，依托技术进步提高全要素生产率等，解放生产力、激活新兴行业发展并带动结构高级化、合理化变迁。在国际形势动荡加剧叠加国内经济结构调整压力累积的当下，能否继续保持良好的增长态势既影响着就业、物价和人民生活，更关系着能否夯实中国式现代化的物质基础和推进进程。产出减少、生产率下降，动摇中国式现代化建设的基础；冲击新旧动能转换，致使新动能培育出现减缓、扭曲甚至倒退；还会引起中长期机制性损伤，出现供应链断裂、企业破产、预期变化、消费习惯变化等深层问题。我国具有增加物质资本存量、积累人力资本、提升全要素生产率以维持经济良好

运行，促进生产率全面持续提升并支撑中国式现代化结构优化的广阔空间。

就资本积累而言，我国三次产业的资本深化程度都远低于高收入国家。目前，我国劳均资本存量大致相当于高收入国家的35%，而日本从西方高收入国家35%的水平经30年左右达到90%左右的水平，韩国也较为接近[①]。劳动力投入方面，尽管劳动年龄人口总量下降，但教育重视程度持续提升、政府教育领域投入不断增加、产业差异化竞争引致人力资本投资上升，可以预期将出现人力资本加速积累过程。步入高质量发展阶段，供需结构深刻调整、城乡结构持续优化，充分利用经济结构调整中的内部发展空间，引导要素资源向经济社会发展薄弱环节和短板领域转移，将有助于提高要素资源配置效率和全要素生产率以支撑现代化结构升级。同时，推动高精尖制造等技术密集型行业、公共服务等短板行业现代化，可以为形成新质生产力并促进结构优化带来重要契机。在转换发展空间的过程中加大技术创新积累，还有利于实现全要素生产率在中长期持续提高，推动中国式现代化结构进一步优化。

（二）中国式现代化结构优化具备动能接续转换潜力

能否处理好“质的有效提升和量的合理增长”关系着我国能否跨越中等收入陷阱并顺利进入高收入国家行列。而充分挖掘发展空间、转换发展动能，是我国达到中等发达国家水平以基本实现现代化的必要条件，更是对促进结构转型升级、增强中国式现代化持续深化动力十分重要。我国具有改善传统拉动经济增长“三驾马车”，并逐步形成创新驱动模式的动能转换空间。改革开放后，投资、消费、净出口在中国式现代化的历史进程中发挥了重要作用。21世纪以来，经济结构不合理、工业产能严重过剩、经济下行压力较大等问题出现，但依靠内需增长拉动、固定资产投资推动的传统动能空间仍较为充足。住房制度改革、加

① 资料来源：根据联合国统计局各国产业投资数据计算。

入 WTO 等使国内、国际市场交错发力，内需、外需协同作用，有力地拉动了投资、出口持续大幅度扩张，直到金融危机冲击。进入新常态供给侧结构性改革仍在推进，国内投资意愿下滑的主观因素和投资机会减少的客观因素叠加制约使大规模固定资产投资扩张难以出现。同时，受全球经济形势和局部贸易冲突影响，国际需求减少，制约我国出口和外商直接投资等。

与此同时，我国科技创新已经跃上新台阶，进一步化解创新困境、提升创新质量能够充分提升生产率、改善生产关系，成为推动中国式现代化的新动能。全球范围内四次现代化浪潮都以科技创新为重要的推动力量、以生产力质的飞跃为核心力量。改革开放后我国利用后发优势走出了一条引进、消化和吸收再创新的科技发展道路，科技实力取得长足进步。以专利申请数量、论文发表量等指标衡量的综合科技创新实力已经位居世界各国前列，从世界科技的跟随者逐步转变到并行者和领跑者。然而，受到经济增长需要和发展阶段局限，科技创新呈现出“重应用、轻基础”的特点，工业化和信息化的关键技术领域尚未突破、自主创新能力亟待提升、知识学习和科技成果转化仍需加强。进一步加大基础研究领域投入和高精尖领域技术探索并加快形成新经济发展路径，建立创新驱动的高效率发展模式能够使创新逐步成为驱动现代化结构调整的关键力量。

（三）中国式现代化结构优化具备供需深刻调整潜力

科技创新是推动现代化发展并赋能中国式现代化结构优化的核心方面，但短期内完全将创新作为核心驱动力量尚未达到门槛条件，需要释放科技创新领域以外的优化空间。我国具备通过体制机制创新补短板、促民生，促进供需深刻调整并实现中国式现代化结构优化的潜力。制度结构、产业结构的变化等经济结构的演变是经济质态变化的根本，能够引致供需调整、效率变化。工业化和城市化进程中要素和资源的流通、配置受到体制性障碍制约，供需不匹配问题始终存在。例如，城乡二元体制并未彻底消除，农村农业领域的广阔发展空间尚未被充分利用；行政管制导致大量过剩资本无法顺利进入服务业领域，城市化阶段的庞大服务性需求难以得到有效满足等。西方一元化经济体制下繁荣时期过后的过剩生产能力会充斥于整个经济体系，致使所有产业部门同时面临需求瓶颈，缺乏结构性增长空间。但工业化深化和城乡融合发展会引发大量劳动力从农业和工业部门向服务业部门转移，城乡居民对公共服务和准公共服务的需求将持续增加，为现代化结构优化催生出巨大的潜在需求。

随着城市化步入关键发展阶段，供需深刻调整潜力有望充分释放。人均收入上升引致服务性需求扩张空间、城乡融合发展重塑农业农村现代化建设空间等，为突破当前发展瓶颈、释放结构优化潜力带来了重要机遇。深化农村土地制度改革可以释放农业部门新增长空间，实现农业劳动生产率进一步提升和农业份额的合理化下降，全面推进乡村振兴、加快建设农业强国、促进农业现代化。新一轮科技革命和产业变革正加速演进，新技术、新成果应用所激活的分工深化需求为工业结构调整创造历史性机遇。人工智能、3D 打印、大数据等领域已具备一定基础和竞争优势，可以加快研制、应用、推广以形成以新技术为引领的现代化及结构升级。高端工业产品研发和生产难度较大、周期较长、转化较慢，但一旦有效的供应链、产业链和价值链形成，将有力补齐高精尖领域供给短板，从而带动中国式现代化实现突破性进展。避免追求份额过快提高、规模盲目扩张而引发“鲍莫尔病”等新问题，补齐公共服务短板、布局知识密集型服务业建设能够促进服务业结构调整，加强供需适配、加速服务业现代化进程、增加服务业份额。支持现代服务业同先进制造业、现代农业深度融合等，有助于全面实现中国式现代化结构优化。

随着中国经济进入新常态，现代化存在的结构性失衡问题以及发展不平衡不充分与人民日益增长的美好生活需要之间的矛盾凸显。需要补齐经济社会发展短板以释放中国式现代化进一步深化的结构优化潜力。中国式现代化在生产率提升、动能转换及供需调整方面具备的巨大潜力，能够清除现代化关键障碍、夯实现代化产业基础、促进现代化结构调整。

五、中国式现代化的结构优化路径

我国经济总量已稳居世界第二位，中国式现代化已取得新的历史性成就。深入推进中国式现代化、全面建设社会主义现代化国家的障碍不再是总量矛盾，而是发展不平衡、不充分的多层次结构矛盾。党的二十届三中全会指出“紧紧围绕推进中国式现代化进一步全面深化改革”。要基于结构优化的出发点，把补短板、促均衡作为着力点，以推动供给和需求、投资与消费、产业结构等持续改善为落脚点，实现中国式现代化结构优化并助力中国式现代化创新突破。

（一）推动城镇化、农业农村现代化，以乡村振兴突破投资瓶颈，持续优化投资结构

“三农”领域已取得显著成绩，但农业农村发展基础不够稳固，城乡发展不平衡不充分是涉及面最广、与人民对美好生活的需要相悖的重大问题。党的二十届三中全会指出“城乡融合发展是中国式现代化的必然要求”，并从农村基本经营制度、强农惠农富农支持制度、土地制度等层面明确有关决定。如何有效破解城乡“双重二元结构”、解决城乡发展不平衡问题是当前关系中国全面迈入现代化的关键问题。

首先，推进户籍制度和土地制度改革，构建有序的户籍流动管理制度，健全城乡生产要素市场化流动机制。要转向从制度、体制、机制及观念等多维制度层面进行系统改革，奠定农业农村现代化长久的、内生性的基础。应深入推动所有权、承包权、经营权分置改革，加快建设城乡统一的建设用地市场，有序推进土地流转制度改革及农村集体经营性

建设用地入市改革等，从而构建生产要素有序流动、高效配置的制度基础。完善承包地经营权流转价格形成机制并优化运行机制，健全土地增值收益分配机制，以充分实现改革惠民，将政策利好转化为农民增收、农业增产以及农村发展的切实福祉，推动农业农村现代化。

其次，加强农村基础设施建设，构建城乡均等化的公共服务体系，促进投资向农村和农业转移。提高公共服务的均衡性和可及性，优化资源、资金、技术、劳动力投入渠道，利用数字平台及多种数字化工具促进农村农业需求和供给的有效对接。要以资本为纽带，推动金融重点领域改革，通过发展普惠金融、养老金融等特色金融服务完善多样化金融服务支持，充分支持农业创新、推进农作物生产机械化行动、提升农业科技支撑能力。发挥好涉农大型国有企业、新型农业组织等在农业现代化中的作用。提高农业产值、促进农业供给侧改革、夯实农业农村发展根基，走质量兴农之路，推动农业结构调整及投资结构优化。

最后，协同推进新型城镇化和乡村振兴，加快构建全面融合、共同繁荣的新型城乡关系。通过加强信息共享、制定事项清单等提升基层治理能力、加快构建城乡社会治理体系、完善共建共治共享的社会治理制度，服务乡村振兴和现代化发展需要。健全便捷高效的农业社会化服务体系，通过科技创新、数字赋能等促进传统服务向现代服务的升级优化，完善农民生活性、农业生产性、农村管理性等多种服务供给。健全政府投资农业重大项目的长效机制，优化社会资本投资落地的促进机制及运行机制，培育内需体系，形成有效投资，优化投资结构。充分发挥比较优势，加快形成有效分工协作格局，提升农业综合生产能力，促进农村繁荣发展和共同富裕，实现农业现代化水平稳步提高。

（二）推动新型工业化、工业现代化，以科技创新重塑增长新动能，坚定培育创新内核

我国工业体系完备、行业门类齐全、工业产品种类丰富，但行业发展水平不均、自主创新能力不足、关键核心技术仍存在短板。党的二十

届三中全会再次强调“教育、科技、人才是中国式现代化的基础性、战略性支撑”，统筹推进教育科技人才体制机制一体改革，提升国家创新体系整体效能。这需要以科技创新从根本上解决中国式现代化长期发展的“卡脖子”问题，在加快传统产业转型升级的同时积极培育战略性新兴产业、提高工业现代化水平以及发挥对中国式现代化的支撑作用。

首先，坚持创新在现代化建设全局中的核心地位，统筹教育、科技、人才体制机制改革。加快知识产权保护立法、深化科技成果赋权改革、推动高校及科研院所收入分配改革等，充分提高科技人员主观能动性。统筹各类科创平台建设，改进科技计划管理，促进科技成果转化机制改革，发挥我国超大规模市场引领作用。要强化国家战略科技力量，更好发挥新型举国体制优势，科学统筹、集中力量、协同攻关，围绕国家发展的战略需求在原始创新、关键核心技术攻关上取得更大突破。同时，要构建科技安全风险监测、预警、响应机制，健全重大技术攻关风险分散机制，统筹好发展与安全问题，为推进中国式现代化提供坚实安全的保障。

其次，把推进工业现代化的着力点放在实体经济上，发挥国有企业、民营企业等合力。深化国资国企改革，优化考核评价体系、完善监督管理机制，敦促国有企业提升核心能力、关注主责主业。破除市场准入壁垒，健全民营中小企业增信制度，畅通民营企业参与国家重大研发攻关、重大项目建设的渠道和机会。完善支撑、扶持专精特新企业发展的体制机制，注重培育新一代信息技术、人工智能、生物技术高端装备等一批现代化新引擎。加强金融支持，深化金融体制改革，完善金融机构定位，健全金融服务实体经济的激励约束机制。建设共性技术平台，发挥优势企业引领产业模式、组织形态变革作用，加快全供应链产业链升级及实体经济高质量发展。

最后，坚持推进新型工业化，构建现代化基础设施体系。完善各类要素市场制度和规则，提高关键环节、关键领域、关键产品的保障能力。推动有关土地有序开发利用、存量有效盘活、功能合理转换的政策落地，确保重点领域工业用地供给及管理优化。加快数据确权、促进数据共享、完善数据跨境流动机制，充分发挥数据要素在探索现代化新路径中的作用。加强数字基础设施建设，打造数字产业集群，布局数字平台、健全监管制度，促进新型工业化和工业现代化。同时，坚持高水平开放，加快内外贸一体化改革、深化外商投资体制改革、完善对外投资体制机制，在国际竞争与合作中提升工业现代化水平及科技创新能力。

（三）推动数智化、服务业现代化，以深度融合提振有效需求，激发国内市场消费潜力

我国人均可支配收入飞速增长，恩格尔系数大幅下降，消费结构从物质型消费为主向服务型消费为主升级，但消费率上升仍然比较缓慢。党的二十届三中全会部署“完善发展服务业体制机制”有关任务，并强调生产性服务业融合发展与生活性服务业多样化发展的重要性，指出要完善扩大消费长效机制，合理增加公共消费。准公共产品的消费扩展空间巨大，拉动现代化建设的能力强劲，需要化解供给不充分的突出矛盾，以一系列联动改革来化解消费升级堵点。

首先，发挥服务业创造性，促进服务业改革开放和现代化建设。要完善区域一体化发展机制，推进生产性服务业融合发展，健全生活性服务业多样化发展机制。加快培育完整的内需体系，构建支持服务业发展的政策体系，因地制宜发展“首发经济”，增强消费活力。加大对准公共产品的投资，提升服务业发展质量，创新服务产品供给，优化服务业现代化结构，释放服务型消费在消费结构升级中的关键作用。协同推进强大国内市场和贸易强国建设，推进服务业扩大开放综合试点示范，加快知识密集型服务贸易发展。建立健全跨境金融服务体系，切实加大对服务贸易的支持力度，增强服务贸易国际竞争力，提升服务贸易额。

其次，加快形成可持续的基本公共服务体系，推动服务业数字化和智能化转型。完善基本公共服务制度体系，全面推进教育、医疗、金融等供给体系建设优化，建立与区域发展基础、需求变化相适宜的基本公共服务供给体系，增强基本公共服务均衡性和可及性。应用数字技术、推动公共服务平台建设、完善服务功能，更好地改善服务业生态、促进服务性消费。推动传统公共服务设施向融合型、新型公共服务设施演进，以数智化发展提升个性化服务水平，提振服务业消费需求。优化公共服务建设规划，促进公共服务流程优化完善，健全公共服务全过程跟踪评估、监督反馈机制，全面提升服务业现代化水平及提高服务业效率。

最后，推动现代服务业同先进制造业、现代农业深度融合发展。通过产业联动、业务重组、流程再造、技术融合，促进产业链、价值链和创新链的延长延伸，探索新产业、新业态、新商业模式。完善共享服务平台、产业互联网平台等，健全新型基础设施融合利用机制，促进协同联动发展、增强结构调整的一致性和体系间的适配性。通过与先进制造业、现代农业深度融合，推动形成系统集成方案，提高智慧决策能力，促进现代服务业升级并释放整个产业体系优化潜力。实现产业、财税、金融等政策协同，破解消费升级的结构性矛盾，构建消费领域全链条良性循环机制。破除跨地区经营行政壁垒，深化区域协同、产业协作，推动实现中国式现代化结构优化。

参考文献

[1]中国共产党第二十届中央委员会第三次全体会议公报[M]. 北京:人民出版社,2024.

[2]王韶兴. 现代化国家与强大政党建设逻辑[J]. 中国社会科学,2021(3):26 –45.

[3]任保平. 以新质生产力赋能中国式现代化的重点与任务[J]. 经济问题,2024(5):1 –6.

[4]吕炜,靳继东. 从财政视角看中国式现代化道路[J]. 中国社会科学,2022(11):165－184.

[5]石明明,张小军. 中国式现代化视域中的经济改革与制度建构[J]. 中国社会科学,2023(9):4－23.

[6]罗斯托. 经济增长的阶段:非共产党宣言[M]. 北京:中国社会科学出版社,2001.

[7]Lewis A. Economic development with unlimited supplies of labor[J]. Manchester School of Economic and Social Studies, 1954,22(5):139－191.

[8]库兹涅茨. 现代经济增长:速度结构与扩展[M]. 北京:北京经济学院出版社,1989.

[9]Prebisch R. Structural change and economic growth: A theoretical essay on the dynamics of the wealth of nations[M]. Cambridge: Cambridge University Press, 1983.

[10]克拉克. 经济进步的条件[M]. 北京:中国人民大学出版社,2020.

[11]Baumol W. J. , Blackman S. A. B. ,Wolff E. N. Unbalanced growth revisited:Asymptotic stagnancy and new evidence[J]. American Economic Review, 1985,75(4):806－817.

[12]罗荣渠. 现代化新论:中国的现代化之路[M]. 上海:华东师范大学出版社,2013.

[13]刘守英,龙婷玉. 城乡转型的政治经济学[J]. 政治经济学评论,2020,11(1):97－115.

[14]林毅夫. 新结构经济学:反思经济发展与政策的理论框架[M]. 北京:北京大学出版社,2014.

[15]刘伟. 坚持新发展理念,推动现代化经济体系建设:学习习近平新时代中国特色社会主义思想关于新发展理念的体会[J]. 管理

世界,2017(12):1 - 7.

[16]黄群慧. 新发展理念:一个关于发展的系统的理论体系[J]. 经济学动态,2022(8):13 - 24.

[17]袁富华. 长期增长过程的“结构性加速”与“结构性减速”:一种解释[J]. 经济研究,2012,47(3):127 - 140.

[18]刘守英,王一鸽. 从乡土中国到城乡中国:中国转型的乡村变迁视角[J]. 管理世界,2018,34(10):128 - 146.

[19]张林. 新质生产力与中国式现代化的动力[J]. 经济学家,2024(3):15 - 24.

[20]洪银兴. 论中国式现代化的经济学维度[J]. 管理世界,2022,38(4):1 - 15.

[21]韩保江,李志斌. 中国式现代化:特征、挑战与路径[J]. 管理世界,2022,38(11):29 - 43.

[22]任保平. 生产力现代化转型形成新质生产力的逻辑[J]. 经济研究,2024,59(3):12 - 19.

[23]欧阳峣,汤凌霄. 大国创新道路的经济学解析[J]. 经济研究,2017,52(9):11 - 23.

[24]刘伟. 转轨中的经济增长与经济结构[M]. 北京:中国发展出版社,2005.

[25]周天勇. 从转轨到并轨:超大规模二元体制经济学的内在体系[J]. 探索与争鸣,2022(5):88 - 101.

[26]宋建,郑江淮. 产业结构、经济增长与服务业成本病:来自中国的经验证据[J]. 产业经济研究,2017(2):1 - 13.

第十九章　中国外商直接投资发展现状、面临挑战及未来展望

郭　悦　李承昊　李雪亚①

一、引言

外商直接投资（FDI）作为国际资本流动的重要形式，对东道国经济增长、技术创新和就业促进发挥着不可替代的作用。改革开放以来，中国凭借廉价的劳动力、完善的基础设施和有吸引力的开放政策，成为全球外商投资的重要目的地，并通过持续优化投资环境、扩大市场开放，在全球产业链中占据了重要地位。然而，随着全球经济格局的深刻调整和国内经济转型升级，中国吸引外资形势正发生显著变化。

近年来，中国吸引外资规模虽保持在较高水平，但增速逐步放缓，同时引资来源地过度集中于亚洲，行业和区域分布不均等问题逐步显现。从行业层面看，传统制造业和房地产领域的外资吸引力下降，高技术产业和服务业虽然展现出强劲的增长潜力，但短期内仍面临国际竞争加剧、技术封锁严苛等挑战。从区域层面看，东部沿海地区在外资引进中始终占据主导地位，中西部和欠发达地区外资吸引力较弱，区域间发展差距亟待缩小。与此同时，外资撤离高技术领域的风险日益加剧，可

① 郭悦，辽宁大学经济学院博士研究生；李承昊，北京物资学院会计学院本科生；李雪亚，商务部国际贸易经济合作研究院助理研究员。

能导致技术断层和产业升级受阻。此外，国际环境的变化进一步加剧了上述问题。一方面，全球产业链重构形势下，各国纷纷加速“近岸化”和“友岸化”布局，降低对单一市场的依赖，影响了中国传统供应链的吸引力。另一方面，中美贸易摩擦和地缘政治紧张局势加剧，使得外资企业开始对中国市场的长期稳定性产生担忧，尤其是在技术密集型产业。此外，新冠疫情的冲击暴露了全球供应链的脆弱性，跨国企业在投资布局上更加谨慎，进一步加大了中国吸引外资难度。

在此背景下，本章从外资规模、资金来源、行业分布和区域格局四个维度，系统梳理了近年来中国外商直接投资的现状及变化趋势，深刻分析了外资流入放缓、结构失衡等问题的原因及影响。从全球产业链重构到国内经济转型，从政策竞争到区域协调发展，本章试图揭示中国吸引外资面临的多维挑战。同时，结合当前国际经济形势和国内经济发展的重点方向，提出包括优化外资结构、提升高附加值产业吸引力、加强区域协调和推动国际合作在内的具体政策建议。

二、中国外商直接投资发展的主要特点及演变趋势

（一）引资规模：吸引外资高位回落，长期增长趋势发生逆转

近年来，中国 FDI 流入规模虽保持在历史高位，但总体呈现下降趋势，各种统计口径下的 FDI 流入均出现不同程度的回落。根据联合国贸易和发展会议（UNCTAD）统计数据，1990 年以来，中国实际利用外资规模持续稳步增长，占全球 FDI 比重呈波动上升态势。在新冠疫情期间，由于疫情防控得力、生产能力迅速恢复，中国吸引外资能力显著增强，2021 年至 2022 年 FDI 流入规模连续两年突破 1800 亿美元，创下历史新高。

然而，2023 年以来，中国吸引外资规模由高位回落，长期上升趋势发生逆转。根据商务部统计数据，自 2022 年 11 月起，中国外商直接

投资同比增速持续为负，2023 年实际使用外资金额为 1632.5 亿美元，同比下降 13.7%。外汇管理局数据显示，在国际收支平衡表（BOP）口径下，2023 年中国直接投资负债仅为 427 亿美元，同比大幅下降 78%。根据商务部统计数据，2024 年 1—7 月，外资流入同比增速进一步放缓，全年 FDI 增速可能低于历史平均水平（见图 19－1）。这一趋势表明，尽管中国市场对外资的吸引力依然存在，但全球经济不确定性和区域政策竞争对我国外资流入形成严峻挑战。

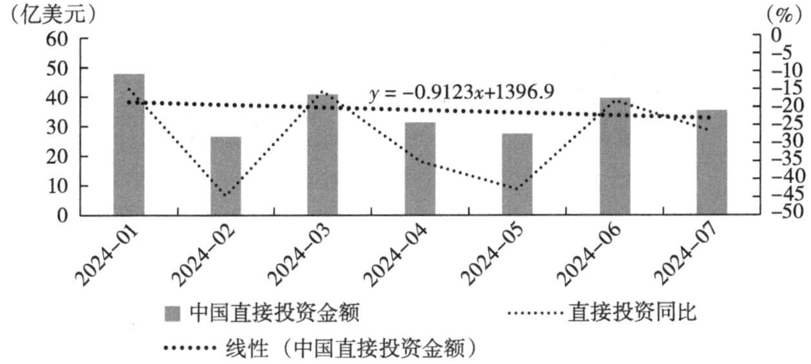

图 19－1　2024 年 1—7 月外商直接投资累计同比增速变化

资料来源：商务部。

（二）国别结构：外资来源地相对单一，对亚洲国家依赖度稳步提升

近年来，中国 FDI 资金来源呈现明显的区域化趋势，亚洲资金主导地位持续增强，欧洲及其他地区的资金增长乏力。来自亚洲的外商投资持续占据主导地位，总量从 1997 年的 3.42 百亿美元增长至 2023 年的 13.268 百亿美元（见图 19－2），来自亚洲的外商投资占比从 1997 年的约 70% 增长至 80% 以上，反映出区域经济一体化和政策（如 RCEP）的有力推动作用。相比之下，欧洲及其他地区资金总量增长乏力，占比从 40% 左右的高点降至不足 20%，主要受地缘政治紧张、政策审查趋紧和区域竞争加剧的影响。这一趋势表明，中国外商投资对亚洲国家的

依赖度逐步提升，未来需通过政策优化和市场化改革，在稳固亚洲外商投资规模的同时吸引更多欧洲及其他地区的优质资本，实现外资来源多元化和高质量发展。

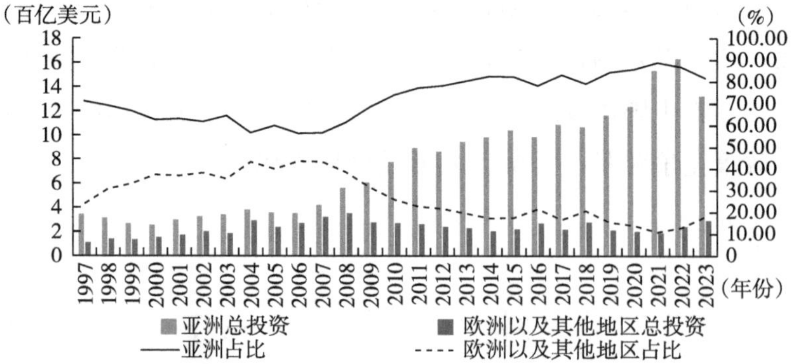

图 19－2　中国外商直接投资来源分布

资料来源：商务部。

（三）行业结构：逐步向高附加值产业倾斜，引资重心转向“内循环”

近年来，在华外资企业大致可以分为两类：一类将中国国内市场作为主要目的地进行产业布局，另一类则以中国为加工装配基地，将产品出口至全球。在改革开放初期至 21 世纪初，以加工出口为主的第二类外资企业占据主导地位。然而，随着中国经济结构的调整和高质量发展的推进，外商投资重心发生显著转变，逐步由制造业和房地产领域向服务业和高新技术产业转移。自 2020 年起，服务业成为外资流入的主要领域（见图 19－3），尤其是在交通运输、金融、批发零售、TMT（科技、媒体和通信）、科研和商业服务等行业。服务业 FDI 占比由 2010 年之前的不足 20%，上升至 2020—2022 年的 58%～60%。这一趋势表明，服务业的快速增长不仅完全抵消了制造业 FDI 的下降，还推动了 FDI 总量的平稳增长。与此同时，制造业 FDI 自 2010 年达到高峰后持续回落，而房地产领域的外商投资受政策调整和行业规范影响自 2015

年后显著下降。

当前，中国吸引外资的行业分布正向高附加值服务业和高科技产业倾斜。这一转型主要受到国内产业结构升级、服务业开放程度的提升，以及外资对海外制造业投资的不确定性增强等因素的驱动，外商投资布局正由以往参与国际“外循环”逐步转向融入中国经济的“内循环”。然而，2024年以来，外资流入增速持续下滑，特别是在科技、互联网和制造业领域，显现出潜在的外资撤离风险。未来，中国需进一步优化投资环境，提升高附加值和高新技术产业的吸引力，以应对全球资本竞争和经济结构调整带来的挑战。

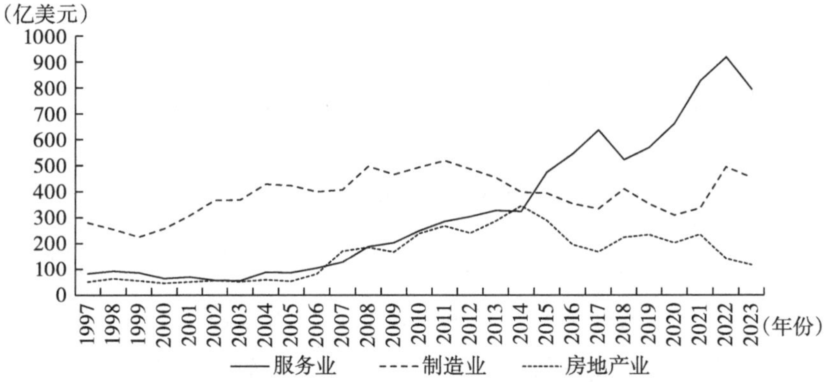

图19－3　中国外商直接投资行业分布

资料来源：商务部。

（四）区域分布：引资分布不均衡，部分地区吸引力有待提升

从地区分布来看，中国FDI呈现显著的区域不均衡现象。海南和西藏因政策优势分别成为吸引外资的核心地区，而沿海省份如山东、广东和江苏则凭借完善的基础设施和市场资源继续保持外资热点地位（见图19－4）。同时，中西部地区如安徽、四川在政策支持下吸引外资潜力逐步加大，但部分省份如青海、宁夏、甘肃和内蒙古外资流入较低，显示出区域间发展水平和营商环境差异性较强。未来，中国应通过区域协调发展政策优化外资分布，促进经济转型和区域均衡发展。

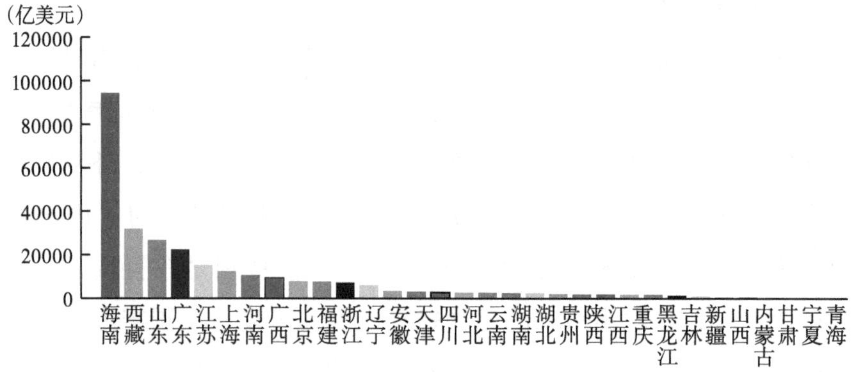

图 19－4　地区外商直接投资规模分布

资料来源：商务部。

三、中国外商直接投资发展面临的问题与挑战

（一）全球产业链加速重构，中国吸引外资难度加大

一是供应链本地化趋势凸显，外资吸引力受到挑战。新冠疫情、中美贸易摩擦以及俄乌冲突等一系列不确定性事件暴露了全球供应链脆弱性，各国纷纷调整产业链战略，从过去单纯追求效率优先转向更加注重安全性和韧性。这种转变促使各国加速“近岸化”和“友岸化”进程，将关键产业链迁回国内或移至地缘政治关系更加稳定的友好国家，以降低供应链风险和依赖。作为全球供应链和生产网络的重要参与者，中国在此背景下的吸引力受到了多重挑战。

二是大国竞争与博弈加剧，重点领域外资流入受阻。全球政治经济的不确定性加剧了外资流入中国的波动性，例如，中美科技竞争和俄乌冲突持续升级，不仅加深了大国间的分裂，还引发了投资者对中国市场长期稳定性的担忧。在高科技领域，中美竞争尤其明显，美国对中国实施的技术出口限制和投资审查政策进一步压缩了中国吸引外资的空间，特别是在半导体、人工智能等核心领域，外资流入显著受阻。

三是外资撤离的潜在风险加大，外资规模存在进一步回缩可能。外资撤离某些关键领域可能对中国技术创新和产业升级产生深远影响。外资企业长期以来是中国技术溢出、管理模式优化和全球市场链接的重要来源，随着外资撤出高技术产业，中国可能面临技术断层、创新速度减缓以及全球竞争力削弱的风险，吸引外资规模可能存在进一步回缩的可能。为应对这一挑战，中国需要采取更加开放的政策，提升市场透明度，优化营商环境，同时加大对科技研发和产业链安全的投入，以在复杂多变的国际环境中保持对外资的吸引力。

（二）贸易摩擦与国家安全泛化叠加，外资企业对华投资意愿下降

中国 FDI 规模波动和中美关系经贸的变化紧密相关。以 2018—2023 年为例，在中美贸易摩擦升级期间，美国对华直接投资流入显著下降，由 2018 年的约 2990 亿美元下降至 2023 年的 1500 亿美元左右，降幅接近 50%。与此同时，中国外商直接投资也从 2020 年的约 1891 亿美元降至 2023 年的 1632 亿美元左右，双边外商投资规模显著收缩（见图 19 –5）。这一趋势表明，贸易摩擦和国家安全泛化给双边投资带来了实质性影响。例如，2019 年，美国以维护国家安全为由加强对中国高科技领域的出口管制，限制中国企业获取关键技术，导致美国高科技企业对华投资意愿下降。此外，全球供应链不确定性增强也促使跨国公司重新评估其在中国的布局。

尽管 2021 年后中美双边直接投资有所恢复，但仍未达到贸易摩擦升级之前的高点。例如，2023 年美国外商直接投资流入为 3000 亿美元左右，较 2018 年的峰值（约 3500 亿美元）有显著差距（见图 19 –5）。这一现象显示了贸易摩擦和技术封锁政策的长期影响。虽然中国整体吸引外资展现出了较强韧性，例如，2020 年全球疫情冲击下，中国依然实现了 FDI 的相对稳定流入，总量超过近 1500 亿美元，表明中国在全球投资中的重要地位，但贸易摩擦仍然抑制了部分外国投资者的信心，

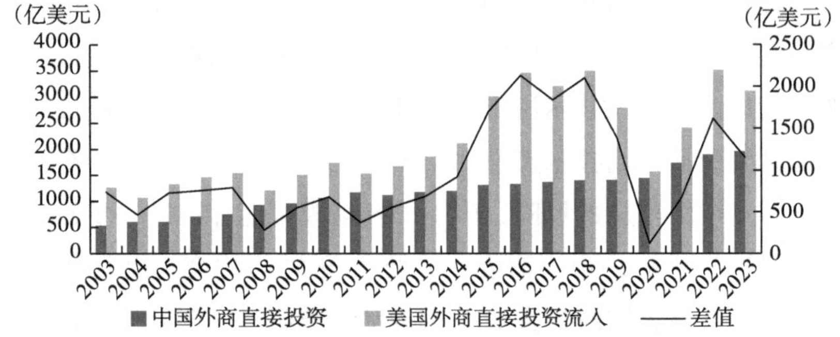

图 19－5　中国与美国外商直接投资流入规模变动趋势对比

资料来源：Wind 数据库、商务部。

特别是在高科技领域。针对这一现状，中国需要持续优化政策，消除外国投资者的安全疑虑，同时拓展与更多经济体的合作，以缓解国际关系紧张对外资流入的负面影响。

（三）引资政策有待进一步优化，外资吸引力相对弱化

不同产业吸引外资的能力存在显著差异。从外商直接投资金额分布来看，制造业仍然是吸引外资的最大领域，投资金额达 10509.33 亿美元，占据主导地位（见图 19－6）。这表明尽管外资流入制造业的占比逐渐减少，其总体吸引力依然强劲。房地产业以 4296.15 亿美元位居引资行业第二，显示了外资对中国房地产市场的持续关注，但政策调控可能限制其进一步增长。服务业中，租赁和商务服务业以 2754.76 亿美元位列第三，表明高技术和高附加值服务业正成为外资新热点。同时，信息传输、计算机服务和软件业吸引了 1600.54 亿美元，科学研究、技术服务和地质勘查业为 1548.97 亿美元，均显示出中国在技术创新领域的吸引力逐步提升。相比之下，一些传统行业如农、林、牧、渔业仅吸引 300.81 亿美元，公共管理和社会组织则仅为 5.05 亿美元，表明上述领域吸引外资的能力较弱。

总体来看，外资更倾向于投向高增长潜力的现代服务业和技术密集型产业，传统行业吸引力逐步下降，体现了中国经济结构优化和产业升

级的趋势。与此同时，尽管中国高附加值领域的外资吸引力逐步增强，但全球范围内对高技术产业的引资竞争也在加剧。许多国家出台了对高技术产业的引资补贴政策。例如，美国加大了对半导体和新能源产业的补贴，推动相关领域的外资流入；日本则重点支持先进电子元器件领域的投资；欧盟也在加大对关键技术产业的扶持力度。在这样的背景下，中国在这些领域的相对吸引力有所弱化，面临来自其他国家的激烈竞争。

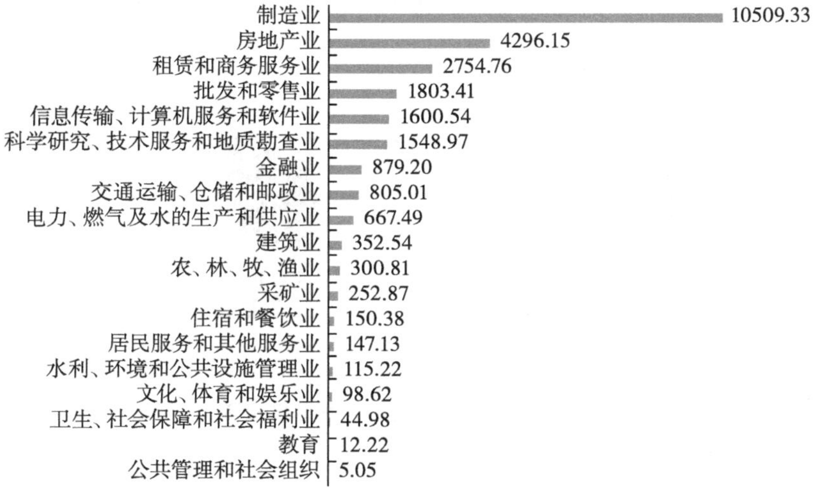

图 19－6　中国外商直接投资金额行业分布情况（亿美元）

资料来源：商务部。

（四）“返程投资”放大效应凸显，制约外资长期稳定增长

从中国实际外商直接投资来源地结构看，近年来外商投资来源存在高度集中现象。76.8%的外资来自亚洲，明显占据主导地位，其次为拉丁美洲，占比10.0%，欧洲为6.8%，其他地区如北美洲（4.0%）、非洲（1.6%）、大洋洲及太平洋岛屿（0.8%）的占比则相对较小（见图19－7）。在这些数据背后，离岸金融中心的作用尤为突出，亚洲地区的外资很大一部分实际来自中国香港、新加坡等离岸金融中心，而拉丁美洲的外资主要集中在维尔京群岛、开曼群岛等离岸地区。这些

“返程投资”形式的 FDI 通常是中国企业以避税、资本增值或其他财务安排为目的，将资金通过离岸地区再投资回本土母公司或关联企业。这种投资形式与传统意义上推动技术转移、促进经济发展的 FDI 有所区别，在更大程度上反映了资本运作行为而非真实的外资流入。

这一现象带来两方面重要影响：一方面，它放大了中国吸引外资的统计数据，但并未显著提升技术转移或产业升级的实际效果；另一方面，这种资金流动模式表明，中国在优化外资结构上仍有较大空间，需要加强对实质性 FDI 的引导，减少对“返程投资”的依赖，以促进高质量经济增长。

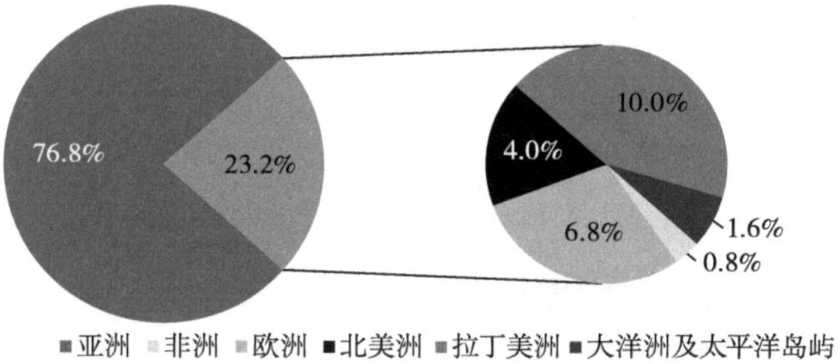

图 19－7　近年汇总中国实际外商直接投资地区占比

资料来源：商务部。

四、关于中国外商直接投资发展的对策建议与展望

当前，中国 FDI 流入呈现出规模回落、来源地相对单一、区域分布不均衡等问题，高附加值领域吸引力有所增强但短期增速放缓，外资撤离潜在风险加剧。全球产业链重构、大国竞争与博弈加剧等对中国吸引外资形成多重挑战。同时，来自亚洲的外商投资占比过高、部分省份外资流入规模较小的现象进一步凸显优化投资环境和政策调整的紧迫性。在此背景下，中国应通过深化改革、扩大开放、优化区域协调政策、提升高技术产业吸引力等措施，突破外资增长瓶颈，推动外资结构优化和高质量发展。

（一）政策建议

1. 加快培育新质生产力，打造吸引外资新“磁力”

高技术和高附加值产业是中国经济结构转型的关键方向，其对外商直接投资的吸引力也逐步增强，成为吸引外资流入的新引擎。为了更大力度吸引与高质量利用高质量外资，中国亟须加快培育以创新为驱动、以全要素生产率提升为核心的新质生产力。首先，应深化科研领域的改革，鼓励更多外资参与到中国的技术研发中，并通过优化知识产权保护体系增强外资企业的投资信心。其次，应推动数字化和绿色化转型，广泛应用人工智能、大数据、云计算等新一代信息技术赋能产业升级，提高生产效率和资源利用率。在绿色转型方面，应通过政策激励促进可再生能源和环保技术领域的外资布局，助力实现“双碳”目标。最后，提高外资投资回报率，优化营商环境，降低交易成本，提供更多面向高技术产业和绿色产业的政策支持，进而形成吸引外资的持久“磁力”。

2. 主动应对外部挑战，持续加强国际投资合作

在全球贸易保护主义抬头、多边经贸合作受阻的背景下，中国吸引外资面临更加复杂的外部挑战。为此，中国需要以更加积极的姿态推动国际经济合作，打造更加开放的区域合作平台。首先，应充分利用《区域全面经济伙伴关系协定》（RCEP）等区域贸易协定，降低关税壁垒和非关税壁垒，为外资企业提供更为广阔的市场准入空间。其次，应与更多国家和地区签订双边投资协定，特别是在高技术领域，加强知识产权保护合作，共同推动技术转移与创新。此外，中国还需要提升在全球经济治理中的话语权，例如在WTO改革进程中扮演更加积极的角色，为外资企业创造更加稳定、公平的国际投资环境。与此同时，中国可以通过加强与新兴经济体的合作扩大投资来源，吸引更多来自“全球南方”的资本流入。例如，与非洲、中东及南亚地区开展合作，推动在基础设施建设、能源开发和农业技术等领域的外资布局。这不仅能多元

化外资来源，还能增强中国在全球经济中的影响力。

3. 持续优化经济发展环境，提高中国对外资的吸引力

合理的经济增速与稳定的宏观环境是吸引外资的重要前提。在经济增速放缓与外部不确定性增强的背景下，中国需要通过一系列政策措施维持经济增长的稳定性。应加大财政政策支持力度，发挥财政稳投资促消费作用。在重点领域加大投资，如新型基础设施建设（5G、人工智能、物联网等）、交通运输网络完善以及城乡基础设施一体化发展，带动经济全面复苏。同时，应通过减税降费政策降低企业运营成本，为外资企业创造更加宽松的发展环境。针对发达经济体货币政策调整带来的短期冲击，中国应坚持货币政策“以我为主”，保持政策的独立性和灵活性。具体而言，应通过公开市场操作、逆回购等手段维持市场流动性充裕，同时保持人民币汇率在合理均衡水平上的基本稳定，避免外资因汇率波动而大规模撤离。此外，还可以探索创新性金融工具，如外汇避险产品，为外资企业提供更为稳定的运营环境。在提升经济增长质量的同时，还应加强区域协调发展战略的实施，吸引外资参与京津冀协同发展、长三角一体化及粤港澳大湾区建设，这不仅能够缩小区域间的发展差距，还能为外资提供多样化的投资机会。

4. 深化外商投资管理体制改革，营造有利的营商环境

高水平对外开放是吸引外资的关键举措。中国需要进一步放宽外资准入，特别是在高科技和绿色能源领域，消除不必要的行业壁垒。例如，在芯片制造、新能源汽车、可再生能源及生物医药等领域，逐步取消股权比例限制和行业准入限制，推动外资深度参与中国的产业链和创新链。提升政策透明度同样是关键，通过减少行政审批流程、明确投资准入清单等措施，降低外资企业进入中国市场的不确定性。同时，应建立健全外资企业投诉机制，及时解决投资者在市场准入、知识产权保护和税收政策等方面的实际问题，增强外资企业对中国市场的信心。

加强对外资企业的服务保障。例如，设立专门的外资企业服务机

构，为外资提供一站式咨询和服务，并通过数字化手段优化外资注册、报税、审批等流程。特别是在中国内地与香港、澳门合作机制下，探索与国际规则接轨的政策框架，为外资企业打造更加开放、便利的营商环境。强化与外资相关的法律法规建设。例如，针对当前部分敏感行业外资准入中的不明确规定，应尽快出台更具操作性的配套文件，为外资企业提供清晰的政策预期。同时，应建立外资企业参与政策制定的沟通机制，让外资企业能够更好地理解中国市场规则，并通过参与共同制定规则的方式增强其对中国市场的信任。

（二）未来展望

未来，中国 FDI 的走势和结构将继续受到全球经济形势和国内经济转型的双重影响，展现以下主要特点和趋势。

1. 短期内增速持续低迷，高质量投资有望成为新增长点

短期内，中国吸引外资的增速可能继续低迷，但高质量投资有望成为新的发展趋势。2023 年，中国的 FDI 流入规模大幅下降，2024 年初的数据进一步显示外资增速放缓，表明短期内外资整体规模难以迅速回升。这一现象反映出全球经济环境和地缘政治局势对外资流动的深刻影响。首先，全球经济复苏疲软，高通胀和货币政策持续收紧，导致国际投资者信心不足，跨国企业的资本流动更加谨慎。此外，供应链重构趋势使企业更加注重投资的区域分散性和安全性，这对中国传统的外资吸引优势形成了一定冲击。其次，区域政策竞争加剧，特别是在东南亚国家和印度等新兴市场的强势崛起背景下，这些地区通过更具吸引力的税收优惠、低成本劳动力和产业政策，吸引了部分原本流向中国的外资。与此同时，发达经济体为推动高技术含量产业回流，出台了鼓励本土制造和技术研发的政策，进一步分流了跨国资本。

尽管如此，中国仍具备较强的吸引高质量外资的潜力。随着产业转型升级加快，中国在新能源、人工智能和绿色制造领域的政策支持力度

不断加大，这些领域有望成为外资增长的新亮点。整体来看，短期内外资规模或将继续承压，但结构优化和高质量投资的发展趋势将为中国吸引外资注入新的动能。

2. 亚洲资金持续占据主导，外资来源地有望逐步多元化

亚洲资金在中国外资流入中的主导地位预计将持续强化，区域经济一体化的推动作用也将进一步显现。随着亚洲经济体间贸易和投资关系的不断加深，特别是东盟国家与中国在产业链协作方面的紧密联系，亚洲资金的流入有望保持稳步增长。同时，中国与亚洲国家在新能源、数字经济和绿色制造领域的合作潜力逐步释放，为吸引外资注入新的动力。

然而，亚洲资金占比的持续提升也带来了外资来源区域单一化的潜在风险。这种结构性问题可能对中国经济的开放性和抗风险能力构成挑战，特别是在地缘政治不确定性和区域性经济波动加剧的情况下，可能进一步放大相关风险。因此，中国需要通过优化外资来源结构，减少对单一区域的依赖，提升经济开放的韧性和可持续性。在 RCEP 和“一带一路”倡议的框架下，中国将着力吸引更多来自东盟、中东、非洲等新兴市场的投资，同时继续巩固发达国家作为主要外资来源的地位。通过推动全球资本分布多元化，中国有望在国际资本市场中进一步增强韧性，降低对单一区域资金的依赖。未来，中国吸引外资的重点将是巩固亚洲资本优势，积极拓展与欧洲及其他地区的经济合作，通过优化外资来源结构和提升投资质量，更好地服务于经济高质量发展的战略目标。

3. 高附加值产业成为主流，制造业和房地产引资或将持续低迷

未来，中国吸引外资的重点将围绕“内循环”战略和高质量发展展开。随着经济结构调整和高附加值产业的崛起，服务业和高技术产业将成为外资流入的主要领域，包括交通运输、金融、TMT、科研和商业服务等行业。这一趋势反映了外资企业逐步从以出口为导向的“外循环”转向融入中国国内市场，进一步推动本地化运营和创新发展。与

此同时，传统制造业和房地产领域的外资投入可能持续低迷，但高端制造、智能制造和绿色经济领域仍具增长潜力。2024 年以来，外资增速放缓，特别是在科技和制造业领域，表明吸引外资面临新的挑战。中国需优化营商环境，强化知识产权保护，简化外资审批流程，并提升政策透明度，以增强对全球优质资本的吸引力。此外，通过深化服务业开放、推动高技术产业创新、加强区域合作（如 RCEP 和“一带一路”倡议），中国将努力实现外资来源多元化，降低对单一市场的依赖。在全球资本竞争加剧的背景下，这一战略调整将助力中国经济结构优化和高质量发展目标的实现。

4. 区域外资发展更加协调，中西部引资潜力有望加速释放

随着区域协调发展战略的深入推进，如成渝地区双城经济圈和粤港澳大湾区建设，中西部地区的投资吸引力将不断增强。未来，中国外资流入的区域分布有望进一步优化，通过政策引导实现更加均衡的资本配置。东部沿海地区，如山东、广东和江苏，仍将是外资流入的核心区域，这得益于其成熟的基础设施、完善的产业链和广阔的市场资源，特别是在高端制造、现代服务业和科技创新领域的吸引力将继续增强。同时，中西部地区如安徽和四川，在政策扶持、基础设施改善和产业转型升级的带动下，外资流入将保持稳步增长，新能源、高端制造和特色产业等领域有望成为新亮点。对于青海、宁夏和内蒙古等外资流入水平较低的欠发达地区，需要结合自身特点，通过发展特色产业、优化营商环境和加强基础设施建设，提升外资吸引力。整体来看，中国通过区域协调发展政策推动外资向中西部地区和高附加值领域流动，将有效缓解东部地区外资过于集中的状况，缩小区域发展差距，助力经济结构转型升级和高质量发展，为未来经济增长提供强大动力。

第二十章　中国对外投资发展现状、现实挑战与政策展望

周博文　何鑫伊　张陈宇[①]

一、引言

近年来，随着中国经济持续增长和国际化进程的加快，中国对外投资日益成为全球经济格局中的重要组成部分。据统计，2024 年前 11 个月，中国对外直接投资总额达到 1479.6 亿美元，同比增长 9.2%。在全球经济复苏乏力与地缘政治紧张的双重压力下，中国对外投资展现出强劲的韧性与发展动力。中国企业通过灵活的投资策略应对外部挑战，逐步优化投资布局。传统投资目的地如欧美国家的投资规模有所下降，而东南亚、非洲等新兴市场迅速崛起，成为中国企业对外投资的主要方向。特别是在“一带一路”倡议的推动下，中国与共建“一带一路”国家的经济合作不断深化。2023 年，中国对共建“一带一路”国家的直接投资额高达 407.1 亿美元，占当年对外投资总流量的 23%（孟妮，2024）。

然而，中国对外投资的快速增长并未掩盖其面临的多重挑战。全球经济增长放缓、地缘政治局势紧张以及国际金融市场的波动，持续对中

① 周博文，辽宁大学国际经济政治学院博士研究生；何鑫伊，浙江工商大学食品与生物工程学院本科生；张陈宇，浙江工业大学经济学院特聘副研究员。

国企业的对外投资稳定性构成威胁。同时，内部因素如投资结构失衡、风险管理机制薄弱以及政策和服务体系的不完善，也在一定程度上制约了中国企业的国际化进程。例如，中国对欧美高新技术领域的投资受到东道国以“国家安全审查”为名的政策壁垒限制，可能延缓中国企业的技术升级进程。为此，本章对中国对外投资进行了系统梳理，探讨可能存在的问题和挑战，并对此提出可行的政策建议与展望。

二、当前中国对外投资发展现状

（一）中国对外投资规模稳步增长

随着中国国内市场日益成熟，竞争越发激烈，企业为谋求新的增长契机并更好地融入全球经济，开拓国际市场以提升自身竞争力已成为必然抉择，这一紧迫性因国内经济增长速度放缓而进一步加剧（Qian Zhou，2024）。据商务部、外汇局统计，2024 年 1—11 月，中国全行业对外直接投资 1479.6 亿美元，同比增长 9.2%。其中，中国境内投资者共对全球 151 个国家和地区的 8581 家境外企业进行了非金融类直接投资，累计投资 1286.3 亿美元，同比增长 11.2%。详见表 20－1。

表 20－1　2024 年 1—11 月中国对外直接投资规模

时间	全行业		非金融类			
	投资额（亿美元）	同比（%）	投资额（亿美元）	同比（%）	国家及地区数（个）	企业数（家）
2024 年 1—11 月	1479.6	9.2	1286.3	11.2	151	8581

资料来源：2024 年 1—11 月我国全行业对外直接投资简明统计。

联合国贸易和发展会议发布的《2024 世界投资报告》显示，在 2023 年全球对外直接投资流量下降 2% 的背景下，中国对外直接投资流量实现逆势增长，达到 1772.9 亿美元，同比增长 8.7%，占全球份额的 11.4%，连续 12 年位列全球前三（毛佳慧，2024）。存量方面，2023 年末，中国对外直接投资存量 2.96 万亿美元，连续 7 年排名全球前三

（徐佩玉，2024）。与此同时，正如《2023 年度中国对外直接投资统计公报》所详述的那样，中国的对外直接投资格局正在发生显著转变：传统目的地如美国、欧盟和澳大利亚的资金流入减少，而中国越来越重视东南亚和非洲等新兴市场，这些地区的投资显著增长（Giulia Interesse，2024）。此外，2023 年，中国对共建“一带一路”国家直接投资 407.1 亿美元，比上年增长 31.5%，占当年对外直接投资流量的 23%（孟妮，2024）。其中，2023 年中国企业与共建“一带一路”国家签订承包工程合同额 2271.6 亿美元，完成营业额 1320.5 亿美元，分别占同期总额的 85.9%、82.1%（孟妮，2024）。

（二）投资区域重点突出，亚洲成最大投资目的地

中国对外直接投资呈现出明显的区域集中性。从流量来看，2023 年亚洲地区是最大的投资目的地，流入金额达到 1416.0 亿美元，占总投资流量的 79.9%。这一比例表明，中国对亚洲地区的投资依然处于主导地位，可能与地理邻近、经济合作密切以及“一带一路”倡议等因素相关。此外，拉丁美洲吸引了 134.8 亿美元的中国对外直接投资，占比为 7.6%，显示出中国在该地区的投资热情虽然相对较低，但依然是重要的投资来源地。欧洲和北美洲的投资金额分别为 99.7 亿美元和 77.8 亿美元，占比分别为 5.6% 和 4.4%。尽管中国在欧美地区的投资规模不及亚洲和拉丁美洲，但其投资流量仍保持一定规模。非洲和大洋洲地区的投资相对较少，分别为 39.6 亿美元和 5.1 亿美元，占比分别为 2.2% 和 0.3%。

从存量来看，2023 年亚洲地区的投资存量远远领先，达到 20148.4 亿美元，占中国对外投资总存量的 68.2%，反映了中国在亚洲的投资布局深度。拉丁美洲作为第二大投资地区，吸引了 6008.0 亿美元的中国对外直接投资，占比为 20.3%，显示出中国在该地区的长期投资趋势及其日益增强的经济合作关系。与亚洲和拉丁美洲相比，欧洲、北美洲、非洲和大洋洲的投资存量相对较低，分别为 1476.8 亿美元、

1101.1 亿美元、421.1 亿美元和 398.5 亿美元，占比依次为 5.0%、3.7%、1.4%和1.3%。整体来看，中国的对外直接投资在全球范围内呈现出区域性差异，尤其是在亚洲和拉丁美洲的投资占据主导地位，显示出中国在全球经济布局中的战略重点。详见表 20－2。

表 20－2　2023 年中国对外直接投资地区构成情况　　单位：亿美元

地区	对外直接投资流量	对外直接投资存量
亚洲	1416.0	20148.4
拉丁美洲	134.8	6008.0
欧洲	99.7	1476.8
北美洲	77.8	1101.1
非洲	39.6	421.1
大洋洲	5.1	398.5

资料来源：《2023 年度中国对外直接投资统计公报》。

（三）投资领域多元化，租赁和商务服务占主要份额

中国的对外直接投资呈现出多元化的趋势，涵盖了国民经济的 18 个行业。租赁和商务服务业以 541.7 亿美元的投资流量占据最大份额，达到 30.6%，该行业主要由投资控股推动。从构成看，租赁业占 1%，商务服务业为主要领域。中国对外投资的商务服务业主要涉及投资管理、企业海外总部、市场管理、供应链管理等领域（谢希瑶，2024）。这表明中国在全球服务业领域，特别是商业和租赁服务方面的投资持续增长。批发和零售业也占据了较大比例，投资流量为 388.2 亿美元，占比 21.9%，反映了中国在全球消费市场和零售业务中的积极布局。制造业吸引了 273.4 亿美元，占比 15.4%，继续保持中国对外投资的传统优势。而金融业则获得 182.2 亿美元的投资，占比 10.3%，投资区域覆盖中国主要贸易投资伙伴，显示出中国在国际金融市场的扩展力度。

此外，采矿业和交通运输、仓储和邮政业等行业也有显著的投资流入，分别为 98.8 亿美元和 84.4 亿美元，占比分别为 5.6% 和 4.8%。科学研究和技术服务业、电力及公共设施等领域的投资则较为均衡，体

现了中国在高技术、能源和基础设施方面的多元化投资战略。整体数据表明，中国的对外直接投资不是局限于传统的制造和采矿领域，而是逐步扩展至服务业、金融业、科技以及公用事业等多个领域，显示出中国投资布局的多元化和全球化。详见图 20－1。

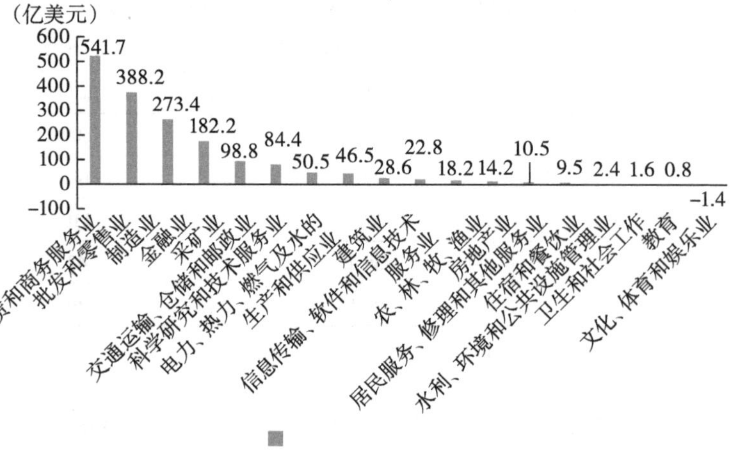

图 20－1　2023 年中国对外直接投资流量行业分布情况

资料来源：《2023 年度中国对外直接投资统计公报》。

（四）当期收益再投资和债务工具投资是主要投资模式

中国对外直接投资的三个主要组成部分——新增股权、当期收益再投资和债务工具投资，均表现出了不同的变化趋势。新增股权的投资在 2006 年为 51.7 亿美元，并逐年增长，尤其是在 2015 年和 2016 年，分别达到了 967.1 亿美元和 1141.3 亿美元，显示出中国企业在海外并购和股权投资方面的活跃。然而，从 2017 年起，新增股权的投资金额略有波动，2023 年为 726.2 亿美元，比 2022 年的 611.3 亿美元增加了 114.9 亿美元，增长幅度为 18.8%。这一变化可能与中国企业在海外扩张过程中面临的环境变化和战略调整有关。

当期收益再投资方面，自 2006 年 66.5 亿美元起步，逐渐增加，显示出中国在全球经济中通过收益再投资持续扩大海外资产的布局。2023

年，当期收益再投资为784.6亿美元，比2022年的803.8亿美元略有下降，但仍保持在较高水平，显示出中国企业持续依赖其在海外投资中产生的收益进行再投资，增强其全球经济影响力。

债务工具投资的变化则呈现更加波动的趋势。2006年债务工具投资为93.4亿美元，逐年增长，并在2008年达到176.6亿美元。2012年和2013年，债务工具投资大幅增长，分别为341.9亿美元和387.9亿美元，显示出中国对国际债务市场的高度参与。随后波动明显，2023年债务工具投资为262.1亿美元，比2022年的216.1亿美元增长了46亿美元，增长幅度为21.3%。这一趋势表明，中国在全球债务市场的投资逐步恢复，可能与全球利率水平和融资环境的变化相关。详见图20-2。

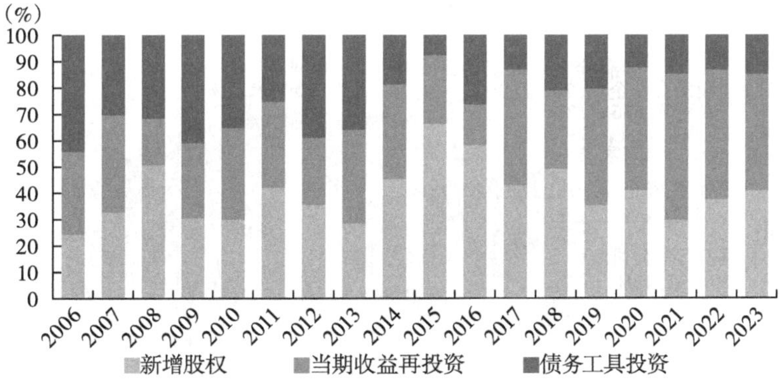

图20-2 2006—2023年中国对外直接投资流量来源构成

资料来源：Wind数据库。

（五）私人和公共所有制结构组合多样化

中国境内投资者按工商登记注册类型分类的对外直接投资主体数量和比重存在显著差异。私营企业是最主要的投资主体，数量达到10672家，占比34.7%。这反映出中国私营企业在对外投资中的重要地位，也显示出其在“一带一路”倡议以及全球化背景下的活跃参与度。有限责任公司则是第二大投资主体，共计8759家，占比28.5%，成为推动中国对外直接投资的重要力量。股份有限公司在境内投资者中排名第三，共有 4043 家，占比 13.2%。外商投资企业和国有企业的投资主体数量分别为 1721 家和 1654 家，占比分别为 5.6% 和 5.4%，显示出中国对外直接投资中外资企业与国有企业共同发挥了重要作用。港、澳、台商投资企业共有 1240 家，占比 4%，表明中国内地与港澳台地区的经济联动在对外投资中也占有一定地位。其他工商登记类型的投资者数量相对较少。个体经营主体为 636 家，占比 2.1%；股份合作企业为 288 家，占比 0.9%；集体企业和联营企业则分别为 101 家和 33 家，占比仅分别为 0.3% 和 0.1%。此外，还有其他类型的投资主体共 1594 家，占比 5.2%。整体来看，中国对外直接投资主体的构成以私营企业、有限责任公司和股份有限公司为主，展现了多元化的投资格局，为中国的全球投资做出了重大贡献。见图 20－3。

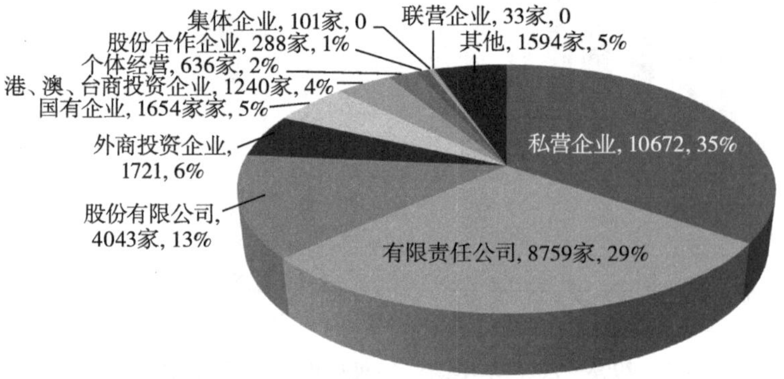

图 20－3　2023 年末中国境内投资者按登记注册类型分类情况

资料来源：《2023 年度中国对外直接投资统计公报》。

从境外企业设立情况来看，截至 2023 年底，中国境内投资者共在全球 189 个国家和地区设立境外企业 4.8 万家，境外企业覆盖全球超过 80% 的国家和地区（徐佩玉，2024），其中，在共建“一带一路”国家设立境外企业 1.7 万家（孟妮，2024）。

从地方企业分布情况来看，大多数中国的对外投资者来自经济较为发达的地区，其中广东省居首，拥有超过 7400 家投资实体，占总投资者的24.1%。其他主要省份中，上海有超过3700家投资实体，占12.2%。浙江有超过3500家投资实体，占11.6%。北京、江苏和山东等省份也在整体对外投资者的分布中占有重要地位[①]。

（六）中国对共建“一带一路”国家的投资快速增长

中国对共建“一带一路”国家的投资呈现出逐年增长的趋势，但在个别年份经历了波动。从2013年126.3亿美元的投资流量起步，到2023年达到407.1亿美元，中国对外投资总额大幅增加，年均增长显著。2014年和2015年分别增长了8.2%和38.6%，显示出对该地区投资的持续扩张。2016年投资流量出现下降，下降幅度为19.0%，可能与全球经济环境及“一带一路”项目的初期实施阶段有关。但随后，2017年投资流量再次增长至201.7亿美元，同比增长31.5%，这表明中国的对外投资战略逐步回稳，并开始加大对共建“一带一路”国家的投资力度。

在2018年，投资流量略有回落，减少了11.3%，但从2019年起，投资流量重新回升至186.9亿美元，同比增长4.5%。特别是在2020年，投资流量增长了20.6%，达到225.4亿美元，显示尽管全球面临疫情挑战，中国仍保持着较强的投资动力。2021年，投资进一步增长至241.5亿美元，同比增长7.1%。2022年，中国对共建“一带一路”国家的投资继续增长至309.6亿美元，同比增长28.2%，显示出中国对该地区的长期承诺和战略布局。2023年，投资流量达到407.1亿美元，同比增长31.5%，是近年来最大的增幅，反映出中国在“一带一路”倡议的推动下，逐步加强与共建“一带一路”国家的经济合作，尤其是在基础设施建设、能源和金融等领域的投入进一步加大。这一增长势头表明，中国对共建“一带一路”国家的投资正在不断深化，投资规

---

① 资料来源：《中国企业出海投资趋势：来源、目的地及关键行业》，https://www.china-briefing.com/news/china-odi-trends-cn/。

模和增长速度均呈现出强劲的增长态势。详见图 20 –4。

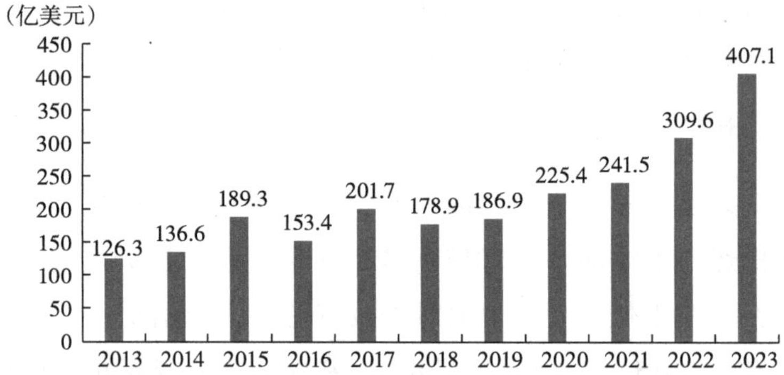

图 20 –4　2013—2023 年中国对共建“一带一路”国家投资情况

资料来源：2013—2023 年度中国对外直接投资统计公报。

三、当前中国对外投资存在的问题与挑战

（一）外部投资环境不断恶化

全球经济复苏乏力持续削弱中国对外投资的盈利能力与稳定性。根据世界银行最新发布的《全球经济展望》，全球经济增长虽趋于稳定，但增速依然疲软，预计 2024 年全球经济增速为 2.6%。多个地区的经济增长预计进一步放缓，例如东亚和太平洋地区 2024 年增速降至 4.8%，2025 年降至 4.2%；欧洲和中亚地区 2024 年增速降至 3.0%，2025 年降至 2.9%。与此同时，国际货币基金组织在《世界经济展望》中指出，尽管总体通胀预计 2024 年降至 5.8%，2025 年降至 4.3%，但货币政策紧缩可能持续过长，并引发金融市场波动等风险。全球经济增速放缓使一些投资目的地的增长潜力减弱，增加了中国对外投资的回报风险。此外，全球金融市场的不稳定性加剧，通货膨胀压力与货币政策收紧使跨境资金流动受阻，加大了中国企业在境外的资本运作与资产配置难度。商务部的《2023 年度中国对外直接投资统计公报》显示，2023 年中国对外投资并购交易总额为 205.7 亿美元，创 2010 年以来第二低

水平。

与此同时，地缘政治紧张局势对中国对外投资的影响越发显著。在全球经济高度互联的背景下，地缘政治已成为中国企业在投资决策中必须优先考虑的因素。随着全球政治格局不断演变，政治动荡、军事冲突和外交摩擦等地缘政治风险对中国企业构成严峻挑战。中国企业海外重大项目通常具有高资本投入、长建设周期和回报周期的特点，对地缘政治风险尤为敏感（杜晓君等，2024）。这些风险可能导致市场准入受限、投资机会减少以及境外资产安全性下降。在一些政治不稳定的国家和地区，国内动荡不仅威胁中国企业项目的安全，还增加运营成本与资金压力，甚至可能迫使外资撤离。例如，2023 年中国对欧洲投资仅为 99.7 亿美元，同比下降 3.6%；对大洋洲和拉丁美洲的投资降幅更为显著，分别下降 83.4% 和 17.6%。这些数据反映了地缘政治风险给中国企业海外投资带来的严峻考验。

（二）美欧设置投资壁垒，阻止中国企业在欧美市场的大量并购

当前中国对外投资面临的核心挑战在于美欧等发达经济体以国家安全为名设置的系统性投资壁垒。美国通过《外国投资风险审查现代化法案》（FIRRMA）大幅扩展美国外国投资委员会（CFIUS）的审查权限，将半导体、人工智能、生物技术等 27 个关键技术领域纳入监管范围，并赋予追溯审查权，导致中国对美并购交易额骤降。欧盟紧随其后推出统一外资审查框架，成员国审查案件量激增，重点监控涉及关键基础设施、敏感数据及技术主权的投资。这种审查机制已超越传统国家安全范畴，演变为技术竞争与战略遏制的工具。例如，德国政府 2023 年以“威胁欧洲技术主权”为由否决中资半导体并购案，反映出审查标准正从资产安全向技术主导权延伸。美欧的规则重构具有鲜明的针对性，其制度设计中的模糊条款（如“实质性利益”“国家安全”缺乏明确定义）为自由裁量留下空间，使得中资交易面临高度不确定性和泛政治化风险。数据显示，2018—2021 年依然有 141 件中资交易遭遇外资

安全审查，约占同期全部受审交易（919 件）的 15.3%（马骦，2022）。这一趋势背后是美欧对中国技术崛起的系统性遏制。美国通过“芯片与科学法案”《通胀削减法案》等政策，禁止受补贴企业在华扩大先进产能，并联合盟友构建排除中国的供应链体系。欧盟则将光伏技术、电池材料等列入敏感清单，形成技术防火墙。此类壁垒不仅阻碍中国企业获取前沿技术，还通过“长臂管辖”干扰已完成交易，导致中企海外技术并购成功率骤降。

（三）对外直接投资存在结构性失衡

中国企业对外直接投资的全球布局不断扩展，但仍面临显著的结构性失衡问题，主要体现在产业结构失衡和区域结构失衡两方面。

在产业结构失衡方面，中国企业的对外投资主要集中于传统服务业和中低端制造业，而对高新技术产业的投资明显不足，制约了中国在全球价值链中的攀升。当前，中国企业在租赁和商务服务业、批发零售业等传统服务行业的投资比重较大，这表明企业更倾向于成熟的商业模式和低风险领域的投资。这种策略在短期内能够帮助企业快速获取市场份额和利润，但从长期来看可能抑制技术创新能力的提升，阻碍产业升级。在制造业领域，中国企业的投资仍以中低端制造业为主，而对科学研究与技术服务业、信息技术产业等高新技术领域的投资比例较低，难以与全球领先企业在核心技术和产品创新领域展开有效竞争。这种产业结构失衡不仅削弱了中国企业的国际竞争力，还限制了其获取战略性技术与资源的能力。同时，传统产业投资的过度集中可能导致资源浪费和环境压力，与可持续发展目标背道而驰。

在区域结构失衡方面，首先，中国对外直接投资高度依赖香港特区，将其作为资金流动的中转枢纽。亚洲长期以来是中国对外投资的主要目的地，2023 年流向亚洲的投资占比接近 80%。但其中，中国香港以 1087.7 亿美元（占总额的 61.4%）显著领先于其他地区。香港特区作为投资中转地的特殊性，使得统计数据难以反映最终投资目的地。例如，部分通过香港特区流向欧美或非洲的资金被计入香港特区流量，导致实际地域分布的多元性被低估。其次，离岸金融中心占比突出。开曼群岛（4.9%）、新加坡（7.4%）、英属维尔京群岛（1.4%）等离岸金融中心的合计占比达13.7%。此类地区通常用于资本运作和税务优化，高比例资金流向开曼群岛、新加坡等地，可能加剧资本外流风险，同时引发国际社会对投资透明度与合规性的质疑。最后，新兴市场布局分散。东南亚（印度尼西亚、越南、泰国等）及共建“一带一路”国家（哈萨克斯坦、老挝等）的流量占比小，单国投资规模普遍低于20亿美元。分散化的布局可能削弱规模效应，同时面临政治风险、基础设施不足等挑战[①]。

（四）风险管控和监管机制有待完善

随着中国企业对外投资范围不断扩大，涉及的国家和地区日益多元化，但风险管控和监管机制的不足成为制约其国际化发展的重要问题。

首先，中国企业在风险评估与管控方面能力不足。相较于传统跨国公司，中国企业的国际化起步较晚，在对外投资中常存在盲目追逐短期资本收益的问题。一些企业未充分评估自身跨国经营能力，盲目跟风投资，忽视了对海外市场政治、法律、经济和文化等风险的全面认知（太平、李姣，2019）。这种短视行为虽然可能带来一时的利益，却往往伴随着高昂的长期风险，导致投资项目失败或陷入困境。

其次，国际化管理体系的缺乏制约了企业的风险应对能力。许多中国企业在进入海外市场时，未能根据不同国家和地区的特点调整经营策略，导致管理模式单一、决策混乱。尤其在并购后，部分企业在资产整合、人力管理、文化融合和品牌重塑等方面能力不足，难以有效实施本土化经营策略，导致文化冲突频发，投资后期运营困难（太平、李姣，2019）。这种整合能力的缺失削弱了企业在国际市场中的灵活性和竞

① 资料来源：《2023年度中国对外直接投资统计公报》。

争力。

最后，中国对外投资的监管机制尚未成熟，存在“重审批、轻监管”的现象。企业对外投资通常需经历中央与地方政府多层次审批，流程复杂、效率较低。但在投资完成后，政府对企业的监管支持力度不足，尤其在合规性管理、税收政策和外汇管制等方面缺乏明确的指导。这种监管机制的缺失使企业项目在应对跨境投资风险时，常因信息不对称或管理不善而失败，甚至引发法律纠纷，对企业的声誉和品牌形象造成不良影响（张晓涛，2024）。

（五）政策和服务体系不健全

中国企业对外直接投资自改革开放以来，逐渐成为推动国家经济发展和提升全球竞争力的重要手段。然而，在这一进程中，随着企业海外投资的持续增长，相关政策和服务体系的不健全问题也日益暴露，成为制约企业在全球市场成功发展的关键因素之一。一方面，政策支持体系的滞后和不完善，导致中国企业在开展对外投资时面临较高的不确定性。与发达国家相比，中国对外投资法律政策体系缺乏对外投资基本法，对外投资的法律政策以部门规章为主，法律位阶较低，法律政策体系相对薄弱，且税收政策手段比较单一，主要包括税收优惠政策和双边税收协定（李富有等，2023）。同时缺乏政策协同配合，尽管中央政府在推动企业“走出去”方面出台了多项鼓励措施，但中央和地方政府、行业主管部门和相关监管机构之间的政策协调不足，往往导致政策执行的碎片化和不一致性。此外，中国对外生效的国际投资协定版本老旧且标准不高的问题尤为突出。中国对外生效的国际投资协定中，近 80% 签署于 2000 年前，条款设计偏重投资准入而忽视权益保障，争端解决机制滞后于国际投资法新发展。亟须构建包含负面清单管理、数字贸易规则的高标准协定体系，强化海外利益保护机制。

另一方面，中国对外投资服务体系主要存在以下三个问题：一是金融服务体系仍不完善。在支持对外投资上，金融服务体系存在不少短板。尤其是针对中小企业的金融支持体系较为薄弱，多数融资门槛高、效率低，许多企业在进行跨境投资时往往面临融资困难。与此同时，现有的金融服务体系在跨境并购、风险对冲、外汇管理等方面的专业服务能力也有待提高。许多企业在海外市场的投资面临汇率波动、资金流动限制等风险，如何通过金融工具进行有效对冲，成为企业在海外拓展过程中亟须解决的难题。然而，目前国内金融机构在跨境资金管理方面的创新和服务尚显不足，相关的金融产品和解决方案较为单一，企业在进行对外投资时缺乏高效、灵活的金融支持。二是信息服务平台匮乏，公共服务水平较低（太平、李姣，2019）。对于中国企业而言，进入新的市场往往需要全面了解该市场的政治、经济、法律等环境，而目前国内缺乏一套统一、全面的海外投资信息服务平台，企业很难及时获取相关国家和地区的投资政策、市场动态以及法律法规等信息。尤其是在“一带一路”倡议推进过程中，投资目的地国家和地区的多样性及复杂性要求企业不仅依赖于外部信息服务，还需建立起高效的信息收集和分析机制。然而，现有的公共服务平台大多提供的是碎片化、零散的信息，难以满足企业对专业化、系统化信息的需求。三是中国对外投资促进及投资便利化的政策措施不完备。现行《境外投资管理办法》等法规层级较低，与《中华人民共和国外商投资法》缺乏衔接，导致监管重叠与空白并存。同时，审批流程碎片化问题突出。商务部、国家发展改革委、国家外汇管理局的多头管理导致审批链条冗长，企业需重复提交材料，与“单一窗口”改革目标存在差距。

（六）ESG 治理滞后与转型金融困局

在全球气候治理与可持续发展议程加速推进的背景下，中国对外投资正面临从“规模扩张”向“质量优先”转型的迫切需求。随着 ESG（环境、社会与公司治理）理念成为国际投资的核心准则，以及“双碳”目标的深化落实，中国对外投资不仅需应对东道国的环境规制与社会责任要求，更需在绿色产业链整合、低碳技术输出、跨国治理协同等领域实现突破。然而，当前中国对外投资在 ESG 治理能力、转型金融支持体系及国际规则适应性等方面仍存在显著短板，制约了高质量发展目标的实现。

首先，ESG 信息披露与评级体系的不足削弱了国际资本市场的信任基础。尽管中国企业在国内逐步加强 ESG 信息披露，但对外投资项目中环境与社会风险的透明度仍显不足。例如，A 股上市公司 ESG 报告披露率仅为 30% 左右，且多数报告侧重政策描述而缺乏量化指标与负面信息揭露，导致国际评级机构对中国企业的 ESG 评价普遍偏低（刘金硕，2022）。这一现象在海外投资中更为突出，部分项目因环境争议或劳工权益问题引发东道国舆论质疑，而企业应对策略多停留在危机公关层面，缺乏系统性 ESG 风险管控机制（孙璐璐，2021）。此外，国内 ESG 评级体系尚未与国际标准接轨，评级机构在指标权重设定（如碳排放核算方法）、数据采集范围（如供应链人权审查）等方面存在显著差异，进一步加剧了海外投资者对中国企业 ESG 表现的认知偏差（刘金硕，2022）。

其次，转型金融工具创新滞后制约了高碳行业海外投资的绿色升级。传统高排放产业（如钢铁、水泥、能源）在中国对外投资中占比仍较高，但其低碳转型面临技术与资金双重瓶颈。尽管国内绿色金融规模快速增长，但针对海外项目的转型金融产品仍以债券和贷款为主，缺乏覆盖不同行业生命周期、风险偏好与地域特征的多元化工具（熊彦莎，2025）。与此同时，国际金融机构对"转型活动"的界定日趋严格，《欧盟可持续金融信息披露条例》（SFDR）等政策要求投资标的需符合"实质性减碳路径"，而中国企业在海外并购中往往因技术路线不清晰或减排数据缺失，难以获得国际转型资金支持（孙璐璐，2021）。

最后，ESG 本土化实践与国际规则协同的张力凸显了战略层面的挑战。中国对外投资常面临东道国 ESG 标准与国内政策导向的冲突。例如，欧美 ESG 评级体系中的所谓"人权"与劳工标准常被指责带有意识形态偏见，而共建“一带一路”国家在环境规制强度、社区参与机制等方面差异显著，导致中国企业陷入“合规成本攀升”与“社会责任泛化”的两难困境。值得注意的是，部分企业为迎合国际ESG投资潮流，出现“漂绿”行为，如夸大可再生能源占比或掩盖环境处罚记录。这不仅损害了投资项目的长期信誉，还可能触发东道国的法律诉讼与声誉风险（刘金硕，2022）。在此背景下，如何构建既体现中国特色又符合国际规范的ESG话语体系，成为推动对外投资高质量发展的关键议题。

四、政策建议与未来展望

在当前全球经济复苏乏力和地缘政治局势日益复杂的背景下，中国对外投资虽展现出较强的韧性与增长动力，但也面临外部环境恶化、结构性失衡、风险管控不足及政策服务体系不完善等多重挑战。从外部看，全球经济增速放缓与政治风险增加，对企业投资收益和安全性构成威胁；从内部看，投资过于集中于传统行业和区域、企业国际化管理能力不足以及政策支持体系薄弱，都在一定程度上限制了中国企业“走出去”的步伐。这些问题不仅影响了中国企业的全球竞争力，还制约了我国在国际经济合作中地位的提升。

为实现高质量的对外投资发展，迫切需要从政策优化、投资结构调整、服务体系完善等多方面发力。一方面，政府需加强政策顶层设计，营造更加透明、规范和具有支持性的投资环境；另一方面，企业应着力提升管理能力和创新能力，以适应复杂多变的国际市场环境。在此基础上，通过科学的政策引导和有效的企业行动，中国对外投资将更好地推动国内经济增长与国际经济治理，助力中国企业在全球市场中实现更高水平的发展。以下提出了针对性的政策建议，并展望未来中国对外投资的发展方向，以期为中国企业全球化提供有益参考。

（一）政策建议

1. 稳定投资环境

随着全球经济复苏乏力和地缘政治紧张局势的持续，中国对外直接投资面临不确定的经济和政治环境。为有效应对当前的挑战，确保中国对外投资的持续增长与健康发展，政府需要多领域采取政策措施，优化投资环境，并提高投资的安全性与回报。

第一，优化对外投资政策框架，提升投资透明度与规范化。为了增强中国企业在海外的投资信心，政府应进一步优化对外投资政策框架，提升政策透明度，减少行政审批环节，提高审批效率。政策的连贯性和可预测性对于企业的长期战略规划至关重要。因此，政府应出台明确的投资指导方针，特别是在“一带一路”倡议框架下，为企业提供清晰的市场准入标准，推动国内企业积极走向海外。

第二，健全海外投资的风险管理与保障机制。在地缘政治紧张局势日益加剧的背景下，企业在进行对外投资时面临着更多的政治和法律风险。中国政府应进一步完善海外投资保险体系，加大对中国企业海外投资的保障力度，特别是对于那些面临较高风险的地区，为企业提供精准的风险评估和应对策略。

第三，加强多边外交与国际合作。在全球地缘政治紧张局势的影响下，单边主义和保护主义上升，某些国家和地区可能会对中国企业的投资采取排斥或限制措施。为了应对这一挑战，中国政府需要加强多边外交和国际合作，通过加强与其他国家和地区的经济与外交联系，推动建立更加稳定、公正的国际投资环境。

2. 优化投资结构

针对投资结构失衡问题，一方面，亟须调整政策以进一步提高高新技术产业投资的比重，同时深化对共建“一带一路”国家的投资合作。首先，应加大对高新技术产业的支持力度。高新技术领域不仅是提升国际竞争力的关键，更是实现产业升级与经济可持续发展的核心所在。政府应出台专门政策，如设立高新技术投资基金，为企业提供资金支持。同时，通过税收优惠、技术出口补贴等措施，鼓励企业将更多资本投向技术密集型行业。其次，还应加强与发达经济体的合作，特别是在技术研发、专利共享和创新孵化领域，通过跨国并购、联合研发等方式获取核心技术，加速中国企业在全球价值链中的跃升。

另一方面，在区域布局上，中国需要进一步加大对“一带一路”共建国家的投资。尽管近年来中国对外直接投资流量显著增长，但其潜力仍未充分挖掘。共建“一带一路”国家普遍处于发展中阶段，具有丰富的自然资源、低成本的劳动力以及广阔的市场需求。为更好地促进与其合作，政策层面应加强风险保障机制的建设，如设立针对“一带一路”国家的投资保险制度，减少企业进入新兴市场的顾虑。同时，可通过双边和多边合作协定优化投资环境，减少贸易壁垒，并提供法律和金融服务支持，帮助企业应对海外经营中的不确定性。此外，应引导更多中小企业参与“一带一路”建设，利用其灵活性和创新能力，在细分市场和新兴领域实现突破。

3. *完善法律制度*

为了确保对外投资的健康发展、降低投资风险，并提升中国企业的国际形象和竞争力，必须在法律制度上进行进一步完善。一方面，要强化企业责任，推动企业合规经营且履行社会责任。政府应出台更加明确的法律和政策，要求中国企业在海外投资过程中严格履行合规经营责任。增强企业在国际市场上的法律合规性，特别是关于环境保护、劳动权利、反腐败等方面的法律要求，是提升企业形象与竞争力的关键。中国企业在对外投资过程中，常常面临与当地法律和社会责任的冲突。为了应对这些问题，政府可以出台相关文件，明确中国企业在海外投资中的法律责任。例如，政府可以要求企业在进行跨境并购或大型投资项目时，必须进行全面的环境影响评估、社会风险评估，并向政府和公众报告相关信息，以确保投资项目符合国际标准，避免疏忽或违法行为引发的负面事件。

另一方面，要建立全面监管体系，以加强对外直接投资后续监管。建立一个多层次的监管框架，对企业在海外的投资行为进行长期、全方位的跟踪与监管。可以通过设立专门的监管机构或加强现有部门职能，实现对海外投资项目的定期审查。同时，建立促进跨国企业资金、海外收益、税收回流的疏导和监管机制，实现国外收益反哺国内（张晓涛，2024）。此外，针对风险管理方面，政府可以建立完善的风险应急机制。一旦发现企业在海外投资过程中存在不符合国际标准的行为，或发生重大违法违规事件，应及时采取措施，避免其对国内外经济、社会造成更大影响。

4. 提升经营管理能力

在对外投资过程中，针对企业融资难度较大、融资成本较高等问题，政府可以通过政策引导，推动金融机构与企业合作，创新融资渠道，提供更加灵活和多样的融资工具。第一，鼓励企业通过发行境外债券、境外股权融资等方式筹集资金，从而为企业提供资金支持，分散投资风险，提高资本的流动性。第二，设立专门的境外投资基金，为企业提供定向融资服务。通过资本市场的创新，更好地满足企业全球化经营的资金需求，降低融资成本。第三，设立专项基金或通过政策性银行，为企业提供低成本的海外投资担保，降低海外投资的风险敞口，增强企业在国际市场的竞争力。

与此同时，还应积极推动建立完善的海外投资服务体系，帮助企业解决实际问题，提升其在海外市场的适应能力和竞争力。第一，设立海外投资服务中心，专门为企业提供投资环境、法律政策、市场准入等方面的咨询服务，从而帮助企业更好地了解目标国的法律法规、商业惯例及政策风险，确保企业在当地的合法合规经营。第二，推动企业加强与当地政府、商会和行业协会的合作，帮助企业建立良好的国际关系网。

通过这种合作，企业可以更好地了解目标市场的最新动向，规避潜在的市场风险。第三，推动企业间的经验共享与协作，促进企业在国际市场中的集群效应的发挥，帮助企业更好地学习成功的经验，减少企业在海外市场上遇到的困难与挑战。

（二）未来展望

近年来，中国对外直接投资已成为全球投资领域的重要力量，不仅推动了国内企业的国际化进程，也在全球经济治理和区域经济一体化中扮演了重要角色。展望未来，中国对外直接投资的发展趋势仍将呈现出多元化、高质量发展的特征。

第一，投资规模持续扩大。随着中国经济的持续发展和全球化进程的推进，中国对外投资的规模将继续稳步增长。政策支持和企业国际化战略的深化将进一步推动投资力度的加大，为全球经济注入新的活力。

第二，区域布局持续优化。中国对亚洲的投资比重较高，未来在保持对亚洲市场关注的同时，将逐步拓展在非洲、拉丁美洲和欧洲等其他新兴市场和发达经济体的投资布局，形成更加均衡的全球投资网络。

第三，投资领域进一步拓宽。在对现有租赁和商务服务、批发零售、制造、金融等重点领域投资的基础上，随着技术革新和产业升级，中国的对外投资将逐渐向高新技术、绿色能源、医疗健康和数字经济等领域倾斜，推动全球经济的创新发展。

第四，投资模式创新发展。当期收益再投资和债务工具投资将继续作为主要模式，同时更多企业将探索股权投资、联合投资和并购等多元化投资模式，提高资金使用效率，优化全球资源配置。

第五，境外企业网络持续拓展。中国境外企业覆盖范围已超过全球80%的国家和地区，未来将进一步完善海外企业布局，增强本地化经营能力，并深化与当地经济的融合，推动共赢发展。与此同时，民营企业和国有企业将进一步形成合力，利用各自优势开展全球化投资，实现资源互补，共同提升中国对外投资的综合竞争力。

第六，“一带一路”投资深化。中国对共建“一带一路”国家的投资将保持快速增长态势，重点聚焦基础设施建设、能源合作和工业园区建设，助力共建“一带一路”国家经济社会发展，同时为中国企业创造更大的机遇。

总之，未来中国对外直接投资将在政策支持、技术创新和企业国际化经验的推动下，实现更高质量的发展。尽管国际环境复杂多变，但通过科学布局和稳健策略，中国企业将在全球市场中扮演更加重要的角色，为国内经济增长和全球经济合作作出更大贡献。

参考文献

[1]杜晓君,唐晨曦,祁乔,等. 地缘政治风险与中国企业“一带一路”投资区位选择:基于“经济—政治”双重逻辑[J]. 南方经济,2024(8):90－114.

[2]李富有,高莉,王坤,等.“一带一路”背景下健全促进对外投资政策和服务体系研究[J]. 西安交通大学学报(社会科学版),2023,43(6):78－94.

[3]刘金硕. 我国 ESG 投资的痛点与对策[J]. 金融博览(财富),2022(2):44－45.

[4]马骦. 美国外资安全审查下的投资壁垒与中国企业的应对策略[J]. 太平洋学报,2022,30(11):68－81.

[5]毛佳慧. 中国企业“走出去”亟需多元配套护航[N]. 上海证券报,2024－12－12(2).

[6]孟妮. 中国对外投资合作蓄力再出发[N]. 国际商报,2024－09－30(3).

[7]孙璐璐. 面临三大挑战中国 ESG 投资还需补课[N]. 证券时报,2021－07－22(A2).

[8]太平,李姣. 中国对外直接投资:经验总结、问题审视与推进路

径[J]. 国际贸易,2019(12):50－57.

[9]谢希瑶. 规模领先领域多元合作共赢多部门解读中国对外直接投资态势[J]. 财经界,2024(28):25.

[10]熊彦莎. 把握ESG机遇地方政府聚焦绿色低碳转型[N]. 中国证券报,2025－01－27(A3).

[11]徐佩玉. 中国对外投资呈现多元化趋势[N]. 人民日报(海外版),2024－10－15(6).

[12]张晓涛. 我国出海企业投资发展现状及对策研究[J]. 人民论坛,2024(13):54－58.

[13]Giulia Interesse. China's ODI trends: Sources, destinations, and key sectors[C]. China Briefing News. 2024.

[14]Qian Zhou. China outbound direct invest (ODI) tracker: 2024－25[C]. China Briefing News. 2024.

第二十一章　中国新能源汽车产业现状、政策建议与展望

高传君　赵晨熠　赵国龙[①]

一、引言

随着全球能源结构的加速转型与环保政策的持续推进，新能源汽车已成为全球汽车产业发展的重要趋势。在全球范围内，石油资源的逐渐枯竭和环境污染的日益加剧促使各国加强对清洁能源技术的研发与应用，新能源汽车应运而生，并迅速成为替代传统燃油汽车的关键力量。在此背景下，新能源汽车产业迎来了前所未有的发展机遇。

中国作为全球最大的新兴市场，凭借其庞大的市场需求、政府政策支持及技术创新，已经在全球新能源汽车产业中占据了领导地位。近年来，中国政府持续加大对新能源汽车的扶持力度，出台了一系列有力的政策措施，如购车补贴、免税政策、充电设施建设支持等，进一步推动了产业的快速发展。与此同时，国内新能源汽车企业也积极加大研发投入，通过技术创新提升产品竞争力，逐步占领国内市场，并拓展国际市场。整体来看，新能源汽车产业链逐步完善，从核心零部件的生产到整车制造，中国在多个环节中积累了较强的竞争优势。

① 高传君，辽宁大学经济学院博士研究生；赵晨熠，浙江工商大学经济学院本科生；赵国龙，商务部国际贸易经济合作研究院高级经济师。

从市场表现来看，中国新能源汽车的产量和销量近年来呈现出持续增长的态势。根据最新数据，2024 年中国新能源汽车的产量已突破千万辆大关，新能源汽车市场渗透率持续上升。早在 2024 年 9 月，新能源汽车在中国汽车市场的总销量占比就接近 50%。其中，纯电动汽车和插电式混合动力汽车的销量增长尤为显著，成为推动市场增长的主要力量。此外，中国的新能源汽车出口也表现出强劲的增长势头。随着技术的不断成熟和品牌影响力的提升，越来越多的中国新能源汽车品牌开始走向国际市场，尤其在欧洲、东南亚等地区，取得了显著的市场份额。这不仅增强了中国新能源汽车品牌的国际竞争力，也为中国汽车产业的全球化进程奠定了基础。

然而，尽管中国新能源汽车产业在全球范围内占据领先地位，但市场竞争依然激烈。国内外企业的技术创新和产品差异化竞争愈加明显，行业的集中度和竞争格局发生了深刻变化。尤其是随着各类新兴技术的不断涌现，如智能网联技术、自动驾驶技术以及电池技术的突破等，新能源汽车产业将面临更多的挑战与机遇。特别是在全球供应链竞争和政策环境变化的背景下，如何维持技术创新的持续性、优化产业结构并提升产品竞争力，已成为企业必须面对与亟待解决的难题。为了推动新能源汽车产业的健康发展，中国政府与企业需要在政策引导、技术研发、市场布局等方面共同发力，推动行业实现高质量发展，提升在全球新能源汽车市场中的竞争力与影响力。

二、中国新能源汽车产业发展现状

近年来，中国新能源汽车产业呈现全面突破态势，产量、销量与出口量均实现跨越式增长，但增速与结构呈现分化特征。产量方面，2024 年新能源汽车产量达 1288.8 万辆，较 2020 年增长近 9 倍，占比从 4.7% 跃升至 41.7%，年均产量超 342 万辆；纯电动汽车和插电式混合动力汽车主导市场，纯电动汽车产量 5 年增长 6.37 倍（2020 年 105 万辆→2024 年 774 万辆），占比从 79% 降至 60%，插电式混合动力汽车产量激增 19.48 倍（2020 年 25 万辆→2024 年 512 万辆），占比从 21% 升至 40%。销量方面，2024 年销量 1286.6 万辆，较 2020 年增长 872%，纯电动汽车销量占比从 83.3% 降至 61%（2024 年 973 万辆），插电式混合动力汽车销量占比从 15% 跃升至 39%（622 万辆），增速峰值超 1500%，市场结构向多元化加速调整。出口方面，2024 年出口量突破 13.3 万辆，创历史新高，纯电动汽车占出口总量 80% 以上（2024 年峰值 11.1 万辆），插电式混合动力汽车出口 2024 年末达 4.7 万辆，显露追赶态势；但出口占总销量的比重从 2023 年峰值的 20% 回落至 2024 年的 8%，显示国际市场波动压力。整体而言，中国新能源汽车产业已形成规模优势，但需应对增速放缓与结构性调整的双重挑战。

（一）新能源汽车产量情况

1. 近 5 年新能源汽车整体产量与占比迅速攀升，但增速明显回落

近年来，全球能源结构优化调整与环保政策的推进，加速了新能源产业的发展。在这一背景下，中国新能源汽车行业迎来了飞速增长的时期。在政策支持、新能源汽车价格下调以及基础设施逐步完善的多重因素影响下，新能源汽车市场保持强劲增长。2024 年全年，中国新能源汽车产量突破千万辆大关，达 1288.8 万辆，同比增长 34.4%。2020 年以来，中国新能源汽车年均产量达 342.4 万辆，月均产量达 28.5 万辆，相较于 2019 年分别提高了 175.6% 和 283%。从新能源汽车产量占比来看：2020 年提升 5.3 个百分点，占比 10.0%；2021 年提升 9.2 个百分点，占比达 19.2%；2022 年提升 10.8 个百分点，占比达 30.0%；2023 年提升 12.5 个百分点，占比达 42.5%。截至 2024 年 12 月，该比例已达到 41.7%，相较于 2020 年初（4.7%）共提升 37 个百分点（见图 21－1）。

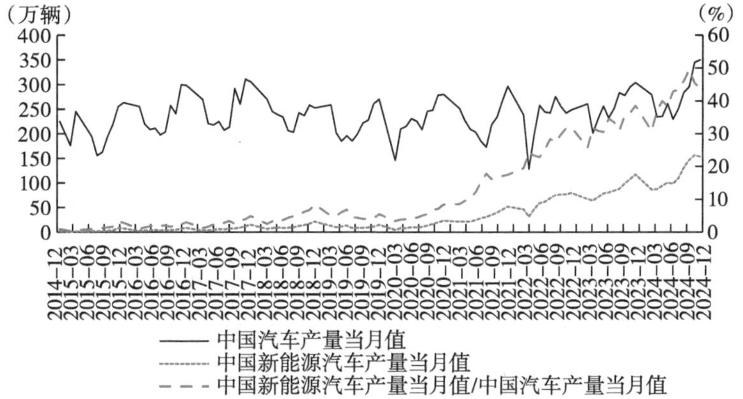

图 21－1　中国汽车和新能源汽车产量当月值及占比变化趋势

资料来源：Wind 数据库，北京大学国民经济研究中心。

尽管新能源汽车整体产量与占比实现了迅速攀升，产量规模处于历史高位，但增速出现了明显的回落。数据显示，从新能源汽车产量当月同比增速来看，2021 年 3 月是同比增速最快的月份，实际达到 237.7%，但此后增速出现明显回落，仅到 2021 年 12 月，同比增速下降至 117.7%。2023 年 12 月更是降至近 43.7%，后续基本维持在 30%左右。

聚焦 2024 年，中国新能源汽车产量和占比再次实现新的突破。2023 年 12 月，新能源汽车当月产量为 117.23 万辆，占汽车总产量的 38.6%。截至 2024 年 12 月，新能源汽车当月产量接近 153 万辆，较 2023 年 12 月增加 35.8 万辆，增幅达 30.5%，占比提升至 43.7%，新能源汽车展现出惊人的增长势头（见图 21－1 和图 21－2）。

2. 产量结构以纯电动汽车和插电式混合动力汽车为主，燃料电池汽车长期占比较小

全球新能源汽车市场规模持续扩大，不同动力结构新能源汽车的技术路径与市场需求呈现出明显的分化趋势。在政策支持、消费结构升级以及环保意识增强的推动下，我国新能源汽车动力类型呈现多元化发展。2020 年以来，纯电动汽车的产量一路高歌猛进，展现出强劲的增

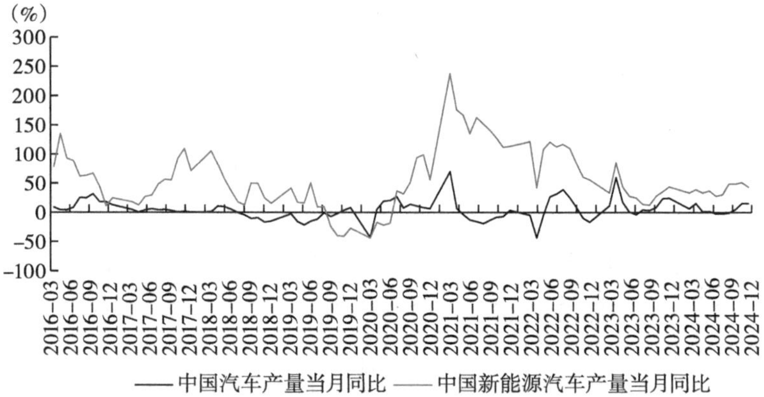

图 21－2　中国汽车与新能源汽车产量当月同比变化趋势

资料来源：Wind 数据库，北京大学国民经济研究中心。

长势头，总产量从 2020 年的 105 万辆增长至 2024 年的 774 万辆，增幅达 6.37 倍，同时纯电动汽车占新能源汽车的比重从 2020 年的 79% 跌至 2024 年的 60%，反映出纯电动汽车在新能源汽车领域长期占据主导地位，尽管占比略有下降，但产量仍保持高速增长。同时，插电式混合动力汽车自 2021 年起也开始崭露头角，显示出强劲的增长潜力，总产量从 2020 年的 25 万辆增长至 2024 年的 512 万辆，增幅达 19.48 倍，相应占比从 21% 增长至 40%。纯电动汽车产量较插电式混合动力汽车持续占据领先地位，始终保持绝对优势，但两者的差距在持续缩小。纯电动汽车的产量实现了跨越式增长，彰显了其在新能源汽车市场中的主导地位。然而，与纯电动汽车和插电式混合动力汽车相比，燃料电池汽车的产量仍处于相对较低水平。这一趋势表明中国新能源汽车市场正在向更加多元化和成熟的方向发展，纯电动汽车和插电式混合动力汽车各自展现出强劲的增长势头（见图 21－3 和图 21－4）。

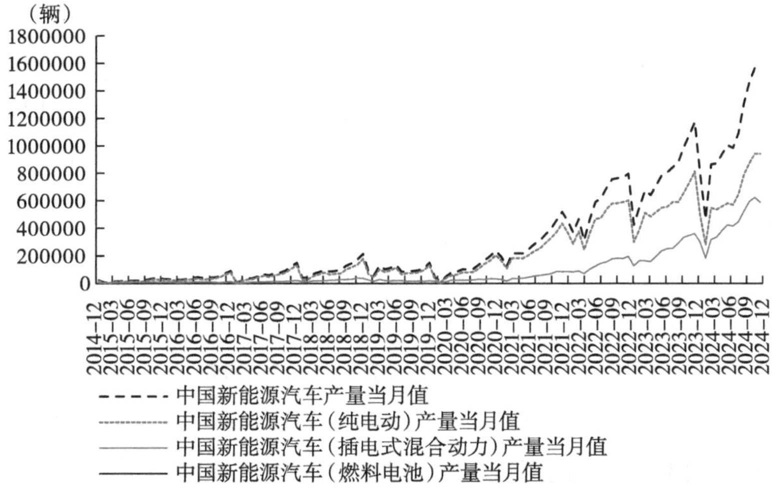

图21－3　中国不同能源类型新能源汽车产量当月值变化趋势

资料来源：Wind数据库，北京大学国民经济研究中心。

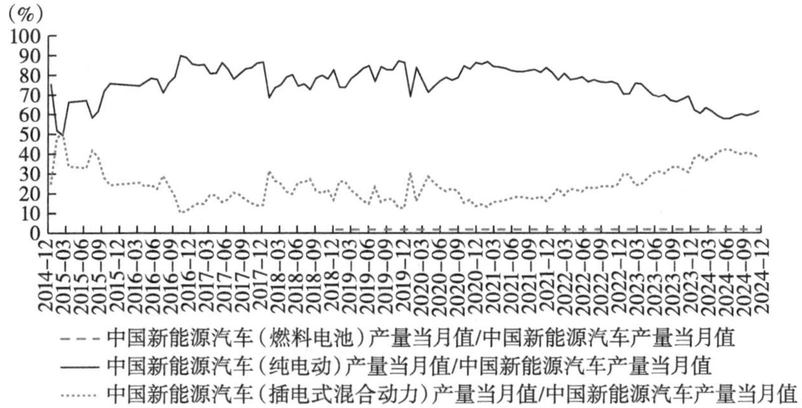

图21－4　中国不同能源类型新能源汽车产量占比变化趋势

资料来源：Wind数据库，北京大学国民经济研究中心。

（二）新能源汽车销量情况

1. 近5年中国新能源汽车销量同样迅速攀升，但增速出现回落趋势

中国新能源汽车市场经历了从高速增长到高位调整的显著转变，展

现出行业发展的新特征与新趋势。自 2020 年以来，中国新能源汽车销量实现了跨越式增长，年均销量约达 680.3 万辆，月均销量约达 56.7 万辆，市场规模持续扩大。2024 年全年新能源汽车销量达到 1286.6 万辆，同比增长 35.5%，相较于 2020 年的 132.3 万辆，增加了 1154.3 万辆，增幅高达 872%。这一系列数据充分体现了中国新能源汽车市场的强劲发展势头，同时也反映了政策支持、技术进步和消费者需求升级的多重驱动作用。值得注意的是，尽管新能源汽车销量规模处于历史高位，但增速回落趋势明显，市场逐渐进入高位调整阶段。从增速变化来看，2021 年 3 月是新能源汽车销量同比增速的最高点，接近 800%，但此后增速大幅回落，仅用近 3 个月时间便降至 100% 左右，随后波动企稳，增速逐渐回落至 30% 上下（见图 21－5）。

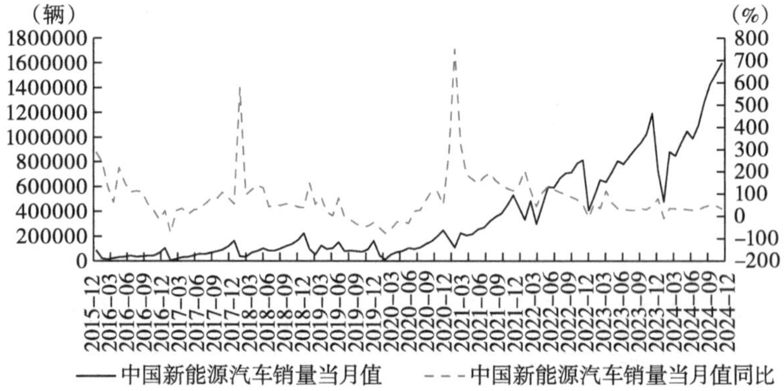

图 21－5　中国新能源汽车销量当月值及同比变化趋势

资料来源：Wind 数据库，北京大学国民经济研究中心。

2. 市场销量以纯电动汽车为主，但插电式混合动力汽车近 3 年快速崛起

近年来，随着全球对环境保护和可持续发展的日益重视，纯电动汽车和插电式混合动力汽车的市场表现显著向好，尤其是 2020—2024 年，两者销量均呈现出爆发式增长，彰显了新能源汽车市场的蓬勃活力。纯电动汽车的销量从 2020 年的 111.4 万辆飙升至 2024 年的 973.4 万辆，

这一惊人的增长不仅体现了市场对纯电动技术的广泛认可，也反映了政策激励和技术进步的双重推动。值得注意的是，纯电动汽车的最高单月销量接近 97.34 万辆，同比增长高达 774%，这一数据充分说明了消费者对纯电动车型的强烈需求。然而，尽管纯电动汽车在新能源汽车中的占比从 2020 年的 83.27% 下降至 2024 年的 60.99%，但其主导地位依然稳固。

与此同时，插电式混合动力汽车的表现同样引人注目。自 2021 年起，插电式混合动力汽车开始崭露头角，销量从 2020 年的 37.323 万辆激增至 2024 年的 622.37 万辆，占比从 15.04% 大幅提升至 38.99%。尤其是其最高单月销量接近 62.2373 万辆，同比增长 1567%，这一数据不仅展现了插电式混合动力汽车技术的快速成熟，也反映了消费者对兼具燃油经济性和电动驾驶体验的车型的青睐。从市场结构来看，插电式混合动力汽车的崛起为消费者提供了更多元化的选择，同时也推动了新能源汽车市场的进一步细分和竞争（见图 21－6 和图 21－7）。

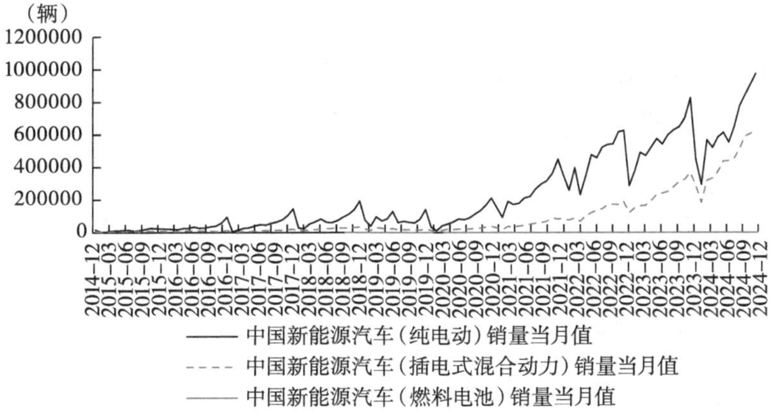

图 21－6　中国不同能源类型新能源汽车销量当月值变化趋势

资料来源：Wind 数据库，北京大学国民经济研究中心。

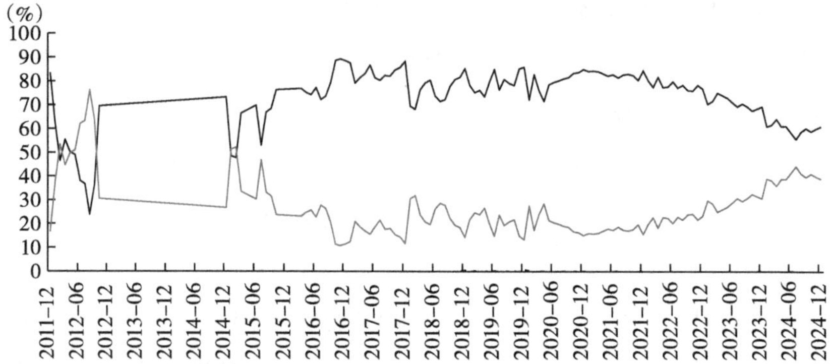

图 21－7　中国不同能源类型新能源汽车销量占比变化趋势

资料来源：Wind 数据库，北京大学国民经济研究中心。

（三）新能源汽车出口情况

1. 新能源汽车出口稳步提升，但占总销量的比重出现回落

中国新能源汽车出口量及其占销量比重的显著增长，彰显了中国在全球新能源汽车市场中的竞争力，也为产业的可持续发展注入了新的动力。通过对出口总量和出口占销量比重的分析，我们可以更为清晰地识别出中国新能源汽车在国际市场上的扩张路径及其背后的驱动因素。从出口总量的变化来看，新能源汽车的出口量在 2019 年初处于较低水平，随后逐步上升，尤其在 2020 年下半年呈现显著增长态势。具体而言，2020 年 7 月至 2021 年 10 月，出口量从较低点迅速攀升至超过 6 万辆，此后持续上涨，并在 2022 年 10 月达到第一个高点，突破 10 万辆。截至 2024 年 12 月，出口量高达 133555 辆，达到目前的顶峰。这一显著增长不仅体现了中国新能源汽车在国际市场上的竞争力逐步增强，也反映了出口规模的不断扩大。

从出口占销量比重的变化来看，出口占比整体呈现波动上升的趋势。2019 年初，出口占比相对较低，随后在 2020 年下半年开始显著提升。尤其是在 2020 年 10 月至 2021 年 10 月，出口占比从 6% 左右上升至接近

16%的水平，增长了近10个百分点。此后，出口占比呈现波动式变化态势，2023年1月达到峰值，超过20%的水平。然而，截至2024年12月，出口占比回落至8%，显示外需出现了明显的下降（见图21-8）。

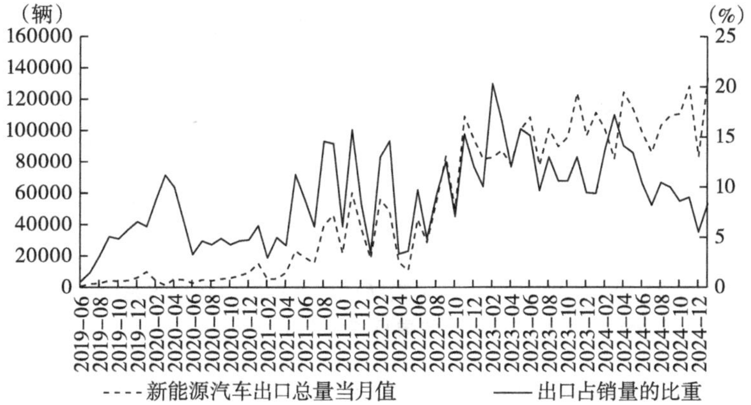

图21-8　中国新能源汽车出口数量占销量的比重

资料来源：Wind数据库，北京大学国民经济研究中心。

2. 出口结构以纯电动汽车为主导，插电式混合动力汽车已出现扩张势头

中国新能源汽车出口市场自2020年底以来呈现显著的增长态势。从数据表现来看，中国新能源汽车出口总量从2019年月均数千辆的规模，到2024年末突破13万辆的水平，体现了中国新能源汽车产业在国际市场的快速崛起。其中，纯电动汽车始终占据中国新能源汽车出口市场的主导地位，月度出口量从初期的5000辆左右增长至2023年9月的111191辆，占比由20%左右增至接近100%，达到峰值，涨幅超过2200%，2024年全年出口量持续在6万~10万辆高位波动，占比处于80%上下。此外，插电式混合动力汽车自2019年至2023年底呈现低位小幅波动态势，2023年10月后增速有所提升，截至2024年12月插电式混合动力汽车出口量达46937辆，略显后来者居上态势。纯电动汽车持续领跑，插电式混合动力汽车后来居上，共同推动出口规模稳步提升（见图21-9和图21-10）。

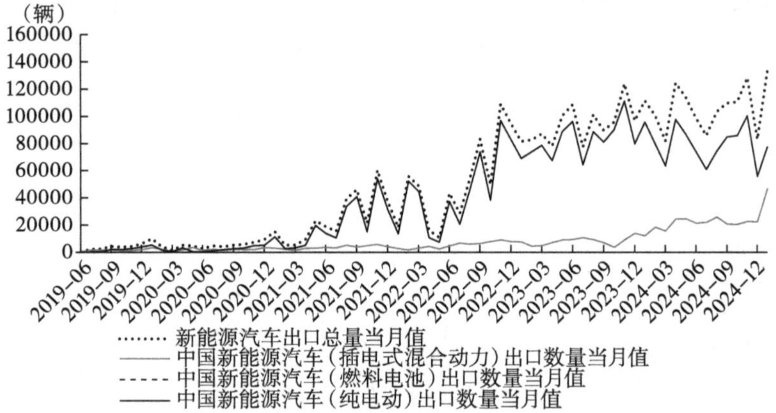

图 21-9　中国不同能源类型新能源汽车出口数量当月值

资料来源：Wind 数据库，北京大学国民经济研究中心。

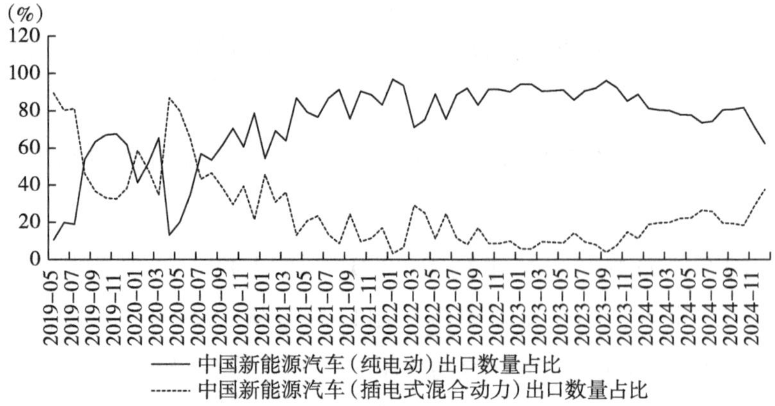

图 21-10　中国不同能源类型新能源汽车占出口量的比重

资料来源：Wind 数据库，北京大学国民经济研究中心。

三、中国新能源汽车产业存在的现实问题

（一）行业竞争压力与价格困境

2024 年以来，中国新能源汽车市场竞争形势日益严峻，行业面临前所未有的压力。尽管 2024 年行业整体销量达到历史新高，市场占有

率攀升至35.2%，但随着大量资本的涌入和产能扩张，行业竞争已从常规的市场竞争升级为真正的“生死之战”。特别是在2025年开年之际，价格战愈演愈烈，多家分析机构预测，约1/4的车企可能因资金链问题陷入生存危机。行业利润率持续下滑，已降至3%以下的警戒线，除特斯拉、比亚迪、理想等少数头部企业外，大多数车企面临着“越卖越亏”的经营困境。

这种激烈的竞争态势主要源于供需失衡的市场结构。2024年，新能源汽车行业产能持续扩张，上半年产量和销量分别达到492.9万辆和494.4万辆，但同比增速较2023年显著回落，分别降至30.1%和32%。市场需求增长放缓与产能过剩的矛盾日益突出，导致库存压力不断攀升。尤其是在8万元至20万元这一最具竞争性的价格区间，竞争更趋白热化。仅2024年前5个月，就有136款车型宣布降价，降价规模已超过2023年全年的90%。这种趋势在2025年不仅不会缓解，反而有进一步加剧的迹象。特别是在2026年新能源汽车购置税减半政策即将到期的背景下，各车企为抢占市场份额，不得不加大促销力度，进一步推动了价格战的升级。

价格战的持续升级已经对行业发展产生了深远影响。低价竞争虽然在短期内刺激了市场需求，但也导致了恶性循环的形成。一方面，持续的价格战严重压缩了企业的利润空间，影响了企业在研发创新、品质提升等方面的投入能力。另一方面，过度依赖价格竞争容易导致产品同质化，阻碍行业良性发展。特别是对于一些技术积累不足、资金实力较弱的中小企业而言，在没有价格优势的情况下，很难在其他方面形成竞争力，最终可能面临被市场淘汰的风险。这种局面不仅影响了企业的可持续发展，也可能导致整个行业陷入低水平竞争的困境，不利于中国新能源汽车产业的长期健康发展。面对这种情况，如何在激烈的市场竞争中保持合理的利润水平，实现可持续发展，已成为摆在各车企面前的重要课题。

（二）出口成本压力与全球市场竞争加剧

近年来，中国新能源汽车出口面临着日益严峻的挑战。虽然权威机构预测 2025 年出口额可达 325 亿美元，但增速已从 2023 年的 160% 大幅回落至 10% ~20%，显示出行业发展面临的巨大压力。这种增速放缓主要源于多重因素的叠加效应：一方面是国际物流成本的显著上升，2024 年国际航运成本占出口总成本的比例已攀升至 15% ~20%，较 2022 年提高了 5 个百分点；另一方面是全球市场竞争格局的剧烈变化，特别是在欧洲市场，特斯拉和大众等传统车企的市场份额合计已超过 35%，而中国品牌仅占 18%，竞争压力持续加大。

出口成本压力主要体现在三个方面。首先是国际物流成本的攀升。受全球供应链波动和国际航运垄断的影响，集装箱运价持续走高，严重影响了中国新能源汽车的出口竞争力。其次是技术标准与法规差异带来的合规成本。根据 2025 年的相关报告，不同市场对充电接口、安全标准等要求的差异，导致单车出口成本增加 5% ~10%。最后是海外基础设施建设和售后服务网络的高额投入。以欧洲市场为例，2024 年充电桩建设进度仅能匹配销量的 60%，加上售后网络覆盖不足，维护成本居高不下。这种成本压力不仅直接影响企业的盈利能力，还制约了中国车企在海外市场的扩张步伐。

同时，全球市场竞争态势也在发生深刻变化。欧美传统车企加速电动化转型，在技术创新和品牌影响力方面形成强大优势。2024 年，特斯拉、大众等国际品牌在全球市场的份额已超过 40%，对中国车企形成直接竞争压制。特别是在核心技术领域，中国企业在高端智驾芯片等方面仍存在短板，这限制了产品的竞争力提升。更为严峻的是，欧美市场频繁发起反补贴调查，迫使中国车企不得不参与价格战，进一步压缩了已经十分有限的利润空间。这种竞争态势使得中国新能源汽车出口企业面临前所未有的挑战，需要在技术创新、品牌建设和成本控制等多个方面同时发力，才能在激烈的国际竞争中站稳脚跟。这不仅考验着企业的经营能力，也关系到中国新能源汽车产业在全球价值链中的地位提升。

（三）全球供应链竞争与资源争夺

全球新能源汽车产业的快速发展正面临着日益加剧的资源争夺战。中国作为全球最大的新能源汽车市场，在资源供应方面面临严峻挑战。数据显示，中国锂资源储量仅占全球的20%，但消费量超过全球的40%，这种供需失衡导致对海外资源的依赖程度不断提升。更为关键的是，锂原料成本占动力电池总成本的近40%，2024年全球锂价的波动直接影响了电池成本，进而冲击车企利润。特别是在中国动力电池产能规划达到3600吉瓦·时、年均资金需求超过2万亿元的背景下，资源争夺压力越发突出。这种资源依赖不仅影响了产业链的稳定性，还直接威胁到企业的生存和发展。

地缘政治格局的变化正在重塑全球供应链结构。2024年，美国出台新规要求电动汽车必须采购本土电池才能获取税收补贴，这一政策直接影响了依赖中国供应链的欧美车企。同时，欧盟通过碳关税等措施抬高贸易壁垒，迫使中国车企不得不调整全球布局，如在墨西哥建厂以规避贸易限制。这种变化反映出全球供应链正从“全球标准化”向“区域差异化”转变，中国企业面临着本土化生产要求和区域供应链重构的双重挑战。在这种背景下，企业不得不在保持成本优势和满足区域化要求之间寻找平衡点，这大大增加了供应链管理的成本压力。

供应链的脆弱性也在2024年得到充分暴露。中国新能源汽车供应链在规划、采购等环节存在较高风险，叠加疫情后期大宗原材料价格上涨和物流中断风险，供应链的稳定性面临严峻考验。部分车企因零部件供应滞后而出现交付困难的情况，凸显了供应链管理的短板。更为棘手的是，在高端智驾芯片等关键零部件领域，中国仍然高度依赖进口，而美国对中国半导体出口的限制进一步加剧了芯片供应风险。这种“卡脖子”问题不仅影响产业链的完整性，还制约着产业的技术升级和创新发展。此外，全球供应链的区域化趋势要求企业建立更具韧性的供应体系，这意味着需要在供应商多元化、库存管理优化和风险防控等方面进行系统性改革。然而，这种转型不仅需要大量资金投入，还面临着技术壁垒、人才短缺等多重挑战，这使得供应链优化成为一个长期而艰巨的任务。在这种情况下，如何构建安全、稳定、高效的供应链体系，已成为中国新能源汽车产业发展的关键课题。

（四）进口依赖与关键技术短板

中国新能源汽车产业虽然在市场规模和发展速度上位居全球前列，但在关键核心技术领域仍面临严峻挑战。特别是在“三电”（电池、电机和电控）等核心技术方面，尽管持续取得创新突破，但与国际领先水平相比仍存在明显差距。这种技术短板主要体现在两个层面：一是关键核心技术的自主创新能力不足，二是上游材料和关键零部件的进口依赖程度较高。特别是在高端电池材料、绝缘材料、高速轴承以及控制芯片和集成电路等领域，中国企业大量依赖国际市场供应。这种依赖不仅增加了产业发展的不确定性，也在一定程度上制约了产业升级和创新的步伐。

深入到具体技术领域，“三电”技术的短板更为明显。在电池技术方面，虽然中国企业在产能规模上占据优势，但在高能量密度、高安全性、长寿命和低成本等关键技术指标上仍需突破。电机控制技术领域面临着高效率、高精度、高可靠性和低成本等多重挑战，这些技术瓶颈直接影响着新能源汽车的运行效率和能耗水平。在电子系统技术方面，高稳定性、高可靠性、高灵活性和低成本等技术指标与国际先进水平仍有差距。这些技术短板不仅影响产品性能和用户体验，还制约着中国新能源汽车在全球市场的竞争力提升。特别是在高端市场领域，技术差距导致中国品牌难以与国际领先企业展开直接竞争。

IGBT（绝缘栅双极型晶体管）被誉为电力电子行业“CPU”的核心器件。作为全球最大的 IGBT 市场，中国的国产化率从 2015 年的

12.3%提升至2023年的32.9%，显示出显著进步。然而，在技术代际上仍存在明显差距。当国际主流IGBT已发展到第七代时，国内大部分供应商仅能实现第四代、第五代的量产，整体落后国际巨头2~3代水平。直到2021年，国内功率半导体领军企业才首次实现车规级IGBT第七代产品的突破，这既反映了中国企业在追赶国际先进水平方面取得的成就，也说明了在高端技术领域仍需持续投入。此外，IGBT等核心零部件的技术门槛较高，研发周期长、投入大，这使得中国企业在技术追赶过程中面临着巨大压力。这种情况不仅影响产业链的稳定性和可控性，还可能在未来的国际竞争中形成制约因素。因此，增强核心技术的自主创新能力，提高关键零部件的国产化水平，已成为中国新能源汽车产业实现高质量发展的关键所在。

四、政策建议与未来展望

随着全球汽车产业加速向绿色化、智能化方向转型，新能源汽车正逐渐成为未来交通发展的核心趋势。作为全球新能源汽车生产和消费的领军者，中国在政策支持、技术创新和市场培育等方面取得了显著成果，奠定了坚实的产业基础。然而，在快速发展的同时，行业仍面临核心技术突破不足、产业结构不平衡、国际竞争加剧等多重挑战。这不仅制约了行业的可持续发展，也对中国汽车产业在全球市场的竞争力提出了更高要求。在这一关键转型期，制定科学的政策措施、优化发展战略显得尤为重要。只有通过从供给端到需求端的全面改革，突破技术瓶颈、促进产业协同、提升国际竞争力，中国新能源汽车产业才能在全球市场中赢得更大的发展空间。基于此，以下从政策支持、产业布局、国际拓展等多个维度，提出具体的政策建议，并对行业未来发展趋势进行展望。这些举措的实施将为推动中国新能源汽车产业高质量发展、实现全球产业领先地位提供重要保障。

（一）政策建议

第一，优化新能源汽车出口政策，加快海外布局。面对特朗普当选带来的新挑战和新变局，我国应加快新能源汽车出海与全球化布局，应对全球贸易壁垒与开拓海外市场。一方面，帮助新能源企业加快“一带一路”地区与海外新兴市场开拓，分散市场风险与获得更大发展空间，更多关注东南亚、中东、南美等新兴市场。通过与这些国家的政府和企业合作，推动共同研发、技术交流和市场开拓，降低对欧美市场的过度依赖。同时，可以通过自由贸易协定等多边合作协议，降低关税壁垒，为中国新能源汽车的国际市场开辟新的道路。另一方面，帮助新能源企业推动产业链在海外的本地化布局，逐步从全球出口向全球制造转变，降低供应链风险并提升生产效率。鼓励新能源汽车企业在海外市场建立生产基地或合资合作企业，通过在当地生产减少关税壁垒，提高产品的市场接受度。同时，增强对国际贸易壁垒的应对能力。面对国际贸易环境的变化，特别是关税增加、非关税壁垒等问题，政府应通过外交渠道争取公平贸易环境，推动新能源汽车相关国际标准的协调与统一。此外，政府可以通过出口退税、补贴等方式，减轻企业面临的出口成本压力，增强企业在全球市场中的价格竞争力。

第二，优化产业结构，提升产业集中度。面对产能过剩和市场需求饱和的压力，政府应鼓励新能源汽车企业通过兼并重组、合作联盟等方式进行产业整合，提升产业集中度。通过整合资源、共享技术，企业可有效降低过度竞争和价格恶性竞争带来的风险，进一步提升市场竞争力。政府可以出台相关政策，提供整合过程中税收减免、融资支持等激励措施，帮助企业实现转型和规模效益。通过制定并推广新能源汽车行业标准，规范技术和产品质量，推动行业健康发展。政府应鼓励新能源汽车企业强化自主品牌建设，提升产品质量和消费者认可度，避免恶性价格竞争。同时，支持企业建立品牌影响力，逐步提升中国新能源汽车在国际市场中的技术和质量口碑。对于中小型企业，政府应鼓励它们通过技术创新、产品差异化等手段，在激烈的市场竞争中寻找生存空间。例如，设立专项基金，帮助中小企业进行技术改造和市场开拓，扶持具有潜力的创新型企业通过技术升级和产品优化提高市场竞争力。

第三，加强技术创新，持续提升自主研发能力。针对中国新能源汽车产业在高端电池材料、汽车芯片、智能驾驶等领域的技术短板，政府应继续加大对核心技术研发的扶持力度。通过税收优惠、研发补贴等政策，鼓励企业加大研发投入，特别是在高端电池材料、智能化技术、电池回收与再利用等前沿领域。应设立专项基金，支持新能源汽车产业链上的技术攻关，尤其是关键零部件（如芯片、电池、电机）的研发，减少对国外技术的依赖。同时，推动产学研合作，鼓励高校、科研机构与企业合作，共同推动新能源汽车核心技术的突破。可以通过设立技术合作平台，促进科研成果转化应用，解决新能源汽车产业在技术研发上的瓶颈问题。鼓励国内高端人才回流或引进海外人才，建立完整的技术创新生态。扶持智能化与自动驾驶技术的国产化。在自动驾驶领域，中国企业需加速技术迭代，并加强自主技术的研发。此外，政府可通过提供研究基金、奖补政策等形式，支持企业在智能驾驶芯片、传感器、激光雷达等核心部件上的国产化研发，推动中国企业从技术上逐步缩小与国际品牌的差距。

第四，加强供应链建设与资源保障，推动供应链的多元化与本土化。中国新能源汽车产业应加强对关键原材料和零部件的自主研发与生产，减少对国外资源的依赖。政府应加大对锂、钴、镍等关键矿产资源的勘探与开发，支持企业投资建设本土化的原材料生产基地。同时，推动新能源汽车产业链上下游的资源共享与协同，提升供应链的稳定性。同时，加强与全球资源供应商的合作。在全球资源争夺日益激烈的背景下，中国企业应积极与全球主要资源生产国建立长期稳定的合作关系，确保资源供应的稳定性。政府可以通过双边合作协议、贸易优惠等方式，帮助企业降低原材料的采购风险和价格波动影响。此外，推动新能源汽车产业链绿色发展。政府应积极推动新能源汽车产业链绿色发展，包括推动电池回收、循环利用等技术的研发和应用。通过政策激励，支持企业在废旧电池回收、再利用等方面的技术进步，减少资源浪费，减少对原材料的依赖，提高产业的可持续发展能力。

第五，完善行业政策与市场环境，逐步完善政策支持体系。随着新能源汽车补贴政策的退坡，政府应加快过渡政策的设计，帮助企业平稳过渡到没有补贴的市场环境中。例如，通过减税、贷款支持、信贷担保等方式，帮助企业降低融资成本，缓解资金压力。同时，完善新能源汽车基础设施建设。为了提高消费者的购车意愿和使用体验，政府应继续推动充电设施建设，尤其是在城乡接合部、偏远地区以及高速公路沿线增加充电桩的建设，缓解消费者的续航焦虑。应鼓励企业和政府联合投资，共同建设智能充电网络，提升充电效率和便捷性。此外，面对消费者对新能源汽车质量和售后服务的关注，政府应加强对售后服务的监管，保障消费者权益。可以出台相关法规，要求企业建立健全的售后服务体系，确保消费者在购买新能源汽车后的维保服务。加强新能源汽车产品的质量监管，防止低质、低价竞争导致的市场乱象。

第六，加强人才培养与行业人才支持，加大新能源汽车相关专业的教育投入。针对新能源汽车行业对技术人才的巨大需求，政府应加大对新能源汽车相关专业的支持力度，推动高校、职业教育机构与企业合作，培养更多的高素质人才。为满足行业发展的需要，提供更多的技术研发、生产管理、市场营销等方面的人才支持。政府也可以通过政策激励、人才引进等方式，吸引国内外高层次技术人才、管理人才、研发人才等进入新能源汽车行业，提升整个行业的创新能力和市场竞争力。

（二）未来展望

第一，产量增速放缓，逐步向高质量发展转型。未来中国新能源汽车的产量将逐步从高速增长转向稳步增长，增速有所放缓，重点将放在优化产能和提高生产效率上。随着市场特别是国内市场逐渐趋于饱和，快速扩张的产能开始显现出过剩的问题。根据中国汽车工业协会的数据，新能源汽车产量的增长已经逐步放缓，特别是在2023年以后，市场整体进入了一个从“规模化扩张”到“质量提升”的转型期。企业将在智能化、个性化产品的生产上投入更多资源，而不是单纯依靠产量的增加。在行业竞争加剧的情况下，新能源汽车将更多依赖于高品质和智能化的产品。车企将优化生产流程，实施精益生产，并进一步提升生产线的自动化与数字化水平。通过提升生产效率、优化产品结构，车企可以在市场需求增长相对平稳的情况下，保持产量的合理增长。

第二，销量增长趋于稳定，需求细分化与高端化。中国新能源汽车的销量将在未来呈现稳定增长的趋势，增速会有所放缓。随着市场逐渐细分，新能源汽车的消费者需求将更加多元化，高端车型和智能化功能将成为销量增长的新引擎。中国新能源汽车在一线城市和部分二线城市的销量已经接近饱和，未来销量增长将更多依赖于市场下沉（如三线及以下城市），以及高端市场的升级。然而，市场下沉的增速会慢于一线城市的增长放缓，这使得总体销量增速趋于平稳。同时，消费者对新能源汽车的需求将逐渐从基础功能向更高端、更智能的需求转变。智能化、自动驾驶、车载娱乐系统等新兴功能的需求，将推动高端车型的销量增长。未来，车企将专注于更智能、更个性化的产品，特别是在自动驾驶、电动SUV、豪华电动轿车等领域。

第三，进口依赖逐步下降，自主研发与国产化逐步推进。未来中国新能源汽车的进口依赖将逐步下降，特别是核心零部件（如电池、芯片、自动驾驶系统等）的国产化将加速，从而减少对外部供应商的依赖。随着中国新能源汽车产业在技术上的不断突破，特别是在电池技术、电动驱动系统、智能化和自动驾驶领域的进步，车企将逐步降低对高端技术和零部件的进口依赖，推动国产化进程。尽管中国新能源汽车的进口依赖将逐渐降低，但全球资源的需求增长仍将推动中国企业在全球采购中占据重要地位。车企仍可能在某些特定高端技术上依赖进口，但整体依赖度将逐步下降。

第四，出口全球化布局提速，市场竞争加剧。未来中国新能源汽车的出口将保持增长，但增速将放缓。随着技术进步和品牌建设的加强，中国车企将在全球市场中面临越来越激烈的竞争，特别是在欧美市场，出口结构将逐步向高端和智能化产品转型。随着中国新能源汽车在电池技术、智能化和自动驾驶领域的持续创新，车企将进一步提升国际市场的竞争力。政府的政策支持、企业的品牌建设以及本土化生产的布局，将推动中国新能源汽车的国际化进程。特别是在欧洲、东南亚、拉丁美洲等市场，中国新能源汽车将在环保政策的推动下逐步占有更大份额。中国车企不仅会继续依赖传统的价格优势，还会加强产品的本地化生产，以适应不同市场的需求，通过在海外建立生产基地、合作伙伴关系等，中国新能源汽车在全球市场的份额将逐渐增加。

第二十二章　中国制度型开放的历程、挑战与路径选择

艾　婧　花　璐　邵宇佳①

一、引言

制度型开放是中国实现高水平对外开放的重要战略方向。党的二十届三中全会提出“稳步扩大规则、规制、管理、标准等制度型开放”的部署后，中国对外开放的重心正逐步从传统的商品和要素流动型开放向以规则为核心的制度型开放转变。这一战略调整不仅是应对复杂国际环境的必要之举，也是推动国内经济高质量发展的关键路径。

制度型开放的核心在于对接国际高标准经贸规则，通过推动国内规则、管理和标准与国际惯例接轨，构建透明、稳定、可预期的制度环境。这种开放模式既为深化全球经贸合作、增强中国在国际经济治理中的话语权提供了机遇，也为提升自主创新能力、塑造国际竞争新优势奠定了制度基础。然而，当前制度型开放的推进仍面临诸多挑战，包括国际经贸规则博弈加剧、国内体制改革与国际规则对接不充分以及政策协调与安全保障机制的短板等。

本章旨在系统梳理中国制度型开放的发展历程，全面分析其面临的

① 艾婧，辽宁大学国际经济政治学院博士研究生；花璐，浙江工商大学博士研究生；邵宇佳，商务部国际贸易经济合作研究院副研究员。

主要挑战，并提出相应的路径选择。通过回顾历史经验与政策实践，本章将聚焦以下三个方面：一是制度型开放的阶段性演变与主要特征；二是在当前国际国内双重环境下所面临的复杂挑战；三是结合实践经验提出具有针对性的应对路径，为中国推动新一轮高水平开放提供理论支撑和实践参考。

二、中国制度型开放的推进历程

制度型开放是中国对外开放战略从商品与要素流动向规则和制度层次深化的重要标志，其发展历程可大致分为三个阶段：早期探索学习阶段、主动对接国际规则阶段，以及深化创新阶段。这一演进过程不仅体现了中国对国际规则逐步适应与创新的路径，也反映了中国经济从快速发展到高质量发展的转型需求。

（一）制度型开放的早期探索学习阶段（1978—2000 年）

1978 年改革开放以来，中国以“引进来”推动“走出去”，开启了融入国际经济体系的探索。这一时期的主要特点是对国际规则的学习模仿，并通过政策调整和制度试点积累开放经验。

在外资领域，中国先后颁布了《中华人民共和国外资企业法》（1986 年）、《中华人民共和国中外合作经营企业法》（1988 年）等法规，不断完善外资企业合法权益保护框架，以吸引更多外资流入。得益于政策保障和市场吸引力，1983—2000 年，中国吸引外资金额从 10 亿美元增长至 407 亿美元，位列全球第二，仅次于美国。

在贸易领域，中国连续 4 次主动降低关税，平均关税从 1992 年的 43.2% 下降至 2000 年的 16.4%。这一降幅不仅提高了国内市场竞争力，也增强了对外资和外贸企业的吸引力。此外，《中华人民共和国对外贸易法》（1994 年）的颁布为贸易活动的法治化提供了基础保障，而《国务院关于进一步深化对外贸易体制改革的决定》（1994 年）的发布，标志着对外贸易政策的全面转型，奠定了开放型经济体制的雏形。

这一时期，中国还积极推动恢复《关贸总协定》（GATT）缔约国地位并申请加入 WTO。为此，中国通过降低关税、规范市场准入等举措，与国际贸易规则逐步接轨。这一阶段虽然仍以商品和要素流动型开放为主，但制度型探索已初现端倪。

（二）制度型开放的主动对接国际规则阶段（2001—2012 年）

2001 年加入 WTO 是中国开放进程的重要转折点，这标志着从政策导向型开放向制度型开放的全面转变。中国在履行世贸组织成员义务的过程中，大幅降低关税和非关税壁垒，为国内企业与国际竞争接轨创造了条件。

在关税方面，平均税率从 2001 年的 15.3% 下降到 2010 年的 9.8%，这一降幅达到了对 WTO 承诺的货物贸易降税标准。同时，中国全面取消进口配额和许可证等非关税措施，极大地促进了国际贸易的便利化。

在服务贸易领域，中国积极扩大市场开放。截至 2007 年，中国在世贸组织分类的 12 大类服务贸易分部门中开放了 100 个分部门，开放范围接近发达国家平均水平。在营商环境方面，中国自 2004 年取消外贸经营权审批，并在电信、铁路运输、旅游等多个领域给予外资国民待遇，进一步增强了外资对中国市场的信心。

此外，中国通过签署《自由贸易协定》（FTA）深化区域经济合作。以《中国—东盟自由贸易区》（CAFTA）为例，自 2002 年签署框架协议至 2010 年建成，这一自由贸易区显著扩大了区域内商品与服务的流动规模。2009 年，中国与东盟双向贸易额达到 2130 亿美元，同比增长 23.6%。

这一阶段，中国逐步成为国际经贸规则的适应者和履行者，不仅实现了从融入全球经济到推动区域经济一体化的过渡，还奠定了制度型开放的基本框架。

（三）制度型开放的深化创新阶段（2013 年至今）

党的十八大以来，中国进入了制度型开放的深化创新阶段。这一时期的开放实践突出表现为加快对接国际高标准规则，同时探索创新性的开放路径。

首先，中国通过“一带一路”倡议强化多边合作，为全球经济治理贡献中国方案。截至 2023 年，中国与 150 多个国家和 30 多个国际组织签署合作协议，共建“一带一路”国家与中国的贸易额累计突破 14 万亿美元，成为推动全球经济发展的重要平台。

其次，自由贸易试验区建设成为制度型开放的试验田。自 2013 年上海自由贸易试验区设立以来，全国共设立 22 个自由贸易试验区，覆盖沿海、内陆等重点区域。试验区围绕投资自由化、贸易便利化等开展制度创新，并形成了 302 项可复制推广的制度成果，如首个外商投资负面清单、国际贸易“单一窗口”制度等。

最后，中国积极参与国际规则制定与区域合作，进一步凸显制度型开放的新使命。例如，2020 年签署《区域全面经济伙伴关系协定》（RCEP），2021 年申请加入《全面与进步跨太平洋伙伴关系协定》（CPTPP）和《数字经济伙伴关系协定》（DEPA）。这些行动表明，中国在全球经济治理中的参与度和引领作用正逐步增强。

这一阶段的制度型开放已不仅局限于国内体制改革的深化，而是着力推动国内规则与国际规则的深度融合，为新一轮高水平对外开放奠定制度基础。

三、新时代中国制度型开放面临的主要挑战

随着中国制度型开放进入深化阶段，全球经济环境的复杂变化和国内体制改革的深刻转型对中国的开放战略提出了新的要求。制度型开放作为推动高水平对外开放的核心内容，不仅要面对传统领域的挑战，还

需应对数字经济、跨境数据流动、全球产业链重组等新兴领域的复杂局面。与此同时，全球经济治理体系的重塑和高标准经贸规则的博弈为中国制度型开放带来了前所未有的压力。

在这样的背景下，中国制度型开放的推进不仅要适应国际规则的变化，还需要解决国内体制与国际规则之间的协调问题。尤其是在全球经济治理体系的逐步重构、新兴经济体崛起、国际经济合作碎片化的形势下，中国在加快制度型开放进程的同时，也面临着一系列深层次的挑战。对此，将重点分析当前中国在推进制度型开放过程中所面临的主要困难和瓶颈，以进一步明确推动开放战略的应对方向。

（一）全球经济治理体系亟待重塑，高标准国际经贸规则出现博弈

随着全球化不断深入，世界经济面临新的挑战和机遇。传统的全球经济治理体系在一定程度上已经无法有效应对当今复杂多变的国际经济环境，尤其是在涉及高标准国际经贸规则的制定与实施时，出现了深刻的博弈。随着新兴经济体的崛起和发达经济体的相对疲软，全球经济的治理结构正在经历深刻的变革。这对中国而言，既是机遇，也是挑战。

全球经济治理体系的重塑意味着全球经济规则的重新构建。传统的国际贸易规则大多由欧美发达国家主导，这些规则多是基于发达国家的利益与模式设立的。因此在全球化日益加深的今天，这些规则逐渐暴露出无法适应新兴市场需求和发展中国家实际情况的问题。例如，WTO的谈判机制长期处于停滞状态，一些老旧规则无法适应当前跨境数据流动、数字贸易等新兴领域的需求，反而成为全球经济不平衡的催化剂。因此，国际经济规则的更新与修订势在必行。在这种情况下，全球经济治理体系的改革成为亟待解决的问题。而在世界经济格局发生巨大变化的当下，新兴经济体参与治理的呼声持续提升，越来越多的新兴经济体，尤其是中国，开始要求在国际规则的制定中拥有更大的话语权。中国不仅在全球经济体系中占据越来越重要的地位，而且在推动全球治理

体系改革方面表现出了积极的态度。中国通过推动"一带一路"倡议、参与全球气候变化谈判、支持多边贸易体制等途径，开始在全球经济治理中发挥更为积极和建设性的作用。例如，中国提出的"全球经济治理新秩序"理念，强调经济合作、包容性增长和公平竞争，获得了广泛的支持。然而，全球经济治理体系的重塑并非一帆风顺，尤其是在涉及高标准经贸规则时，国际博弈日益激烈。高标准经贸规则不仅涵盖了传统的贸易和投资领域，还涉及知识产权保护、数字经济、环保标准等诸多新兴议题。发达经济体尤其是美国，往往以自身的利益为出发点，推行一些高标准的国际经贸规则，这些规则可能忽视了发展中国家的发展需求和利益。例如，美国在全球范围内推行的知识产权保护、环境标准等措施，往往要求各国在这些领域实行与美国相同的高标准。然而，许多发展中国家面临着基础设施薄弱、技术落后等问题，无法承受过高的标准，导致这些国家在国际规则的博弈中处于不利地位。

对于中国而言，如何在全球经济治理中找到自己的定位，在维护自身利益的同时推动全球治理体系朝着更加公平、合理的方向发展，是中国需要应对的重要挑战。中国制度型开放的深度推进也正是在这样的背景下展开，它不仅是为了促进国内经济的持续增长，也是为了在全球经济治理中争取更多的发言权。

（二）中国制度型开放经验尚显不足，仍存在诸多短板

中国的制度型开放是对外开放的一种深入模式，强调在规则、规制、管理及标准等制度层面的开放。与传统的商品和要素流动型开放相比，制度型开放更侧重于在法律、政策、管理框架等领域的创新，目标是通过推动国际高标准规则的形成和落实，增强国家在全球经济治理中的话语权。然而，尽管中国在这一领域取得了不少进展，但仍面临着显著的不足，尤其是在经验积累和实施效果方面，尚未达到成熟和高效的水平。

中国制度型开放经验不足，一方面体现在制度创新和规则制定方面

不足。尽管近年来中国在自由贸易试验区、自由贸易港建设等方面不断进行制度创新，但这些尝试多集中在某些试验性区域，尚未在全国范围内形成广泛的制度性成果。尤其是在推动高标准国际经贸规则方面，受根深蒂固的“开放安全”“稳步推进”等观念影响，自由贸易试验区在跨境数据流动、竞争中立、劳工标准等方面开展的压力测试与风险测试较少，难以取得创新性突破。另外，由于理论经验的不足，自由贸易试验区在对标高标准经贸规则上仍处于学习和追随的状态，出现了“照搬照抄”式的模仿运用，而并未深度结合国内外市场体制差距与经济发展状况等方面展开比较，进行“本土化”改革创新，这将在很大程度上限制自由贸易试验区改革创新的能力，降低自由贸易试验区对接高标准国际经贸规则的先行试验效果。

另一方面，在制度型开放的具体实施和制度衔接上也存在诸多挑战。尽管国内体制改革不断深入，但与国际规则的对接在速度和深度上仍显不足。例如，在外资准入和市场准入方面，中国虽已取得显著进展，但仍存在诸多制度性障碍。如开通债券通“南向通”、推出沪伦通机制，并拓展至中国与德国、瑞士的互联互通，但金融市场的国际化程度仍有待提高。又如，合格境外机构投资者（QFII）和人民币合格境外机构投资者（RQFII）资格与制度合二为一后，虽然取消了额度限制，但投资范围仍需进一步扩大。此外，部分新兴行业如数字经济、人工智能等，由于法律和监管框架尚不完善，面临较高的政策不确定性，导致企业合规成本上升，创新动力受到抑制。以数字经济为例，当前关于数据隐私保护的问题逐渐凸显，但中国尚未形成与欧盟《通用数据保护条例》（GDPR）等国际规则接轨的完善的数据保护法律体系，导致国内企业在开展跨境数据流动时面临较大的合规风险和试错成本。这些均表明，中国制度型开放的具体实施和制度衔接仍需要进一步加强。

（三）国内体制改革与国际规则对接不够充分，政策协调与统筹安全面临挑战

国内政策的协调和执行仍然是中国制度型开放中的一个短板。尽管中国政府在推进制度创新和开放的过程中已经采取了一系列措施，但政策之间的协调性和一致性以及统筹安全方面仍需进一步加强。

首先，如何消除从商品和要素流动型开放向制度型开放转型的阻碍，以深度对接国际规则，是当前亟须解决的问题。当前国内市场仍存在要素流动不畅、资源配置效率不高等问题，难以为转向制度型开放提供良好基础。例如，在劳动要素方面，农业转移人口市民化的道路并不平坦，一些新市民难以享受到与城市居民同等的待遇和福利；在土地要素方面，农村“空心化”导致土地资源闲置，可能加剧城乡发展不平衡。民众在就业、教育、医疗、养老等方面面临不少难题，亟须破除城乡二元结构，完善城乡融合发展体制机制，畅通城乡要素流动。

其次，尽管中国经济体制改革取得了显著成效，但在改革的深度和广度上仍存在不均衡的问题。这种不均衡不仅体现在地区之间、部门之间，还体现在政策之间的协调性上，导致制度衔接不畅，影响了国内体制改革与国际规则的充分对接。在地区方面，东部沿海地区在市场化改革和对外开放方面走在前列，而中西部地区在制度创新和政策执行上相对滞后，这种区域间的发展差距使得全国范围内的制度统一性和协调性面临挑战。在部门方面，例如金融领域的开放程度较高，而教育、医疗等公共服务领域的市场化改革相对缓慢，这种部门间的改革不协调进一步加剧了制度对接的难度。在政府协调方面，例如在招商引资过程中，某些地方政府为了追求短期经济利益，采取与中央政策不符的地方保护主义措施，如提供过度的税收优惠或土地补贴等。这不仅扭曲了市场资源配置，还导致外资企业在不同地区面临差异化的政策环境，削弱了其对中国市场的信心。这种地方与中央政策的不一致，不仅影响了对外资的吸引力，也使得国内市场规则与国际规则的一致性难以实现。以

《中华人民共和国外商投资法》为例，尽管该法明确规定了外资企业的国民待遇原则，但在实际执行中，仍有部分地方政府存在“重引进、轻服务”的现象，导致外资企业在市场准入、经营环境等方面面临隐性壁垒。

最后，在复杂多变的国际形势下，迫切需要高水平安全保障机制为制度型开放保驾护航。一方面，中国的持续开放增加了外部风险的输入渠道，如金融市场的不断开放，致使一些国家通过金融制裁等手段对中国企业和金融机构进行限制，增加了中国金融市场的不稳定性。另一方面，当前地缘政治局势持续紧张，地区冲突、恐怖主义、网络安全等传统和非传统安全问题交织，直接影响中国海外利益。例如，部分国家采取双重标准，加强对中国企业、项目和人员的限制，以国家安全为由，对中国企业进行无端审查和制裁，限制中国项目的开展，给中国海外利益造成了严重损失。

四、推进中国高水平制度型开放的路径选择

在全球经济治理体系重塑和高标准国际经贸规则博弈加剧的背景下，中国面临着加速制度型开放、提升全球竞争力的重要任务。制度型开放不仅是深化中国改革的核心内容，也是推动中国经济高质量发展的战略举措。在此过程中，如何有效应对全球经济环境中的挑战，突破传统经济体制的束缚，深化与国际高标准经贸规则的接轨，已成为中国持续发展的关键所在。为了确保中国在新时代高水平对外开放中占据有利位置，需要在全球经济治理体系日益复杂的背景下，积极推动国内外制度、规则、标准的深度融合。中国要在更高层次上推动制度型开放，既需要发挥现有政策工具的优势，又需要根据新的国际和国内形势进行战略性调整。基于这一背景，以下将从多个维度提出推进中国高水平制度型开放的路径选择，以期为中国在新一轮全球经济竞争中提供有力的制度支持和发展动力。

（一）积极参与引领全球经济治理，持续深化全球和区域经贸合作

在全球经济治理体系中，中国应积极参与并引领全球经济治理改革，推动多边主义，加强区域合作，引领新兴领域规则制定，在维护自身利益的同时，推动全球治理体系朝着更加公平、合理的方向发展。面对全球经贸规则体系的快速变迁和重构，中国应主动对接 CPTPP 和 DEPA 等新一代国际高标准经贸规则，不断为加入 CPTPP 和 DEPA 进程添砖加瓦。CPTPP 作为目前全球最重要的自由贸易协定之一，拥有高标准的贸易规则，涵盖了从市场开放、资源配置到环境保护等广泛的领域。中国应在国际经贸规则层面实现与 CPTPP 更高标准的契合。如进一步深化货物贸易开放及提升贸易便利化水平，可以通过优化货物贸易关税政策，尤其是重点行业原材料、技术设备、能源资源等商品的进口关税持续推进贸易开放。同时，通过推广数字化贸易平台和“单一窗口”系统、深化 AEO 的国际互认、推动无纸化贸易和电子单据以及“两步申报”模式等措施推进贸易便利化。DEPA 是一个专注于数字经济的多边交易协定，当前全球数字经济治理的重点在于数据流动管理和数字贸易管理。因此，为推进 DEPA 谈判进展与数字经济项目的落实，中国应倡导建立开放、安全、有序的跨境数据流动规则，在保障数据主权和个人隐私的前提下，推动数据的自由流动和高效利用。同时，应进一步明确数字产品的定义、分类和关税规则，推动电子签名、电子合同、电子发票等数字工具的跨境互认。此外，为保证数据安全，应依据数据敏感性、安全性以及数据主体性质建立分级分类的数据出境安全评估机制和跨境数据流动监管机制（魏浩等，2022）。

（二）推动自由贸易开放平台建设，打造制度型开放新高地

自由贸易开放平台是推动高水平对外开放的重要载体。通过建设自由贸易试验区、自由贸易港等平台，中国可以探索更加开放的市场准入机制、更加便利的贸易规则和更加高效的监管模式。针对目前自由贸易

试验区存在的系统集成效率低下，开放程度有待进一步提升等问题，可以通过实施自由贸易试验区提升战略解决。首先，自由贸易试验区的制度改革创新是一项系统性工程，进一步完善工作机制，构建更加统一高效的自由贸易试验区管理体制极为重要。可以尝试推动自由贸易试验区各片区建立联动发展机制，建立跨区域、跨部门协同机制，推动各平台之间的政策衔接和经验共享。同时树立系统集成创新思维，深度思考某些看似“碎片化”的制度创新，是否可以与其他“碎片化”的制度创新结合起来或是作为某个系统化创新的补充，充分考虑各项制度之间是否存在相互联系、相互影响的关系。其次，积极参考他国自由贸易区，如新加坡、韩国自由贸易区和国际经贸组织的惯例标准，在自由贸易试验区内进行先行先试，这个过程中十分重要的一步是要结合中国实际发展情况，不断调整改进。最后，进一步扩展对标经贸规则的领域，尤其是在具有重大战略意义和引领作用的方面重点突破，如对标环境保护、知识产权等重要领域，需加速推进自由贸易试验区全面试点对接国际高标准经贸规则的先行先试工作，通过全面对标高标准国际经贸规则，不断推进战略、规划、机制的对接，推进中国高水平制度型开放建设。

（三）推进全国统一大市场建设，助力从商品和要素流动型开放转向制度型开放

全国统一大市场的建设是推动制度型开放的重要基础。通过打破地方保护主义、消除市场分割、优化要素配置和完善市场规则，中国可以构建一个高效、公平、透明的国内市场体系，为制度型开放提供坚实的支撑。一方面，打破地方保护主义、消除市场分割。首先是全面清理废除地方保护主义和市场分割的政策措施。对各级政府出台的地方性法规、规章和规范性文件进行全面排查，重点清理涉及市场准入、招投标、政府采购等领域的保护性政策，同时针对地方通过技术标准、资质认证、环保要求等手段设置的隐性壁垒，制定统一的整改方案，确保市场规则的透明性和公平性。其次是加强对地方政府行为的监督。通过中

央巡视、专项督查等方式，加强对地方政府行为的监督，防止以行政手段干预市场运行，并对违反市场统一规则的地方政府和责任人进行问责，确保政策执行的严肃性和有效性。另一方面，优化要素市场化配置，提升资源配置效率。首先是深化土地要素市场化改革，如推动农村集体经营性建设用地入市，建立城乡统一的建设用地市场，同时完善土地流转机制，提高土地利用效率。其次是深化户籍制度改革与创新。通过建立城乡统一的户口登记制度，消除城乡二元结构，并逐步剥离户籍与教育、医疗、住房等公共服务的直接挂钩，推动公共服务覆盖常住人口。此外，完善社保体系，促进劳动力自由流动。如加快养老保险、医疗保险等社会保障的全国统筹，解决劳动力跨区域流动的后顾之忧。还可以尝试根据地区经济发展水平，动态调整社会保障待遇，确保社会保障的公平性和可持续性。

（四）推进国内体制改革均衡化，促进与国际规则的充分对接

国内体制改革均衡化是推动制度型开放的关键。首先，加强顶层设计，推动区域间改革均衡发展。如推进东部制造业转移至中西部，通过制定国家层面的制造业转移规划，明确转移方向、重点领域和支持政策，并通过加强交通、通信、能源等基础设施建设，加强职业教育和技能培训，为产业发展提供人才支撑等措施提升中西部地区的承接能力。其次，完善跨部门协调机制。可以设立专门的跨部门协调机构，如深化改革与国际规则对接委员会，负责统筹各部门的政策制定与执行，评估各部门的政策实施情况，及时发现并解决政策执行中的问题。若存在涉及多部门的领域（如环保、数据跨境流动等），则推行一揽子政策改革，明确各部门的职责分工，避免政策重叠或冲突。最后，规范地方政府行为，确保政策执行一致性。一方面，可以推动地方政府政策执行的透明化，建立公开的政策执行信息平台，接受社会监督，防止地方政府的过度优惠行为、地方保护主义以及隐性壁垒的产生。另一方面，可以将国际规则对接和市场化改革纳入地方官员的考核体系，定期开展相关

培训，提升地方官员的政策执行能力。

（五）完善政府监管与涉外法律法规体系，建立健全高水平制度开放安全保障机制

稳中求进是中国在推进制度型开放过程中的重要原则，在复杂多变的全球化经济环境下，不仅要开放，更要确保开放的安全性。制度型开放对于任何开放国家而言都是利益与风险并存，如何依据本国发展国情，在放大开放效益的同时有效防控风险极为关键。对中国而言，当前需要重点注意的是一些前沿关键领域开放中的风险防控，如金融、数字经济等敏感领域的开放。首先，在金融市场开放方面，考虑到资本过度流动可能引发的系统性风险，需进一步建立跨境资本流动的监控和预警机制，通过引入国际先进的监管标准和实践，完善资本流动管理体系，确保资本流入与国内经济增长的平衡。其次，在数据跨境流动方面，应建立全面的安全保障机制，包括制定数据出境安全评估标准和加快构建数据主权保护框架。尤其是在涉及敏感行业和个人隐私数据时，需确保数据流动的透明性和合法性。再次，应推动国际合作，通过与主要贸易伙伴达成数据保护和监管协议，降低数据跨境流动的风险。最后，金融和数据领域的风险防控还需加强技术创新的支持，如通过区块链、大数据等技术手段提升风险评估和监管效率，实现精准化和智能化的风险评估与监测，并及时根据评估结果制定在不同风险场景下的安全应急预案及措施，有效提高政府部门和企业等各经济主体应对经济安全危机的能力。

参考文献

[1]中央经济工作会议在北京举行 习近平李克强作重要讲话[N]. 人民日报,2018-12-22(1).

[2]魏浩,卢紫薇,刘缘. 中国制度型开放的历程、特点与战略选择[J]. 国际贸易,2022(7):13-22.